本书为教育部人文社科重点研究基地中山大学历史人类学研究中心基地重大项目"清王朝的物资控制、国家运作与地域社会"（16JJD770039）的研究成果

新 / 经 / 济 / 史 / 丛 / 书

矿政

清代国家治理的
逻辑与困境

温春来 著

社会科学文献出版社
SOCIAL SCIENCES ACADEMIC PRESS (CHINA)

"新经济史"丛书序言

黄国信　温春来

　　呈现在大家面前的这套丛书,最终以"新经济史"命名,是一个无奈的选择,也是一个有意识的选择。以"新"来命名历史学或者历史学相关学科,实在缺乏表现力;更糟糕的是,"新经济史"本是 20 世纪西方经济学中以数量分析而著名的经济史流派。这两个因素,足见以"新经济史"来命名一套丛书,绝非明智之举。但我们最终仍然行此下策,是希望能赋予这一概念某种新义。我们所谓的"新经济史",是结合经济史中的历史学派与计量学派的学术理路,以中国社会经济史传统为学术传承,以历史上经济、政治、社会、文化等密切联系的各要素的整体组合为思考依据,从历史过程的内在逻辑出发,以阐释学术意义上的中国传统经济体系为旨归,力图据此与相关社会科学展开对话,推动基于中国历史经验的经济史解释模式学术理路的形成与发展。

学界通常所说的"新经济史"，兴起于 1950 年代的美国，是计量方法与历史主义方法竞争的结果。受德国经济学历史学派的影响，1880 年代以后，历史主义一直是美国经济史研究的主流方法，研究者并不以新古典经济理论为指导，而是强调历史文献和历史数据统计，意图从描述史料和统计数据中形成理论。然而，1950 年代开始，经济学在美国全面数学化。在一般均衡原理得到数学的严格证明后，1957 年在美国经济史协会的专题学术会议上，有学者正式提出，同样可以用新古典经济学理论解释历史上的因果关系，这成为美国新经济史的宣言，计量方法开始挑战历史主义方法，并逐步成为美国经济史研究的主流。

在此背景下，1964 年，罗伯特·福格尔（Robert W. Fogel）出版了《铁路与美国经济增长：计量经济史论文集》一书，成为美国新经济史的代表作品。该书以新古典理论为指导，意在基于计量，精确地对铁路与美国经济增长的关系予以新解。此前，著名发展经济学家沃尔特·罗斯托（Walt W. Rostow）认为，铁路是美国经济起飞的重要动力，铁路降低了运输成本，扩大了国内市场，并且带动了煤、铁和现代工业的成长。这一观点得到经济史学界的广泛认可，成为经典论述。不过，福格尔认为，这一论述缺少足够的数理支持，只能视为一种假说。因此，在缺乏直接数据的情况下，福格尔极有创意地采用了反事实推定法，他推算如果没有铁路，美国的经济增长会受到多大影响。为此，他设定了一系列指标，并用线性规划模型，据已有数据创造数据，计算出 1890 年铁路带来的货物运输的社会节约是 5.6 亿美元，仅为当年 GDP 的 4.7%，铁路建设对钢铁、机械、木材等产品的购买量为 3211 万美元，仅占制造业总额的 3.94%。综合两个数据后，他觉得罗斯托关于铁路是美国经济起飞重要动力的结论，是有问题的。

福格尔新论一出，引起了美国经济史学界的强烈关注，支持者众，批评者亦不少。但他把由直觉推论得到的结论，置于科学主义的计量分析之下，具有极大魅力。由此开始，以计量为主要方法、以新古典经济学为理论指导的"新经济史"在美国蓬勃兴起。1968年，道格拉斯·诺斯（Douglass C. North）的《1600~1850年海洋运输生产率变化的原因》发表。该文用每吨货物的平均海洋运输成本来衡量海洋运输生产率，认为1600年至1850年轮船代替帆船之前，货物的平均运输成本下降，海洋运输生产率提高。而造成这一变化的原因，不在众口一词的海洋运输技术进步，而在海洋运输的安全性加强和市场经济规模扩大。而后者的动力，来自制度的变革。诺斯的研究，把新经济史的计量分析演化成经济学史上的新制度学派，制度从经济分析中的常量，一跃成为内生变量，"新经济史"由此进入一个新阶段。

实际上，比"新经济史"在美国的兴起稍早，在法国，计量方法也在历史研究中产生了重大影响。法国年鉴学派大约从1930年代起，逐步将计量方法引入历史研究。他们首先利用计量开展价格史研究，并逐步将其发展为"系列史"。所谓系列史，就是将一组同质的事实材料，尤其是数字材料，排成一个序列，以分析其在特定时间范围内的变化，既包括价格、税收等经济史数据，也包括宗教文书、建筑等同质数据。在系列史中，过程成为研究对象，时间的同质性被消解。由此，最终发展出米歇尔·福柯（Michel Foucault）的历史非连续性论断。此后，年鉴学派又将计量方法引入心态史研究，推动历史学的计量化，比美国"新经济史"走得更远。

凭借计量的科学感、制度分析的魅力，法国年鉴学派和美国新经济史学派引领了大批学者进入历史计量分析行列。虽然由于历史上的统计数据常常残缺，难以直接计量，但具备良好数理逻辑思维的研究者，总可以将许多并非数据的史料，通过赋值转化成数据史料来利用。比如，可以将黄河决堤理解为水量增加，把沿海动乱看成海盗活动，并将其赋值，进而进行计量分析。经过赋值，历史计量可能性变大，研究领域大幅扩展。由此，计量方法不仅在经济史研究中广泛运用，而且被推广到历史学其他领域，形成了全球性的"计量历史学"热潮，以《计量历史学》为名的教科书应广泛的市场需求而产生。与此同时，经济学家也从史料中寻找数据源，努力创新经济理论，诺斯还因此获得诺贝尔经济学奖。

"新经济史"和计量历史学以其模型化和计量化，把不可计量的内容变成可计量，反对"从直感得到推论和综合"的历史学，得到了作为社会科学家的经济学家们的认可，他们甚至期待这一方法可以将历史学彻底"科学化"。不过，这也激起了一批经济史家、经济学家和历史学家的广泛批评，其要点可以概括为以下几个方面。第一，计量数据与历史语境的抵牾性。以"新经济史"为代表的计量历史学以统计分析为基本手段，数据是其根本基础。然而，不少计量历史学研究者利用数据时，缺乏良好的历史学素养，不了解既有数据的语境，将其视为当然，直接使用，难免差之毫厘，失之千里。须知历史数据与其他史料一样，必须置于其语境中去考察，否则就可以根据清前期田赋额较低，而推断当时国家能力孱弱了。既有数据之外，对非数据史料赋值，更需要良好的历史感，符合历史学的基本原则，不然就可以根据史料中盗贼出现的次数，来推断农民起义爆发的次数了。计量经济史学家认为，推动经济学学理意义上的学术进步，才是计量经济史学的重点，在这一目标之下，某些数据错误并不影响计量结论。诚然，如果经济数据的性质早已得到广泛认可，数据的大小有偏差，并不影响逻辑结论，比如清嘉庆年间，中国的 GDP 占全球 30% 还是 35%，的确不影响宏观结论，但如果得出宏观结论本身所依据的数据有错误，则跟物理实验材料用错性质相同了。所以，英国著名历史学家埃里克·霍布斯鲍姆（Eric Hobsbawm）早就指出过，"新经济史"虽然可促进历史学者清晰思考，但它把终结历史神话的历史学家变成算术工具，失去对史料的掌控和驾驭，严重伤害了历史学。第二，人文学科与社会科学的方法论差异。历史学是典范的人文学科，关注行动者的主体性和能动性，重视具体场合所发生事情的多样性与丰富性。人们做出决策的机制非常复杂，在人的复杂决策机制中选择一两项作为变量而将其他视为常量或者外生变量，显然会背离事实。进而言之，历史是在无数人的合力推动下演变的，较之于个体，变量尤其复杂多歧，虽然康德、黑格尔、恩格斯等先哲早就表述过，无数个体的激情与意图所造成的偶然性，无损于历史总体内在的合规律进程，但如果研究者不是从这种历史哲学出发去阐明整个人类历史演变的宏观模式，而是致力于实证性的经验研究，就不得不面对人心易变且变量变化可能杂乱无序的状况。这就需要以整体史观作为研究的理论指导，以人为思考的中心，尽量关注到各种变量，并且要注意变量的突变，即同一个或一群人决策时，变量从 A 突然跳跃到 B 的情况（诸如有人开始以经济理性做决策，突然又转变到为宗教理性所左右）。此外，相当多的历史学者，和不少经济史家一样，明确表示无法接受历史研究的反事实推定，他们认为假定即虚构，由此构建的数据与事实无关。而一批有良好历史感的经济史家，则几乎众口一词地认为"新经济史"构建的历史模型，控制变量太多，自变量太少，结论可信度大有问题。第三，经济理论不像自然科学公式那么有效，只能是经济和经济史分析的工具，不能直接套用。它不是经济史的源头，反而经济史才是经济理论的来源之一。凯恩斯（John M.Keynes）指出，经济理论只是人们思考和理解经济问题的工具，并不具有普适性，不能与自然科学的公式相提并论。韦斯利·C. 米切尔（Wesley C. Mitchell）同样认为，如果将理论当作公式分析历史数据，则不仅可能违背历史逻辑，更会遗漏发明经济理论的可能机会。第四，某些计量经济史研究不过是用一些漂亮的模型来表达一些历史学习以为常的结论。虽然经济学家可能认为这是将历史学结论从假定变成了科学验证的结论，但是，批评者仍然认为，这种研究没有提供任何新的知识，是无意义的重复劳动，对历史研究并无帮助。

　　计量历史学的种种缺陷，使当初曾雄心勃勃想以之改造历史学的学者们的意图彻底落空，甚至有的主要倡导者也很快改弦易辙。1967 年，著名历史学家、年鉴学派第三代学者的代表之一埃马纽埃尔·勒华拉杜里（Emmanuel Le Roy Ladurie）放言："未来的历史学家要么就是一个程序员，要么就不是历史学家。"然而，仅仅 8 年后，他的代表作《蒙塔尤》出版，这部享誉世界的史学经典，回归到传统史学的叙事，与计量毫无关系。1970 年代后，计量历史学逐渐衰落。近年来，计量历史学在一些国家和地区有复兴趋势，这有着计算机算法进步、云计算与大数据时代来临的背景。一些计量历史研究和"新经济史"也号称大数据，但事实上，许多计量历史研究，无论是在基本理念、数学模型还是数据规模上，都与六七十年前的第一代计量历史学没有多大区别，体现不出多少新意，失误的类型也如出一辙，唯一的区别可能只是史料获取更为方便了。

　　"新经济史"和计量历史学受到的批评，除了数据的语境之外，主要是经济学与历史学之间的学科差异造成的，双方都有自己的学理依据，都觉得有必要去改造对方。但是，对双方来说，这都是不可能完成的事情，毕竟双方学科的基本逻辑不一样。因此，提出"看得见的手"的著名企业史家艾尔弗雷德·D. 钱德勒（Alfred D. Chandler）认为，与其让双方不停相互指责，不如让双方各守本业。

我们认为，固然双方都有自己的学科本位，但中间亦存在着沟通的可能性与必要性。基于此，本丛书希望在传承中国社会经济史学术传统的基础上，就此开展一些探索。中国社会经济史研究有着近百年的时间纵深，自诞生起，它就坚持历史学的严谨考证方法，注重史料语境，强调史料利用的可靠性，并在此基础上，引入经济学、社会学等学科的分析方法，揭示纷繁复杂的历史现象所蕴含的意义。梁方仲的明代中国商业经济"一马当先"论、傅衣凌的资本主义萌芽于山区论、吴承明的二元经济论和广义经济学，均是此类研究的经典和代表。在他们开创的学术道路上，近年来刘志伟提出贡赋经济体系，系统解释了传统中国商业的高度活跃与高度集权的政治经济体系之间的关系，构建了经济史研究的"中国模型"。

本丛书倡导的"新经济史"，希望循着既有的研究路径，坚持历史学本位，以社会科学视野为观照，探析传统中国经济史的可能路径，既注重史料的语境及其可靠性，讲求历史过程的内在逻辑，也注重经济学等社会科学的分析方法和模型化的思维方式，进一步推进历史学与社会科学的融合。中国经济史文献中，叙述性史料浩如烟海，占据着主导地位，它们难以被数量化，但又是我们理解传统经济运行机制的凭借，也为相关数据性史料提供了语境。基于此，必须高度重视叙述性史料，但除了利用考据、编年等传统史学方法对之进行解读外，还必须以建构模型的视野来分析之，并且要考虑更多变量。我们也高度重视数据史料，既重视数据本身，也重视其生产过程与文本意义，回归历史场景和历史内在逻辑来建构数量关系模型。此外，我们对通过赋值来产生数据的方法持谨慎态度，不会轻易将复杂的历史现象归结于一两个简单的指标以创造数据。作为历史学者，我们深知，稍有不慎，看似科学、客观的赋值数据就会变成研究者的主观臆断，千疮百孔，破绽百出。总之，我们希望可以建构一套宏观理解传统中国经济体系的模型，以此为指导，结合扎实的描述史料和数量分析，具体展现财政、盐政、矿政、马政、市场以及其他领域的经济运行机制。我们希望本丛书倡导的新经济史在方法论上有下述特点。

第一，坚持历史学的基本原则，但对经济学和其他社会科学保持开放性。研究对象本身并不意味着学科属性，研究取向才真正决定学科性质。对过去的人与社会的研究，可以是历史学，可以是人类学，也可以是经济学，或者其他学科，但如果不遵守历史学的史料处理原则，不遵从历史过程的内在逻辑，就意味着无论研究的时期为何，都不能被视为史学研究，而只能是其他学科的研究。从历史学的立场出发，无论是文字史料、数字史料还是非文字史料，都应该当作文本看待，史料是生产于具体语境之中的，脱离语境，必将误读史料。建立在误读史料基础上的研究，无论描述如何精彩，统计如何"精确"，模型如何优美，都只是一种背离史实的智力游戏，很容易就被大量的史料与史实所证伪，不可能令历史学者满意，更不要说试图以此来改造历史学了。

但是，经济史研究也应超越美国历史主义经济史传统，不要认为只能从历史中产生理论，而不能用经济理论和其他社会科学理论来分析历史现象、历史数据和历史材料。我们认为，经济学以及其他社会科学的理论、概念和方法，有助于理解、分析和把握历史时期的经济现象与其他社会现象。很多时候，凭借这些理论、概念和方法，研究者往往能够事半功倍地穿透纷繁复杂的历史文献资料，看到意义，抓住要害，发现历史的内在逻辑，并使分析明晰化。

社会科学是在近代西方发展起来的，中国史研究对其保持着开放性，必然会涉及本土经验与西方理论的调适问题。我国史学界存有一种观念，认为西方理论产生于西方土壤，应用于中国历史，难免水土不服。然而，理论本就是对经验现象的简化与抽象，因此一定是与现实不完全吻合的，古今中外的任何理论莫不如此。简化与抽象的角度不同，针对同一现象的理论之间甚至可能势若冰炭。若说西方理论符合西方经验，那就不至于基于同一西方经验现象，却产生出层出不穷的西方理论了。理论的意义不在于完全符合现实，而在于提供一种观察视角与分析工具，而不同的人类社会虽然存在着差异，但或多或少有相通、相似之处，因此来自异域的分析工具，往往有可利用之处。只是任何理论，不管是来自本土还是异域，都不能简单套用，否则就是将工具等同于现实了。

本丛书倡导的"新经济史"，希望立足于本土经验，并认为传统中国的经济史有自身的历史逻辑，并非可以由现有的任何理论模式轻易阐释。近年来贡赋经济、帝制农商社会等理论，虽然在逻辑的自洽性以及与西方理论对话的能力上，并非完全等同，但都是立足本土经验并积极放眼国际学术所发展出来的经济史理论，值得我们重视和借鉴。

我们相信，异域经验不仅可以作为研究中国经济史演进的对照与参考，而且从异域经验出发产生的经济学理论等社会科学的理论，很多也能作为中国经济史分析的工具。众多西方的大师级学者中，有的甚至关注过中国，他们高屋建瓴的理论建构以及对中国本土经验的抽象概括，令人叹服，已经成为中国研究的宝贵学术积累。因此，无论是他们理论模型中的中国经验，还是他们产生于中国经验之外的理论架构与概念方法，均可以在切实弄清其语境和中国的历史情境之后，判断是否可加以利用。例如，近年来明清社会经济史学界日益认识到，传统中国赋役、财政与市场之间紧密结合的情形，与习俗经济、命令经济、再分配经济等来自异域的、与市场相关的西方理论之间，存在着很大的利用与对话的可能，从这里出发，我们有可能更深入地认识传统中国独树一帜的经济体系与别具一格的国家治理模式，并进而提出相应的概念范畴与理论体系。

第二，坚持整体思维的基本原则，但不避讳模型思维。鉴于计量经济史研究数理模型存在设定的常量和外生变量多而内生变量少，并且无法处理变量的突变等缺陷，我们希望坚持整体思维，从一堆复杂的历史现象里，尽可能地观察到更多的变量，进而从历史的内在逻辑出发，分析它们之间的关系，确定哪些是变量而哪些是常量，哪些应该深入展开，以及变量会不会突然跳转、常量与变量会不会转换等要素，然后再以此指导复杂的史料分析。

在这样的分析中，我们并不忌讳模型思维，而是在整体思维的基础上利用模型。我们将历史视为有机联系的整体，借用模型来洞察复杂的历史关系，并在模型中融入历史维度，以期将历史展现得更为清晰，更富有逻辑，更具备与社会科学对话的可能与潜力。当然，我们强调的模型思维，必须建立在扎实的史料基础上。否则，模型会变成脱离实际的空中楼阁，非但价值不大，甚至会造成某种误导。此外，由于整体思维的引入，并且要观照变量之间的突变以及常量和变量之间的转换，我们并不一定要追求模型的函数化及其可计算性，模型可以用文字表述，也可以用图形表达，当然也可以是公式化的。

第三，在追求历史的丰富性与多样性的同时，力求从总体上给出一种明晰的解释。经济学家所写的经济史，通常围绕一两个基本假设展开，抛去那些烦琐的细节，剔除与主旨疏离的事实，显得明晰、简洁而优美。从历史学出发的经济史，则往往缺乏一以贯之的概念与主线,但却有着复杂的枝蔓与丰富的史实。本丛书基于历史学的定位,力图不厌其烦地从史料中发掘经济现象的细枝末节,呈现不同行动者的矛盾与博弈,考察经济决策的来龙去脉及其落地的具体情景,探讨管理制度的区域与人群差异。不过,我们也深知这样的研究取向庞杂而缺乏解释力,所以,我们也要在丰富性与多样性呈现的基础上,给出提纲挈领、简明扼要的总括说明,并进而提出一些概念范畴,以期更为深刻、明晰地解释复杂的历史现象。为此,历史学者应积极借鉴社会科学家那种概念清晰、逻辑自洽的表述方式。

目前,各种社会科学的分析概念与理论模式,均无法完全有效解释传统中国的经济模式与运行机制,我们希望从史料及其语境出发,以人为思考的中心,借鉴经济学等社会科学的概念方法,结合整体史观与模型思维,注重描述研究与计量分析,基于历史过程的内在逻辑,提出一些关于中国传统经济体系的理论解释,并探索与社会科学理论对话的可能。这样一种"新经济史观",并不敢企望真正融合钱德勒所说的经济史研究中的双方,而是希望凝聚一批志同道合者,表达一种努力的方向。

2022 年 4 月 28 日

于中山大学马岗顶历史人类学研究中心

目 录

图表目录

导　言　国家的资源汲取模式

国家的维系，有赖于资源的汲取。资源汲取的方式，对应着不同的国家治理模式。[1] 西方中世纪封建国家，大体上是一个"领地国家"（domain-state），君主主要依赖自身的领地生活，难以汲取、动员本国疆域范围内各种物资与社会资源。例如，当时的法国君主从未对全国各地实施过有效管理，其控制区通常被称为"王领"或"王田"，这是法王收入的主要来源，所谓"国家财政"，其实就是"王室财政"。当这些欧洲封建国家因为军费等压力向国王领地之外去寻求额外收入时，"领地国家"就逐渐转型为"税收国家"

1　王绍光、马骏：《走向"预算国家"——财政转型与国家建设》，《公共行政评论》2008 年第 1 期。

（tax-state）。但没有人自愿增加税负，国家只得付出某种政治代价来换取纳税人的合作，即建立代议制机构来和纳税人代表讨价还价。[1]同欧洲相似，中世纪的日本君主，也拥有领地，当时的国家财政，一般指君主自身领地的收入，或者君主以特权获得的一部分间接税收。[2]莫卧儿帝国时期的印度，君主的大宗收入同样来自王室领地，领地周边是君主难以真正控制的封建庄园。希克斯指出，莫卧儿帝国的这种格局，在中世纪的欧洲相当普遍，而且在17~18世纪以几乎完全一样的形式重现于日本。[3]

　　"领地国家"与"税收国家"这对概念源于西方历史经验，在中国的历史语境中，我更愿意把与领地国家相对者称为"编户国家"。如果我们视西周为领地国家的话，经过春秋战国的分裂而继起的大一统中国就是编户国家，即中央通过官僚机构来统治全国，对国家内的人口与土地进行系统登记，这样，统治者能够经由编户体系在全国范围内利用赋税、劳役等方式汲取资源。今天世界上的国家大多是编户国家，但在传统时期，受制于落后的交通与信息技术，有效管理全国人口并对之进行编户（登记人口及其财产）殊为不易，所以编户国家并不普遍，广土众民的编户国家尤为罕见。

　　帝制时期的中国，不管是人口还是面积，都远超任何一个欧洲领地国家或日本，甚至超过这些国家的总和。这样一个庞大国家，竟然是通过编户对臣民进行直接管辖，虽然其编户的广泛性与准确

1　Joseph Alois Schumpeter, "The Crisis of Tax State," in Richard Swedberg, ed., *The Economics and Sociology of Capitalism*, Princeton University Press,1991, pp.99-140；理查德·邦尼主编《欧洲财政国家的兴起（1200~1815）》，沈国华译，上海财经大学出版社，2016；玛格利特·利瓦伊：《统治与岁入》，周军华译，格致出版社、上海人民出版社，2010，第101~127页；马骏：《收入生产、交易费用与宪政体制》，《开放时代》2003年第4期。

2　岩井茂树：《中国近代财政史研究》，付勇译，社会科学文献出版社，2011，第13页。

3　约翰·希克斯：《经济史理论》，厉以平译，商务印书馆，1987，第21页。

性与现代国家不可同日而语，[1]但已堪称人类历史上的一大奇迹。庞
大的传统中国编户国家，领土面积广袤辽阔，各地情形千姿百态，
在当时落后的交通、简陋的技术手段与信息能力的制约下，如何在
全国范围内汲取资源呢？这种广泛的资源汲取并非通过代议制这类
制度安排来达致，显示出一种与传统时期普遍流行的领地国家以及
现代世界均截然不同的国家治理模式，这无疑应是中国历史的核心
问题之一。本书拟以清代国家汲取矿产资源为中心，对此展开深入
探讨。

一 国家的资源汲取模式

资源大体上可分为两类：人口与土地（包括耕地、江海、盐
场、矿山、森林等）。基于此，国家汲取、分配资源有如下几种可
能方式。（1）奴役。直接占有土地和人口，让丧失自由的人在政府
控制的土地上进行生产，如清代新疆的犯人开矿。[2]这类情形在王
朝中国并不多见。（2）雇募。直接占有土地、生产资料但不直接占
有人口，雇工进行生产，或者出租土地收取租金。如清代江南官营
织造局，雇募工匠劳作，工匠们一般享有口粮和工价。[3]（3）税收。
官方形式上不直接拥有土地，也未奴役人口，但却能够通过征税获

1　这只要从当时不大可靠的人口与土地数据以及存在诸多脱籍人口的现象中即可看出。此外，
　　对许多边远地区（如诸多土司区域）的人群也没有进行编户或只是象征性地编户，这更像是
　　领地国家的模式。

2　伊犁将军伊勒图：《奏为伊犁铅厂耕凿帮捐及船工纤夫水手期满请免罪事》（乾隆四十六年三
　　月二十七日），朱批奏折，04-01-36-0092-033；伊犁将军松筠：《奏请酌筹铜铅厂夫口食并
　　移拨遣屯地亩缘由事》（嘉庆九年七月初二日），朱批奏折，04-01-35-1385-042。本书所
　　引朱批奏折、军机处录副奏折、户科题本皆来自中国第一历史档案馆，以下不另注。

3　彭泽益：《清代前期江南织造的研究》，《历史研究》1963 年第 4 期。

取一部分收益。不管是在古代中国还是现代世界，税收都是一种普遍存在的方式。（4）差役。百姓并非国家的奴隶，但要无偿为国家服役，甚至连与此相关的生产生活工具、饮食都得自备。这在古代中国非常流行，但现代社会大体上已经不存在差役。（5）市场。官方至少在表面上没有占有人口与土地，也没有无偿征税派差，而是通过市场经营活动来获得收益。例如，清雍正年间李卫在浙江推行发帑收盐，从浙省地方公费中，借出若干公帑收买灶户手中的余盐，交给提标汛兵或盐商发卖，所获银两除归还官方所借帑本外，还有相应的课税与利息，官府由此得到更多的税收并分享利润，而官兵、商人亦有利可图。[1]差不多同一时期，云贵的官员们也发帑收购贵州铅厂中的余铅，派员运赴汉口销售。[2]在理论上，还存在直接占有人口但不占有土地的可能，但这主要存在于逻辑中，笔者尚未见到明显的经验事实。

具体实践中，国家往往不是只用一种方式汲取资源，而是综合多种方式。每一种方式通常也不会那么纯粹，而是或多或少混杂着其他方式。在古代中国，我们尤其要注意各种方式中暗含的差役色彩。当时的主流观念是"普天之下，莫非王土；率土之滨，莫非王臣"，但这一观念并不等于国家在事实上真正占有全部土地与人口——编户齐民毕竟不等于国家奴隶，因此税收与差役才是王朝中国最主要的资源汲取方式，其次是雇募与市场。但因为古代中国国家对百姓有着相当大的人身支配权力，所以表面上的这些方式，或多或少都混杂了差役的性质。例如基于人身支配的税收，不应混同

---

[1]　李幸：《生利救弊：清代两浙帑盐运作与地方盐务经略》，硕士学位论文，中山大学，2020，第30~50页。

[2]　温春来：《从"异域"到"旧疆"：宋至清贵州西北部地区的制度、开发与认同》，三联书店，2008，第240页。

于现代公民向国家缴税，正如有学者指出的，王朝中国的赋税有差役的性质，田赋征派通常不仅基于土地，力役亦存乎其中，绝不可视为"土地税"，"纳粮也是当差"。[1] 而一些表面上的雇募方式，也在很大程度上包裹着差役的内核，迥异于现代经济中的雇佣劳动。如宋代官方曾在山西解州经营池盐，籍畦户 380 户，户出夫 2 人，为政府劳作，官府每人每日给米 2 升，每年又支出"户钱四万"。而官方的收益是每年获盐 76321450 斤。[2] 畦户表面上领取了工资，但其实是一种强制性雇募。又如清代贵州所产铅大量运到北京，运铅要道上的毕节县，有大量"马户"被官府雇来运送铅斤，[3] 在运输最繁忙时，远离运道的黔西州亦被要求雇用夫马协济，黔西州百姓有时情愿"凑银帮贴"，也不愿接受雇募。乾隆四十一年（1776），州牧谭秀侪因支持州民的诉求而被革职。[4]

　　市场也是王朝中国汲取资源的重要方式。这一方式，同样在很大程度上呼应着国家对人的支配，国家利用市场来实现贡赋征输，从而也促进了市场发展，其运作逻辑，体现于业师刘志伟教授所阐述的"贡赋（食货）体制"模式中，[5] 不能用基于西方经验的市场理论来理解。本书结语部分将深入回应此问题，在此仅指出，在贡赋体制的市场中，关系到国家的重要资源，其定价机制中往往或明或暗、或多或少地渗透着行政干预。例如，作为关系

1　王毓铨：《纳粮也是当差》，《史学史研究》1989 年第 1 期；刘志伟、申斌：《从"纳粮当差"到"完纳钱粮"——明清国家转型之一大关键》，《史学月刊》2014 年第 7 期。

2　林日举：《宋代盐业弊政及其引发的地方性暴乱》，《史学集刊》2003 年第 2 期。

3　贵州巡抚图思德：《奏陈严定铅务章程事》（乾隆三十八年四月二十八日），录副奏折，03-1257-030。

4　裴宗锡：《奏为特参挟诈误公之州牧以肃功令事》（乾隆四十一年三月十八日），载《滇黔奏稿录要》第 2 册，全国图书馆文献缩微复制中心，2007，第 185~189 页。

5　刘志伟：《贡赋体制与市场：明清社会经济史论稿》，中华书局，2019，第 1~32 页。

国计民生的盐，其价格的制定通常需要在保证朝廷财政收入、盐商有利可图、百姓可以接受之间寻求平衡，清代康熙年间的盐表面上由盐商"随时价而销售之"，实际上却是"价由商定，官员调控"。[1]

不同方式之间的相互渗透与搭配组合，就形成了国家在某个时期对某种资源的汲取模式。对于不同的资源，国家的汲取模式不尽相同。国家采取何种模式，**首先要看这种资源对国家的意义**，主要体现在两个方面。（1）重要性。如果在价值与使用价值上均无足轻重，国家就不会有多大汲取的兴趣，更不会去垄断它们。偶有需要，通过税收（包括臣民纳贡）来获取，是最好的方式。（2）稀缺性。同为重要资源，在稀缺性上却存在着程度之别，重要而稀缺的产品，国家可能就有直接占有的动机与行动。重要而不稀缺，国家就不会大动干戈垄断并主导其分配。

其次要看国家所受到的约束，这可以从四个方面考察。

第一，生产成本与交易费用。不管用何种方式来汲取资源，都不可能是无本获利。成本可以分为两大类。一类是为了获得产品而在生产资料、劳动力、道路、运输等方面的投资，我们概以生产成本名之。另一类是交易成本，即为达成交易不得不付出之管理、监控、评估、协商等费用。即便是国家直接占有土地并使用奴隶生产，维持奴隶生存、监视奴隶劳动、监察监管官员以防徇私舞弊、使用暴力以防止并镇压奴隶反抗等，都是不菲的交易成本。如果使用税收汲取资源，确定合适的税率税额、掌握产品的数量与质量、防止偷税漏税、提防税收官员懒政或贪腐等，交易成本同样非

1　韩燕仪：《清代盐价制定中的地方干预——以康熙年间衡、永、宝三府为中心的考察》，《中国经济史研究》2019 年第 2 期。

常高昂。再强大的国家也不能为所欲为，在选择资源汲取模式时不得不考虑成本、权衡利弊乃至妥协调整。例如明人邱濬曾指出，朝廷在浙江、福建"开场置官"办矿业，"令内臣以守之，差宪臣以督之"，但"所得不偿所费"，只得关闭。[1] 与此相似，著名的河北遵化官营铁厂，因机构庞杂，开销过高，各种浪费巨大，于万历九年（1581）关闭，官方转而购买质优价廉的民营铁厂产品满足所需。[2] 又如，明嘉靖晚期，大学士徐阶与皇帝讨论矿业管理问题时指出，如用官办方式，则"服役之人、开挖之夫、煎销之匠、围护之军"都要耗费官钱，而且"夫匠等又各百般侵盗"，所得相较所费，获利不多，如果"容民取之，而分其所得，则颇有利"，暗示官督民办方式更为合理。[3]

第二，国家的议价能力。议价能力即统治者相对于代理人和民众的权力，国家的议价能力越强，民众被迫服从的可能性就越大，统治者就更容易按自己的要求来获取岁入。反之则相反。[4] 古代中国王朝国家大部分时期对百姓有较强的人身控制能力，在实践中并不特别尊重百姓的感受与意见，但通常也讲求仁政，避免百姓无法生存，官逼民反。

第三，贴现率。贴现率是指在统治者眼中，未来收益的现值有多大。未来收益的不确定性越强，风险越高，统治者就越短视，他们会追求短期内的岁入最大化而忽视长期收益，即便这一行为有损于经济增长及自己的未来收益也在所不惜。反之则

1　邱濬：《大学衍义补》卷二九，嘉靖三十八年吉澄刻本，第 12 页。

2　张岗：《明代遵化铁冶厂的研究》，《河北学刊》1990 年第 5 期。

3　唐立宗：《坑冶竞利：明代矿政、矿盗与地方社会》，台湾政治大学历史系，2011，第 197~198 页。

4　玛格利特・利瓦伊：《统治与岁入》，第 11~43 页。

相反。[1]

第四，社会效果。国家的行为不完全是基于成本收益的算计，还得考虑自身统治的稳定性与持久性，有时为了社会稳定，或者出于对稳定性的误判（如某种行为不一定会导致不稳定，但统治者认为会导致），国家可能会采取一种特别乃至笨拙的方式来管控、汲取资源。如西汉时期，部分出于担心豪强控制山泽之利后兼并百姓、危害国家的考虑，国家对盐、铁实行了不同程度的垄断，特别是冶铁常在深山穷谷中进行，聚众太多，易成"奸伪之业"，而且铁器兵刃乃"天下之大用"，因此国家一度垄断了铁的生产与流通过程，严惩私人从事铁的冶炼或交易。[2] 又如明代与清初，因为害怕矿业聚众太多难以控制，官方对开矿高度谨慎。再如清前期，与担心百姓拥有马匹会增强潜在反抗能力有关，朝廷禁止民人蓄马，这就意味着国家不再从内地民间获取马匹，驿递、军营所需之马主要来自口外养马场，由此带来了马匹从北到南行路遥远、倒毙甚多、成本高昂等问题。[3]

再次要看国家的多主体性质。国家不是一个均质的整体，即便是单一制国家，不同区域、不同层级政府、不同部门之间也可能有着不同的利益诉求，中央至高无上的权威并不能抹平、整齐这些差异，甚至中央与地方之间的利益本身就存在着矛盾。这些差异与矛盾往往会影响某个政区、某个行业的资源汲取模式。例如，前文提

1　玛格利特·利瓦伊：《统治与岁入》，第11~43页。利瓦伊在《统治与岁入》一书中，假定统治者都致力于国家岁入（Revenue）最大化，但他们会受到议价能力、交易费用与贴现率的约束。本书认为，在国家的资源汲取中，这三个变量也是值得考虑的，但是重要变量远超出这三个。

2　胡寄窗：《中国经济思想史简编》，立信会计出版社，1997，第215、217~219页。

3　张楠林：《财政支出与"风险管理"：清代营驿马匹资源的供应和调配方式》，博士学位论文，中山大学，2019。

到清雍正年间李卫在浙江借帑收盐，由此所得的利润，很多留存在
浙江藩库，这刺激了地方的积极性，维持了发帑收盐制的生命力。
但乾隆年间，朝廷不断提解由此产生的盈余银两，到了乾隆二十八
年（1763），干脆规定今后所有盈余银两全部解送户部，不得再
存留地方，发帑收盐制度由此面临着越来越大的困难。到嘉庆年
间，遂改而实行招商募集本金来收买灶户余盐，发帑收盐制遂告不
行。这是中央与地方的矛盾直接导致国家资源汲取模式变化的一个
例子。[1] 总之，国家的多主体性提示我们，可以总体上讲国家行为与
国家能力，但即便在同一个国家内，也要注意不同层面的国家（政
府）间的差异与博弈。

二　影响清代矿产资源汲取的若干因素

上文从资源对国家的意义、国家所受到的约束、国家的多主
体性质三个方面总结出影响国家资源汲取模式的七大变量，即重要
性、稀缺性、交易费用、国家议价能力、贴现率、社会效果、国家
的多主体性质。清代矿业开发的大部分时期，王朝的统治较为稳
定，统治者总体上致力于矿业的长期发展，就此而言贴现率是大体
稳定的，无须专门考察。搁置这个变量之后，下文将主要从其余六
个方面入手，结合矿业风险性高、成本随时间递增的两大特点，讨
论影响清王朝矿产资源汲取的因素，呈现本书的基本结构。

对王朝中国而言，常见的重要物质资源有：粮食，此乃生存
所系；盐，此乃重要税源；茶，除了能带来税利外，还是塞外游牧
民族的必需品，从而具有相当的战略意义；马，此乃战争与驿递所

1　李幸：《生利救弊：清代两浙帑盐运作与地方盐务经略》，第 67~76 页。

需。此外，丝绸、瓷器等日常消费品，对统治者也有重要价值。

相对于其他重要物资，矿有着显著的自身特点。不过，矿其实包含不同的种类，不同的矿种，对国家的意义迥不相同，同一矿种，对不同的王朝，意义也存在差异，不能混为一谈。如明代政府并不致力于提供稳定而充足的铜钱供应，相应就不大重视与币材相关的铜、锌、铅等矿产，而这些正是清王朝以举国之力志在必得的资源。

（一）重要性与社会效果

清代开发的矿种有银、铜、锌、铅、金、水银、铁、锡、朱砂、磺、硝、煤等，不同矿种的开发状况迥不相同，在当时经济生活中的重要程度以及对国家的意义也天差地别。

学者们大多同意，清代矿业开发的最大动力，是政府的需求。而政府的需求，主要源于对币材的渴望。17世纪末至18世纪晚期，中国经济生机勃勃，农业、官私手工业迈上了新高度，国内、国际市场的发展亦相当可观。[1] 不断增长的人口与日益扩大的市场，意味着货币需求的相应增加。[2] 清代的货币主要有白银、铜钱，1644~1830年，通过对外贸易的出超，中国的白银存量增加了两倍，此外每年可能有上千万元的西班牙银元流入福建沿海地区。铜钱的重要性虽次于银，但有其特定的流通场合与范围，同样不可或缺：钱与银通常搭配支付官员与士兵的薪水；小额的税收可用钱交纳；在日常生活以及金额不大的商品交易中普遍用钱；一些富人甚至喜欢储藏钱而非银，因为同等价值的钱的重量远大于银，不易被大量偷窃。18世纪，中国的人口与可耕地面积均翻了番，但大多数农产品与手工业品仍然是零星交易，

---

[1]　韦庆远、叶显恩主编之《清代全史》（辽宁人民出版社，1991）第5卷对康乾时期的这些经济成就有详细论述。

[2]　Anna See Ping Leon Shulman, Copper, Copper Cash and Government Controls in Ch'ing China (1644-1795), Ph.D. diss., University of Maryland College Park, 1989, pp.244-245.

支持这类零星交易的等价物就是铜钱。[1] 海禁解除之后的一段时间，因为铜钱数量跟不上白银的增长，钱价上升，这成为当时经济的一个主要麻烦。[2]

有意思的是，清政府从未干预白银的数量，但致力于控制铜钱的生产与供给。铜矿事关国家币材所出，官府介入最深，材料也最为丰富。清代铜主要产于云南，史称"滇省铜政，累叶程功，非他项矿产可比"。[3]

所谓铜钱，并非由纯铜而是由合金所制。清代制钱成分因时因地有所变化，但大体上是由铜、锌（比例通常为6∶4或7∶3）或铜、锌、铅、锡（比例一般为50∶41.5∶6.5∶2）配铸。[4] 锌因此是铜之外的另一重要币材，所受国家重视程度以及相应的材料丰富性仅次于铜，铅又次之。

矿产品也是重要的军器材料。清王朝的武功极一时之盛，使我们不能忽略清军装备的改善——火器的大量运用。[5] 平定金川之役

1　Man-houng Lin, *China Upside Down: Currency, Society, and Ideologies, 1808−1856*, published by the Harvard University Asia Center and distributed by Harvard University Press, 2006, pp.4−5; Hans Ulrich Vogel, "Chinese Central Monetary Policy, 1644−1800," *Late Imperial China*, Vol.8, No.2 (1987); Anna See Ping Leon Shulman, Copper, Copper Cash and Government Controls in Ch'ing China (1644−1795), p.6.

2　Suan Natuin and Evelyn S. Rawski, *Chinese Society in the Eighteenth Century*, Yale University Press, 1987, p.105.

3　《清史稿》卷一二四《食货五·矿政》，中华书局，1977，第 3666 页。

4　彭信威：《中国货币史》，上海人民出版社，1965，第 566~569 页。关于明清制钱中锌含量及其变化的深入分析，可参见 Zhou Wenli（周文丽），*The Technology of Large-Scale Zinc Production in Chongqing in Ming and Qing China*, Oxford: BAR Publishing, 2016, pp.11,118−121。

5　关于清代铜铅与军器的关系，学界关注者较少，笔者 2002 年在博士学位论文《彝威与汉威——明清黔西北的土司制度与则溪制度》（中山大学）的第 247~248 页以及 2008 年出版的《从"异域"到"旧疆"：宋至清贵州西北部地区的制度、开发与认同》第 234~235 页中均有论述。2012 年，马琦在《铜铅与枪炮：清代矿业开发的军事意义》[《中国矿业大学学报》（社会科学版）2012 年第 2 期] 中对此进行了专门分析。

中，京城之健锐、火器二营的功绩最大，以至于乾隆皇帝下令在全
国推广火器营的操练方法。[1] 清代宫廷中有鸟枪处，京城一带先后
设有汉军火器营、八旗火器营、内火器营、外火器营，并且每个省
都有不少使用抬枪、鸟枪的兵弁，沿江、沿海、沿边等要害处炮台
林立。雍正时期似乎有许多满洲人沉湎于火器，以至于朝廷担心他
们荒疏了骑射。乾隆五十年代清廷进一步命令各省旧式藤牌兵兼习
鸟枪，并要求军机大臣会同兵部，审定演放炮位步数及惩劝之例。[2]
枪、炮的铸造离不开铜、铁，磺、硝是火药的主要成分，铅子则是
最常用的弹丸，工部专门设有铅子库。为了节约铅弹，清初以后相
当长的一段时间内，平常演练多放空枪。雍正七年（1729）令各营
"以铅子演准"，后又要求士兵演枪时尽量捡回铅子。[3] 根据马琦的研
究，从康熙到嘉庆年间，全国每年实弹操演所消耗的铅数量均超过
了 200 万斤，如遇战争，消耗量更为惊人。[4]

　　金、银是贵金属，甚至可以直接作为货币使用，同样是清政府
亟欲控制的矿产，只是当时中国的金银产量小，对国家的意义不甚
显著，所以政府的用力亦不甚深。

　　矿产对清王朝的重大意义，刺激了当时矿业的极大繁荣。有学
者指出，从 1680 年代到 1770 年代，中国矿业规模的增长率大大超

1　《清史稿》卷一三九《兵志十·训练》，第 4124 页。

2　《清朝文献通考》卷一九四《兵十六·军器》，考 6577~6581、考 6587~6591 页（收入王云
　　五主编《万有文库》，商务印书馆，1936。以下凡收入《万有文库》者，简称"万有文库"
　　本）；《清史稿》卷一三九《兵志十·训练》，第 4119~4125 页。前书详细记载了清军火器的
　　装备情况。

3　参见《清朝文献通考》卷一九四《兵十六·军器·火器》，考 6591 页；《清史稿》卷一一四
　　《职官志一·工部》，第 3293 页；卷一三九《兵志十·训练》，第 4123 页。除铸钱与军事用
　　途外，黑、白铅尚有其他用途，如黑铅"或锤造锡箔，或炒炼黄丹颜料"（《清朝续文献通
　　考》卷四三《征榷考十五·坑冶》，万有文库本，考 7978~7980 页）。

4　马琦：《国家资源：清代滇铜黔铅开发研究》，人民出版社，2013，第 33~36 页。

过了此前的两千年。[1] 而其中最为核心的部分，就是铜、锌矿业的开发。

本书第一章，将论述币材短缺的压力如何促使清王朝一步步开放矿业。清初因社会效果的顾虑（担心开矿会导致社会失序），对开矿持谨慎态度，最重要的币材——铜，也主要是通过海内外市场采买，当这一途径无法满足所需时，清王朝逐渐重视并积极推动国内矿业发展。在此过程中，朝廷消除了云南、贵州官员隐匿、私占矿山的局面，滇、黔很快成为左右全国币材供给的矿业大省。

（二）风险性与交易成本

第二章将论述受矿业的高风险性与交易成本的制约，清王朝积极开放矿业后，没有选择官办矿业，而是鼓励民间办矿，并不得不解决由此而来的一些难题。

相对于盐、丝绸、陶瓷、马匹乃至粮食等物资，矿业生产存在着高风险，特别是在缺乏现代勘探技术与采掘器械的传统时期尤其如此。这里的风险不是指经常发生的矿难，而是指投入大量资金与人力物力之后，所得可能是无甚价值的贫矿；或者虽有浅表富矿但很快就矿脉衰微；抑或地下水突然涌出，人员伤亡不论，之后的排水成本难以想象。种种风险情形，不一而足。明万历年间的矿监税使之所以弄得官员叫苦，民怨沸腾，很大原因就在于许多矿厂的付出与所获严重不成比例，而朝廷却将亏损转嫁给地方官府与百姓。[2]

清王朝致力于矿业开发，但不愿承担矿业的高风险以及官办所带来的高昂交易成本。明代官办前车可鉴，清王朝主观上不想重蹈覆辙，客观上也难以办到，因为较之明代，清代国家的资源汲取模

1　中国人民大学清史研究所等编《清代的矿业》，中华书局，1983，第1~2页。

2　唐立宗：《坑冶竞利：明代矿政、矿盗与地方社会》，第230~236页。

式中，强制力役方式大为减少，雇募与市场的比重显著增加。在可以动员大量力役的时期，役使匠户、民夫从事矿业生产，一定程度上可以掩盖效率低下的事实，开矿失败的恶果也不会令官方伤筋动骨，但在百姓对国家的依附关系大为减弱的清代，官营矿业只能自己购办生产资料并雇工生产，投资失败或低效生产导致的亏损会立即让官方经费付诸东流，从而使官矿业难以为继，所以清王朝选择让百姓成为办矿主体。

清王朝让民间办矿，却要介入其产品分配，这就降低了矿业的回报率，富商大贾不肯投资于此，主要靠缺乏机会成本的一些穷民集资从事矿业，资本匮乏可想而知。当铜、锌、铅矿业因此而面临困难时，朝廷指示各省筹集经费解送云南、贵州，并向矿厂放贷，同时积极修筑道路，解决运输方面的难题。

（三）稀缺性

第三章将论述铜、铅等矿产品的重要性与稀缺性，使清王朝力图控制矿产品。在矿归民办的情况下，这一控制如何实现呢？清王朝不是通过市场购买来达到目的，而是设计复杂的税费政策来使事情如己所愿。

一些物资对国家非常重要，但稀缺性相对而言并不甚高。例如，清代盐课是仅次于田赋的第二大税源，[1]但盐产其实不难满足全国需求，国家很多时候是在限定盐的产量而不是激发其生产潜力，清代就曾"以销售额确定产量，保证产量以符合销售额"。[2]又如丝绸，从19世纪开始，清王朝的官营织造业明显趋向衰落，最重要的原因就是官营织造业的产量长期大于需求，内务府和户部的缎匹库

1　彭泽益：《清代财政管理体制与收支结构》，《中国社会科学院研究生院学报》1990年第2期。
2　李晓龙、徐靖捷：《清代盐政的"节源开流"与盐场管理制度演变》，《清史研究》2019年第4期。

存严重饱和，仅积存的杭细一项，就"足支百年"之用。这样就使
江南各处织造的生产不得不缩减乃至停顿。[1]

　　稀缺性不那么强的产品，国家的管制可能相对放松。盐在清代
虽然是专卖，但国家已不怎么介入生产过程，而是沿袭并推动明中
叶以来的趋势，将相关责任和权利更多地赋予商人，产品因此控制
在商人手中，许多盐商由此成为盐场的实际拥有者。[2]又如为了获取
丝绸，清代虽然有江南织造等官营织染局，但并无垄断性，民间也
在大量自由贩卖。瓷器亦然。

　　矿的情况则有所不同。清王朝致力于铜钱供给，强化了铜、铅、
锌的重要性，也助推了其稀缺性。作为最重要币材的铜，相较于清王
朝的需求，供给始终比较匮乏，当供需矛盾比较紧张时，国家甚至一
度限制民间使用铜器。锌、铅的产量也不甚乐观，有时亦会制约货币
供给。对稀缺性较高的矿产，清王朝大力介入其生产与分配过程，以
既有的行政层级为基础，吸纳矿区精英，建立了一套复杂的矿产控制
体系。相对而言，稀缺性较低的矿种，国家监管较松，甚至收税之外
置而不理。同一种矿产品，其供给与国家需求之间的关系发生变化
后，国家相应的控制程度往往也会出现变化。例如，清王朝曾将黔省
锌、铅牢牢控制在手中，厂民的税后产品，必须悉数低价卖给官方。
到乾隆十四年（1749），因为贵州各厂岁出锌 1400 余万斤，远超官方
所需的 900 万斤，于是清廷转而允许厂民将 30% 的锌自由售卖。[3]

1　彭泽益：《清代前期江南织造的研究》，《历史研究》1963 年第 4 期。

2　徐泓：《明代后期的盐政改革与商专卖制度的建立》，《台大历史学报》第 4 期，1977 年；李
　　晓龙、徐靖捷：《清代盐政的"节源开流"与盐场管理制度演变》，《清史研究》2019 年第 4
　　期；何炳棣：《扬州盐商：十八世纪中国商业资本的研究》，巫仁恕译，《中国社会经济史研
　　究》1999 年第 2 期。

3　《清高宗实录》卷三四二，乾隆十四年六月乙酉。本书所用《清实录》为中华书局 1985 年影
　　印版。

因为稀缺性较高，官方大力抑制铜、铅、锌的市场交易，力图通过一套非常复杂的税费政策将民营矿业的产品控制在手中。这种政策，以满足官方的矿产品需求为原则，置矿民利益于不顾。不过，在一个广土众民、各地情形迥异的国家，朝廷无法自上而下制定一个统一的税费政策行诸全国，在中央与地方政府，以及政府与矿民的博弈中，税费政策因矿种、地区、时期不同而呈现出种种变化。

第四章将计量分析清王朝付出大量努力之后，每年从矿业获得的收益。这些收益包括京师钱局铸息、云南钱局铸息、其他各省钱局铸息、滇铜铜息、黔铅铅息、矿税等，平均下来每年总额约为 50 多万两白银。相对于清代的岁入规模，矿业的直接收益并不起眼，但矿业保证了铜钱供给，带动了西南开发，其影响不可低估。

（四）成本递增与议价能力

官方的矿业收益是不稳定的。与粮食、盐、陶瓷、丝绸、茶叶、马匹等不同，矿业的生产成本具有显著的递增性，这就使因严苛的税费政策而获利较少的厂民越来越不堪重负。作为王朝的臣民，厂民在观念上、意识形态上的服从度非常高，总体上也缺乏有效对抗的能力，因此矿业政策基本上由官方主导，但亏本的厂民也可能通过拖欠贷款、走私、歇业、潜逃等方式来反抗，矿业生产面临难以为继的风险，官方被迫让利，双方达到一个新的平衡点。但成本不断增加，新平衡点再次被打破，官方不得不继续让利，达到一个更新的平衡点。随着时间推移，必然会到达一个最终的平衡点，此时，官方难以在满足需求的同时保证自己与厂民均不亏本，除非能找到新的富矿，否则矿业的衰落不可避免。

第五章从上述角度出发，分析清代矿业的结构性困境及其衰落的趋势。到了 19 世纪中叶，太平天国运动给了日渐衰落的矿业沉重一击，矿业就此崩溃。

（五）交易成本与国家的多主体性质

太平天国被镇压后，清王朝迎来了"中兴"，但矿业生产却再也不能恢复，第六章从交易成本以及国家的多主体性对此予以解释，呈现传统时期中央集权国家的治理特征。

风险性促使清王朝主要让民间办矿，以降低成本。然而，为了保证民办矿业产量与税收的足额完成，防止偷漏走私，清王朝不得不设置一套复杂的监管机构，交易成本非常高。国家的多主体性质使这一情形尤为严重，中央与地方在矿业中所面临的情形不同、责任不同、压力不同，在传统时期的技术与信息条件下，中央要想适时追踪生产情形以及相关管理官员的为政状况，成本之大难以想象，从而也就失去了可行性，监管因之难以落到实处。这一难题是传统时期广土众民的中央集权国家无法解决的，于是只得采用一些看似不可思议的僵化手段来进行管理。我将其核心概括为定额原则与事例原则，它们深刻地反映出当时国家的治理逻辑。

在太平天国起事之前，中央有高度权威。这使尽管中央与地方之间充满了种种博弈，但朝廷仍然可以调拨全国资源来支持铜、铅矿业。太平天国起事之后，地方财政自主性增强，不再恪遵中央指令解送款项，因资本问题难以解决，矿业就此一蹶不振。

以上呈现了本书正文的基本逻辑与结构。结论部分，将结合15~18世纪的国家转型，总结清代国家汲取矿业资源的模式及其在实践上的困难，进而揭示清代国家的治理逻辑及其内在困境。

三　几点说明

本书拟综合大量档案、方志、实录、文集等资料，通过考察官方的投入、收益、管理体系、税费政策等，深入探讨清代国家是如何控制矿业的，并揭示其中蕴藏着的国家治理逻辑。有几点需先行说明。

第一，清代开发的矿种很多，但国家对不同矿种的需求差异较大，影响着对相关矿业控制的深度与广度，进而决定了史料的丰富程度。与此相应，本书的论述最重铜，其次是锌、铅。

第二，清代矿业发展有着明显的地域不平衡，云南是最重要的矿产地，贵州次之，湖南又次之，四川、广西、广东也相对重要，而北方除了直隶、山西等地的煤矿比较突出外，其他矿种开采均不大兴旺，所以本书所述主要集中在南方数省特别是云贵，并兼顾其他地区。

第三，本书旨在揭示、勾勒清代矿业的运作机制，但并不打算为了一般性概括而忽略特例。因此，笔者在着力论述一般性状况的同时，尽量指出特例并对之进行解释。

第四，清代对矿业的投资者，常常以商人称之；[1]对采矿者，则名之曰砂丁；对冶炼者，称之为炉户。此外还有种种复杂的称谓。[2]当然，小投资者可能也从事生产，炉户也可能同时是文献中所称的商人。为了叙述方便，本书除沿用这些说法外，有时会统一用"厂民"来描述矿业采冶中的投资者与生产者。有学者认为，"厂民"指居于上层的矿业出资者，[3]但细究文献，"厂民"更泛指矿业从业者，

1　如乾隆八年，广西布政使唐绥祖称广西"凡属五金所产之山，无碍田园庐墓者，均题请准商开采"。广西布政使唐绥祖：《奏请开采桂省铜厂以资鼓铸事》（乾隆八年十一月），录副奏折，03-0769-070。

2　Hailian Chen, *Zinc for Coin and Brass: Bureaucrats, Merchants, Artisans, and Mining Laborers in Qing China, ca.1680s–1830s*, Leiden, Boston: Brill, 2018, pp.226–227.

3　韦庆远、鲁素：《清代前期的商办矿业及其资本主义萌芽》，载韦庆远《档房论史文编》，人民出版社，1984，第149~261页；邱澎生：《十八世纪滇铜市场中的官商关系与利益观念》，《中央研究院历史语言研究所集刊》第72本第1分，2001年3月。

既指出资者，也指管理人员，还包括从事具体采炼活动的各种人。如清人王崧称："游其地（矿厂）者谓之厂民，厂之大者其人以数万计，小者以数千计。"[1]如果仅指上层出资者，一厂之厂民绝不可能成千上万。正如陈海连指出的，"厂民"既可能是矿工，也可能是矿首，甚至可能是矿区的一位餐馆经营者。[2]

第五，清代文献中的铅，可以指白铅（锌），也可以涵盖白铅（锌）与黑铅（铅）。为了叙述的方便，本书沿袭文献的用法。

现代学术意义上的中国矿业史研究，滥觞于 20 世纪初，至今已约百年，中外学者筚路蓝缕，前后相继，产生了不少鸿文佳作，是为本书的重要基础。不过，在问题意识方面，本书与既有的中国矿业史成果基本上没有交集，所以，尽管我曾深入梳理过相关研究，但并不打算在导言中长篇累牍地介绍。在接下来的正文中，涉及具体的史实或观点时，我将通过征引、讨论、辨析等方式与前辈时贤对话，以此表达我的敬意。

1　王崧：《矿厂采炼篇》，载吴其濬《滇南矿厂图略》卷二，《续修四库全书》第 880 册，上海古籍出版社，2002，第 150 页。

2　Hailian Chen, *Zinc for Coin and Brass: Bureaucrats, Merchants, Artisans, and Mining Laborers in Qing China, ca.1680s–1830s*, pp.228–229.

第一章　国家推动下的矿业兴起[*]

　　清政府的货币政策创造了对矿业的巨大需求，这是当时矿业兴盛的重要前提。从逻辑上考虑，清王朝获取币材的可能途径有海外进口、国内市场购买（废旧铜器）、官办矿业、向民办矿业收取实物税等。在实践上，清王朝最初主要选择第一、第二种途径，后来两条路均无法走通，遂依赖于最后一条途径。入关之初，币材主要靠国内既有的铜器来供给，康熙二十二年（1683）开海以后，铜材大部分取自日本，康熙五十四年起，随着日本对铜出口的限制趋于严厉，清王朝逐渐面临铜材短缺的境况，压制矿业的政策逐渐被放

---

* 本章内容，笔者于 2012 年提交的国家社科基金结项报告《清代铜铅矿业与西南地区的开发》中已有详细叙述。

弃，[1] 发展矿业最终成为国家战略。以上观点学界早已熟知，但其中的许多关键环节与细节仍然有待揭示，而且对一些重要地区矿业的兴起过程，前人或存在诸多误解（如云南铜矿业），或缺乏相应关注（如贵州铅矿业）。本书致力于前贤之所略，不过更重要的是，本书并不将国家视为一个均质的整体，而是在官员的具体行为以及地方与朝廷的博弈中论述清代矿业的兴起过程，呈现官府推动矿业发展的动机与动力。

第一节　逐渐走向开放的矿业政策

清初基于社会效果方面的考量，沿袭明代的矿业思想，轻言矿利。围绕是否弛禁矿山的问题，各级官员的争论长达半个世纪。虽然因为财政、军饷的困扰，朝廷常有寻矿、开矿的举动，但时禁时开，皇帝、官员们对地方社会秩序稳定的担忧之情常常见诸各种公文与著述中，[2] 并引起了当代学者的关注。[3]

1　严中平:《清代云南铜政考》，中华书局，1948，第3~5页; John Hall, "Notes on the Early Ch'ing Copper Trade with Japan," *Harvard Journal of Asiatic Studies*, Vol. 12, No.3/4 (1949); Anna See Ping Leon Shulman, Copper, Copper Cash and Government Controls in Ch'ing China (1644-1795), pp.10-11。

2　中国人民大学清史研究所等编的《清代的矿业》第1~71页搜集了部分关于矿业政策争论的资料。清人王庆云所著《石渠余纪》卷五《纪矿政》（北京古籍出版社，1985）对清代开矿的过程与争论有简要记载。

3　韦庆远、鲁素:《清代前期矿业政策的演变》（上、下），《中国社会经济史研究》1983年第3、4期。

清初主张禁矿的理由主要有：开矿"有伤风水龙脉"、开矿乃"弃本逐末"、开矿扰民、矿民"易聚难散"影响地方安定、"商力不足"等，[1] 学者们没有充分注意到的，是这些反对意见大多不针对铜矿、铅矿。铜、铅之所以在清初的矿业争论中被"忽略"，是因为币材不足的压力，促使清政府不得不认真考虑开放铜、铅矿山的可能性。[2] 但同时清政府又担心由此导致地方社会失序，而且当时尚有废旧铜器与洋铜可资利用，发展国内相关矿业的急迫性并不强烈，于是形成了开放中带有限制的铜、铅矿业政策。清代的矿业，因之有一个逐渐放开的过程。

一　币材需求的压力

清入关之前，就已经开始铸钱，[3] 对铜材自然有一定需求，但其详情已难以知悉。入关之后，为了表明正统性，也为了缓解军费压力，清王朝很快就开钱局铸顺治通宝钱。清政府吸取了明代货币政策的教训，对于发行面值远大于实值的货币持否定态度：一方面是对使用纸币极为谨慎，[4] 顺治年间，甚至连用铜铸钞的建议，都因

1　韦庆远、鲁素：《清代前期矿业政策的演变》（上），《中国社会经济史研究》1983 年第 3 期。

2　韦庆远、鲁素：《清代前期矿业政策的演变》（上），《中国社会经济史研究》1983 年第 3 期；杨余练：《康雍时期矿业政策的演变》，《社会科学辑刊》1983 年第 2 期。

3　彭信威：《中国货币史》，第 521~522 页；上田裕之『清朝支配と貨幣政策—清代前期における制錢供給政策の展開』汲古書院、2009、46~47 頁。

4　在咸丰之前，除了顺治八年至十八年间，因军饷开支很大，清王朝在 1650~1661 年短暂发行并使用少量纸币，其余时间均未发行纸币。彭信威：《中国货币史》，第 556~557 页；William S. Atwell, "Some Observations on the 'Seventeenth-Century Crisis' in China and Japan," *The Journal of Asian Studies*, Vol. 45, No. 2(1986), pp. 223–244。

"滞重难行"而被否决；[1]另一方面，在铸钱时，比较注重每枚铜钱的金属含量，有学者甚至认为顺治时期政府在理论上倾向于铸造面值与实值相当的足值铜钱（full-bodied bronze coin）。[2]

明清鼎革之初，清王朝与残明势力之间的战争还在继续。在许多已归清朝控制的地区，前代旧币仍然在流通，甚为紊乱。[3]顺治四年（1647）禁用前朝旧钱政策的推出，[4]导致一些地区贸易困难。[5]开炉鼓铸新钱成为当务之急。或由朝廷命令，或由地方申请后经朝廷批准，从京师到各省，顺治年间陆续开办了不少铸局，其中最重要的两个钱局为顺治元年户部所置宝泉局、工部所置宝源局，[6]均位于北京。当时影响铸局设立的因素有：是否存在大量驻军需开支军饷、商业是否繁荣以及钱价涨跌[7]等。顺治九年，福建道监察御史石应泰建议，那些"人稀用鲜"之地，应减铸或停铸，而湖广、江宁、临清、蓟、密、宣、大等处，兵马云集，钱粮耗繁，"日费数十万钱"，则应增炉加铸。[8]像江宁这类商贾云集之地，开局铸钱是

1　户部左侍郎邓长春：《揭请以铜铸钞滞重难行》（顺治元年七月），张伟仁主编《明清档案》，联经出版事业公司，1986，A1~64，B155~156。

2　Richard Von Glahn, *Fountain of Fortune: Money and Monetary Policy in China, 1000~1700*, Berkeley: University of California Press, 1996, pp.208~211.

3　例如广东。见户部尚书英峨《题升授广东鼓铸通判薛宫为钱法道事本》（顺治四年七月二十三日），中国第一历史档案馆编《清代档案史料丛编》第7辑，中华书局，1981，第165~166页。

4　光绪《钦定大清会典事例》卷二二〇《户部·钱法·钱法禁令》，收入《续修四库全书》第801册，第580页。

5　例如河南。见河南巡抚吴景道《题已委贰官办理河南鼓铸制钱事本》（顺治四年四月十三日），中国第一历史档案馆编《清代档案史料丛编》第7辑，第162~163页。

6　《清朝文献通考》卷一三《钱币一》，考4965页。

7　钱价即银钱比价，清政府规定每一千文钱为一串，值银一两，但市场不可能按一纸规定运转，因此钱价涨跌不定，官府常常据此决定铸局的停开以及铸钱的数量。

8　福建道监察御史石应泰：《题请画一制钱》（顺治九年五月二十八日），张伟仁主编《明清档案》，A14~118，B7838~7839。

顺理成章之事。[1] 但铜材采买的难易，可能是影响铸局设置的更重要的因素，如北方军镇延绥于顺治三年六月开局，顺治四年四月就因缺铜而停铸。[2] 经过一再开闭合并，到顺治十七年，逐渐形成了以中央与省级行政部门管辖为主体，但仍保留若干军方经管的铸局的分布格局，即中央的宝泉、宝源二局，各省的江宁、南昌、杭州、福州、武昌、开封、济南、太原、西安、云南十局，军镇的密云、蓟州、宣府、大同、临清五局。[3]

尽管各地铸局时开时闭，数量增减不定，但总体而言，清初政府不断扩大铸钱规模，一是鼓铸地区越来越多，二是京师宝泉、宝源二局所需铜斤逐渐增加。与此相应，币材需求的压力也越来越大。

（一）京局铜材的来源：税关买铜

清代有"鼓铸必凭关税"之说，[4] 意指清初京师钱局所需之铜须靠关税购买，但这是一个粗略的说法，"必凭关税"是在清朝立国后十多年间逐渐形成的。

先来看宝泉局。鼓铸初兴的顺治元年（1644）五月至二年五月，该局币材来源是：库中所存铜、铅、铜器 3233010 斤，前代旧钱 1617789 文。依靠库存显然只能济一时之需，自二年起就依靠三种来源：户部自己购买、各税关买解、各州县买解。[5] 参与买解的

1　《清朝文献通考》卷一三《钱币一》，考 4967 页。

2　户部尚书车克：《题查明停减炉座铸本钱息事本》（顺治十一年正月二十六日），中国第一历史档案馆编《清代档案史料丛编》第 7 辑，第 186~190 页。

3　韦庆远：《顺治朝铸钱及其存在的问题》，《明清史新析》，中国社会科学出版社，1989。

4　南赣巡抚刘武元：《题兵船兴贩赣关无税不能开铸事本》（顺治八年二月二十一日），中国第一历史档案馆编《清代档案史料丛编》第 7 辑，第 172~173 页。

5　户部尚书车克：《题查明停减炉座铸本钱息事本》（顺治十一年正月二十六日），中国第一历史档案馆编《清代档案史料丛编》第 7 辑，第 186 页。

州县大体上位于直隶等离京较近之地，而且不一定是由州县直接交部，中间可能有经纪人。例如顺治十一年十二月，灵寿县解子罗西河解铜一万斤赴京，交给了经纪人纪应魁，并付给银五十五两，由他负责雇车送部等一应事项，谁知却被其盗卖。[1] 税关所动用的银两是逐渐增加的，顺治二年令崇文门、天津、临清、淮安四关，各动支税银一万两办铜解局，两年后，芜湖、浒墅、扬州、西新、北新、九江六关各出税银一万两，也加入了办铜解局的队伍，[2] 七年又令临清、淮安、浒墅、芜湖、北新、九江六关各增支税银一万两办铜解局。[3] 这样，税关买解逐渐成为最重要的方式，时人遂有"鼓铸必凭关税"之说。[4] 例如顺治十一年，宝泉局接收部发钱铜 20 万斤，值银 13000 两，各关解到铜 2529687 斤多，值银 164429 两多，各州县解到铜 287163 斤多，值银 18665 两多。[5]

笔者目前掌握的材料，对顺治年间工部宝源局铜材来源的记载较为简略。同宝泉局不同的是，直接购买从一开始就是宝源局获取铜材的重要途径。顺治元年用库贮铜铅鼓铸时，就已提到了商铜，惟鼓铸亟兴，发钱粮招商买铜缓不济急，因此在京城就近收买民间铜器成为应急之法，但毁坏佛像铸钱在禁止之列。[6] 二年开始，

1　刑部尚书图海：《题复投充人盗卖官铜分别论罪》（顺治十三年十月初九日），张伟仁主编《明清档案》，A29-37，B16259~B16265。
2　《清朝文献通考》卷一三《钱币一》，考 4966 页。
3　《清朝文献通考》卷一三《钱币一》，考 4967 页。
4　南赣巡抚刘武元：《题兵船兴贩赣关无税不能开铸事本》（顺治八年二月二十一日），中国第一历史档案馆编《清代档案史料丛编》第 7 辑，第 172~173 页。
5　户部右侍郎郝杰：《题报拾壹年宝泉局鼓铸本息事本》（顺治十二年正月二十五日），中国第一历史档案馆编《清代档案史料丛编》第 7 辑，第 190~192 页。
6　工部屯田清吏司员外郎聂一心：《揭请严禁毁坏铜佛铸钱》（顺治元年七月），张伟仁主编《明清档案》，A1-49，B115。

工部差司官一人专督办买商铜。[1] 到顺治十七年（1660），以宝源局铜斤悉买自商贩之手，"铜数太多，转得借口难购"，兼令芜湖、龙江、南新、荆州四关差及芦政差动支岁课银办铜解局，定各差分办九十万斤，部办九十万斤。[2] 至此，部买加上各关办解，宝源局与宝泉局解决币材的主要方式趋于一致，只是前者还有芦课办铜一途。康熙元年（1662），停工部司官办铜，工部铜斤遂全凭关差与芦课。康熙三年，户部办铜亦停止，且以各关税额少，令各关差兼支芦课银办宝泉局额铜。至此，宝泉、宝源二局的办铜方式基本一致，并且都主要依靠税关买解。唯一的区别是，承办宝泉局的各关仅仅在经费上动支芦课，但具体采买与芦政官员无关；而宝源局的额铜方面，芦政差还要分担采买任务。[3]

　　税关买解并非税关官员或胥吏亲往市场购铜，而是招商采买，其程序大致如下。朝廷分配了各关应为宝泉、宝源局办解的铜斤数量，并规定每斤铜值银 0.065 两，税关官员据此安排预算并招商，从关税中支付铜价，商人在税关拿到购铜银两，然后买铜交税关，税关再将铜斤运往北京户、工二部，通常在每年四月、五月将铜解到。[4]

　　商人拿到官帑之后，到何处采买铜斤呢？日本学者矢野仁一推测是从日本进口，美国学者 John Hall 对此进行了反驳，表示铜从何来并不清楚，[5] 笔者所见史料亦未详载当时铜材的来源。另一位学者

1　《清朝文献通考》卷一三《钱币一》，考 4966 页。

2　《清朝文献通考》卷一三《钱币一》，考 4970 页。

3　《清朝文献通考》卷一三《钱币一》，考 4970~4971 页。

4　《清朝文献通考》卷一四《钱币二》，考 4976 页；《清圣祖实录》卷一九六，康熙三十八年十一月丙午。

5　John Hall, "Notes on the Early Ch'ing Copper Trade with Japan," *Harvard Journal of Asiatic Studies*, Vol. 12, No.3/4 (1949).

Anna See Ping Leon Shulman 称顺治二年（1645），皇帝下旨鼓励有实力的商人到东南亚与日本购铜，此系误读史料。[1] 推测商人购铜的可能途径，无非有三：一是在国内收买铜器；二是在国内矿厂收购；三是赴国外（主要是日本）购买。当时海禁未解，商人出洋极为不易，中外史料也都显示，这一时期赴日中国商船不但数量极少，而且均来自反清的台湾郑氏集团，[2] 所以大体上铜材应以在国内购买为主。事实上，直到康熙二十五年（1686），九卿、科道在讨论增加商人办铜的价格时，理由还是"各省铜产不能充裕，价值渐昂"，不加价商人无力承办，[3] 可见此时国内购买仍是主要方式，但究竟是通过收买铜器还是开采矿山，笔者所见材料没有详载。不过，靠国内矿业来支撑似乎不大可能，首先，顺治年间开矿的记录非常少，清代著名的铜矿均非此时所开采；其次，从下文可知，各省镇铸局所需之铜，主要也不是来自矿业，而是民间积存的铜器与旧钱，可以做一旁证。

（二）省、镇铸局币材的来源

京师之外，顺治年间各省、镇鼓铸所需币材，来源方式并不一致。一些地区有较多积存铜铅与旧钱可供利用，另一些地区所存不敷，甚至全无积贮，需筹措银两购买。总体上看，币材来源大致有如下几种：全凭积贮铜铅鼓铸，如临清钱局；库存币材加上另筹本银购买，如江南钱局；库存币材加上户部划拨本银购买，如密镇钱

1　Anna See Ping Leon Shulman, Copper, Copper Cash and Government Controls in Ch'ing China (1644–1795), p.150. 作者的史料来源是张寿镛所编之《清朝掌故汇编·内编》卷一九（《近代中国史料丛刊三编》第 121 册，文海出版社，1986，第 1b~2a 页），但其实这则鼓励商人出洋购铜的材料根本没有注明是顺治二年的，也没有说明系皇帝的谕旨。

2　John Hall, "Notes on the Early Ch'ing Copper Trade with Japan," *Harvard Journal of Asiatic Studies*, Vol. 12, No.3/4 (1949).

3　《清朝文献通考》卷一四《钱币二》，考 4975 页。

局、宣府钱局；借支饷银购买，如蓟镇钱局；户部拨本银购买，如阳和钱局、甘肃钱局；官员自筹，如顺治七年（1650）二月之前的郧襄钱局；饷银内拨给购买经费，如顺治七年二月至八年十一月间的郧襄钱局；以关税银为铸本，如荆州钱局；搜括废铜与动支兵饷，如延绥钱局；搜括铜斤及部拨铸本，如大同钱局。凡由户部拨银者，皆为北方军事重镇。[1]

　　要言之，各省、镇钱局大体上是经由购买而非通过官办矿业获得铜、铅，督抚等官员对此负有责任，如顺治六年山西巡抚祝世昌题称"经臣督催易买铜、铅，按月铸造"。[2]购买大致有三种方式：一种是由铸钱局的员役或炉头负责采购，如江南铸局；[3]一种是委托给商人，如山西阳和铸局；[4]或者二者兼而有之，如宣镇。[5]

1　户部尚书车克：《题查明停减炉座铸本钱息事本》（顺治十一年正月二十六日），户部右侍郎郝杰：《题报拾壹年宝泉局鼓铸本息事本》（顺治十二年正月二十五日），户部尚书巴哈纳：《题江宁鼓铸获息存剩银两去向开造不明事本》（顺治十二年三月初六日），户部右侍郎朱之弼：《题十二年宝泉局鼓铸获息事本》（顺治十三年二月初十日），户部尚书戴明说：《题严查江宁鼓铸钱息少事本》（顺治十三年三月十七日），中国第一历史档案馆编《清代档案史料丛编》第7辑，第186~193、196~202页；两江总督马鸣珮：《揭报顺治十二年分江宁钱厂鼓铸本息数》（顺治十三年三月），督理京省钱法杜笃祜：《揭报顺治十四年分各省镇铸局获息数目》（顺治十五年十二月），张伟仁主编《明清档案》，A26-89，B14717~14718；A33-96，B18733~18735。

2　山西巡抚祝世昌：《题伍年山西鼓铸息银数目事本》（顺治六年八月二十二日），中国第一历史档案馆编《清代档案史料丛编》第7辑，第168页。

3　江南总督马鸣珮：《题柒年江宁鼓铸获息事本》（顺治八年正月二十八日），中国第一历史档案馆编《清代档案史料丛编》第7辑，第170~171页。

4　山西总督佟养量：《题柒年山西阳和铸局本息银两事本》（顺治八年闰二月十一日），中国第一历史档案馆编《清代档案史料丛编》第7辑，第173~174页。

5　顺治十三年，宣大巡按翁祖望的揭报中提到"秤入各商废铜"[宣大巡按翁祖望：《揭报炉头串通局委私铸制钱审实分别拟绞》（顺治十三年九月初六日），张伟仁主编《明清档案》，A28-131，B16085~16089]；顺治十五年的一则揭报中说道："宣镇设炉叁拾座，而本地不产铜斤，旧例皆系商人及炉头各役领银赴山西真保等处采买，以供铸造之用。"[佚名：《揭明宣镇通欠鼓铸银两缘由并报经手职名》（顺治十五年六月），张伟仁主编《明清档案》，A32-108，B18127~18129]，可见宣镇是委托给商人与炉头。

　　各铸局采买地点不一,但铜斤供应不足、购买艰难则是共同难题。江南铸局之铜从前来自川、广、云、贵等处,但顺治八年(1651)总督马鸣珮已称"商贾未通,(铜斤)日愈稀少,铸厂员役采办维艰",[1]十一年时已经"厂无存料,搜买又竭",择差前往山东、河南等处收买,往返数千里,但仍然难以购办,铸局处于半开半歇状态,不能完成额定任务。[2]福建鼓铸所需铜料起初来自本省,但到顺治九年,已经"闽铜罄竭,采买维难",需到外省购买。[3]宣镇的铜斤委托给炉头和商人赴山西真保等处采买,但能够如数如期办铜者,"拾不获壹",历任官员离任时都有未完成的办铜任务。[4]

　　各地铸局收买铜斤的程序,史料所载不详。河南怀庆府铸局多少为我们提供了一点信息。该铸局原设在开封府,为了靠近煤炭产地,遂移至怀庆府,先是在该府附近收买铜斤、旧钱鼓铸,数年之后该府搜买已尽,不得不赴他府收购。[5]据河南巡抚亢得时的描述,先由右布政使行文各府州县买铜,运到钱局供铸;接到任务的府州县,随即根据铜材数量及每斤铜/0.06两银之价,拨出所需银两,交由吏员购铜并运送至钱局;钱局的管局同知收到铜后,秤其重量,每斤铜付给钱60文(按1两银＝1000文钱的官方比价,正好值银

1　江南总督马鸣珮:《题柒年江宁鼓铸获息事本》(顺治八年正月二十八日),中国第一历史档案馆编《清代档案史料丛编》第7辑,第170~171页。按,马鸣珮提到从前江南铸局的币材来自川、广、云、贵等处,应指的是明代情况,因为马鸣珮题本上于顺治八年,当时云南等地尚在南明永历政权的控制之中,不可能去那里采买,也正因为如此,他才说"商贾未通"。

2　户部尚书戴明说:《题严查江宁鼓铸息少事本》(顺治十三年三月十七日),中国第一历史档案馆编《清代档案史料丛编》第7辑,第199~202页。

3　户部尚书车克:《题未报鼓铸钱息各省事本》(顺治十年三月初二日),中国第一历史档案馆编《清代档案史料丛编》第7辑,第181~183页。

4　佚名:《揭明宣镇递欠鼓铸银两缘由并报经手职名》(顺治十五年六月),张伟仁主编《明清档案》,A32-108,B18127~18129。

5　河南巡抚亢得时:《题请足铜本运价事本》(顺治十三年闰五月十三日),中国第一历史档案馆编《清代档案史料丛编》第7辑,第204~206页。

0.06 两）；吏员再将收到的钱交回所在府州县。这看起来是一个公平交易的过程，其实不然。首先，铸局通过用钱而不是银来支付铜价，盘剥了承办州县。因为当时市场上的钱价较贱，1000 文钱兑换不到官定的 1 两银，本来每斤铜应该支付白银 0.06 两，但怀庆铸局支付的是 60 文铜钱，承办州县因之蒙受损失。当然，这一损失最终转嫁到了相关百姓的头上。其次，更主要的是对百姓的压榨。户部所定的铜材价格为每斤铜 0.065 两银，尽管这一价格已经低于市场价，但河南官方还再克扣了 0.005 两，只给 0.06 两，而且其中还包括了解运费用。拿着这笔经费买铜运铜的吏员，自然只能低价向百姓购铜。而藏有旧钱或铜器的百姓不愿按官价出售，官府就会强行购买。眼见购铜不易的地方官，甚至向里甲摊派。顺治十三年，户部接到了针对怀庆铸局"赔累里甲"的申诉，要求河南巡抚亢得时查明，而亢得时仅仅讲述了一遍购铜程序以及相关官府已保证并无"私派里甲"之事就敷衍过去。[1] 大约半个月后，亢得时终于申明要按照户部的规定，每斤铜给价银 0.065 两，其中 0.005 两作为运费。[2]

　　户部规定了购铜价格，要求全国各地统一执行，这对一个幅员辽阔的国家而言，其僵化性显而易见。更重要的是，市场铜价不断上涨，户部却不会适时调整，而负责购铜的地方官员也无权擅改定价，唯一的办法就是用低价强制收购。百姓私自储藏之铜材，可能会被官府强行取出售官，其情近于掠夺。此不独河南为然，而应是普遍情况。顺治六年湖南常德就发生过这样的案子。[3] 凡此种种，均

1　河南巡抚亢得时：《题查河南怀庆铸局赔累里甲事本》（顺治十三年四月二十九日），中国第一历史档案馆编《清代档案史料丛编》第 7 辑，第 202~204 页。

2　河南巡抚亢得时：《题请足铜本运价事本》（顺治十三年闰五月十三日），中国第一历史档案馆编《清代档案史料丛编》第 7 辑，第 204~206 页。

3　湖广湖南巡按上官铉：《揭报委官敛铜资贼迟误鼓铸事犯前请旨定夺》（顺治六年八月），张伟仁主编《明清档案》，A10-120，B5517~5518。

显示政府表面上是用市场方式去汲取资源，实则带有强烈的差役色彩。

（三）铜材的匮乏

靠民间积存的铜器与旧钱铸钱，缺乏可持续性，很容易就出现无铜可买的状况。特别是随着清王朝控制的地域不断扩大以及经济的恢复与发展，对钱的需求日渐增加，到 1670 年代，铜荒日益严重。对其后果，John Hall 曾有简单描述：省、镇铸局被迫关闭，严厉惩罚民间私自用铜、购买碎铜，减轻每文钱的重量等。[1]Anna See Ping Leon Shulman 则提到了制钱不足所加剧的财政赤字，顺治八年（1651），政府财政收入 1485 万两，军费开支 1300 万两，官员薪水开支等 200 万两，总支出超过了 1572.4 万两，赤字达到了 87.4 万两，在康熙二十二年（1683）之前，单军费开支就占据了整个政府预算的 90%。为了应对困局，政府不得不短暂发行自己非常不喜欢的纸币。[2]

随着民间能够提供的铜材日渐减少，铜价势必节节上涨。讽刺的是，铜价上涨导致实际的铸钱成本越来越高，但因铸出制钱的数量越来越多，钱对银的比价却越来越低，加上搬运困难，一些营伍宁愿减饷也不愿要制钱作为薪水。[3]铜价在上涨，铜钱价值在下跌，过了某个平衡点之后，必然驱动不法之徒私自将铜钱熔销成铜以逐

1　John Hall, "Notes on the Early Ch'ing Copper Trade with Japan," *Harvard Journal of Asiatic Studies*, Vol. 12, No.3/4 (1949).

2　Anna See Ping Leon Shulman, Copper, Copper Cash and Government Controls in Ch'ing China (1644−1795), pp.150−151.

3　姚文然：《请停鼓铸事宜疏》，贺长龄辑《皇朝经世文编》卷五三《户政二十八·钱币下》，收入《近代中国史料丛刊》第 731 册，文海出版社，1972，第 21b~22b 页。此疏上于康熙九年。John Hall 在 "Notes on the Early Ch'ing Copper Trade with Japan" 一文中，认为铜荒推动了钱价上涨，这是一个符合逻辑但不符合事实的判断，因为要到康熙十八年之后，铜荒与钱价上涨之间才真正有关联。详后文。

利。过去，政府大力禁止私铸铜钱，现在的重心却从禁止私铸变为禁止私销，康熙十二年就此出台了一系列法律措施，连失察的官员都要一并治罪。[1] 在实际的执行过程中，惩罚的力度同样非常大，康熙十九年，有民人马善私毁制钱，三法司会议后，判斩立决，皇帝也觉得判罚过重，最后改判为"斩监候"。[2]

为了应对铜材供应的困境，朝廷一方面限制民间铸造铜器，于康熙十二年规定除红铜锅以及现存铜器外，所有铸造铜器，只许五斤以下，[3] 同时也对现实让步，康熙十四年，令各税关办铜只要完成定额的一半即可。[4]

面对铜荒与钱贱并行的局面，除严厉打击私毁制钱、限制民间使用铜器外，政府还在官方的层面不断推广制钱的用途以提升钱价，最重要的就是延续、扩大、强化顺治十年（1653）已经开始的允许用钱缴税的政策。顺治十四年题准征收钱粮时，银七钱三，银尽起解，钱充存留之用。[5] 康熙七年（1668）复准，存留、驿站、官役、俸工、杂支等项俱照银七钱三例收放制钱，"督抚查取所属征收流水底簿磨对，年终得收放数目造册报部，如奉行不力，指名题参"。[6] 康熙十年，令直省存留钱粮照数收钱，有不收制钱者以违制论。[7]

1　光绪《钦定大清会典事例》卷二二〇《户部·钱法·钱法禁令》，收入《续修四库全书》第801 册，第 582 页。

2　中国第一历史档案馆整理《康熙起居注》，中华书局，1984，第 622 页。

3　光绪《钦定大清会典事例》卷二二〇《户部·钱法·钱法禁令》，收入《续修四库全书》第801 册，第 582 页。

4　《清朝文献通考》卷一四《钱币二》，考 4972 页。

5　雍正《浙江通志》卷八七《钱法·搭放》，收入《景印文渊阁四库全书》第 521 册，台北商务印书馆，1984，第 315 页。

6　雍正《浙江通志》卷八七《钱法·搭放》，收入《景印文渊阁四库全书》第 521 册，第 316 页。

7　雍正《浙江通志》卷八七《钱法·搭放》，收入《景印文渊阁四库全书》第 521 册，第 316 页。

民间毁钱成铜导致制钱数量减少，同时政府又不断拓展钱的用途，数年之后，钱价终于开始上涨。康熙十八年九月，皇帝在大学士面前抱怨"制钱日少，价值腾贵"，[1]是为笔者所见到的较早的清代钱价上涨的记录。有官员开始讨论是否可以减轻钱重，但结果是要尊重顺治年间经过反复后定下的制度，未予更改。[2]直到康熙二十三年，清廷才下令将每文制钱重量从一钱四分改为一钱。[3]

二　矿业政策的推出

正是在币材需求压力日益增大的情况下，清王朝于康熙十四年（1675）明确了铜、铅开采的合法性，但附加了一些限制条件。关于康熙时期的矿业政策，美籍华裔学者任以都（E-Tu Zen Sun）曾做过概括性的论述，[4]韦庆远与鲁素对清前期矿业政策争论中的各方观点列举得颇为详细，[5]杨余练则试图探讨康雍时期矿业政策的确立与演变。[6]但这些研究的主旨并非呈现铜、铅矿业政策的演变过程，任以都和韦庆远、鲁素的论文对康熙前期的矿业政策甚至没有涉及。此外，关于康熙前期的矿业政策研究，还存在着两个问题。首先，许多研究弄错了清廷最早出台开矿政策的时间，或认为出台于

1　《圣祖仁皇帝圣训》卷二七《理财》，收入《景印文渊阁四库全书》第 411 册，第 465 页。

2　《清圣祖实录》卷八五，康熙十八年十月丙寅。

3　《清圣祖实录》卷一一六，康熙二十三年九月丙寅。

4　E-Tu Zen Sun, "Ch'ing Government and the Mineral Industries Before 1800," *The Journal of Asian Studies*, Vol. 27, No. 4 (1968), pp. 835–845.

5　韦庆远、鲁素：《清代前期矿业政策的演变》（上、下），《中国社会经济史研究》1983 年第 3、4 期。

6　杨余练：《康雍时期矿业政策的演变》，《社会科学辑刊》1983 年第 2 期。

康熙二十一年蔡毓荣的筹滇疏，[1] 或认为出台于康熙十八年，[2] 两个时间均有错误，最早应为康熙十四年。其次，在论述康熙十八年出台的矿业政策时，主要利用实录，但关于这一政策，实录的记载没有《清朝文献通考》详细，而《清朝文献通考》又没有《江南通志》等方志所载全面。

《清朝文献通考》称：

> （康熙）十四年，定开采铜铅之例，户部议准，凡各省产铜及白、黑铅处所，有民具呈愿采，该督抚即委官监管采取。[3]

较之《清朝文献通考》，《江南通志》所载康熙十四年的政策多了一条："若地方官不准，愿采之民赴部控告，查果采得铅、铜者，将不准采铜之官革职。"[4] 这对铜铅开采的鼓励显然更为有力。值得注意的是，专门为铜、铅开采制定政策，显然是因为货币材料需求。但当时制钱是铜七（白）铅三配铸，开采黑铅，可能是为了武器装备的需要。

鼓励开采的同时，清政府显然也担心开矿导致地方社会失序，因此在四年之后，加上了若干限定。《清朝文献通考》载：

1　韦庆远、鲁素：《清代前期矿业政策的演变》（上、下），《中国社会经济史研究》1983 年第 3、4 期。

2　杨余练在《康雍时期矿业政策的演变》（《社会科学辑刊》1983 年第 2 期）中称："清朝的矿业政策，一般认为'发端'于一六八二年（康熙 21 年）云贵总督蔡毓荣的《筹滇十疏》，这是不确切的。清朝最初提出比较完整的矿业政策，是在一六七九年（康熙十八年）。"马琦认为康熙十八年之前，全国仍处于"矿禁"之下，也是持与杨余练相同的看法，参见马琦《国家资源：清代滇铜黔铅开发研究》，第 60 页。

3　《清朝文献通考》卷一四《钱币二》，考 4972 页。

4　乾隆《江南通志》卷八二《钱法·采铜条例》，收入《景印文渊阁四库全书》第 509 册，第 361 页。

（康熙）十八年，复定各省采铜、铅处，令道员总理，府佐分管，州县官专司，采得铜、铅，以十分内二分纳官，八分听民发卖。有不便采取之处，督抚题明停止，监管官所得税铜、铅，准按斤数议叙，上官诛求逼勒者从重议处。其采取铜、铅，先听地主报名，如地主无力，听本州县人报采，许雇邻近州县匠役，如有越境采取及衙役扰民，俱治其罪。[1]

最主要的限定是地域，即本州县之人开采本州县之矿，此外还有地主优先、不便处停止开采的原则，同时还规定了税率，即"二分纳官"。《江南通志》所载康熙十八年的规定更为清楚，多了三个内容。第一，条款中有"近坟墓处不许采取"之条。第二，对官员的奖励措施有具体内容，"道厅官如得税铜铅，每十万斤纪录一次，四十万斤加一级，州县官得税每五万斤纪录一次，二十万斤加一级，所得多者照数议叙"。第三，对越境开采及衙役扰民，则明确说明"照光棍例治罪"。[2] 联系到这一年"制钱日少，价值腾贵"的状况，以及"部院衙门各处所有废铜器皿、毁坏铜钟及废红衣大小铜炮并直隶各省所存废红衣大小铜炮，着尽行确察解部鼓铸"[3]"禁止铸造铜器"[4]等记录，可以推知，重申鼓励开采铜、铅的政策就是为了解决币材不足的难题。

这一年除了重申有限制地听民开采之外，皇帝还密令官员在东

1　《清朝文献通考》卷一四《钱币二》，考 4972 页。

2　乾隆《江南通志》卷八二《钱法·采铜条例》，收入《景印文渊阁四库全书》第 509 册，第361~362 页。

3　《圣祖仁皇帝圣训》卷二七《理财》，收入《景印文渊阁四库全书》第 411 册，第 465~466 页。

4　光绪《钦定大清会典事例》卷二二〇《户部·钱法·钱法禁令》，收入《续修四库全书》第801 册，第 582 页。

北积极寻找金、银、铜、铅等矿源。[1] 这说明皇帝骨子里追求矿利，但受缚于矿业危害社会的种种说教而不能公之于众。第二年，户部拒绝监察御史开采四川中江铜山铜矿的请求，皇帝予以驳斥："蜀省乃产铜之处，该部不加详查，遽称无庸议，不合。着再议具奏。"[2] 但对那些朝廷难以有效控制的地区，则要求严厉封禁，例如康熙二十一年，湖广容美土司田舜年请开矿采铜，即因"恐该管地方官员借此苦累土司，扰害百姓"而遭拒绝。[3]

杨余练认为康熙十八年的政策"有利于调动商民投资矿业的积极性，有力地推动了矿业的开发"，[4] 这一判断可能与史实不符。开采铜铅政策的成效，似乎不太理想。例如康熙十九年（1680）令浙江富阳等县听民采取铜、铅输税，但次年即停止。[5] 收效不大的原因之一是，有矿之地通常是山区，当地人往往资本薄弱，很难组织起较有效率的开采队伍。[6] 康熙二十三年，管理钱法侍郎陈廷敬提供了开矿成效不理想的另一种解释：

> 再查产铅、铜地方，因地方官收税种种作弊，小民无利，不行开采。此后停其收税，任民采取。则铜日多而价自平。[7]

1　安珠瑚：《密奏开采金银铜矿等事宜折》（康熙十八年十月二十二日），中国第一历史档案馆编《康熙朝满文朱批奏折全译》，中国社会科学出版社，1996，第 5 页。

2　中国第一历史档案馆整理《康熙起居注》，第 703 页。

3　《圣祖仁皇帝圣训》卷六《圣治一》，收入《景印文渊阁四库全书》第 411 册，第 221 页。

4　杨余练：《康雍时期矿业政策的演变》，《社会科学辑刊》1983 年第 2 期。

5　《清朝通典》卷八《食货八·杂税》，万有文库本，典 2066 页。

6　例如，康熙五十年，皇商王岗明称："山西沁水县地方产铜，皆因本地民人开采，故得获无多，以致年年亏缺。"他要求让他出资，雇用本地人开采湖南、山西矿山。山西巡抚苏克济：《奏请亲赴产铅地察视折》（康熙五十年正月初二日），中国第一历史档案馆编《康熙朝满文朱批奏折全译》，第 706 页。

7　《清圣祖实录》卷一一六，康熙二十三年九月丙寅。

税收弊端详情我们已难以得知，但这一说法引起了皇帝与朝廷官员的共鸣。陈廷敬的奏疏上达后，九卿建议"俱照所请，通行各省遵行"，最后皇帝下旨："依议。开采铜斤，听民自便。地方官仍不时稽察。毋致争斗抢夺、借端生事、致滋扰害。"[1]

朝廷宁愿在税收方面做出让步，反映出铜荒问题的迫切。这一铜铅新政的成效，根据现有史料已很难判断。不过，随着海禁的解除，日本铜（文献上常称为洋铜）大量涌入，很快缓解了铜荒。台湾郑克塽降清后，康熙皇帝听他说到对日贸易的收益，便命福州和厦门的官员，于康熙二十四年（1685）七月派船十三艘，装载台湾砂糖开往日本贸易，[2]洋铜很快成为最重要的铸钱材料，[3]中国官员对铜荒的抱怨显著减少，铸局增加了铸钱数量。康熙三十八年，管理钱法户部右侍郎鲁伯赫甚至建议不再收买废钱鼓铸，得到了批准。[4]

因为洋铜的源源供给，采购铜斤不再是苦差，而且有厚利可图，于是，以王岗明为代表的内务府商人（又称皇商），积极表达了承担铜斤办解任务的愿望，而这原本主要是由税关负责的。康熙三十八年，他们取得了成功。芜湖关额铜六十六万七百六十斤零，浒墅关额铜四十四万八千八百四十斤零，湖口关额铜三十六万七千八百四十斤零，淮安关、北新关额铜各三十万七千六百九十斤零，扬州关额铜十五万三千八百四十斤零，

1　《清圣祖实录》卷一一六，康熙二十三年九月丙寅。

2　赵兰坪：《日本对华商业》，商务印书馆，1932，第12页；木宫泰彦：《日中文化交流史》，胡锡年译，商务印书馆，1980，第649页。

3　住友修史室编『近世前期に於ける銅貿易と住友』附录一「銅輸出高表（自元和七年至正徳元年）」住友修史室，1957；赵兰坪：《日本对华商业》，第12页；魏能涛：《明清时期中日长崎商船贸易》，《中国史研究》1986年第2期。

4　《清圣祖实录》卷一九四，康熙三十八年七月辛卯。

全部责成商人到六关监督处领银采办, 每斤照定价给银 0.1 两, 脚价银 0.01 两, 之后其余各关也逐渐改归商办。[1] 到康熙五十二年 (1713), 办铜的商人, 除了可以前往日本贩铜且"铜斤办回经过各关免其纳税"外, 还被特许从中国载运日本稀缺的商品 (如丝绸等) 前往贸易, 他们获得的, 实质上是一种范围更为广泛的对日贸易权利, 这是除铜商以外的任何商人都不敢企望的。除了皇商之外, 铜商中还有一般民商, 他们应该是从前由税关招来的商人。皇商是后来者, 为了能够加入这项巨大的生财事业, 他们自愿削减从官府所得的铜价。[2] 这样为官府节约出来的银两, 应该就是文献中所称的"节省银"。皇商除了办洋铜外, 也染指国内矿业, 作为完成办铜任务的辅助手段。[3] 由税关到商人的过渡, 是为清朝铜斤采办的一次大调整。

开发国内矿业的迫切性显著降低, 皇帝对矿业的消极态度也达到了顶点, 康熙四十三年 (1704), 他甚至发布了一道上谕:

> 闻开采之事, 甚无益于地方。嗣后有请开采者, 悉不准行。[4]

这一禁令仅针对新的开采申请, 不涉及已办之矿, 是否涉及

1　《清朝文献通考》卷一四《钱币二》, 考 4976 页。

2　韦庆远、吴奇衍:《清代著名皇商范氏的兴衰》,《历史研究》1981 年第 3 期。关于办铜皇商自愿减铜价的问题, John Hall 等学者在韦庆远之前就已涉及, 但韦氏利用了丰富的档案, 论述更为全面、准确和详明。

3　山西巡抚苏克济:《奏请亲赴产铅地察视折》(康熙五十年正月初二日), 中国第一历史档案馆编《康熙朝满文朱批奏折全译》, 第 706 页。

4　光绪《钦定大清会典事例》卷二四三《户部·杂赋·金银矿课》, 收入《续修四库全书》第 801 册, 第 873 页。

铜、铅矿也不清楚，但至少云南铜矿是这个政策的例外，因为禁令出台之后的康熙四十四年，云南即实行放本收铜政策，由官借工本开采铜矿，以此刺激铜矿业发展。但皇帝的消极态度多少影响到了铅矿开采。康熙五十年，以湖南"山深谷邃，境通黔粤，苗猺杂处，不便开采"，令封闭该省产铅诸山。[1] 湖南当时是全国最重要的铅产地之一，因为皇帝对社会稳定的担忧而被封闭，这可能意味着当时国家并不缺铅。

然而，洋铜的来源并不总是可靠。海禁刚开，日本政府就开始担心金属大量外流，于 1685 年开始实行贸易定额制度，规定中日贸易额不能超过银 6000 贯，并且禁止银币、铜币出口，只允许精铜输出。[2]1688 年，进一步限定来日贸易的船只数量，清朝商船只有 70 艘的配额，并设"唐馆"严格管制华商，以杜绝走私。这些限制措施显然影响了京局的铜材获取，出现了办铜关差在京城买铜缴纳以完成任务的滑稽现象，朝廷不得不"申定各关差在京城买铜之禁"。[3]

贸易限制同样给日本商人带来困扰。1695 年，当许多载货前来的中国商船无法贸易时，不少同样想赚钱的日本商人设法买下这些货物，但不用银购买，而用铜来以货易货，是为"代物替"。"代物替"多时达到 7000 贯，超过了定额的 6000 贯，日本每年流出的铜，近 900 万斤之巨。[4]

"代物替"大大缓解了清朝购买洋铜的困难。自 1698 年之后，

1　《清朝通典》卷八《食货八·杂税》，典 2066 页。

2　John Hall, "Notes on the Early Ch'ing Copper Trade with Japan," *Harvard Journal of Asiatic Studies*, Vol. 12, No.3/4 (1949); 中嶋敏「清朝の銅政における洋銅と滇銅」『東洋史學論集』汲古書院、1988、161~177 頁。英文论文中为银 60 万两（tael）。

3　易惠莉：《清康熙朝后期政治与中日长崎贸易》，《社会科学》2004 年第 1 期。

4　木宫泰彦：《日中文化交流史》，第 650~651 页。

日本方面感受到了铜产的不足而逐步采取更严厉的铜禁措施，于 1715 年颁布《正德新商法》，将出口到中国的铜的额度下调至 3 万担（Picul），不到鼎盛时期的 64020 担的一半，并且规定，没有获得德川幕府发给"信牌"的商人不能参加贸易。这种发给牌票取得贸易资格的办法，被许多清朝官员视为一种侮辱——因为向来只有中国给前来朝贡贸易的外国商人发凭证，于是要求将牌票发回，接下来的两年里，没有中国商船再赴日本。[1] 但铜的需求是大事，康熙五十五年（1716），皇帝通过重新解释牌票的性质化解了这一难题：

> 此牌票只是彼此贸易之一认记耳，并非行与我国地方官之文书。……如以此为大事，可乎？[2]

牌票的性质能够予以新解，但洋铜的减少却难以解决。从前利润丰厚、商人们趋之若鹜的办洋铜事业，现在成了一桩艰巨任务，他们拖欠着官府帑金，却无法依时足额交铜，许多中国商船因无铜可运滞留在日本。而当时国内的矿业尚不发达，处境艰难的铜商无法找到新的铜源。康熙五十年（1711），皇商王岗明要求政府放宽矿业限制，他称：

> 我等备办铜，从前俱在湖南地方采买。其后禁湖南产铜

1　日本住友修史室所编『近世前期に於ける銅貿易と住友』70~99 頁；赵兰坪：《日本对华商业》，第 13~14 页；John Hall, "Notes on the Early Ch'ing Copper Trade with Japan," *Harvard Journal of Asiatic Studies,* Vol. 12, No.3/4 (1949)。

2　中国第一历史档案馆整理《康熙起居注》，第 2310 页。关于信牌所代表的政治与意识形态方面的含义，有兴趣的读者可参见 Anna See Ping Leon Shulman, Copper, Copper Cash and Government Controls in Ch'ing China (1644~1795), pp.147~148；易惠莉《清康熙朝后期政治与中日长崎贸易》，《社会科学》2004 年第 1 期，第 3、4 部分。

之山，从此买得不多。山西沁水县地方产铜，皆因本地民人开
采，故得获无多，以致年年亏缺。若蒙取消湖南、山西产铜山
禁令，则我等备价，租本地人开采，皆有裨益。[1]

　　本段材料中的"禁"，不能理解为封禁矿山，而是禁外地人开
矿，否则，我们就无法理解，既然山西已"禁"矿，为何还会有
"因本地民人开采，故得获无多"之说。王岗明等人当初以办铜皇
商的身份，在湖南直接投资铜矿，后来受地域限制，不能投资，只
能购买当地人自主办获的铜斤，所以"买得不多"，要求解禁。
　　康熙获悉王岗明的建议后，命令山西巡抚苏克济亲赴沁水县查
看。苏克济于康熙五十年正月二十二日由太原启程，八天后抵达沁
水县矿山，勘验后回称：

　　……皆高山深谷，路险窄弯曲，匪类易于藏匿。今若采
汞（铜），则远近地方匪类，必图利前往。若准商人雇工开
采，则匪类混进，实难查察。应尽交付地方官，代雇土著民
不过百名，出保造册，另派头目，监督开采。开采时若不专
遣官兵管理，则匪类前往图利妄行，亦未可知。此事交付太
原总兵，酌派其所属官兵，防守地方。若遇匪类，即行执之，
解交地方官。[2]

　　皇帝朱批云："所言有理，应该具题。"这样，因为对开矿负面社会

1　　山西巡抚苏克济：《奏请亲赴产铅地察视折》（康熙五十年正月初二日），中国第一历史档案
　　馆编《康熙朝满文朱批奏折全译》，第706页。
2　　山西巡抚苏克济：《奏报察看产铜地方情形折》（康熙五十年二月十七日），中国第一历史档
　　案馆编《康熙朝满文朱批奏折全译》，第706页。

效果的担心，王岗明投资沁水县铜矿的建议虽获批准，但却不能自由雇工，而是由官方代雇当地人开采并派头目监督以及派兵防护，且人数以百人为限。

两年之后，朝廷进一步解释了矿业政策，将铜、铅之外的矿种也涵括进来：

> （康熙）五十二年奏准，久经开矿地方分别开采，其未经开采者禁之。大学士九卿等议奏开矿一事，除云南督抚及湖广、山西地方商人王纲明等各雇本地民人开矿不议外，他省所有之矿向未经开采者，仍严行禁止。其本地穷民现在开采者，地方官查明姓名记册，听其自开。若别省之人往开及本处殷实之民有霸占者，即行重处。上曰：有矿地方，初开时即行禁止乃可。若久经开采，贫民勉办资本，争趋觅利，借为衣食之计，而忽然禁止，则已聚之民毫无所得，恐生事端。总之天地间自然之利，当与民共之，不当以无用弃之，要在地方官处置得宜，不致生事耳。[1]

康熙五十二年（1713）的规定是一项全面（不只是针对铜、铅）的全国性矿业政策。这一政策的要点有以下几处。（1）承认了既有的事实，即久经开矿之地准许继续开采。（2）向未开采的矿山必须禁止。以上两条其实是康熙四十三年所定的"嗣后有请开采者，悉不准行"政策的延续。（3）如果是本地穷民开采本地之矿，且已在开采中者，不在禁止之列，但地方官要查明姓名登记在册以

1　《清朝文献通考》卷三〇《征榷五·坑冶》，考 5129 页。这些皇商的名字，文献中的书写常常不固定，用谐音字的情况很普遍，王岗明写为王纲明或王刚明就是一例。其他人情况相同，以下不另注。

便加强管理。（4）禁止外省人及本处富人占有矿山。限制商人、富人投资，说明康熙皇帝不愿意看到大规模矿厂的出现。（5）云南、湖广、山西等几个重要铜、铅产地，不禁新开之矿，并且允许外地商人投资。任以都认为康熙年间矿业政策的特点之一是限制投资规模，允许小型矿厂存在，作为一般经济的补充。[1] 这从总体上讲固然不错，但多少忽略了清政府对铜、铅矿业的特殊措施。

　　康熙五十二年的政策既要限制开矿（包括投资规模、时间、地域方面的限制）以防止地方社会失序，又要保证铜、铅矿业以及穷民生计，可谓煞费苦心。同年五月，四川提督康泰奏称一碗水地方聚集万余人开矿，随逐随聚，现在官方正力行驱逐。康熙皇帝回应称："朕念此等偷开矿厂者，皆系无室可居、无田可耕之贫民，每日得锱铢为养生之计，若尽行禁止，则伊等何以为生？果如滇省矿厂所出颇多，亦可资助兵饷。此处所出无多，应令该地方文武官员尽心设法，使穷民获有微利，养赡生命，但不得聚众生事，妄行不法耳。"[2] 这是实行新政策的一个例子。兹再举一例，康熙五十四年十一月，直隶总督赵弘燮等称"现在无产穷民相聚偷刨者停其禁止，毋致生事，妄行不法。其外省之人不许开采，本处豪富不许设厂"。[3]

　　除对铜、铅矿业网开一面外，在政策实际执行的过程中，银厂特别是云南、贵州的银厂也是"其未经开采者禁之"的例外，这只

1　E-Tu Zen Sun, "Ch'ing Government and the Mineral Industries Before 1800," *The Journal of Asian Studies*, Vol. 27, No. 4 (1968), pp. 835~845.

2　《圣祖仁皇帝圣训》卷二二《恤民二》，收入《景印文渊阁四库全书》第411册，第409~411页。

3　直隶总督赵弘燮等：《奏报有人偷刨山矿情形折》（康熙五十四年十一月初八日），中国第一历史档案馆编《康熙朝汉文朱批奏折汇编》第6册，档案出版社，1984，第618~619页。

要从康熙五十二年后批准了许多新银矿的开采就可看出。[1]

　　相较康熙十四年、十八年、二十三年给予官员奖励、税收优惠等举措，尽管铜、铅矿业在一定程度上仍然得到保护，但总体而言限制较从前严格，只是在特许皇商于湖广、山西开矿方面展现出了更大的灵活性，这是与赋予皇商更大的办铜责任相关的。皇商请求办铜始于康熙三十八年（1699），康熙五十一年、五十二年让皇商全面承担，是因为朝廷相信皇商办铜更为合算，可以节省银两。例如让皇商办宝泉局额铜的缘由是：

> 查有内务府买卖商人，系身家殷实之户，于办理铜务尤所熟谙，应将各关办宝泉局额铜悉责令如数领价采办，每年可节省银五万两；再于两淮盐课办铜十七万斤，河东、广东盐课办铜各十万斤，福建盐课办铜六万斤，福建海关税办铜四万斤，均交与内务府商人照定限全交。如迟延亏欠钱法，侍郎指名参究，保结之佐领并从重治罪。[2]

　　朝廷为了获取更大收益而让皇商更全面地办铜，但很快被证明是一项失败的政策。尽管王岗明直接投资矿业，在湖南、山西雇本地人开矿的请求得到了满足，但或许与湘、晋二省的矿藏有限有关，铜荒并未得到显著缓解。康熙五十二年铜商全面办铜伊始，就已称办铜艰难，不能按时交铜，拖欠款项，要求将铜节省银等减半

1　光绪《钦定大清会典事例》卷二四三《户部·杂赋·金银矿课》，收入《续修四库全书》第801 册，第 873 页。

2　《清朝文献通考》卷一四《钱币二》，考 4978 页。

完纳。[1] 从康熙五十六年（1717）五月内务府的奏折中，我们可以
详细地看到商人无力办铜导致亏欠之情形。[2] 事实上，在进口洋铜
困难的情况下，皇商很快不但交不上节省银，甚至连政府的帑金也
无法还回，造成严重亏空。康熙五十四年，皇帝不得不改行八省办
铜——将京局所需之铜交由江苏、安徽、江西、浙江、福建、湖北、
湖南、广东八省督抚委员采办，并提高办铜的定价。第二年，又
让内务府商人每年办铜器废铜 130 余万斤，办铜的省份也被允许将
30% 的铜额用铜器来充数。[3] 办铜的八省中，至少赣、湘、粤、闽
四省不再依靠洋铜，而是差官往江南、浙江、云南等处采买。[4] 这一
时期滇省的矿业已经有所发展，到云南购铜，应该不再是收买废旧
铜器。

　　康熙皇帝认为商人办铜拖欠，坚持将商人排挤出去或局限于
办废铜，但铜荒仍未解决，八省办铜同样不能足额如期交铜，康熙
五十八年（1719），江宁等八处已经"旧欠未完康熙五十五、六、
七三年铜二百七十二万八千六百斤有奇"。[5]

　　雍正继位后，较其父更倾向于矿禁，他压制开矿派的声音，延
续康熙晚年的措施，发布了一系列禁矿令，并调动数省兵力，在广

1　内务府：《奏请将制铜节省银等减半完纳折》（康熙五十二年八月二十八日），中国第一历史
　　档案馆编《康熙朝满文朱批奏折全译》，第 905~906 页。

2　内务府：《奏王刚明等铜商限期偿还亏欠银两折》（康熙五十六年五月二十九日），中国第一
　　历史档案馆编《康熙朝满文朱批奏折全译》，第 1195~1199 页。

3　《清朝文献通考》卷一四《钱币二》，考 4978~4979 页；光绪《钦定大清会典事例》卷二一四
　　《户部·钱法·办铜》，收入《续修四库全书》第 801 册，第 503~504 页；John Hall, "Notes
　　on the Early Ch'ing Copper Trade with Japan," *Harvard Journal of Asiatic Studies*, Vol. 12, No.3/4
　　(1949); Anna See Ping Leon Shulman, Copper, Copper Cash and Government Controls in Ch'ing
　　China (1644–1795), pp.165–169.

4　中国第一历史档案馆整理《康熙起居注》，第 2288 页。按：《康熙起居注》误将"湖南"写
　　为"河南"。

5　《清圣祖实录》卷二八五，康熙五十八年九月丙子。

东、广西、湖南等省实行武力禁矿，造成了一系列流血事件。[1] 但铸钱的压力，使铜矿在很大程度上仍然是矿禁政策的例外。[2] 有学者认为，雍正年间，云南是唯一获得政府开采铜矿许可的省份。[3] 这一结论并不正确，例如雍正三年（1725）三月，贵州威宁府属忙步沟就获准开采铜矿，由云贵总督高其倬委派滇省官员前往组织开采。[4] 雍正五年五月二十四日，署广东巡抚常赉奏称韶州府曲江县矾洞山产有铜矿，宋元时期即已开采，有铜砂堆积，请求予以冶炼解京，皇帝朱批云："如果系真，极有益之事。"[5] 第二年，四川总兵赵儒奏陈开采建昌等处铜矿，皇帝批示称"所奏多属允协"。[6] 同年，批准广西地方开采金、银、铜矿。[7] 雍正七年，开采黔省威宁府猓木果铜矿。[8] 雍正八年，户部又题准四川开采各处铜、铅等矿，并委派官员管理，[9] 甚至还允许外省商人赴川开采建昌所属之迤北、兴隆二厂与宁番之紫古唧、沙基、九龙三厂铜矿，所出铜斤按30%税率收课。[10] 其他准许开采之例，不再一一列举。

1   杨余练：《康雍时期矿业政策的演变》，《社会科学辑刊》1983年第2期。

2   韦庆远、鲁素：《清代前期矿业政策的演变》（下），《中国社会经济史研究》1983年第4期。

3   Anna See Ping Leon Shulman, Copper, Copper Cash and Government Controls in Ch'ing China (1644–1795), p.125.

4   贵州巡抚毛文铨：《奏闻滇员在忙布沟采铜折》（雍正三年三月初十日），中国第一历史档案馆编《雍正朝汉文朱批奏折汇编》第4册，江苏古籍出版社，1989，第610页。

5   署广东巡抚常赉：《奏报访得韶州曲江存有铜砂缘由折》（雍正五年五月二十四日），《雍正朝汉文朱批奏折汇编》第9册，第844页。

6   四川总兵赵儒：《奏陈开采铜厂等六条裕课安民移风移俗管见折》（雍正六年七月初三日），《雍正朝汉文朱批奏折汇编》第12册，第830~834页。

7   《清朝文献通考》卷三〇《征榷五·坑冶》，考5130页；光绪《钦定大清会典事例》卷二四三《户部·杂赋·金银矿课》，收入《续修四库全书》第801册，第873页。

8   《清朝通典》卷八《食货八·杂税》，典2066页。

9   乾隆《钦定大清会典则例》卷五〇《杂赋下》，收入《景印文渊阁四库全书》第621册，第561~562页。

10   《清朝通典》卷八《食货八·杂税》，典2066页。

　　铅矿同样是矿禁政策的例外，而且必须如此——因为铅并非从国外进口，如果不准许国内开采，铸局就会因铅材缺乏而关闭。[1]所以在矿禁较严的雍正时期，铅矿业的发展反而非常迅速。贵州在此时成了年产数百万斤铅的省份，遥遥领先于全国（详见本章第三节），同时，康熙年间就已获准在湖南等地开采铅矿的皇商如范毓馪等，在雍正年间仍然继续他们的事业。[2]除皇商外，在湖南采铅的还有不少普通商人，[3]云南、四川、广西等省的铅厂亦准开办。[4]

　　当然，皇帝认为敏感的地区，即便是铜、铅矿也同样遭禁。例如，雍正六年（1728）十二月，广东布政使奏请开采粤省铜矿，皇帝即以广东民俗"善盗"且粮食产量不足而拒绝。[5]第二年，四川提督黄廷桂奏请开采四川雷波一带的铜、铅矿，又因与新安抚的"凉

1　例如雍正元年十月，四川铸局就因无铅而暂停鼓铸。中国第一历史档案馆编《雍正朝起居注册》，中华书局，1993，第 113 页。

2　和硕怡亲王臣允祥等：《奏商人范毓宾等挖铅拖欠银两请分三年扣完等事折》（雍正元年十二月二十三日），中国第一历史档案馆编《雍正朝汉文朱批奏折汇编》第 2 册，第 449~450 页；总理户部事务怡亲王允祥等：《奏陈铅商范毓宾等采办铅斤情形折》（雍正三年二月初八日），《雍正朝汉文朱批奏折汇编》第 4 册，第 363~368 页；《世宗宪皇帝朱批谕旨》卷四《朱批杨宗仁奏折》（雍正三年六月二十四日奏），收入《景印文渊阁四库全书》第 416 册，第 199~200 页。

3　《世宗宪皇帝朱批谕旨》卷二一三之四《朱批迈柱奏折》（雍正九年二月初六日奏），收入《景印文渊阁四库全书》第 425 册，第 120~122 页。

4　乾隆《钦定大清会典则例》卷五〇《杂赋下》，收入《景印文渊阁四库全书》第 621 册，第 561~562 页；光绪《钦定大清会典事例》卷二四四《户部·杂赋·铜铁铅锡矿课》，收入《续修四库全书》第 801 册，第 882~883 页；云南总督鄂尔泰：《奏报七年分盐铜课息情形折》（雍正七年十一月初七日），中国第一历史档案馆编《雍正朝汉文朱批奏折汇编》第 17 册，第 161~162 页。

5　《世宗宪皇帝朱批谕旨》卷七三之一《朱批王士俊奏折》（雍正六年十二月初十日奏），收入《景印文渊阁四库全书》第 419 册，第 235~236 页。

山诸夷"毗邻而被皇帝申斥。[1]

与雍正截然相反，乾隆对矿业的态度非常积极，他的大力推动是清代矿业发展的一个重要原因。即位之初，他就发布谕令：

> 凡产铜山场，实有裨鼓铸，准报开采。其金银矿悉行封闭。[2]

顾忌到矿禁思想的流行，皇帝此时并未完全流露真实想法，只是支持铜矿采冶。同一年，贵州提督王无党奏称"铜、铅二项为铸局所需，自不可禁，银、锡等厂，宜因地因时以为开闭"，乾隆帝予以驳斥，认为"银、锡亦九币之一，其可即行禁采乎"？[3]乾隆五年，又以煤为"兵民日用必需"为由，准许开采山西绥远煤矿。[4]

乾隆皇帝力图全面解禁矿山，而不只是对铜、铅矿网开一面。这样一种开明的态度，从当时封闭一些矿山的理由中也充分体现出来。乾隆三年（1738），贵州总督张广泗疏请封闭大定府属之马鬃岭铅厂，原因是该厂"洞老山空，炉民日渐稀少"。[5]三年后，张广泗又以同样的理由请求封闭威宁府属之白蜡厂银矿。[6]在这两个例子中，开矿与地方社会秩序的关联已不再被强调，请求闭矿的理由集

1　四川提督黄廷桂：《奏请招民开采矿厂以资鼓铸折》（雍正七年十一月十六日），中国第一历史档案馆编《雍正朝汉文朱批奏折汇编》第17册，第255页；四川提督臣黄廷桂：《奏谢朱批训示开导并遵饬雷波黄螂等处弁封禁铜铅厂折》（雍正八年正月十八日），中国第一历史档案馆编《雍正朝汉文朱批奏折汇编》第17册，第742~743页。

2　《清史稿》卷一二四《食货志五·矿政》，第3665页。

3　《清高宗实录》卷三七，乾隆二年二月戊子。

4　民国《绥远通志稿》卷二二《矿业》，内蒙古人民出版社，2007，第269页。

5　《清高宗实录》卷三九，乾隆二年三月甲寅。

6　《清高宗实录》卷一一三，乾隆五年三月戊辰。

中在矿储量是否丰裕等专业性、技术性问题上。对禁矿派最常坚持的"（矿民）易聚难散"、扰乱地方等种种说教，乾隆嗤之以鼻，一些固执己见者甚至受到惩处。如乾隆三年广东提督张天骏以"矿山开采，恐滋聚众"为由奏请禁采，结果遭到粤督鄂弥达乃至皇帝本人的驳斥："聚则为工，散则为农，并无易聚难散之患。"最后张天骏被"交部议处"。[1]张廷玉的下述观点逐渐成为乾隆时期的主导思想："取矿之家必系有力之人，岂肯窝容匪类以自取祸？又何有易聚难散之患？"[2]

综上可知，即便在矿禁思想流行时期，铜、铅矿都得到了政策上的特别关照，因此在清初就得到较多开发。乾隆皇帝继位之后，全面支持开矿，矿业步向鼎盛，有力地解决了清王朝面临的铜荒问题。之后，禁矿论就再也未能成为主流。

本节梳理了清代矿业政策的演变，下面将论述对清王朝至关重要的滇铜黔铅的兴起过程。

第二节　云南铜矿业的兴起

清代铜主要产于云南，所出最旺时占全国铜总产量的 80% 左

1　钟琦：《皇朝琐屑录》卷三二《钱法附矿务二十二则》，收入《近代中国史料丛刊》第 532 册，文海出版社，1970，第 1149~1150 页。

2　中国人民大学清史研究所等编《清代的矿业》，第 15~16 页。

右。[1]关于滇铜的兴起过程，学界普遍认为，清代云南铜矿业的大规模开采，始于三藩之乱平定后的康熙二十一年（1682）。当时云贵总督蔡毓荣提出了《筹滇十疏》，以解决云南面临的经费困难[2]等社会与经济问题。其中第四疏专论理财，提出了四条办法：广铸钱、开矿硐、庄田变价、垦荒地。第一、第二条与鼓励开矿相关，这与当时全国普遍实行的矿业限制形成鲜明对比，推动了云南铜矿业的发展。[3]康熙四十四年，云贵总督贝和诺继蔡毓荣之后再次在云南进行矿政改革，对铜矿实行特殊政策，一改官府收课外不干涉的状况，实行"放本收铜"，由官方预借部分工本给厂民，除按20%税率抽课外，余下的铜斤全部按官价卖给政府，并将所借工本从中扣除。对这一政策的后果，学界的评价截然相反。在许多学者看来，官方的低价掠夺严重阻碍了云南矿业的发展，[4]但自1960年代起，海内外有不少学者认为，官方预借工本，使铜矿业有了良好的组织以

---

1   全汉昇：《清代云南铜矿工业》，《中国文化研究所学报》第7卷第1期，1974年12月。

2   从明朝晚期到清初，云南地方财政入不敷出，亏空巨大，全省税入不过20万两，但支出方面，仅军费一项每年就达200万两［李中清：《中国西南边疆的社会经济（1250~1850）》，林文勋、秦树才译，人民出版社，2012，第266页］。杨斌也指出，平定三藩的军事行动使云南每年的军费支出接近270万两，战后重建急需经费的压力使蔡毓荣要想尽一切办法增加财富，Bin Yang, *Between Winds and Clouds: The Making of Yunnan* (*Second Century BCE to Twentieth Century CE*), Columbia University Press, 2008, p.214.

3   严中平：《清代云南铜政考》，第2~6页；张煜荣：《清代前期云南矿冶业的兴盛与衰落》，载云南省历史研究所云南地方史研究室编《云南矿冶史论文集》，1965，第102~114页；韦庆远、鲁素：《清代前期矿业政策的演变》(上)，《中国社会经济史研究》1983年第3期；杨余练：《康雍时期矿业政策的演变》，《社会科学辑刊》1983年第2期；Anna See Ping Leon Shulman, Copper, Copper Cash and Government Controls in Ch'ing China (1644–1795), pp.30–31, 56–58；陈征平：《清代云南铜矿开发的制度演化及"官治铜政"的特征》，《思想战线》2003年第5期。

4   严中平：《清代云南铜政考》，第6~8页；张煜荣：《清代前期云南矿冶业的兴盛与衰落》，载云南省历史研究所云南地方史研究室编《云南矿冶史论文集》，第102~114页；杨余练：《康雍时期矿业政策的演变》，《社会科学辑刊》1983年第2期；Anna See Ping Leon Shulman, Copper, Copper Cash and Government Controls in Ch'ing China (1644–1795), pp.58–59。

及较充足的资本保障，降低了风险，促进了云南铜矿业的进一步兴盛。这种观点现已成为学界主流认识。[1]

　　然而，并非以上所有研究结论都有充分的史料支持，其中最大的漏洞是，因为资料的缺乏，蔡毓荣筹滇之后到贝和诺提出放本收铜之前的二十余年间，云南铜矿业的情形几乎不被研究者所知悉，这使我们无法确认下面两个重要问题。第一，蔡毓荣新政对云南矿业是否真有很大影响？目前关于蔡毓荣新政促进矿业发展的观点基本上是一种推论，新政之后二十余年间云南矿业的情形不被关注，用此后矿厂的兴旺来论证蔡毓荣政策的成功显然是隔靴搔痒。鉴于史料匮乏，要直接考察蔡毓荣政策的效果非常困难，对此已有学者注意到。[2] 第二，尽管大家都认可"放本收铜"对云南矿业的重大影响，但放本收铜措施为何在此时提出？这一并未引起学界关注的重要问题，需要联系此前云南矿业的状况来理解。

　　本节拟从一些材料的蛛丝马迹中，揭示上述两个问题的答案，并从纵向、横向两个方面入手评估蔡毓荣矿业政策的意义，同时分析揭示雍正四年（1726）之后滇省铜矿业飞速发展的过程与机制。

1　E-Tu Zen Sun, "The Copper of Yunnan: An Historical Sketch," *Mining Engineering*, Vol.16, No.7(1964), pp.118~124；林荃：《谈谈清代的"放本收铜"政策》，载云南省历史研究所云南地方史研究室编《云南矿冶史论文集》，第 115~126 页；李中清：《中国西南边疆的社会经济（1250~1850）》，第 266~269、280~281 页；邱澎生：《十八世纪滇铜市场中的官商关系与利益观念》，《中央研究院历史语言研究所集刊》第 72 本第 1 分，2001 年 3 月；杨煜达、潘威：《政府干预与清代滇西铜业的兴盛——以宁台厂为中心》，载杨伟兵主编《明清以来云贵高原的环境与社会》，东方出版中心，2012，第 60~82 页；马琦：《国家资源：清代滇铜黔铅开发研究》，第 71~72 页。

2　如潘向明在《清代云南的矿业开发》中就指出："该政策的实行效果如何，史料中却很少记载，因为当时铜矿开采只涉及云南一省的财政问题，且为民间零散进行，很少引人注意。"（载马汝珩、马大正主编《清代边疆开发研究》，中国社会科学出版社，1990，第 338 页）

一　蔡毓荣矿业政策的再评估

（一）平定三藩之前云南的矿业

首先要明确，不能过于轻视蔡毓荣筹滇之前该省的矿业开发。当云南还控制在南明手中时，孙可望就于 1650 年大力铸钱，禁止云南用贝币，使云南使用贝币的传统趋于消亡。[1] 孙可望的成功必须建立在铜、铅开采的基础上。清军攻克云南后，为了筹措军饷，户部尚书王宏祚于顺治十八年（1661）提出了招商开采滇铜并设炉铸钱的建议，[2] 这与吴三桂的设想完全一致。因为吴三桂据滇黔之后，必须四处筹措经费，方能够割据西南一隅进而为问鼎中原打下基础。顺治十六年清军攻下云南，吴三桂即在此开藩设府，时时注意扩展势力，在云南“拥兵加赋”。[3] 康熙元年（1662）他兼辖贵州后不久，就诬陷贵州最大的土司——水西反叛而“平定”之，以控制水西土地，掠夺水西财富。[4] 丰富的矿藏同样为他所注意，入滇之第二年，他就开设了云南省钱局，[5] 同时“占据冶场”，将所得铜材“拨民夫运送楚粤行销”。[6]

吴三桂在滇并未实行当时通行全国的矿禁措施，但他的开矿与铸钱，许多是在朝廷控制之外，朝廷甚至全不知情，官方自然也不

1　Hans Ulrich Vogel and Sabine Hieronymus, "Cowry and Its Role in the Yunnan Economy, Part Ⅱ," *Journal of the Economic and Social History of the Orient*, Vol. 36, No. 4(1993), pp. 309~353.

2　王宏祚：《筹画滇疆五条》，《皇清奏议》卷一六，收入《续修四库全书》第 473 册，第 154~156 页。

3　石琳：《进呈编辑全书疏》，康熙《云南通志》卷二九《艺文三》，近卫本，第 81 页。

4　温春来：《从“异域”到“旧疆”：宋至清贵州西北部地区的制度、开发与认同》，第 164~169 页。

5　曾我部重太郎「清初の雲南銅の生産と分配」『歴史教育』4 卷 11 期、1956 年。

6　邱澎生：《十八世纪滇铜市场中的官商关系与利益观念》，《中央研究院历史语言研究所集刊》第 72 本第 1 分，2001 年 3 月。

会记载。例如他在疏请云南开铸局时，说明是在省城昆明与大理府之下关设炉，[1]但事实上他又在蒙自设钱局，与越南进行银、钱交换，大发其财。[2]三藩之乱平定后，蔡毓荣立即禁止这种钱流通，斥其为伪钱。[3]从蔡毓荣列举的应予以勘查的矿硐名单，也可推测这方面的事实，他称：

> 今除全书开载蒙自、楚雄、南安、新平之银、锡等厂，易门之三家老铜厂，定远之苴苠铁厂仍应照额征课，无庸置议外，查呈贡之黄土坡，昆阳之子母营，罗次之花箐，寻甸之迤曲里，建水之鲁苴冲、老鹤塘，石屏之飞角甸，路南之泰来，广通之火把箐，定远之大福山，和曲之白露，顺宁之老阴坡，俱有铜厂；易门之新旧县，马龙之红路口，寻甸之白土坡，石屏之龙朋里，路南之小水井，陆凉之三山，大姚之小东界，武定之只苴、马鹿塘，蒙化之西窑，俱有铁厂；罗平之块泽河、建水之清水沟、姚安之三尖山，俱有铅厂；寻甸之歪冲，建水之黄毛岭、判山，广通之广运，南安之戈孟、石羊，赵州之观音山，云南之梁王山，鹤庆之玉丝，顺宁之遮赖，俱有银厂；鹤庆之南北衙、金沙江，则有金银厂。或封闭有年，或逆占既开，寻复荒废。[4]

1　刘健：《庭闻录》卷六《杂录备遗》，收入《近代中国史料丛刊三编》第 251 册，文海出版社，1987，第 1~2 页。

2　蔡毓荣：《筹滇第四疏·理财疏》，载师范《滇系》卷八之三，收入《丛书集成续编》第 237 册，新文丰出版公司，1989，第 688 页。

3　蔡毓荣：《筹滇第四疏·理财疏》，载师范《滇系》卷八之三，收入《丛书集成续编》第 237 册，第 688~689 页。

4　蔡毓荣：《筹滇第四疏·理财疏》，载师范《滇系》卷八之三，收入《丛书集成续编》第 237 册，第 688~689 页。

所谓"逆占"，当指吴三桂势力开采而又未上报纳课。这一类矿厂的数量，远超赋役全书的记载。[1]总之，我们可以将三藩之乱之前的云南、贵州大致视为并未执行矿业限制之地，只是不但史料中没有相关记载，而且战乱频仍，矿业无法得到较大发展，"寻复荒废"就是其表现。与吴三桂时代相比，蔡毓荣提出的云南矿业政策并不见得更开明，不同的是和平的到来为矿业发展创造了前提。

（二）云南与全国的比较

康熙时期，全国并未实行严厉的矿禁，特别是对铜、铅矿网开一面。不过，较之当时全国通行的政策，蔡毓荣政策的突破性是显而易见的。为了对此有较明确的认识，我们先来看他的建议：

> 宜请专责临元、洱海、永昌三道各按所属亲行察验，分别某厂可开，某处厂不可开，报部存案，一面广示招徕，或本地殷实有力之家，或富商大贾，悉听自行开采。每十分抽税二分，仍委廉干官监收，务绝额外诸求、额内侵隐之弊。凡有司招商开矿，得税一万两者准其优升，开矿商民上税三千至五千两者酌量给与顶戴，使知鼓励。又严禁别开官硐，严禁势豪霸夺民硐，斯商民乐于趋事而成效速矣！[2]

对比前述康熙十四年、十八年的矿业政策，可以发现，蔡毓荣建议的是全面开矿，而不只针对铜、铅。更为重要的是，他的

1　蔡毓荣：《筹滇第四疏·理财疏》，载师范《滇系》卷八之三，收入《丛书集成续编》第237册，第689页。
2　蔡毓荣：《筹滇第四疏·理财疏》，载师范《滇系》卷八之三，收入《丛书集成续编》第237册，第689页。

建议中没有禁止外州县人开矿，不管是本地的殷实人家还是外地的富商大贾都在官方的招徕之列。考虑到当时云南"无素封之家"的情况，[1]引入外地资本来大力发展云南矿业应是蔡毓荣的主要目的。[2]至于他所提出的受到现代许多学者称赞[3]的利用民力开采、官方除收税外不介入的政策，只是当时全国通行的办法，并无新意。

二　蔡毓荣筹滇之后二十年间云南的矿业

因为滇省的财政极其困难，蔡毓荣提议在云南实行更积极的矿业政策并得到了朝廷的批准。这一政策是否像学者们通常所认为的那样，促进了滇省矿业的大发展呢？答案似乎是否定的。这个方面我们能利用的最重要的资料是地方大员向朝廷题报的矿课数。通常，矿厂初开的"试采"阶段，产量不确定，甚至能否有收获都不可知，税收无法定额；大致稳定后，督抚等官员就要向朝廷题明该厂的税额，通常是按 20% 左右的税率征收实物或折色银。[4]蔡毓荣上筹滇疏三年后的康熙二十四年（1685），他向朝廷题报了云南各厂税额（见表 1-1）。

1　蔡毓荣：《筹滇第七疏·议捐疏》，载师范《滇系》卷八之三，收入《丛书集成续编》第 237 册，第 693 页。

2　四川直到雍正八年（1730）时外省人开采铜矿仍然在制度上被禁止，见中国人民大学清史研究所等编《清代的矿业》，第 207~209 页。与此相较，蔡毓荣政策的开放性还是显而易见的。

3　参见前引严中平、韦庆远、杨余练等学者的论著。

4　试采结束，课额确定，矿厂才正式登记成立。所以，官方册籍上的矿厂开设时间可能比矿厂的实际开发时间稍晚。如贵州大定府的福集铅厂，档案中称乾隆十一年开采［户部尚书李元亮：《题复黔省福集厂抽收课铅并支给工食开销事》（乾隆二十四年八月初十日），张伟仁主编《明清档案》，A200-50，B111775~B111779］，但当地所立的一块嘉庆年间的碑刻，却称福集厂开采于乾隆十年。

表1-1　蔡毓荣题明滇省矿课数

单位：两

厂名	矿种	所属	年抽课
金沙江	金	永北府	金 14.52
石羊	银	南安州	银 27.44
南北衙	银	鹤庆府	银 20.16
妈泰	白铜	定远县	银 24
小东界	铁	大姚县	银 6.46
鹅赶	铁	镇南州	银 12.11
只苴	铁	和曲州	银 6.5
马鹿塘	铁	和曲州	银 5.5
矣纳	铁	和曲州	银 5.84
河底	铁	和曲州	银 5.28
平地喷水滩	铁	和曲州	银 7.08
大麦地	铁	和曲州	银 13.18
三家	铁	和曲州	银 7.2
双龙叠水	铁	和曲州	银 6.72
白衣关	铁	易门县	银 8.56
迷末	铁	易门县	银 9.97
三山	铁	陆凉州	银 10.71
红路口锅	铁	马龙州	银 11.52
龙朋里上下	铁	石屏州	银 10.79
路南小水井	铁	石屏州	银 7.2
矿税总计			金：14.52；银：206.22

注：表中的年抽课额系指正常年份的情况，如遇闰年，矿厂要相应增加一个月的税额。

资料来源：乾隆《云南通志》卷一一《课程·厂课》，收入《景印文渊阁四库全书》第 569 册。

根据这些零零星星的小额矿课，按 20% 的税率，可以算出当时矿厂的规模都非常小，且主要是铁厂，铜矿只有妈泰一厂，而且所产是通常不用于铸钱的白铜。[1] 云南矿业之萧条，显而易见。

就在蔡毓荣题报矿税的同一年，滇抚王继文以钱价太贱，要求"减云南铸钱铜斤"，结果遭到户部拒绝。康熙皇帝认为：

> 滇省产铜甚多，所铸之钱其值甚贱，故以减铸为请。京城需铜最为紧要，前曾将滇省铜炮解京，未见艰苦。今彼处铜斤可径交驿递，勿烦民力，从容运解，递至沅州，载于船内起运来京，殊有裨益，亦不致累民。[2]

但皇帝认为滇省产铜过多以致钱贱的推理并不被当地官员认可。次年，王继文向皇帝解释称：

> 滇省皆系山岭险阻，故制钱壅滞，价值甚贱。再铜矿自用兵以来，采取甚少。止买民间旧铜鼓铸，钱法不行，并非铜多之故。[3]

按王继文的描述，滇省铜矿无甚发展，币材来源靠的是"民间旧铜"，这与上表中缺乏铜厂的情况完全相符。

蔡毓荣为官云南的时间只有三年多，是否在他之后，滇省的矿业得到较大开发呢？康熙二十八年（1689），滇抚石琳修订了云南的赋役全书，矿税不但没有分文增加，反而以"开采年久，矿苗断绝"为由，要求从全书中删除明直银厂、易门铜厂等处矿税，[4] 矿产不旺之情形由此可见。康熙三十年《云南通志》编成，该志并未安排专章叙

1　云南白铜实际上是镍白铜，即铜镍合金，主要用于制作器皿。参见杨寿川、张永俐《中外矿业史上的云南白铜》，《思想战线》2011年第1期。
2　中国第一历史档案馆整理《康熙起居注》，第1331页。
3　中国第一历史档案馆整理《康熙起居注》，第1443页。
4　石琳：《进呈编辑全书疏》，康熙《云南通志》卷二九《艺文三》，第89页。

述矿业（盐法用了专门一卷来叙述），仅在"食货"中简单列举了金、银、铜、铁、锡、铅几种矿产，并用了一小段文字来说明：

> 滇产五金，其来旧矣，但时出时竭，所获甚艰，既无定在，似难专指，兹附于食货之后。[1]

各种史料所述滇省矿业之萧条境况，说明了蔡毓荣矿政的效果不如人意，云南矿业的发展，似乎要到康熙四十四年贝和诺出任云贵总督之后。

三　掌握在地方大员手中的矿厂

当王继文向朝廷说明滇省铜矿"采取甚少"的状况时，皇帝半信半疑："云南离京甚远，每观所奏之事不实者颇多。此事着九卿议奏。"而户部则要求云南将所得铜斤陆续上报。[2]但之后的材料中，并未看到王继文因撒谎而遭斥责，[3]云南亦未解铜进京，可见康熙的疑心仅出于猜测，并未掌握真凭实据。

不过，康熙的怀疑并非空穴来风，他知道地方官员缺乏向朝廷及时、如实题明矿税的热情。首先，矿藏的多少难以预料，且开采时间越长，成本越高，而税额一旦确定，就要长期维持，除了增加额度，其他变更都很难得到朝廷的批准，有的矿厂已经矿脉断绝，仍得承担既定的

1　康熙《云南通志》卷一二《物产·食货》，第5页下。
2　中国第一历史档案馆整理《康熙起居注》，第1443页。
3　王继文一直官运亨通，康熙二十年任云南布政使，同年升云南巡抚，二十八年再任滇抚，康熙三十三年升任云贵总督，见乾隆《云南通志》卷一八上《秩官》，收入《景印文渊阁四库全书》第569册，第573~574页。

矿税，给相关官员造成很大的压力。僵化的制度无法随着矿厂的实际情况而变化，官员们有所保留是对自己政绩和仕途的一种保护。其次，如果隐瞒不报，地方官员就可以将本来应该归公的矿利据为己有。

若干年之后，步军统领托和齐的一份密奏终于揭开了滇省官员的秘密，康熙皇帝的怀疑变成了事实：

> 窃云南金、银、铜矿，获利甚巨，于总督、巡抚、司道官员、提督均有分确实。云南巡抚佟毓秀，乃我王下家奴，原安庆巡抚佟国佐之子。佟毓秀颇有本领，自为云南巡抚以来甚富。奴才引金、银、铜矿事，问为其下要人送礼物之来人，但真实详情概不陈说，仅语之大概：云南总督、巡抚、文武各员皆赖此利为生，而不告诉总督、巡抚年取几何。我言：尔主子佟毓秀何等之人，凭何德才而为巡抚？不陈自得巨利以报圣主洪恩，俟皇上查出时，尔主子尚可望居官乎？以此观之，有金、银矿之事切实，毫无疑义。[1]

从第一句中的"确实"以及"以此观之，有金、银矿之事切实，毫无疑义"一句看，似乎是康熙皇帝秘密安排调查以确认自己的怀疑是否属实，而托和齐做出了回应。但此奏并未注明年月，为便于分析，兹将上奏时间考证如下。此折应上于佟毓秀上任滇抚之后。考康熙四十三年（1704）三月，广东布政使佟毓秀被任命为云南巡抚，[2]但这是任命时间而非到任时间。康熙四十四年五月

1　步军统领托和齐：《奏报云南金银矿折》（日期不明），中国第一历史档案馆编《康熙朝满文朱批奏折全译》，第 1652 页。

2　乾隆《云南通志》卷一八上《秩官》（收入《景印文渊阁四库全书》第 569 册，第 573 页）称佟毓秀康熙四十四年为巡抚，但《清圣祖实录》卷二一五之康熙四十三年三月戊辰条、《清史稿》卷二〇一之《疆臣年表五·各省巡抚》（第 7578~7579 页）均称佟毓秀系康熙四十三年任，疑《云南通志》有误。

从云贵总督任上受命迁户部右侍郎的巴锡称与佟毓秀共事七个月，[1]
据此可知，佟毓秀到昆明上任的时间大致应为康熙四十三年冬季。
托和齐上密奏的时间应在此之后，应该就在康熙四十四年间。到
次年三月，康熙皇帝已决定处置佟毓秀，以"居官不善"为由将
其罢职解京。[2]

　　正如托和齐所言，隐瞒矿厂获利是云南官场的常态，与佟毓秀
共事七个月的总督巴锡显然也有嫌疑。他从云南回北京时，曾在皇
帝及诸大臣之前称赞"佟毓秀之贤"，以至于皇帝处置佟毓秀时，
责问巴锡："尔向不尝荐佟毓秀为贤耶！？"[3]康熙四十五年四月，新
任云南巡抚郭瑮在京陛辞，皇帝又谆谆告诫他说："既为督抚，必不
至衣食缺乏。前任督抚，一味欺蔽。尔当以此为戒。"[4]

　　云南地方大员隐瞒矿厂的弊病并非始于康熙四十年代，蔡毓荣
可能就是始作俑者，他题报的矿税总额不但微不足道，而且并未包括云
南所有的矿厂。如果说蒙自、楚雄、南安、新平之银、锡等厂，易门
之三家老铜厂，定远之苴苁铁厂等明代已经开采且载于赋役全书的矿
厂，矿税无变化可以不在题报之列的话，康熙二十三年就已正式开采
的丽江府北地坪铅厂[5]无论如何是不该遗漏的。事实上，蔡毓荣并非清
正廉洁之官员，他被皇帝称为"巨富之人"，[6]康熙二十六年，因"隐藏

1　乾隆《钦定八旗通志》卷一四〇《人物志·巴锡》，收入《景印文渊阁四库全书》第666册，
　　第269~270页。
2　乾隆《钦定八旗通志》卷三四〇《八旗大臣题名二·各省巡抚》，收入《景印文渊阁四库全
　　书》第671册，第708页；王先谦：《东华录》之康熙七十七，收入《续修四库全书》第370
　　册，第464页。
3　中国第一历史档案馆整理《康熙起居注》，第1953~1954页。
4　《清圣祖实录》卷二二五，康熙四十五年四月辛亥。
5　道光《云南通志稿》卷七四《食货志八之二·矿厂·铅厂》，道光十五年刻本，第8页。
6　《清圣祖实录》卷一三一，康熙二十六年十月丙午。

逆女"、"贪取逆财"[1]、纵使其子蔡琳行贿[2]等事被揭发治罪，流放黑龙江。

王继文于康熙二十年（1681）任云南巡抚，康熙二十八年再任滇抚，[3]同时以"总裁"身份参与《云南通志》的编撰，并捐资以助修志，[4]联系到他此前向朝廷描述的滇省矿业不兴的情形，《云南通志》中对矿产的轻描淡写就别有深意了。

还应看到，云南铸钱的失败为隐瞒矿厂创造了条件。在主张开矿的同时，蔡毓荣还建议滇省广设铸局，[5]使全省炉座增至四十八座之多。但本省对钱的需求有限，许多非汉人群根本不接受用钱，而交通险阻又使外运铜钱颇为不易，这样很快就导致制钱积压，供大于求，迅速贬值。市场上1000文钱只能兑换银三四钱乃至二钱四五分，而士兵的薪水虽然用银计算，但其中的30%不是支银而是支钱（按照钱1000文＝银1两的法定标准将银换算成钱），合省营伍难以承受。康熙二十五年上任的总督范承勋要求全数发银，并停止铸钱，结果将全省铸钱炉座减半，到康熙二十八年，全部停止，[6]直到雍正元年（1723），才重新恢复鼓铸。[7]就此而言，蔡毓荣试图通过设铸局来解决经费困难的措施是失败的，但这却消除了云南官方对铜的需求，使官员们可以肆无忌惮地将矿利据为己有而不必担心完不成供应钱局铜斤的任务。

既然不用来铸钱，官员们手中的铜材如何获利呢？首先，本地民

1　《清圣祖实录》卷一二九，康熙二十六年二月庚戌。

2　乾隆《钦定八旗通志》卷一九七《人物志·蔡毓荣》，收入《景印文渊阁四库全书》第667册，第617页。

3　乾隆《云南通志》卷一八上《秩官》，收入《景印文渊阁四库全书》第569册，第573页。

4　范承勋、王继文：《题明续纂云南通志疏》，载康熙《云南通志》卷首《修志姓氏》。

5　蔡毓荣：《筹滇第四疏·理财疏》，载师范《滇系》卷八之三，收入《丛书集成续编》第237册，第688页。

6　曾我部重太郎「清初の雲南銅の生産と分配」『歴史教育』4卷11期、1956年。比较蔡毓荣与范承勋的奏疏，就可知蔡毓荣的建议未得到完全实施。

7　乾隆《云南通志》卷一一《课程·钱法》，收入《景印文渊阁四库全书》第569册，第352页。

间需要铜材来铸器。其次，可以售给外地商贩，这部分铜材一方面可能辗转成为京局或各省局币材，另一方面可供给外省民间之用。这类需求是不可小视的，三藩之乱平定后的首任贵州巡抚杨雍建就提到，清军收复贵州不久，本地的废铜、贼钱就被远方商贩陆续赴黔收买殆尽。[1]

其实，不只是矿，云南另外一种重要财源——盐井同样为官员隐占，雍正年间任云南粮储道的李卫将其总结为"先私后公，有利则众人瓜分，亏缺反算作正项"。如康熙四十九年（1710）任滇抚的吴存礼[2]"煎私盐堕误正课"，其做法被后来的高官如总督蒋廷锡、巡抚甘国璧等"相继效尤"。[3]官员们"在井加煎""在店加销"，致使私盐多于官盐。[4]云南布政使张霖，更公然假称奉有圣旨，贩卖私盐，获得赃银160多万两，于康熙四十四年被判斩监候，秋后处决。[5]

四 贝和诺公开矿厂和矿课

正是在托和齐揭开云南矿业秘密的背景下，康熙四十四年（1705）五月，贝和诺继巴锡担任云贵总督。[6]在滇省官员私自控制大量矿厂已真相大白的前提下，贝和诺必须有所作为，将这些矿厂的实际情况公开。他甫上任就题报了18家铜厂（见表1-2）。

---

1 杨雍建：《抚黔奏疏》卷四《题为铜斤无可采买等事》，收入《近代中国史料丛刊续编》第324册，文海出版社，1976，第671页。

2 乾隆《云南通志》卷一八上《秩官·巡抚》，收入《景印文渊阁四库全书》第569册，第573页。

3 《世宗宪皇帝朱批谕旨》卷一七四之一《朱批李卫奏折》（雍正元年六月十九日奏），收入《景印文渊阁四库全书》第423册，第2~6页。

4 刑科给事中赵殿最：《奏陈云南盐法铜斤利弊折》（雍正元年六月二十一日），中国第一历史档案馆《雍正朝汉文朱批奏折汇编》第1册，第553页。

5 《清圣祖实录》卷二二二，康熙四十四年十月癸卯。

6 《清圣祖实录》卷二二一，康熙四十四年五月庚辰。

表1-2　贝和诺康熙四十四年第一次题明的矿课数

单位：两

厂名	矿种	所属	年抽课
石羊	银	南安州	22393.32
西里	朱砂	永平县	175.2965
妈泰	白铜	定远县	38
青龙	铜	元江府	
白龙	铜	普洱府	
猛萨	铜	普洱府	
子母	铜	昆阳州	
寨子山	铜	易门县	
永兴	铜	宁州	
龙宝	铜	路南州	
二郎山	铜	赵州	贝和诺题明按厂抽课，递
铜矿箐	铜	永平县	年加增，尚无定额，至康
临江	铜	顺宁府	熙四十九年收获课息银
白沙	铜	和曲州	9625.70935 两，后以此为每
斐母	铜	建水州	年定额
三元	铜	建水州	
金钗	铜	蒙自县	
乌龙	铜	宣威州	
兴国	铜	宣威州	
者囊	铜	开化府	
发济	铜	禄劝州	

注：表中的年抽课额系指正常年份的情况，如遇闰年，矿厂要相应增加一个月的税额。
资料来源：乾隆《云南通志》卷一一《课程·厂课》，收入《景印文渊阁四库全书》第 569 册。

表1-2 中，银厂税额大为增加，如石羊厂银矿，在蔡毓荣的题报中，税额只有 27 两零，但到康熙四十四年贝和诺题报时，为 22000 多两。之前完全没有的铜厂，现在则出现了 18 家之多（而且铜课息银逐步增加，到五年后的康熙四十九年增至 9625 两零）。贝和诺题报的矿厂情形与前述《云南通志》以及滇抚王继文的描述不

峘霄壤，但这并不能让康熙皇帝满意。康熙四十五年（1706）三月，在与大学士及户部诸臣讨论云南矿务时，他明白指出：

> 据该督抚所奏，开得金银铜锡抽分既少，而矿厂数目又不相符，应行文该督抚，委贤能司道官亲至各矿厂，严察有无隐瞒，矿厂一年实得银数几何，明白具奏，开折呈览。[1]

这一指示显然给贝和诺造成了压力，康熙四十六年，他又题明了十多家矿厂的税额（见表1-3）。

表1-3　贝和诺康熙四十六年第二次题明的矿课数

单位：两

厂名	矿种	所属	年抽课
上潞江	金	保山县	金 25.56
锡板等	金	开化府	金 34
个旧	银、锡	蒙自县	37613.78（银课 33613.78，锡课 4000）
永盛	银	楚雄县	3375.96
土革喇	银	南安州	60.8405
马龙	银	剑川州	698.5203
蒲草塘	银	鹤庆府	421.8173
沙涧	银	邓川州	1302.67
黄龙	银	开化府	287.2
泚革	银	河西县	90.887
方丈	银	新平县	68.08

注：第一，表中的年抽课额系指正常年份的情况，如遇闰年，矿厂要相应增加一个月的税额；第二，抽课数字前注明"金"者，系指以金纳税，未注明者系以银纳税。

资料来源：乾隆《云南通志》卷一一《课程·厂课》，收入《景印文渊阁四库全书》第569册。

1　中国第一历史档案馆整理《康熙起居注》，第 1953~1954 页。

贝和诺此次题报新增了许多银厂，其中蒲草塘厂即蔡毓荣题报的南北衙厂，[1] 当时税额只有二十两多，现在增加到了四百二十多两。经过贝和诺的两次题报，云南矿税达到八万多两，为康熙二十四年蔡毓荣题定税额的 200 多倍。[2] 户部认为尚有隐漏，要求贝和诺"据实查核加增"，康熙皇帝认为八万两之数用作兵饷，"数亦不少"，以"累民"为由拒绝了户部的提议，[3] 皇帝的这一决定，表明滇省矿厂的公开，与朝廷解决云南军费的压力不无关系。云南矿税就此大致固定。当初蔡毓荣所建议的鼓励开矿增加滇省经费的办法，至此终于真正落实。雍正元年（1723），云贵总督高其倬追述了云南矿厂矿课公开的情形：

> 云南铜斤一案，自康熙四十四年以前，通省银、铜各厂，俱系督抚各官私开，原未奏报，亦无抽收款项、案册可稽。因事久显露，经前督臣贝和诺折奏，始委员分管，交广西、元江、曲靖、永北四府抽课充饷。[4]

五　铜矿业发展的契机

贝和诺的题报极大改变了时人以及后人对云南矿业的认知。面

1　道光《云南通志稿》卷七三《食货志八之一·矿厂·银厂》，第 31 页。

2　倪蜕辑，李埏校点《滇云历年传》卷一一，云南大学出版社，1992，第 555 页。倪蜕称康熙四十五年（按：疑为康熙四十六年）贝和诺请滇省矿税定额为 81482 两，而《清圣祖实录》卷二三一，康熙四十六年十月己亥条载，贝和诺奏称自康熙四十四年冬起至康熙四十五年秋止，一年间滇省矿税收入银 80152 两零、金 84 两零。蔡毓荣所题税额为银 206.22 两、金 14.52 两（约值银 150 两），两项加总，不到康熙四十六年题报数的 1/200。

3　《清朝文献通考》卷三〇《征榷五·坑冶》，考 5129 页。

4　云贵总督高其倬等：《奏遵查铜斤利弊情形折》（雍正元年十二月二十日），中国第一历史档案馆编《雍正朝汉文朱批奏折汇编》第 2 册，第 432~436 页。

对康熙四十五年陡增的矿税，《清朝文献通考》认为"本朝于是年（即康熙四十四年）始盛开矿产"。[1] 严中平则认为，八万多两矿税，较康熙二十四年增加 20 多倍，因为税率均保持 20%，这意味着矿产量也增加了 20 多倍，其中增加最快的，"必是铜产无疑"。[2] 上文的分析表明，《清朝文献通考》的观点并不正确，与其认为康熙四十四年是清代矿业兴盛的起点，不如说是云南矿厂从隐蔽走向公开的转折点，自此之后，官员们隐瞒矿厂的空间与可能性受到了很大限制。同样，严氏的结论亦值得推敲，因为康熙二十四年的矿税数据，被地方官员隐瞒矿产的行为扭曲降低了。后来八万多两的矿税数据，与云南矿业的发展有关，但更主要是贝和诺整顿公开的结果。

严氏还认为铜产增加最快，这是对蔡毓荣政策促进铜矿业发展的夸大，与事实并不相符。首先，从表 1-2、表 1-3 可看出，矿税主要来自银矿而非铜矿。当初蔡毓荣题报的银矿税额为 47.6 两，到贝和诺时期，则多达 62313 两，增加了 1308 倍。[3] 铜矿是"按厂抽课，递年加增，尚无定额"，说明生产尚不稳定，递年加增 5 年后的康熙四十九年，铜税也只达到 9625 两零，[4] 相比八万多两的矿税总额，其地位并不突出。其次，还有更直接的材料证明当时滇铜的产能尚属平庸。康熙五十八年（1719），云南布政使杨名时抵任，发现铜矿"开采年久，硐深矿薄，本大利微，商民无力开采"，一年所出

---

1 《清朝文献通考》卷一四《钱币二》，考 4977 页。
2 严中平：《清代云南铜政考》，第 6 页。按：八万多两矿税，较康熙二十四年增加了 200 多倍而非 20 多倍。这一错误，来自倪蜕所著《滇云历年传》卷一，严氏沿袭此说。
3 由表 1-1、表 1-2、表 1-3 中的数据计算出。
4 云贵总督高其倬等：《奏遵查铜斤利弊情形折》（雍正元年十二月二十日），中国第一历史档案馆编《雍正朝汉文朱批奏折汇编》第 2 册，第 432~436 页。

铜"不足四十万（斤）"，无法完成 9600 余两白银的税额任务。[1]

　　总之，蔡毓荣总督滇黔之后，云南矿业已有较大发展，但相对而言，铜矿生产并不突出。这可能主要源于两点。首先，铜矿回报率低，对民间资本缺乏足够吸引力，造成铜矿业资本匮乏的局面（详见第二章第二节）。其次，缺乏优质矿。云南最上等的铜矿集中在东川府，清前期那里是云南乃至全国最核心的铜产地。然而，康熙年间东川尚属四川，而且是彝族土官长期统治之地，康熙三十八年禄氏主动献土改土归流之后，地方营长、伙目仍然拥有强大力量，东川地方文武官员不敢也不愿赴任，长期待在两千里外的省城成都，只是每到年终时，文武官员才前来收租、发饷。[2]这一局面不但使东川的优质矿源难以得到较好开发，而且官方也无法登记矿厂并征税。例如，清代东川乃至全国最重要的铜厂汤丹厂，禄氏献土改流后，"听民纳课开采"，但实际上却是"如何管理抽课，文卷无考"。[3]

　　清代云南铜矿业，正是在解决资本与优质矿源两个问题之后才真正兴旺的，具体可分为三个阶段。第一个阶段始于康熙四十四年，贝和诺推行放本收铜政策，借贷银两给厂民，缓解了铜矿业中的资金匮乏状况，刺激了生产，康熙四十九年铜矿税收能达到九千多两是其明证。尽管存在官方压榨影响铜矿业发展的情况，[4]但官方资本的推动作用，不断在历史文献与当代学者的研究中得到确认。

1　工部左侍郎金世扬：《奏遵查铜斤利弊情形折》（雍正二年闰四月初一日），中国第一历史档案馆编《雍正朝汉文朱批奏折汇编》第 2 册，第 883~885 页。

2　云贵总督鄂尔泰：《奏报经过东川所见地方情形折》（雍正四年十二月二十一日），中国第一历史档案馆编《雍正朝汉文朱批奏折汇编》第 8 册，第 702~703 页。

3　乾隆《东川府志》卷一一《厂课》，收入《中国西南文献丛书·西南稀见方志文献》第 26 卷，兰州大学出版社，2003，第 97 页。

4　严中平：《清代云南铜政考》，第 6~8 页。

雍正元年，云贵总督高其倬专门解释了为何铜厂需要官方借贷而银厂则系厂民自备工本：首先，铜厂燃料消耗比较高；其次，白银本身就是货币，煎出之后即有购买力，而铜必须变现之后才能购买生产资料与日用品，而铜厂皆在深山之中，商旅不前，产品必须运至城市及交通便利处方可销售，情况好时，"半年一载即可卖出"，若遇市场疲软，则会积压二三年不等，厂民资金因此不易及时回笼，生产生活均难以为继，"此官发工本召募人夫开采之所由来也"。[1] 在铜矿业最兴旺的乾隆中期，署理云贵总督彰宝仍然强调官方借贷的重要作用："（铜厂厂民）自携资本者甚少，必需预借官银，方能集力采办。"[2] 需要指出的是，官方借贷工本的同时，也通过各种手段垄断产品，使铜矿业的利润进一步降低，生产者甚至需要靠走私来获利，[3] 这无疑使富商大贾更不愿涉足这一行业，反过来加强了对官方资本的依赖。

第二个阶段始于雍正四年（1726），主要是解决了优质矿源问题，对此学界关注不多，不妨予以较多分析。当年四月，东川划归滇辖，在新任云贵总督鄂尔泰的努力下，东川官员很快做到了"文员到署，武职到营"，但仍然"因循畏缩，锢习难返，垦田开矿之议，从未与闻"。为此，当年十二月，鄂尔泰在指挥征讨贵州长寨的战事结束后，从贵阳返滇途中亲赴东川视察，目睹了田地荒芜、城垣倾圮、人户萧条之种种情形，亲自向兵丁训话，并传谕彝

---

1 云贵总督高其倬等：《奏遵查铜斤利弊情形折》（雍正元年十二月二十日），中国第一历史档案馆编《雍正朝汉文朱批奏折汇编》第 2 册，第 432~436 页。

2 署理云贵总督彰宝：《奏为滇省铜厂欠项请准豁免事》（乾隆三十七年正月二十二日），朱批奏折，04-01-36-0090-008。李中清、马琦等学者都注意到官方借贷在保证铜矿业资本方面的作用，参见前引二人论著。

3 这方面的研究成果，可参见杨煜达《清代中期（公元 1726~1855 年）滇东北的铜业开发与环境变迁》，《中国史研究》2004 年第 3 期。

族头目，"赐以银牌、牛酒，无不踊跃帖服，惟命是从"，接着对田土、税粮、矿厂采取了一系列清理、整顿措施。他指出，此前东川营长土目肆意抢割庄稼，人不敢赴垦，田土抛荒，连带制约了矿业的开发，因为粮食不足就无法养活大量矿工，从前四川方面未能好好开发东川矿业正源于此，现在要通过发展农业来促进矿业。他还建议，为了更好地管理地方，应该在东川府境内靠近乌蒙的巧家，新设一县。[1] 而在此之前数月，鄂尔泰已经秘密派人往东川查访地方疆界、形势险要、山川城池、衙署营汛、兵丁户口、粮饷赋役以及风俗、矿厂等，"俱得悉大概"。[2] 正是在这一系列调查的基础上，雍正四年他制定了针对东川铜厂的两大政策。首先，题报了东川铜厂的税额。东川府的两个主要铜厂汤丹、普毛，每铜一百斤抽收课铜十斤，每年课息银为 1200 两。[3] 其次，按照滇省通行的办法，召集商民开采，实行"先发工本，后收铜斤"的放本收铜政策。[4] 根据乾隆三十九年（1774）云南布政使王太岳的叙述，东川另外三个最重要的铜厂——碌碌、大水沟、茂麓，也是在雍正四年"入册造报"的。[5]

对东川矿业而言，另一个具有较大意义的情况是，东川归滇之后数年间，清廷通过军事行动等瓦解了整个滇东北地区彝族土目实

1　云贵总督鄂尔泰：《奏报经过东川所见地方情形折》（雍正四年十二月二十一日），中国第一历史档案馆编《雍正朝汉文朱批奏折汇编》第 8 册，第 702~703 页。

2　《鄂尔泰奏稿》，清抄本，雍正四年六月二十日奏。

3　乾隆《云南通志》卷一一《课程·厂课》，收入《景印文渊阁四库全书》第 569 册，第 371 页。

4　乾隆《东川府志》卷一一《厂课》，收入《中国西南文献丛书·西南稀见方志文献》第 26 卷，第 97 页。

5　云南巡抚李湖：《奏复汤丹等厂经费情形事》（乾隆三十九年八月二十五日），录副奏折，03-1098-027。

际控制地方的局面，[1] 为大量矿业劳动力进入创造了条件。在土司或土目控制地方时期，常有充满尚武精神的彝族上层外出劫掠汉人为奴，或贩卖给其他彝人牟利，甚至常常将掳掠到的一家人拆散分卖，[2] 汉人因此不敢进入。[3] 清王朝实际控制当地社会后，移民大量进入东川，其中许多就是从事矿业。例如雍正八年（1730），尚处于发展阶段的汤丹厂，就已聚集厂民一万余人，[4] 主要来自湘、苏、川、滇、黔各省。[5]

综上可知，东川归滇后的意义有四：一是云南拥有了优质铜矿资源；二是官方实现了对东川铜矿的真正管理并能分享矿利；三是东川开始实行"放本收铜"政策，使开矿资本比较充足；四是改流后内地移民包括拥有开矿知识者在短时期内大量涌入。资本、劳力、技术与丰富的优质矿藏结合，云南铜矿业进入了新的高速发展时期。以前云南每年鼓铸需铜一百余万斤，满足此项用途后，滇省每年余铜不过二三十万斤，但据鄂尔泰雍正五年五月初十日的估

1　乾隆《东川府志》卷三《建置》，收入《中国西南文献丛书·西南稀见方志文献》第26卷，第33页。关于东川改流、划归云南以及清王朝铲除当地土目力量的详细讨论，可参见 Kent Clarke Smith, Ch'ing Policy and the Development of Southwest China: Aspects of Ortai's Governor-Generalship, 1726-1731, Ph.D.diss., Yale University, 1970, pp.113-124; Huang Fei, Landscape Practices and Representations in Dongchuan, Southwest Eighteenth-century China, Ph.D. diss., Leiden University, 2012, pp. 35-39。

2　黔西北、滇东北彝人外出劫掠人口为奴或贩卖的记载，可参见包汝楫《南中纪闻》，收入《丛书集成新编》第94册，新文丰出版公司，1985；朱征舆《张氏传》，载乾隆《毕节县志》卷八，贵州省图书馆复制油印本，1965，第37~42页；乾隆《东川府志》卷八《户口·种人》，收入《中国西南文献丛书·西南稀见方志文献》第26卷，第81页。

3　东川土司遗孀于康熙三十七年主动申请献土改流之后的几十年，东川仍然有大片土地未开垦，其中一个重要原因就是"土人凶悍，专事劫掠"，以至于内地之人不敢赴当地开垦。云南巡抚鄂尔泰：《奏稽查钱局亏空情形并拟请暂停鼓铸折》（雍正四年三月二十日），中国第一历史档案馆编《雍正朝汉文朱批奏折汇编》第7册，第11~12页。

4　乾隆《东川府志》卷三《建置·平东川记》，收入《中国西南文献丛书·西南稀见方志文献》第26卷。

5　雍正《东川府志》卷二《艺文·东川府地震纪事》，收入《国家图书馆藏地方志珍本丛刊》第789册，天津古籍出版社，2016，第437页。

计，该年铜产大旺，可产三百来万斤，鼓铸之外，可余铜二百余万斤，官方无力收购，因此建议动用盐务盈余银两收铜，转运汉口、镇江，供承办京局铜材的江、浙、湖广诸省采买。[1] 实际情况比鄂尔泰估计的还要好，当年全省办铜四百万斤零，比预估数多了近百万斤。有学者将雍正五年云南铜产量的直线上升视为一个奇迹，[2] 这是没有注意到东川划归滇属的情况。

第三个阶段是乾隆初年，滇铜成为全国铸钱的主要铜材来源，推动滇省矿业再上台阶。当云南矿业快速发展之际，正值日本限制铜斤出口的禁令趋于严厉，中国依靠洋铜铸钱的局面难以为继，[3] 云南铜矿业的兴旺使清王朝很快转向依赖滇铜作为币材，国家对滇铜的需求大增，以前是由云南官方向厂民借贷，到乾隆三年则确定了由朝廷每年调拨一百万两白银作为官本，资金更为充裕。[4] 这样由官方需求带动供给，[5] 滇铜开发进入了飞速发展的第三个阶段，年产量长期维持在 1000 万斤左右，最高达到 1400 多万斤。[6]

1　云南总督鄂尔泰：《奏报铜矿工本不敷悬恩通那（挪）以资调剂折》（雍正五年五月初十日），中国第一历史档案馆编《雍正朝汉文朱批奏折汇编》第 9 册，第 767~768 页。按：此奏折亦收于《世宗宪皇帝朱批谕旨》卷一二五之四以及《鄂尔泰奏稿》，但《鄂尔泰奏稿》将此折的时间系于雍正五年闰三月二十六日，误。

2　韦庆远、鲁素：《清代前期的商办矿业及其资本主义萌芽》，载韦庆远《档房论史文编》。

3　日本限制铜斤出口的详情，可参见日本住友修史室所编『近世前期に於ける銅貿易と住友』70~99 页；John Hall, "Notes on the Early Ch'ing Copper Trade with Japan," *Harvard Journal of Asiatic Studies*, Vol. 12, No.3/4 (1949)；赵兰坪：《日本对华商业》，第 11~15 页；木宫泰彦《日中文化交流史》，第 649~657 页；刘序枫《清康熙—乾隆年间洋铜的进口与流通问题》，载汤熙勇主编《中国海洋发展史论文集》第 7 辑上册，中山研究院中山人文社会科学研究所，1999，第 93~144 页。

4　严中平：《清代云南铜政考》，第 27 页。

5　邱澎生：《十八世纪滇铜市场中的官商关系与利益观念》，《中央研究院历史语言研究所集刊》第 72 本第 1 分，2001 年 3 月。

6　关于清代滇铜的产量，目前较新的研究成果可参见马琦《国家资源：清代滇铜黔铅开发研究》，第 98~119 页。

总而言之，清代云南矿业兴起的最初阶段，其动力并非来自全国的铜产品需求，而是为了解决云南的财政困难。在最初的二十多年间，朝野上下根本就没有意识到滇铜的重要性，云南高官则隐占矿产，不断声称本省矿业萧条。康熙四十四年贝和诺督滇黔之后，史料中所呈现的云南矿业终于有所起色，但仍然没有表现出全国性意义。到了雍正年间，当铜的海外来源越来越陷入困难之际，滇铜产量陡然跃升到大大超过本省所需的地步，朝廷的目光才逐渐转移到滇铜上来，乾隆皇帝继位之后则开始了以举国之力开发滇铜并控制其产品的过程。

关于滇铜取代洋铜成为全国主要币材的过程，可参见本书附录一。

第三节　贵州铅矿业的兴起

清代铜主要产于云南，铅（包括白铅、黑铅）的最大产地则在贵州。黔铅产量长期占全国铅产量的 80% 以上，最高时甚至超过 90%。[1] 尽管如此，学界却长期缺乏对清代贵州铅矿业的深入关注。日本学者里井彦七郎是较早开展清代铅矿业研究的学者，他于 1958 年撰文分析了清代铜、铅矿业的组织问题，但大体上是以

---

[1] 　关于清代贵州以及全国白铅（锌）的产量，陈海连做了非常深入的研究。Hailian Chen, *Zinc for Coin and Brass: Bureaucrats, Merchants, Artisans, and Mining Laborers in Qing China, ca.1680s–1830s*, pp.491–523。

滇、湘二省为研究对象。[1] 此后近半个世纪，整个清代铅矿业几乎无人问津。2002 年，笔者在博士学位论文中讨论了清代黔西北铅矿业的兴起过程及其产量与运销情况，[2] 并于2012年完成了约27万字的国家社科基金项目结项报告《清代铜铅矿业与滇黔民族地区的开发》（未出版）。与此同时，马琦也开展了对清代贵州铅矿业的专门研究，发表了一系列论文，并于 2013 年、2018 年出版了两部专著。[3] 在海外，最重要的相关研究成果是陈海连 2018 年出版的 *Zinc for Coin and Brass: Bureaucrats, Merchants, Artisans, and Mining Laborers in Qing China, ca.1680s–1830s* 一书。上述成果将清代黔铅矿业的研究提升到了一个较高水平。但清代黔铅兴起的过程，仍然有待揭示。

贵州铅矿业的发展过程，与云南铜矿业有诸多相似之处。首先，都有从官员私人控制走向公开化的过程；其次，都有本省无法消化产品，地方官运售于汉口的情节；再次，都是在乾隆初年体现出全国性意义，由朝廷推动其发展并控制其产品。

一　贵州铅厂的题报公开

三藩之乱平定后，朝廷指示尚未铸钱的省份收取废铜开炉鼓铸，黔抚杨雍建回应称贵州"不产铜铅"，民间废铜等又被外省商贩买尽，况且各府州县苗多汉少，不谙使钱，因此难以设炉铸钱。[4]

1　里井彦七郎「清代銅・鉛鉱業の構造」『東洋史研究』1958 年第 1 期。

2　温春来：《彝威与汉威——明清黔西北的土司制度与则溪制度》，第 245~274 页。

3　马琦的两部专著分别为《国家资源：清代滇铜黔铅开发研究》、《多维视野下的清代黔铅开发》（社会科学文献出版社，2018）。

4　杨雍建：《抚黔奏疏》卷四《题为铜斤无可采买等事》，收入《近代中国史料丛刊续编》第324 册，第 671 页。

两年后，他在一份题本中又提到"黔地不产红铜、铅、锡，亦无捐助之人"。[1] 直到康熙二十年代，地方官尚认为黔省不产铜、铅，可见自明代以来从未有过大规模开采，这与明代材料提到贵州矿产时只称水银、朱砂等一致。康熙二十三年（1684），因为滇、黔铅矿"俱未开采，铜贱铅贵"，特允许云南铸局可以不遵循全国通行的铜六铅四的比例，按铜八铅二配铸铜钱。[2]

　　杨雍建于康熙二十四年离任，[3] 其后十二年《贵州通志》书成，是书并未涉及矿业，仅在"物产"项下记载了贵州产铅之地两处，一处是都匀府的府治东冲，"久禁未开"，一处是思州府的都平司。其他矿产也只简单列举了贵阳、安顺府的朱砂，思南府的水银等数处。[4]

　　是否同云南相似，贵州矿厂隐瞒在地方大员手中，并非像志书所描述的那么萧条呢？云贵地理毗连，声气相通，而且常有共同的总督，滇、黔矿业出现相类情形，似不令人意外。不过贵州在这方面的资料更加缺乏，笔者能看到的较早的矿厂，是康熙五十九年（1720）开采但三年后即封闭的威宁府观音山银铅厂，且记载仅有寥寥数字。[5] 较详细的开矿记录是雍正二年（1724）五月黔抚毛文铨的一份奏折：

1　杨雍建：《抚黔奏疏》卷七《题为进贡红铜事》，收入《近代中国史料丛刊续编》第 326 册，第 1183 页。

2　《清朝文献通考》卷一四《钱币二》，考 4974 页。

3　乾隆《贵州通志》卷一八《秩官·巡抚》，收入《景印文渊阁四库全书》第 571 册，第 478 页。

4　康熙《贵州通志》卷一二《物产》，近卫本，第 10 页下 ~15 页下。

5　光绪《钦定大清会典事例》卷二四三《户部·杂赋·金银矿课》，收入《续修四库全书》第 801 册，第 873 页。

窃查黔省如阿都、腻书、猴子等银厂已经题报外，尚有钉头山、齐家湾等处铅厂，昔日俱属私开，即奴才前折奏闻之滥木桥水银厂，从前亦无分文归公之处。今奴才逐一清查，现檄藩司议定抽收之数，俟详议到日，即会同云贵总督臣高其倬题报归公，总不许地方各官染指分文。至于已未题报之厂，非悉心调剂，难免侵渔，奴才已颁发调剂事宜，并令藩司选委贤员前往管理。[1]

由毛文铨奏折可知，黔省私开矿厂的情况非常严重，但这份奏折并未说明官员是否与之有关。不过，当毛文铨声称"不许地方各官染指分文"时，皇帝的批示颇耐人寻味："司事之员，若令分文不染指亦是难事，……朕意仍宜为之少留余地，俾司事之员微有沾润，庶几贾勇向前。"[2]皇帝显然深悉官员在矿厂谋取私利的积习。

毛文铨突然在此时清查矿厂，是受到了来自云南方面的压力。毛文铨于康熙五十九年任云南布政使，[3]熟悉云南矿厂公开的情形，而且他在任时做的一件重要事情就是清查放本收铜的盈余情况。[4]他

---

1 贵州巡抚毛文铨：《奏清查私开矿厂酌议抽收款项归公折》（雍正二年五月二十九日），《宫中档雍正朝奏折》第2辑，台北"故宫博物院"，1977，第718页。

2 《世宗宪皇帝朱批谕旨》卷一三上《朱批毛文铨奏折》（雍正二年五月二十九日奏），收入《景印文渊阁四库全书》第417册，第5页。按，《宫中档雍正朝奏折》第2辑第718页所载毛文铨的奏折中，亦有雍正皇帝的朱批。《宫中档雍正朝奏折》是影印原奏折出版，而《世宗宪皇帝朱批谕旨》系后来所编，对奏折的个别表述有一定修改（这种修改一般不影响文意），使文意更加简洁畅通。

3 乾隆《云南通志》卷一八《秩官·巡抚》，收入《景印文渊阁四库全书》第569册，第574页。

4 云贵总督高其倬等：《奏遵查铜斤利弊情形折》（雍正元年十二月二十日），中国第一历史档案馆编《雍正朝汉文朱批奏折汇编》第2册，第432~436页。

于雍正元年十一月升任贵州巡抚，[1]次年即声称要清查私开矿厂，这与他在云南的经历似不无关系。不过，这更可能与云南解决铅的需求的问题有关。滇省于雍正元年重开铸局，按铜六铅四配铸，年需铅六十七万六千余斤，为此云南委员开采块泽铅厂，但产铅不旺，官方主要还是在市场上购铅，每百斤加上运费约需银四两五钱。此时，云贵总督高其倬"访得"贵州马鬃岭、齐家湾、礛子窝等处有白铅矿，于是通知黔抚毛文铨查勘。高其倬"访得"的这些贵州白铅矿，之前就应该已私开，否则不会传到他的耳中。他获悉之后通知黔抚毛文铨，这可能就是毛文铨上奏皇帝清查私矿的背景。后来的事实证明，贵州的这些铅厂是有成效的，黔省每年可从中抽课五六千两，云南每年可买运黔铅五十万斤，较之从市场购买，节省银七千余两。[2]

毛文铨题报公开的这些铅厂均位于贵州西北部的大定州，这说明清初这里已经是贵州最重要的产铅之处。不过，毛文铨题明的矿厂并非黔西北矿业的全部，雍正二年（1724）十二月到任的大定镇总兵官丁士杰为我们揭开了这一重要秘密。他到大定之后，得知所属各汛地均有挖矿开厂之处，聚集数千人，并且均由州县管理并征收课税，似乎是得到批准的奉公开采。但他派部下逐处踏勘、细加访查后，却发现除亥仲汛属之马鬃岭白铅厂系雍正二年七月内奉文开采外，尚有水城汛一带的补木、发戛、江西沟、八甲山、大兴厂、麻园沟、铜厂坡，普垛汛属之洛龙山等处在聚众采矿，且都没

1　乾隆《钦定八旗通志》卷三四〇《八旗大臣题名二·各省巡抚》，收入《景印文渊阁四库全书》第671册，第709页。乾隆《贵州通志》卷一八（收入《景印文渊阁四库全书》第571册）称毛文铨于雍正三年任黔抚（第478页），考雍正二年五月毛文铨已经以黔抚身份上奏，《贵州通志》误。该书于官员上任时间方面的错误颇多。

2　云贵总督高其倬：《奏节省省铅价并调剂钱法折》（雍正二年十一月二十一日），中国第一历史档案馆编《雍正朝汉文朱批奏折汇编》第4册，第54~55页。

有"部文"，亦"无案可稽"，遂于雍正三年三月初三日、二十八日两次行文抚臣毛文铨，要求对方清查所有矿厂是否奉有"部文"，如系私开，请予封闭。毛文铨四月二十一日回复称，确实只有马鬃岭铅厂奉有部文，其余各厂有"奉行开采帮课者，有矿砂淡薄暂行封闭者，有未经具报私行偷挖者"。究其缘由，毛文铨解释说，康熙五十七年（1718）奉文开采的猴子银厂矿脉衰微，无法完课，于康熙六十年申请封闭，未获批准，于是管厂官员向云贵总督高其倬、前任贵州巡抚金世扬请示后，在落龙硐采矿，弥补猴子厂所缺额课，并未向户部题报。补木、发蓦、八甲山三处与落龙接近，有的出有矿砂，已抽课帮助落龙去完成猴子厂额课，有的尚未出矿，没有抽课，江西沟、大兴、麻园沟、铜厂坡并不抽课，系私行开采，应即封闭。丁士杰认为毛文铨的回复"多系朦混不明之语"，再次行文毛文铨，暗示将奏闻皇上。五月十一日，丁士杰得到了对方的再次回复，但并没有增加什么新内容，毛文铨最后还颇为强硬地表示，如果丁士杰认为不妥，就请他向皇上奏报。如果皇上问下来，总督和自己自有交代。丁士杰遂于五月十三日将此过程上奏，并表明他的看法：落龙等硐既然未奉部文，又未题明，即属私开；毛文铨上任已一年多，尚未将某处某厂一一详为奏明，如此明显之事都要蒙蔽，其他隐微之事可想而知；贵州通省矿课并无定额，官员们打着帮补登记在册的矿厂完成矿课的旗号行私开之实，帮课成为满足私欲的挡箭牌。[1]

　　毛文铨当然不会被动等待。他在第二次回复丁士杰之前的十

<hr>

[1]　贵州大定总兵丁士杰：《奏报汛属矿厂往来行查情形折》（雍正三年五月十三日），中国第一历史档案馆编《雍正朝汉文朱批奏折汇编》第 5 册，第 3~8 页；贵州大定总兵丁士杰：《奏到任详察矿厂并请封落龙硐折》（雍正三年五月十三日），中国第一历史档案馆编《雍正朝汉文朱批奏折汇编》第 5 册，第 1~2 页。

日，就已经抢先下手，上奏皇帝，说明猴子厂矿脉衰微，户部不准封闭，于是在大定州另觅落龙硐弥补矿课，现在落龙硐同样矿砂殆尽，恳准封闭云云。[1]

因为猴子厂是银厂，所以帮补该厂的落龙厂以及帮补落龙的补木等三厂当属银矿。其余四厂中，江西沟、大兴均为白铅厂，而麻园沟、铜厂坡则不清楚开采何种矿。

落龙帮补猴子厂，补木等三厂又帮补落龙，其中只有猴子一厂公开，这确实为假公济私开了方便之门。而江西沟等四厂全系私开，不管地方官员是否与此四厂有直接或间接之染，他们无疑均负有一定责任。雍正皇帝对整个事情的不满可想而知，但有意思的是，他在朱批中，并未责备批准落龙硐私自抵补猴子厂课税的云贵总督高其倬与前任黔抚金世扬，而是将怒火全部发泄到毛文铨身上，称："朕早鉴照毛文铨徇私欺隐，卑鄙巧诈。"甚至在整个事件中并未出场的贵州提督赵坤也被连带责骂："赵坤柔软，亦非边地之才。"并表示已将此二人调离，而即将接任的石礼哈、马会伯"不比此二人"，让丁士杰好好同他们合作。[2]

雍正的朱批表明，早在丁士杰上奏之前，他就已对毛文铨不满。查实录可知，雍正三年四月二十日，亦即丁士杰五月十三日上奏前约二十日，皇帝就已谕令毛文铨进京陛见，让贵州威宁镇总兵石礼哈署理贵州巡抚。[3] 至于马会伯，本云南永北总兵官，于雍正三年三月初九日升贵州提督，[4] 皇帝让丁士杰与二人好好合作，即与此

1　贵州巡抚毛文铨：《奏猴子厂落硐矿砂衰微将尽续采有弊无益折》（雍正三年五月初一日），中国第一历史档案馆编《雍正朝汉文朱批奏折汇编》第4册，第871页。

2　贵州大定总兵丁士杰：《奏报汛属厂厂往来行查情形折》（雍正三年五月十三日），中国第一历史档案馆编《雍正朝汉文朱批奏折汇编》第5册，第3~8页。

3　《清世宗实录》卷三一，雍正三年四月丁亥。

4　《清世宗实录》卷三〇，雍正三年三月丁未。

有关。毛文铨进京后，就在这一年调往福建任巡抚。[1]

非常有意思的是，得雍正皇帝信任的石礼哈，几乎与丁士杰同时在调查云贵矿业的秘密，而且也把矛头指向了贵州最高官员。他于雍正三年四月二十二日（此时命他署贵州巡抚的谕令已于两天前发出，但还未送达贵州）奏称，一位前贵州巡抚，有心腹名王日生，实系湖广荆州府的一名"恶棍"。这位抚臣任江苏布政使时，已开始任用王日生，任云南布政使时又带其上任，让其经手云南全省之铜，获私利不计其数，与总督、巡抚等均分。康熙五十八年，这位云南布政使升任黔抚，王日生同到贵州，在威宁开办天桥等厂，运到四川重庆府发卖，所过之处均不纳税，得银数万两，与抚臣平分。[2]

石礼哈所指之巡抚是谁呢？考金世扬于康熙四十九年（1710）任江苏布政使，[3]康熙五十五年任云南布政使，[4]康熙五十八年十月升贵州巡抚，[5]石礼哈所讦必此人无疑。从其他材料可知，金世扬任云南布政使的次年，即称滇省各铜厂开采年久，硐深矿薄，加上附近木材砍烧已尽，各种工本大增，厂民获利无几，要官府停止抽课，委总商王日生借官帑全部收买，卖出后归还官本，并完纳应缴的课

1　乾隆《福建通志》卷二七《职官》，收入《景印文渊阁四库全书》第528册，第352页。

2　《世宗宪皇帝朱批谕旨》卷八上《朱批石礼哈奏折》（雍正三年四月二十二日奏），收入《景印文渊阁四库全书》第416册，第382~383页；Hailian Chen, *Zinc for Coin and Brass: Bureaucrats, Merchants, Artisans, and Mining Laborers in Qing China, ca.1680s–1830s*, pp.200–201.

3　《清圣祖实录》卷二四二，康熙四十九年五月癸未。

4　乾隆《云南通志》卷一八《秩官·布政使》，收入《景印文渊阁四库全书》第569册，第574页。

5　《清圣祖实录》卷二八六，康熙五十八年十月戊辰。《清史稿》卷二〇一之《疆臣年表·各省巡抚五》（第7601~7602页）所载与此同。乾隆《贵州通志》卷一八（收入《景印文渊阁四库全书》第571册）之《秩官·巡抚》称金世扬于雍正二年任黔抚（第478页），大误。

税。此时正值日本铜禁严厉之际，承办京局铸钱的八省官商争赴云南购铜，王日生的生意因此很顺利，但金世扬没有留下盈利多少的记录。康熙六十一年任云贵总督的高其倬要求已任贵州巡抚的金世扬据实查奏，如有盈余，就要归公。[1] 石礼哈称金世扬任云南藩司时对矿业的染指，当与此段史实有关。王日生在贵州威宁天桥所开是何种矿，石礼哈并未言明，但据笔者了解，当系白铅矿。[2] 颇具讽刺意味的是，金世扬任黔抚后一面让王日生在威宁开矿，一面却奏请禁开铜矿。[3]

雍正皇帝没有怀疑石礼哈的奏报，其朱批云："此等人如何能逃朕之鉴照，早已有旨矣。"[4] 据此可知，在石礼哈上奏前皇帝就已处理了金世扬，但相关谕旨笔者并未找到。在实录中，可以看到雍正三年二月，工部左侍郎金世扬"缘事革职"的记录，时间约在石礼哈此奏前两月。[5]

在随后的几年里，估计还有不少官员私开、隐匿矿厂的消息传至雍正皇帝耳中，他表达了一种既不全信又要给官员们警告的态度，雍正八年（1730）九月初二日，他谕称：

又如矿山聚众至数千人，系府县官员之家人勾引奸徒开

1　云贵总督高其倬等：《奏遵查铜斤利弊情形折》（雍正元年十二月二十日），中国第一历史档案馆编《雍正朝汉文朱批奏折汇编》第 2 册，第 432~436 页。

2　笔者十余岁时，举家由贵州省毕节县清水镇迁至本省赫章县妈姑镇，在那里生活了近十年，该地系笔者第二故乡。天桥村属妈姑镇管辖，以产锌（白铅）著名。赫章县本属威宁，1913 年才设立仍属威宁管辖的赫章分县，1942 年正式设立赫章县。

3　《清朝文献通考》卷三〇《征榷五·坑冶》，考 5130 页。

4　《世宗宪皇帝朱批谕旨》卷八上《朱批石礼哈奏折》（雍正三年四月二十二日奏），收入《景印文渊阁四库全书》第 416 册，第 382~383 页。

5　《清世宗实录》卷二九，雍正三年二月壬辰；Hailian Chen, *Zinc for Coin and Brass: Bureaucrats, Merchants, Artisans, and Mining Laborers in Qing China, ca.1680s–1830s*, p.201.

采，希图重利，武弁遣兵驱逐，以致结怨益深。今虽不用家
人，而奸商地棍仍领道府资本，广集匪类，现在私开，不畏国
法，此武弁陈诉之大概也。年来似此等语达于朕听者不止数
处，亦不止数人，虽出于怨怼之口不足尽信，然亦未必皆全无
影响之谈，尔文武各员自思之。[1]

　　官员们染指矿业，并不等于凡是隐匿的矿厂都与他们有关。不
管是在云南还是贵州，都存在着一些在官员个人以及官方监管之外
的私矿。雍正四年十二月，云贵总督鄂尔泰就称黔省吏治"因循委
靡，由来已久"，其表现之一就是"矿厂铜银，谁经亲验？"[2]不独贵
州，云南的情况也是如此，雍正皇帝认为最能干的官员李卫[3]到了云
南，也感慨云南铜厂皆在"深山远箐"，清查不易。[4]

　　事实上，一些官员如毛文铨等并未因涉嫌在矿业中谋取私利而
受到严惩。这或许是因为雍正皇帝深悉在官员薪俸微薄、地方行政
经费匮乏的制度下，不可能让官员们完全照章办事而分文不取，否
则官员们就难以为生，整个国家机器也无法运转。这也正是他大力
推进火耗归公，对地方财政进行合理化改革的动因。[5]这样，我们才
能理解，当雍正元年七月初六日，滇抚杨名时奏称自己于康熙六十
年上任以来，奉公清廉，"所有一切规礼银，臣一无收取，其铜厂之

1　《世宗宪皇帝上谕内阁》卷九八，雍正八年九月初二日上谕，收入《景印文渊阁四库全书》
　　第415册，第500页。

2　《世宗宪皇帝朱批谕旨》卷一二五之二《朱批鄂尔泰奏折》（雍正四年十二月二十一日奏），
　　收入《景印文渊阁四库全书》第420册，第303页。

3　《清史稿》卷二九三《列传八十》称："田文镜与鄂尔泰、李卫同为世宗所激赏。"（第10331页）

4　《世宗宪皇帝朱批谕旨》卷一七四之一《朱批李卫奏折》（雍正二年二月十五日奏），收入
　　《景印文渊阁四库全书》第423册，第12~13页。

5　Madeleine Zelin, *The Magistrate's Tael: Rationalizing Fiscal Reform in Eighteenth-Century
　　Ch'ing China*, Berkeley: University of California Press, 1984.

息铜、捐纳之羡余、季规羡米及诸陋弊，俱行严绝"时，皇帝并不以为然，朱批称：

> 朕凡遇督抚此等之奏，不但从未批示，亦且概置不览。取与之际，任尔自为，但须还朕一是字而已。督抚羡余岂可限以科则，拘以绳墨，惟视秉心何如耳！取所当取而不伤乎廉，用所当用而不涉于滥，固不可朘削以困民，亦不必矫激以沽誉。若一切公用犒赏之需，至于拮据窘乏，殊失封疆之体，非朕意也。必使兵民温饱，官弁丰足，督抚司道亦皆饶裕，乃朕之所愿。设此数者有一不然而督抚先已饶裕，即朕不加谴责，其如昭昭湛湛何？此事全在尔等揆情度理而行之，其是与否，自难逃朕之鉴照，可无烦章奏呶呶也。今若欲朕命尔某项当取某项当受，则断无之理，尔等责任綦重，惟宜同心协力，懋勉政治以安地方，庶无忝厥职。[1]

石礼哈署理贵州巡抚时间只有短短数月，雍正三年（1725）八月，该职由张谦代理，但未到任，十一月，由何世璂代理。[2] 何约于雍正四年五月履任，[3] 约一年后，他上奏说明自己开矿的情况，称

1　《世宗宪皇帝朱批谕旨》卷三《朱批杨名时奏折》（雍正元年七月初六日奏），收入《景印文渊阁四库全书》第 416 册，第 133~134 页。按，此奏折亦收入中国第一历史档案馆编《雍正朝汉文朱批奏折汇编》第 1 册，第 623~625 页。两个版本的朱批中，雍正皇帝的意思相差无几。

2　《清史稿》卷二〇一《疆臣年表·各省巡抚》，第 7612~7613 页。据乾隆《贵州通志》卷一八（收入《景印文渊阁四库全书》第 571 册，第 478 页），张谦并未上任。

3　据《世宗宪皇帝朱批谕旨》卷三五之《朱批何世璂奏折》（收入《景印文渊阁四库全书》第 418 册，第 154~155 页），何于雍正四年五月二十九日的奏折中说道："窃查抚臣到任，例应盘查司库，抵任后适布政使刘师恕升任卸事，随檄行新任藩司申大成查明管收除在，造具四柱清册前来。"据此可推知何上任的大致时间。

自己刚上任时，"黔西商民"便纷纷呈请开矿，他与总督鄂尔泰协商后，觉得可行。经查验，商民们报采的羊角、柞子、白蜡三厂已有成效，可以帮矿脉衰微的阿都厂完课。[1]因为何所列举的几个矿厂均在大定府威宁州，所谓"黔西商民"当指贵州西北部大定府的商民。不过，当时黔人大体上既没有开矿的传统与技术，亦缺乏足够的资金，矿业的主导力量是外省客民，如前述丁士杰的奏报中已提到有不少"异省"流民聚集开矿。[2]雍正三年九月初二日和硕怡亲王允祥转述威宁总兵石礼哈的奏疏，亦称威宁矿厂"开采之人外来者多，土著者少"，[3]因此，黔西商民的主体应是拥有资本到黔西北开矿的外省人，在当时矿禁思想流行的情况下（矿禁的一个内容是禁外地人开矿以免五方之人聚集杂处，危害地方），模糊地讲黔西商民是一个较好的策略。

又，何世璂所称的阿都厂，在毛文铨的奏折中就已出现，系题报准开的银厂。何称羊角、柞子、白蜡三厂是帮补阿都厂完课，自应是银厂。但这只是事实的一部分，因为银矿与黑铅矿往往是伴生的，当时甚至有"黑铅即是银母"之说，[4]一百多年后云贵总督林则徐亦称"黔产银从铅出"，并特别提到威宁柞子厂产黑铅，向来每

1　湖南巡抚布兰泰：《奏请委员眼同开采郴州铅垄据实抽税等事折》（雍正五年闰三月初二日），中国第一历史档案馆编《雍正朝汉文朱批奏折汇编》第9册，第373~374页。《皇朝经世文编》卷五二将何世璂奏折系于雍正二年，考何世璂雍正三年十一月才受命为黔抚，到任时间当在雍正四年，商民呈请开矿、与督臣商议，再进行查验等事，到雍正五年闰三月才奏报。《皇朝经世文编》误。

2　贵州大定总兵丁士杰：《奏报汛属矿厂往来行查情形折》（雍正三年五月十三日），中国第一历史档案馆编《雍正朝汉文朱批奏折汇编》第5册，第3~8页。

3　中国人民大学清史研究所等编《清代的矿业》，第314页。事实上，不管是在云南还是贵州，前来投资开矿者都主要是外省人，特别是湖南、江西之人。

4　湖南巡抚布兰泰：《奏请委员眼同开采郴州铅垄据实抽税等事折》（雍正五年闰三月初二日），中国第一历史档案馆编《雍正朝汉文朱批奏折汇编》第9册，第373~374页。

铅百斤，报煎纹银九钱。[1] 因此羊角等三厂，可能同时开采黑铅。然而何世璂在奏报中完全没提黑铅，就此而言，何世璂有可能打了一个合法隐匿矿厂的"擦边球"。

何世璂还奏称，除羊角等三厂题报开课外，他还继续查验其余矿厂。大约五个月后，他进京陛见，由贵州布政使祖秉圭署理巡抚。[2] 查验并非禁矿，而是使其公开化、合法化，所以不管官员们怎么流动，贵州不断公开一些铅矿。例如于雍正七年（1729）题报纳税的砂朱厂，[3] 在雍正三年丁士杰的奏报中尚属违法私开。此外，官员们曾声称要封闭的一些矿厂，如江西沟、大兴二处白铅厂，也被合法化并开始抽课，雍正七年，云贵广西总督鄂尔泰就称江西沟厂可年产铅一二十万斤，按 20% 税率抽课。[4] 同年，贵州巡抚张广泗题称大兴厂自雍正七年八月二十二日得矿起，至十一月初二日烧出白铅六万九千二百五十五斤，按二八抽课原则，获课铅一万三千八百五十一斤。[5]

二　成为全国最主要铅产地

综上可知，雍正元年（1723）云南开铸后，为解决铅的需求而推动了贵州铅厂的题报公开。当时定下滇省每年买运黔铅 50 万斤，但实际产量远超此数。雍正三年前后，贵州几大白铅厂齐家湾、马

1　《黔省矿厂开采情形片》（道光二十九年三月二十日），《林文忠公（则徐）奏稿》，收入《近代中国史料丛刊三编》第163册，文海出版社，1986，第1156页。

2　《清世宗实录》卷六二，雍正五年十月己丑。

3　《清朝通典》卷八《食货八·杂税》，典2066页。

4　《世宗宪皇帝朱批谕旨》卷一二五之十二《朱批鄂尔泰奏折》（雍正七年十一月初七日奏），收入《景印文渊阁四库全书》第420册，第657~659页。

5　中国人民大学清史研究所等编《清代的矿业》，第317~318页。

鬃岭、礁子窝、丁头山的产量加总后约在 207 万~240 万斤。[1] 到雍正七年前后，黔省铅矿业进入了一个新阶段，该年白铅产量约为380 万斤，黑铅的产量达到 240 余万斤。[2] 此后，贵州的白铅年产量持续增长，黑铅产量则下跌，但黔省黑铅仍然在全国占有重要地位。这些数字意味着什么呢？清代另一个以产铅著称的省份湖南，在矿业最盛的乾隆时期，白铅年产量不过 50 余万斤，黑铅年产量在80 万~140 万斤。[3]

雍正末期到乾隆初年，随着一系列大矿的开办，黔省铅矿业发展更为迅猛，位居全国白铅矿厂之首的莲花厂（即妈姑厂[4]）开办于雍正十二年（1734）。乾隆五年（1740），遵义府月亮岩铅厂议准开采，每出铅一万斤，抽课两千斤，其余官商各买一半，每年收买连抽课约可收铅百万斤，这意味着该厂年产量约为 166 万斤，是为黔省的又一处大铅厂。[5] 乾隆十一年前后，贵州铅产量再上新

1　云贵总督高其倬：《奏节省铅价调剂钱法折》（雍正二年十一月二十一日），中国第一历史档案馆编《雍正朝汉文朱批奏折汇编》第 4 册，第 54~55 页；中国人民大学清史研究所等编《清代的矿业》，第 314 页。

2　云南总督鄂尔泰：《奏报调剂黔省铅斤并办获滇省铅息情形折》（雍正七年十一月初七日），中国第一历史档案馆编《雍正朝汉文朱批奏折汇编》第 17 册，第 159~160 页；中国人民大学清史研究所等编《清代的矿业》，第 314、319、322~324 页。

3　林荣琴：《清代湖南的矿业开发》，博士学位论文，复旦大学，2004，第 140~141 页。

4　马琦：《"莲花"与"妈姑"：清代最大矿厂名实考辨》，《贵州文史丛刊》2012 年第 3 期。马琦经过对名称、厂址、产量的考察，正确地分析了莲花厂与妈姑厂乃一厂二名。在此再补充一则直接将莲花、妈姑称为同一厂的材料，据中国第一历史档案馆藏朱批奏折，乾隆五十八年五月二十九日贵州巡抚冯光熊奏云："黔省水城厅属之福集厂、威宁州属之莲花妈姑厂采办白铅运供京局鼓铸，并委员运赴湖北汉口以供各省采买，所有楚铅每百斤原定工本并水陆运脚共银三两六钱五分六厘零，乾隆五十五年前抚臣李庆棻因该两厂开采年久，洞深煤远，原定工本不敷，奏请嗣后采办厂楚白铅，俱令每百斤加价银三钱。"（04-01-35-1339-034）可见莲花妈姑厂虽并称，但其实是同一厂，与福集厂并列为二厂，供应京局及各省局。

5　《清高宗实录》卷一一四，乾隆五年四月己卯。

台阶。该年四月，张廷玉奉朱批讨论贵州巡抚张广泗当年年初所上的一份奏折，张广泗奏称"黔省多产铅矿，历年开厂，此时极旺。……莲花、砂朱、月亮岩各厂，每年约可出铅一千余万斤"，建议动帑转运一百万斤，所获息银与其他息银共二万两一起来整修河道。[1]

黔铅的丰盛，远远超出云贵二省的需求。自雍正五年二月起至九月止，鄂尔泰于云南布政司库内借用盐余银二万两，购黔铅二百万斤，由过去承办黔铅事宜的云南武定府知府朱源淳负责，运赴汉口卖给承办京局币材的商人。每百斤连买价并运费共计银三两五钱，而卖出价格为四两五钱，可获息银一两，二百万斤可获息银二万两，于年底"奏报充公"。皇帝对此大为满意。[2]

雍正七年（1729）八月，黔抚张广泗奏请黔省动帑收买余铜、余铅赴四川发卖，亦得到皇帝批准。[3]这一年，以贵州开局铸钱为契机，将铅厂的管理权归于黔省，运售汉口铅斤之事亦由贵州官员办

1　中国人民大学清史研究所等编《清代的矿业》，第329~330页。按，《清代的矿业》在摘录这份奏折时上奏年份用口代替，想是字迹模糊，月份亦未提供。据《清高宗实录》卷三〇五，乾隆十二年十二月（日不详），贵州布政使恒文奏称"（贵州转运铅斤所得）向系上下通融，私相授受，并未奏明充公。追闻爱必达授贵州藩司之信，（贵州总督张广泗）始将铜、铅各厂余息，奏充开河修城之用"。而爱必达受命为贵州布政使的时间系乾隆十年十一月初八日（《清高宗实录》卷二五二，乾隆十年十一月乙亥），这一消息从北京到达贵州需一个多月，张广泗的奏折应在此之后，大约就在乾隆十年底或十一年初。又据《清高宗实录》卷三〇八，乾隆十三年二月乙丑条载"贵州节省铜、铅余息，每年约可获银二万余两。乾隆十一年，据总督张广泗奏明，留充本省开河修城之用"，知张广泗的奏折上于十一年初。到十一年四月十九日，皇帝提到了这一奏折，张廷玉等军机大臣奉命讨论此奏折应在此前后。综上可知，张广泗的这份奏折可能上于乾隆十一年四月。

2　《鄂尔泰奏稿》，雍正六年十月二十日奏。

3　贵州巡抚张广泗：《奏预筹采买积贮米石酌议买运铜铅事宜折》（雍正七年八月初六日），中国第一历史档案馆编《雍正朝汉文朱批奏折汇编》第16册，第314~315页。

理。[1] 当时黔省铅厂较前更旺，鄂尔泰估计一年可获息银三万余两以归公充饷。如果再有多获，他建议用以补充黔省欠缺的养廉银。[2] 实际情况远比鄂尔泰估计的乐观，据雍正八年三月二十七日张广泗的奏报，运售铅斤所获息银有五六万两，他请求将此项银两赏作本省官员之养廉银。[3] 鄂、张二人都深深明白这项收入对黔省财政的意义，当时通省每年赋税仅 11 万余两，各种耗羡及官庄租谷等亦只 59200两。[4] 可以说，矿业收入是农业落后的云南、贵州能够在雍正年间进行火耗归公改革的前提。[5]

张广泗指出运售汉口、四川的铅获息五六万两，是因为黔省每年的富余铅材已有 400 多万斤。[6] 这也意味着需要借用更多的帑银来收购铅斤运销川、楚，雍正八年（1730）四月初二日，张广泗题请借用帑银 6 万两并获批准。[7] 这远超雍正五年滇省最初转运黔铅时

1　因为云南卑浙、块泽二铅厂满足滇省鼓铸后尚有余剩，从前负责运售黔省铅斤的云南武定知府朱源淳，现在又开始运售滇省的余铅。中国人民大学清史研究所等编《清代的矿业》，第126~128 页。

2　云南总督鄂尔泰：《奏报调剂黔省铅斤并办获滇省铅息情形折》（雍正七年十一月初七日），中国第一历史档案馆《雍正朝汉文朱批奏折汇编》第 17 册，（第 159~160 页。

3　贵州巡抚张广泗：《奏明买售铅斤工本余息细数并应行归公及应增各官养廉等项折》（雍正八年三月二十七日），中国第一历史档案馆《雍正朝汉文朱批奏折汇编》第 18 册，第324~328 页。曾小萍也描述了从云南转运黔铅到贵州转运本省黔铅的过程，见 Madeleine Zelin, *The Magistrate's Tael: Rationalizing Fiscal Reform in Eighteenth-Century Ch'ing China*, pp. 146−147。

4　中国人民大学清史研究所等编《清代的矿业》，第 320~322 页。

5　Madeleine Zelin, *The Magistrate's Tael: Rationalizing Fiscal Reform in Eighteenth-Century Ch'ing China*, pp. 141−148.

6　当时余铅三四百万斤，课铅七十万余斤，除贵州本省铸钱用铅十六万斤外，其余铅斤全部运销。贵州巡抚张广泗：《奏明买售铅斤工本余息细数并应行归公及应增各官养廉等项折》（雍正八年三月二十七日），中国第一历史档案馆《雍正朝汉文朱批奏折汇编》第 18 册，第324~328 页。

7　中国人民大学清史研究所等编《清代的矿业》，第 320~322 页。

所用的 2 万两。但贵州铅厂的产量继续迅猛增长，雍正十年三月户
部尚书张廷玉题称，过去规划运销黔铅时主要针对位于大定府的马
鬃岭、砂朱、大鸡、大兴四厂，现在普安丁头山一厂非常兴旺，每
年出铅将近百万斤，遵义小洪关更高达一百二十万斤。官方若不收
买，厂民势必自卖，这将影响官方在汉口的铅斤销售。因此张广泗
建议再多借帑银二万两，总数八万两，将铅斤一体收买运销。张廷
玉认为，应批准这一建议。[1]

　　因为当时黑铅并非币材，主要是军事用途，运售汉口行销甚
难，获息甚少，很快就不再转运，"止就厂销售"。[2]

　　贵州铅厂的大旺，引发了京师钱局办解铅斤方式的变革。
雍正十一年（1733）十一月十六日，皇帝指出，黔省铅厂年产
铅四五百万斤，每百斤一两五钱，如果让贵州派员购铅解交京
局，较通过商人采办节省颇多。[3]皇帝的判断是切中要害的，如
前所述，自清王朝鼓铸伊始，铅斤就主要是靠商人买解。康熙
五十四年（1715）议准，京城铸局额需铅 3956799 斤，经由商
人采办，每百斤定价银 6.25 两，运费 3 两。[4]照此，每一百斤铅
清廷需用银 9.25 两。随着市场铅价上涨，商人们无利可图，不
肯承办，于是自康熙六十一年起，每百斤铅价银增至 8.25 两，
加上运费共 11.25 两。雍正年间黔省铅厂兴旺，全国铅价下跌，
而官员们将黔铅转运至川、楚，实际上为商人办铅提供了方便，

1　中国人民大学清史研究所等编《清代的矿业》，第 324~325 页。
2　中国人民大学清史研究所等编《清代的矿业》，第 325~326 页。
3　《世宗宪皇帝上谕内阁》卷一三七，雍正十一年十一月十六日上谕，收入《景印文渊阁四库
　　全书》第 415 册，第 691 页。
4　光绪《钦定大清会典事例》卷二一六《户部·钱法·办铅锡》，收入《续修四库全书》第
　　801 册，第 520 页。

降低了他们的办铅成本，于是又恢复为 6.25 两 / 百斤，连运费为 9.25 两 / 百斤。[1] 雍正十一年，供应京局铅斤的商人们因铅价平减，自愿将价格从原定每百斤 6.25 两减至 4.75 两，连运费为 7.25 两。但皇帝指出了一个更节省的办铅之法，户、工二部的官员讨论后认为：

> 贵州之莲花、朱砂等厂所产白铅岁不下四五百万斤，各厂定价每百斤银一两三钱，较之商办，实多节省。请自雍正十三年为始，令贵州巡抚委员照额收买，分解户、工二局。每百斤给水脚银三两，照办铜之例分为上、下两运，上运于四月起解，十月到部；下运于十月起解，次年三月到部。[2]

每百斤价银 1.3 两，加上水脚银 3 两，共 4.3 两，较之原来商办的 9.25 两，节省 4.95 两，当时京城户、工二部所开之宝泉、宝源二局岁需铅 366 万余斤，[3] 共节省银约 181170 两。京局铅斤由官府采办的制度从此取代了商人买运。

黔铅京运开始的第一年，湖南因铅厂矿砂渐微，题请暂行封闭，自此之后的京局鼓铸所需白铅，大体上由黔省供给。[4] 自乾隆五年（1740）起，为了防止将钱改铸器皿，京局开始配铸青钱，其成

1　《皇朝政典类纂》卷六六《钱币九·办铜铅锡例》，收入《近代中国史料丛刊续编》第 879 册，文海出版社，1982，第 205 页。

2　《清朝文献通考》卷一五《钱币三》，考 4990 页。按，此贵州之"朱砂"厂，史料中又常称"砂朱"厂，指的是同一处。

3　光绪《钦定大清会典事例》卷二一六《户部·钱法·办铅锡》，收入《续修四库全书》第 801 册，第 520 页。

4　《清朝文献通考》卷一五《钱币三》，考 4990 页。

分是：红铜 50 斤配白铅 41.5 斤、黑铅 6.5 斤、点锡 2 斤，据说这种钱熔铸成器皿后一击即碎。[1] 配铸青钱引起了对黑铅需求的增长，贵州于是又成为京局黑铅的重要供给地之一，有时甚至是唯一的供给地。

1　彭信威：《中国货币史》，第 566~569 页。

第二章　资本问题及其解决

　　官方积极推动矿业发展，却不愿承担其中的高风险以及官办企业高昂的交易成本，因此主要让民间办矿。民间办矿，官方似乎只要通过税费政策即可获取所需物资，无须多大投入，事实却远非如此。除银矿外，矿业的回报率并不算高，苛刻的税费政策进一步压缩了盈利的空间，这就使民间资本不愿投入矿业，开矿者大多是贫困百姓，官方不得不通过借贷、补助等方式，帮助解决资本问题。此外，矿产品运输道路的修筑与维护，所需资金也主要由官方筹措。

第一节　以民办矿业为主体

康熙二十一年（1682），云贵总督蔡毓荣疏请云南开矿，特别说明，应听民开采，不宜官方经营：

> 若令官开官采，所费不赀，当此兵饷不继之时，安从其给？且一经开挖，或以矿脉衰微，旋作旋辍，则工本半归乌有。即或源源不匮，而山僻之耳目难周，官民之漏卮无限，利归于公家者几何哉，是莫若听民开采而官收其税之为便也。[1]

蔡毓荣反对官营的理由是：第一，投资较大，暂时无法筹措足够经费；第二，高风险，"或以矿脉衰微，旋作旋辍"，容易造成巨大损失；第三，无法有效监管，各种腐败、走私丛生，私人大肆中饱，公家所获甚少。这一点涉及交易成本的问题，适时追踪矿厂产量、督促矿工尽责尽力、确保管理人员勤勤恳恳、杜绝贪污腐败、禁止走私偷漏等，成本之大难以想象。在传统时期的信息与技术条件下，毫无可行性，结果必然是"官民之漏卮无限，利归于公家者几何"。

当时三藩之乱甫定，云南满目萧条，百废待兴，无法筹措官办经费。但之后国家经济恢复迅速，经费在很大程度上已不成为瓶颈，然而云南乃至全国仍然坚持民办矿业的方式，可见高风险与监管成本过高才是真正的制约因素。这其实也是历代官办矿业均无法

1　蔡毓荣：《筹滇第四疏·理财疏》，载师范《滇系》卷八之三，收入《丛书集成续编》第237册，第688~689页。

避免的难题。例如元王朝曾强制一部分百姓为政府冶铁，"人户俱各漫散住坐"，遇秋冬冶炼之时前往勾集，非常艰辛，难以完成生产任务，王恽因此建议罢除该项差役，让百姓主动采冶，官方"给价和买"。[1] 成化（1465~1487）以前，明王朝曾役使民夫 55 万余人开采 21 处金矿，额金 15 万两，"时夫之伤于蛇虎大水者无计"，仅得金 35 两。成化十年（1474）遂罢湖广及辽东黑山淘金，很快又关闭全部金场，"命有司取赃罚银易金应用"。[2] 又如明万历二十四年（1596）至三十一年，官方在河北唐县先后开采了 24 处矿硐，时间短则不足一月，长则五六年，但最终几乎都"无砂乃闭"。又如兼理直隶真保蓟永矿务的太监王虎自万历二十四年闰八月至万历三十二年正月，总共缴出金 557 两、银 92642 两、石青 19 斤，但这几年开矿的工值物料高达十余万两，《明实录》评价为"得不赏〔偿〕失也"。又如在河南府，取神沟矿砂 40 斤，费银 1.2 两，炼得银 0.02 两；取金沟矿砂 50 斤，费银 0.8 两，炼出银 0.06 两；取汤锅矿砂 50 斤，费银 1 两，炼出银 0.012 两。在四川马湖府，矿使开矿四月，"所费无限，煎银不及一两"。[3] 再如著名的河北遵化官营铁厂，因机构庞杂，开销过高，各种浪费巨大，于万历九年关闭，官方转而购买质优价廉的民营铁厂产品满足所需。[4] 明代强制进行力役征派，通过民夫的无偿劳动掩盖了风险，但在清代国家的资源汲取模式中，力役方式弱化，雇募与市场的比重显著增加，投资失败导致的亏损会立即在官方的经费账目上体现出来，影响官方进一步投

1　王恽：《秋涧集》卷八九《论革罢拨户兴煽炉冶事状》，收入《景印文渊阁四库全书》第 1201 册，第 288~289 页。

2　查继佐：《罪惟录》之"志"卷一〇《贡赋志·金场》，收入《续修四库全书》第 321 册，第 481 页。

3　唐立宗：《坑冶竞利：明代矿政、矿盗与地方社会》，第 230~236 页。

4　张岗：《明代遵化铁冶厂的研究》，《河北学刊》1990 年第 5 期。

资的能力，官办矿业因之失去可行性。

即便开采到大规模的富矿，高昂的交易成本也会使相关管理、监督措施无法到位，从而影响生产效率与获利。我们来看湖南曾经试图官办矿业的例子。乾隆十一年（1746），因为湖南桂阳州矿商易经世偷漏铅税以及私将铜斤外运变卖，官府建立官围，打算直接控制铜、铅的生产。其法是，建设官围，所有炉户在官围内生产，委官员住宿于此进行监督，这样也"不必再存抽税名色"。[1]候补知县李澎为此亲到矿厂"煎试铜砂"，"自晨自夕，冒烟看守"，就餐时不得不离开，就让朋友或"诚实家人"暂代看管。李澎承认，一旦稍有疏忽，立即弊窦丛生，诸如"煅砂即有熟与不熟，配搭铜砂入炉有过高过低，烧炉用炭有用多（用）少，出灿水有净与不净，灿水入灶用炭有太过不足，以致所煅灿水有或生或过"等，不胜悉举。炉户不是为自己生产，必然会漫不经心。又如冶炼需炭，一年需一百数十万斤，负责承买之人只要"稍存私欲"，就会导致官方亏损工本。李澎又强调，现在自己只是监管少量铜砂烧炼，尚可"处处防视"。以后如果将此制度化，派员常年办理，"势有不能周察之处"，必得"诿之经胥丁役"，导致"虚应故事"，无法将每百斤铜的成本控制在规定的白银 12 两之内。可见，在官办情况下，如果想高效率、不浪费，高昂的交易成本（包括监管的人力、物力等）远远超出了当时官方的承受能力，而且委托非人，腐败难免。因此李澎建议慎选 10 名可靠的炉户进入官围煎炼。官府控制每日各矿硐所出的矿砂，根据砂色判断大概可煎出多少铜，然后立刻监视矿砂挑入官围，令 10 名炉户均分，登记在册，自行雇工买炭烧炼。炉户根据预估的

1　贺喜：《乾隆时期矿政中的寻租角逐——以湘东南为例》，《清史研究》2010 年第 2 期；中国人民大学清史研究所等编《清代的矿业》，第 234~237 页。

可煎出铜斤数目交铜，官方每铜百斤发给炉户工本银 12 两。并规定，每年必须交铜 8 万斤，如果超出 8 万斤，仍照 12 两 / 百斤之价格官为收买。而当时的市场价格，是 20 两 / 百斤。[1]

李澎显然是想通过让炉户承担起责任来降低官方的交易成本。官方不用付出大笔资金，不用花钱雇工，也不用监督生产，炉户如能控制生产成本，多生产，自身也有利可图。严格说起来这其实已经不属于官办。但李澎的办法，仍然要求官方能够严格监控矿石开采与运输，确保所有矿石交由官围内的炉户烧炼。这种方法，在矿产比较集中之地，尚有实施的可能性，如果矿藏比较分散且又位于山高林密之处，官方同样难以监管。事实上，就笔者所见文献材料以及田野考察所得，可知李澎的建议曾在马家岭实施，但不能肯定湖南矿区广泛实行这一办法。

以上分析，还是建立在管理人员清廉奉公的基础上的。事实上，官办矿业中，对管理官员与胥吏的监督也是一大难题，甚至是难以完成的任务。

听民开采，投资者利益切身，必定想方设法压低成本，各种监管、沟通成本都相对较低。对民办矿业的高效率，很多官员均有深刻认识，明人邱濬曾指出，朝廷在浙江、福建"开场置官"办矿业，"令内臣以守之，宪臣以督之"，但"所得不偿所费"，只得关闭。但他也承认民办则不同，"盖以山泽之利，官取之则不足，民取之则有余"。[2]

总之，清代基本上由民间办矿。官办的情况很罕见，主要是通过对矿工的超经济强制从而使成本降低至微不足道来实现的，如新疆利用犯人开矿，节省了工钱支出，并利用另一批犯人种地来养活开矿

1　《湖南省例成案·户律仓库》卷——《钱法·铜砂煎炼铜斤建设官围委州同督率工本不敷于司库预给一切弊窦严行查究》，嘉庆十八年湖南按察司刻本，第 13~15 页。

2　邱濬：《大学衍义补》卷二九，第 12 页。

犯人，大大压缩了伙食成本。[1]不是这种极端情况，官办矿业很难长久维持。例如，雍正六年（1728），广西巡抚郭锳（即金锳）向朝廷建议开采本省矿产时，提出所有矿山均不必"归官办理"，但苍梧县芋荚山金矿质量上乘，容易管理，应由官方开办。[2]这一建议得到采纳，次年七月初六日至八月十五日，得实金300多两，开支"在山各官役、饭食、灯油、纸张，暨锤手、工匠人夫工价，及搭盖房屋等"，共支银1420两，合金170余两，获利为金120余两。[3]芋荚山金厂就此"动支工本，归官办理，委员坐厂，督工开采"，不过，一年多后，就因"获砂渐微，不敷工本"而停工，之后招募商人"分地挖刮，其所得之金，每两议抽课金二钱"。[4]这一例子再次证实了邱濬"官取之则不足，民取之则有余"的观点。

第二节　薄弱的民间资本

　　官方交由民间办矿，但民间资本却不愿涉足这一领域。传统时期的矿业投资高，风险大，大量的开采活动最终一无所获，清

1　伊犁将军伊勒图：《奏为伊犁铅厂耕凿帮捐及船工纤夫水手期满请免罪事》（乾隆四十六年三月二十七日），朱批奏折，04-01-36-0092-033；伊犁将军松筠：《奏请酌筹铜铅厂夫口食并移拨遣屯地亩缘由事》（嘉庆九年七月初二日），朱批奏折，04-01-35-1385-042。

2　邓智成：《清代广西矿产开发研究》，硕士学位论文，云南大学，2018，第39~40页。

3　广西巡抚金锳：《奏报七月以来开采金铜等矿情形折》（雍正七年十一月初七日），中国第一历史档案馆编《雍正朝汉文朱批奏折汇编》第17册，第140~141页。

4　中国人民大学清史研究所等编《清代的矿业》，第564~565页。

人感性地称之为"得者一，不得者十"，而开采成功之矿硐，又有许多并未获得与成本相应的收益，因矿藏单薄，开采数年甚至一两年后就封闭的例子比比皆是。[1] 然而，在如此需要雄厚资金的行业，却鲜有富商大贾投资。我们先从清代最重要的矿业中心云南说起。乾隆四十二年（1777），云南布政使孙士毅称："滇民多系瘠贫，当其开采之时，需用饭食油炭，或一二十家，或三四十家，攒凑出资，始能开一礦硐。"[2] 孙士毅所言非虚，早在雍正二年（1724），云贵总督高其倬就指出："开硚硐民多系五方杂处，往往领（官方所贷）银到手，无力开采。"[3] 乾隆二十二年，云贵总督恒文与滇抚郭一裕亦称"（铜厂）厂民本非充裕"，[4] 乾隆三十二年滇抚汤聘则称："赴（铜）厂商民率不能自备工本。"[5] 乾隆三十六年，署理云贵总督彰宝再次奏称："（铜厂厂民）自携资本者其少，必须预借官银，方能集力采办。"[6]

以产锌、铅著称的贵州，矿业资本同样薄弱，从事开采、冶炼者大多是"手艺贫民"，资金匮乏。乾隆四十一年，贵州巡抚裴宗锡在论及本省铅厂近年来之困难时，将其归因于"本地民夷鲜识引苗，复无外来殷实客商力能出资开采"。[7] 为了让

1 吕昭义、吴彦勤、李志农：《清代云南矿厂的帮派组织剖析——以大理府云龙州白羊厂为例》，《云南民族大学学报》（哲学社会科学版）2003 年第 4 期。

2 孙士毅：《陈滇铜事宜疏》，《皇清奏议》卷六二，收入《续修四库全书》第 473 册，第 525 页。

3 大学士傅恒等：《题为遵查云南汤丹大碌等铜厂请酌给厂费等事》（乾隆二十一年十二月十四日），户科题本，02-01-04-15016-013。

4 云贵总督恒文、云南巡抚郭一裕：《奏为筹办滇省汤丹大碌二铜厂厂地预放工本事》（乾隆二十二年三月十四日），朱批奏折，04-01-36-0088-002。

5 云南巡抚汤聘：《奏陈铜厂现在开采情形事》（乾隆三十二年二月十六日），朱批奏折，04-01-35-1268-029。

6 署理云贵总督彰宝：《奏为滇省铜厂欠项请准豁免事》（乾隆三十七年正月二十二日），朱批奏折，04-01-36-0090-008。

7 户部：《奏复贵州普安县等处铜铅矿应准试采》（乾隆四十一年十月十六日），张伟仁主编《明清档案》，A228-44，B128223~128226。

他们能够足额生产铅、锌，相关官员不得不先借给工本，后收产品。[1]

为何矿业很难吸引富商大贾的兴趣呢？云贵总督吴其濬为我们提供了一点线索：

> 滇民皆嬴，不商不贾，章贡挟重资者皆走荒徼外，奇珍则翡翠、宝石，民用则木棉、药物，利倍而易售。矿厂惟产银者或千金一掷如博枭，而铜矿率无籍游民奔走博果腹耳！官畀以资而役其力，有获则以价买之。[2]

可见，在云南，本省人缺乏资本，外省大商人则从事回报率高的翡翠、药物、木棉等业，高投资、高风险但回报较低的矿业，不在选择之列，只有回报较高的银矿是例外。[3]在贵州，虽然锌、铅矿藏富甲全国，但仍然是业银矿者容易致富。[4]在广东，同样是"金银二矿，民多竞趋"，为防止开矿者"先金银而后铜铅，转于鼓铸有碍"，乾隆九年（1744）十月，两广总督那苏图、署理广东巡抚策楞甚至奏请封闭金、银矿，[5]但前来开采铜矿、铅矿者，大多资本匮乏，即便前期有所进展，后期也因工本不继，不得不停工

---

1 云贵总督明山、护理贵州巡抚吴荣光：《奏为查明黔省水城威宁两铅厂炉欠实在情形分别有着无着勒限追赔事》（道光四年九月十四日），朱批奏折，04-01-30-0496-014。

2 吴其濬：《滇黔矿厂图略》卷二《硌》，第186页。

3 民间资本以逐利为目的，在进入西南地区矿业时，必然优先考虑投资回报较高的金、银等矿种。这一点也为马琦所指出，见马琦《国家资源：清代滇铜黔铅开发研究》，第71页。

4 贵州水城厅福集厂是全国著名的白铅矿，当地方志称铅中含有银，"厅属各铅厂多以此发迹，富至数十万"。光绪《水城厅采访册》卷四《食货·物产》，贵州省图书馆复制油印本，1965，第46页。

5 中国人民大学清史研究所等编《清代的矿业》，第42~48页。

告退。[1]乾隆十二年，四川巡抚纪山亦疏称，川省矿区俱在崇山峻岭，人工、食物价值昂贵，又无富商巨贾。[2]

铜、铅等矿，回报相对较低，更兼开采的高风险，大体上不是资本逐利的对象。乾隆九年，两广总督马尔泰等就提到，广东投资矿业者"素少巨商富户"，即便有一二殷实商人，"亦因从前亏折资本"，观望不前。[3]

官方的矿业政策也在一定程度上制约了矿业资本。出于担忧矿业会导致地方社会失序等因素，清初官方对矿业充满疑虑，给予诸多限制乃至封禁矿山。[4]康熙年间出台过一些矿业政策，有条件地放开矿业，其出发点之一是满足地方穷民的生计需要，因此，限制矿厂规模、不允许富商进行大规模投资、禁止外地人开矿是重要内容。[5]

乾隆皇帝继位后，矿业的各种限制大多逐渐放宽或取消，[6]但官府对铜、锌、铅等矿厂的产品，不但征收实物税，而且全

1　两广总督鄂弥达：《题为遵旨议复广东惠潮韶肇等筹开铜矿相关事宜事》（乾隆三年二月十六日），户科题本，02-01-04-13108-020。

2　大学士兼管户部事务傅恒、户部尚书海望：《题为遵旨察核川省乐山县属老洞沟等铜厂乾隆十四年抽收课耗铜斤支给厂费各项银两事》（乾隆十七年七月十一日），户科题本，02-01-04-14646-001。

3　两广总督马尔泰、署理广东巡抚策楞：《奏为查明广东开采矿山情形及酌办事宜请议复事》（乾隆九年四月二十七日），朱批奏折，04-01-36-0085-005。

4　E-Tu Zen Sun, "Ch'ing Government and the Mineral Industries Before 1800," *The Journal of Asian Studies*, Vol. 27, No. 4 (1968), pp. 835–845；韦庆远、鲁素：《清代前期矿业政策的演变》（上、下），《中国社会经济史研究》1983 年第 3、4 期。

5　E-Tu Zen Sun, "Ch'ing Government and the Mineral Industries Before 1800," *The Journal of Asian Studies*, Vol. 27, No. 4 (1968), pp. 835–845.

6　云南最早实行鼓励矿业发展的政策是在康熙二十一年（1682）。严中平：《清代云南铜政考》，第 2~6 页；韦庆远、鲁素：《清代前期矿业政策的演变》（上），《中国社会经济史研究》1983 年第 3 期。有必要指出的是，一直到晚清时期，全国各地仍然不断出现一些矿禁措施，如胡林翼任贵州黎平府知府时，就禁止外地人开采本府金矿。光绪《黎平府志》卷三《食货志下·物产》，光绪十八年刻本，第 34 页。

部或部分税后产品均归官方低价购买，大大压缩了厂民的利润空间。据龙登高研究，在自由通商时期，云南铜矿业资本的利润率高达 86.65%，乾隆十九年（1754）前后减至 19%，乾隆四十一年后进一步降至 11%。应该说，这一计算大大夸大了厂民的利润率。龙氏的计算原则是，厂民办获之铜，按 10% 税率缴税后，余铜官买 80%，厂民自售（通商）20%。假定官买铜不获利，计算通商铜的获利，除以办铜成本，即为矿业资本的利润率。[1] 这一计算原则忽略了以下问题。首先，自从滇省施行放本收铜政策，厂民能自由售卖之铜的数量远低于税后铜额的 20%，很多时候是全部官买，乾隆三十七年之后才普遍允许铜厂将产量的 10% 通商。其次，只考虑 10% 的正税，附加税费没有列入计算。再次，没有考虑官买铜部分，厂民非但不获利，还可能是亏本。龙氏自己就已注意到，乾隆四十一年，厂民每办一百斤铜的成本是银 7 两，而官方收买价格为 6.4 两 / 百斤。我们计算利润率时，不能只考虑赚钱的部分而忽略亏损的部分。将这些遗漏考虑进去，可知龙氏计算出的利润率被夸大了。但龙氏所指出的因官方介入而导致厂民利润率降低，无疑是正确的。

　　总之，大商贾的资金流向其他渠道，一些资金微薄的普通百姓，无力进入其他回报率更高的行业，于是以极低的机会成本，用合股方式参与利润率不高的矿业。当然，这并不否认极少数幸运儿因开采到富矿摇身一变成为富豪的情况。

1　龙登高：《浅析清代云南的矿业资本》，《经济问题探索》1991 年第 4 期。

第三节 官方的资金借贷

为了发展矿业满足自身需求，官方不得不通过一系列措施帮助厂民解决资本不足的难题，资金借贷是其中最为重要的一环。官方贷款主要是针对铜、铅矿业，是为"放本收铜""放本收铅"。在云南和贵州两个最重要的矿业省份，借贷的资金，是朝廷通过统筹全国财政经费，指定若干省份拨解银两到二省来解决。要言之，矿业的收益由朝廷主导分配，相应的资本问题也由朝廷指令解决，中央对全国财政的掌控，是"放本收铜""放本收铅"得以顺利运作的基础。

一 铜本、放本收铜与油米炭借贷

官方除了抽收税费外，还要低价购买税后产品并运送出去，因此每年都必须为此安排专门资金，如果是购铜及运费，即为铜本，购铅及运费，即为铅本。当厂民采冶工本不敷时，可以将这笔资金的一部分预支给厂民，收购矿产品时从价款中扣还，这就是清代矿业生产中的官方贷款。

（一）康熙雍正时期的放本收铜

官方借贷，于康熙四十四年（1705）由云贵总督贝和诺最先施行于滇省铜矿业，史称"放本收铜"。其要点是：（1）官方借给采矿炼铜的工本；（2）所产铜斤每百斤抽课二十斤，剩余八十斤由官方低价购买，每百斤价银三四两至五六两不等，所借工本在其中扣还；（3）抽课之铜，每年折算为银两，报明户部；（4）低价购买的铜，运往官方在省城设立的官铜店，供承办京局额铜的各省采买，每百斤定价九两二钱，卖得之款，归还官方购铜及运往省城之费用，剩余的全数"归充公用"（应即充滇省的行政经费）；（5）如果有厂民不愿借官方工本，可自备资本开采，但所得除按 20% 税率抽课外，余铜仍不能在市场上自由发卖，必须自运到省城卖给官铜店，价格比预借工本的情况稍高。按李绂的说法，每百斤铜，官方借给工本银四两五钱，但厂民实际须交铜 150 斤（包括抽课 20 斤、"秤头加长" 30 斤），而自备工本者，每 150 斤官方给银 5 两。[1] 这样，官方就将铜产品全部控制在手中。

官方的低价收铜措施，曾经饱受批评。雍正元年（1723）十二月二十日，云贵总督高其倬对此进行了辩护，在他看来，放本收铜是云南铜矿业发展的重要保障。因为矿厂处于深山穷谷，商贩多在城市，不肯到厂，厂民必须运铜至交通便利的市镇贩卖，如遇缺铜，一年半载即可售完，如遇"铜滞难销"，则会积压两三年，厂民中无富商大贾，不能长期预垫工本脚价，"是以自行开采抽课者寥寥"，因此必须官发工本采冶。至于饱受诟病的低价收铜，高其倬认为，这是没有看到官方所付出的巨大成本。首先，每年要上缴定额铜息银 9620 两。其次，运费浩繁。从厂将铜运至省城官铜店，近者五六站，远者十八九站、二十一二站，在省城无法售尽，还得分运至剥隘、沾益、平彝等与他省毗邻之处，"以便广东、湖广商贩承买"。再次，行政成本。包括驻厂人员、吏役的种种费用以及灯油、纸张等办公用品的花销。又次，风险损失。一些厂民借了官本开矿，最终一无所获，无法归还借款，此外运

1　《清朝文献通考》卷一四《钱币二》，考 4977 页；李绂：《穆堂初稿》卷四二《书中·与云南李参政论铜务书》，收入《续修四库全书》第 1422 册，第 69~70 页。

输途中有盗卖、弃铜逃跑等损失。最后，加工费用。因为许多铜厂的产品品质不高，官方要进行改铸，有人工、炭火的开支以及折耗。[1]

高其倬的辩解或许有夸饰成分，但官方每年为铜矿业付出甚多，当是不争的事实。例如，雍正十一年（1733），云南为青龙厂、汤丹厂支出的"厂费"（驻厂办事人役的开销，如养廉、工食、犒赏等）银分别为6095两、4256两。此外，厂民逃亡、病故使借贷银3594两无法归还。如果完全按照市场价格去收铜，云南官方每年将赔补一大笔经费。同时，如果官方不介入，那些远在深山之铜材如何运销也是一大问题。[2]目前学术界的主流，大体上已认同放本收铜政策对促进滇省铜矿业发展的积极意义。[3]

（二）滇铜成为全国主要铜材来源之后的放本收铜

随着云南铜产的迅速增加，所需铜本的规模越来越大，远非本省的财力所能支撑，滇铜对全国的重要意义也越来越明显。到乾隆初年，举全国之力扶持滇省铜矿业的政策终于形成。

放本收铜政策实行之初，云南就苦于无充足资金可借，影响了矿厂的生产。康熙五十五年（1716）赴任滇省布政使的杨名时称，当

1　云贵总督高其倬等：《奏遵查铜斤利弊情形折》（雍正元年十二月二十日），中国第一历史档案馆编《雍正朝汉文朱批奏折汇编》第2册，第432~436页。

2　大学士傅恒：《题为遵察滇省奏销雍正十一年份各铜厂办获铜斤余息案内铜本脚价等项目事》（乾隆十五年六月），户科题本，02-01-04-14448-001。

3　E-Tu Zen Sun, "The Copper of Yunnan: An Historical Sketch," *Mining Engineering,* Vol.16, No. 7(1964), pp.118-124；林荃：《谈谈清代的"放本收铜"政策》，收入云南省历史研究所云南地方史研究室编《云南矿冶史论文集》；李中清：《中国西南边疆的社会经济（1250~1850）》，第266~269、280~281页；邱澎生：《十八世纪滇铜市场中的官商关系与利益观念》，《中央研究院历史语言研究所集刊》第72本第1分，2001年3月；杨煜达：《政府干预与清代滇西铜业的兴盛——以宁台厂为中心》，载杨伟兵主编《明清以来云贵高原的环境与社会》，第60~82页；马琦：《国家资源：清代滇铜黔铅开发研究》，第71~72页。

地每年所出铜不足 40 万斤，连完成每年 9620 两的定额税银尚有困难，出现了"厂课虚悬"的情况。当时铜产不丰、供不应求使云南市场上的铜价不断上涨，杨名时认为，在这种情况下，官方收买铜材极为有利，但苦于"无工本可发"。次年，他与总督蒋陈锡、巡抚甘国璧商议，"暂借库银作本收买"，并招徕商人王日生管理，是年即获铜 60 余万斤，每百斤卖银 11~13 两，除完成当年的税课任务外，还剩银 10050 余两，可弥补过去的欠课。康熙五十七年，出铜 90 余万斤，余息银两，皇帝"赏作养廉"，几位高官共分 26000 余两。[1] 雍正五年（1727），滇铜产量已达 400 余万斤，[2] 而且攀升的势头非常明显。

　　就在云南急觅铜斤销路之时，全国钱局却正陷入铜荒之中。此前铸钱铜材主要源于进口，而日本渐趋严厉的铜斤出口限制，使办铜商人根本无法完成任务。于是自雍正五年至乾隆三年（1738）约 10 年间，滇铜逐渐取代了洋铜，成为全国币材的最重要来源。此时，滇铜的年产量已跃升至约 1000 万斤，[3] 举全国之力扶持滇铜生产的制度亦随之形成。

　　滇铜产量迅猛增长，资金瓶颈再次凸显。按照"放本收铜"的设计，官方应向厂民预支价款。但突然之间，价款不但难以预支，甚至还出现了拖欠。乾隆二年十一月，云南巡抚张允随奏称，现在京师钱局及滇、黔、蜀三省铸局铜材已由滇铜供给，而江、皖、浙、闽等省应办铜斤亦系赴滇采买，京铜部分，由云南官方付款给厂民再

1　工部左侍郎金世扬：《奏遵查铜斤利弊情形折》（雍正二年闰四月初一日），中国第一历史档案馆编《雍正朝汉文朱批奏折汇编》第 2 册，第 883~885 页。

2　云南总督鄂尔泰：《奏报铜矿工本不敷恳恩通那〔挪〕以资调剂折》（雍正五年五月初十日），中国第一历史档案馆编《雍正朝汉文朱批奏折汇编》第 9 册，第 767~768 页。

3　滇铜取代洋铜地位的过程，可参见本书附录一"滇铜取代洋铜的过程"。

向户部核销，而各省需铜，虽系自行筹资购买，但官方购铜人员因路途遥远，不能及时赴滇，所以这部分铜亦必须由云南官方预垫银两从厂民手中先行收购，这远远超出了云南的承受能力。仅汤丹一厂，每月就需工本银六七万两，而道库只存银 8500 余两，不够汤丹厂乾隆二年闰九月、十月的工本，于是从布政司库中封贮的"急需银"内借出 15 万两，但也只够当年十一月、十二月工本。来年正月、二月的工本，按理现在就要预支给厂民，但全无着落，而各省购铜人员至今尚未到滇。他向皇帝建议，于近滇省份及两淮盐课内酌拨银 30 万两，运贮滇省藩库，作为"急需银"发放铜厂工本，需用时向户部题明动支，各省办铜人员到滇，即将所动支的款项还回。皇帝显然也觉得这是亟须处理的要事，批示"该部（户部）速议具奏"。[1]

笔者尚未找到户部的讨论文书以及与张允随的公文往来，我们只知道次年张允随即奏定运铜条例。按他的计算，办铜的成本有二：一是购铜所需，北京户部宝泉局、工部宝源局二钱局每年需铜600 多万斤，按每 100 斤铜 9.2 两银的官价，每年须用银五六十万两；二是将铜从厂运至京局的运费，需银十余万两，所以他就请求朝廷，就近拨银一百万两，存贮司库，陆续动用报销，有余即作下年之用。[2]除京师铸局外，全国许多省份以及云南本省亦需滇铜铸钱，其经费归各省自己筹措并报户部审核批准。

这 100 万两的购铜与运输经费，大体上一直维持，但不像有学者认为的那样没有变化。乾隆三十三年，户部的一份咨文写道："云

1　云南总督张允随：《奏请敕拨银两接济铜厂工本事》（乾隆二年十一月十六日），朱批奏折，04-01-35-1227-020。

2　严中平：《清代云南铜政考》，第 27~28 页。

南省每年办运京铜共需铜本银八十五万两。"[1] 据此，乾隆三十三年之前曾议定铜本减额，这可能与乾隆三十年后云南铜厂曾普遍减产有关（详见本书第五章第一节）。随着滇铜产能恢复，铜本额可能也重回此前的规模，但之后仍有变化。光绪《钦定大清会典事例》称："（乾隆）五十年奏准，滇省办运京铜，岁拨铜本银八十五万两，今办铜较增，不敷支放，自五十一年为始，每年拨银一百万两。"[2] 可见在乾隆五十年（1785）之前曾有过减额。到嘉庆十九年（1814），减额之议再次被提起，是年四月，云贵总督伯麟奏称，滇省办运京铜，每年题拨铜本银 100 万两，共需用银 95 万余两，余剩银 4 万余两。户部因此要求每年少拨银 4 万两。云南方面明确表示反对，认为所剩银 4 万余两，均被垫用，且每次垫用均向户部奏销，有案可查，要求仍维持每年 100 万两的规模。[3] 争论的结果，户部的意见占了上风，从嘉庆二十年起每年减拨铜本银 4 万两。[4] 自道光十九年（1839）起，又恢复到了每年 100 万两。[5]

　　100 万两白银，并非出自中央银库，而是户部指定若干省份每年拨解至云南藩库，或者就近支付部分运费（不用解滇）。除去部分运费，每年解滇之银约 87.7 万两（见表 2-1）。

1　云贵总督明德：《奏报查明云南请拨铜本银两缘由事》（乾隆三十四年正月二十二日），朱批奏折，04-01-35-1270-003。

2　光绪《钦定大清会典事例》卷二一五《户部·钱法·办铜二》，收入《续修四库全书》第 801 册，第 512 页。

3　云贵总督伯麟：《奏报滇省每年应拨铜本银两仍须全数请拨事》（嘉庆十九年四月二十四日），朱批奏折，04-01-35-1357-049。

4　云贵总督伊里布、云南巡抚颜伯焘：《奏为查明铜厂历年办存采买款项请照部议将借款银作正开销事》（道光十九年五月二十五日），录副奏折，678-0951（缩微）。

5　云贵总督桂良：《奏为办铜经费不敷请准筹款借垫癸卯年铜本银两事》（道光二十三年三月二十九日），录副奏折，678-1299（缩微）。

表 2-1 100 万两铜本的构成

单位：两

项目		数量	来源
部分运费	户工二部正额铜批饭食银	64455.2	直隶司库
	户部加办铜批饭食银	2301.844	
	天津道库剥费银	2800	
	坐粮厅库正额铜斤车脚吊载银	4970.18	
	加办铜斤车脚吊载银	179.984	
	各运帮费银	8400	
	汉口至仪征水脚银	10434	湖北司库
	仪征至通州水脚银	16206	江苏司库
	停止沿途借支增给经费银	13000	湖北、江宁二省司库各半
	合计	122747.208	
解交云南办铜银，每年约87.7万两	江西（约1739年）	150000	
	浙江（约1739年）	100000	
	湖南（1794年）	500000	
	云南	查明滇省藩司库存铜息并积存杂项银两，除留存50万两备用外，余俱拨抵铜本	

注：自乾隆二十年起，每年云南官方向中央申请办理京铜铜本银两时，要查明"藩司库存铜息并积存杂项银两，除留存备用外，余俱尽数拨抵铜本之用，不敷银两，再行协拨供支"。可见，每年外省协拨解滇办京铜之银的数量，要视该年滇省藩库有多少余额可供支而定，但滇省财力有限，所能提供者通常在 10 万两左右，绝大部分仍然是外省解拨。

资料来源：吴其濬《滇南矿厂图说》卷二《帑》；湖南巡抚姜晟《奏报委员管解交纳滇省铜本银两起程日期事》（乾隆五十八年三月二十二日），朱批奏折，04-01-35-1338-034；云南巡抚张允随《奏报预拨铜本以速办运事》（乾隆四年四月二十八日），录副奏折，03-0768-035；云贵总督兼云南巡抚贺长龄《奏请饬拨戊申年协滇铜本银两以资采办事》（道光二十六年四月二十八日），录副奏折，03-9503-006。

每年约 87.7 万两解滇办铜银，主要由江西、浙江、湖南、云南等省承担，这四省所出银两并无定额，每年户部视财政情况指定拨解额度。总体而言，江西与湖南承担最多。例如，江西省于乾隆十年（1745）、五十一年、五十三年分别解拨银 60 万两、40 万两、

50万两；[1] 湖南省于乾隆十年、五十八年分别解银25万两、50万两。[2] 云南最初是不需要参与支付办铜工本的，但因为每年办铜有余息存贮藩库，所以自乾隆二十年起，逐渐就让云南藩库所存铜息并积存杂项银两，除留存本省需用经费之外，有余即支付铜本。[3] 云南每年支付的铜本，一般不到10万两。

需要特别指出，约87.7万两白银，并非只用于购办京铜，事实上，京铜每年只需花银52万两多（详见第四章第一节）。多出来的银两，可能用于以下三处。（1）储备铜。满足当年铸钱所需之后的滇铜，国家要收买存贮于官铜店，以备铜产不足与正额铜材遭受意外损失时（如在风涛险恶的水路中沉溺，详见本章第四节）弥补之用，当然也可以用于他处，如售卖给白铜厂等（详见第四章第二节）。（2）京铜进入汉口之前的运费。表2-1所列运费，只是汉口至北京的运输开销，而将铜从云南铜厂运至四川永宁进入长江航线，经泸州抵达汉口，所费更多（详见第四章第一节）。（3）其他与办铜无关的事项。在清代，专款之间的相互挪用非常普遍。滇铜铜本如有余剩，被挪用亦属常态，但挪用必须报明朝廷并获批准方能执行。[4]

1　云南总督管巡抚事张允随：《揭报兑收部拨湖南协滇铜本银数日期》（乾隆十年四月二十九日），张伟仁主编《明清档案》，A137-60，B77009~77011；湖南巡抚浦霖：《奏报江西省委员领解云南铜本银共五十万两经过湖南省境日期事》（乾隆五十三年七月初九日），录副奏折，03-0727-053；湖南巡抚浦霖：《奏为催护江西省运解云南铜本银过湘境事》（乾隆五十一年七月二十八日），录副奏折，03-0723-049。

2　云南总督管巡抚事张允随：《揭报兑收部拨湖南协滇铜本银数日期》（乾隆十年四月二十九日），张伟仁主编《明清档案》，A137-59，B77009~77011；湖南巡抚姜晟：《奏报委员管解交纳滇省铜本银两起程日期事》（乾隆五十八年三月二十二日），朱批奏折，04-01-35-1338-034。按，铜本是提前一年解滇，故乾隆五十八年运解的是下一年（五十九年）铜本。

3　云南布政使顾济美：《奏陈铜息余银就款扣抵铜本银两事》（乾隆二十七年三月十六日），朱批奏折，04-01-35-1262-041。

4　云贵总督伯麟：《奏报滇省每年应拨铜本银两仍须全数请拨事》（嘉庆十九年四月二十四日），朱批奏折，04-01-35-1357-049。

表2-1所列每年十多万两的部分京铜运费，最初也是由负责协济滇铜铜本的省份承担，每年拨解至铜运沿途的直隶通州、湖北武昌、江南仪征等处支用。大约在乾隆三十二年（1767），江西布政使揆仪奏称，由江西将运费解往三省，成本高昂，费时费力；这几省均为"财富重区"，并不短缺经费，不如今后直接令此三省承担相应的运费即可；"各省库储"同属朝廷正供，哪一省出经费"本无二致"。这一建议得到户部与朝廷的认可，就此形成了直隶、湖北、江苏三省就近拨支运费的制度。[1]

各省解滇铜本，办理周期为两年。即，第三年的工本，滇省须于第一年向户部提交申请，通常于第一年八月、九月向户部具题，请求拨款，偶尔延迟，也会在十月份之内具题到部。[2] 户部审核后批准，相关省份于第二年夏季将银两如数解滇。[3] 这一设计，提前一年将购铜经费解滇，使滇省能有资金借贷给厂民（即预付价款）。如出现他省解银延迟，就先在滇省藩库实存项下借垫。[4] 云南领得各省

1　大学士管户部傅恒：《奏复滇黔二省办运铜铅所需部费脚价等银应准于直隶等省藩库动拨》（乾隆三十三年二月初九日），张伟仁主编《明清档案》，A206-146，B115331~115334。

2　云南巡抚明德：《奏报铜本迟延事》（乾隆三十四年正月二十二日），录副奏折，03-0777-003。

3　吴其濬：《滇南矿厂图略》卷二《帑》，《续修四库全书》第880册，第186页。

4　云贵总督兼云南巡抚贺长龄：《奏请饬拨戊申年协滇铜本银两以资采办事》（道光二十六年四月二十八日），录副奏折，678-1459（缩微）。有论者认为，办铜官本"经常不敷使用，大概只能用来支付京运与外省采买，真正用于贷款办铜商人者，仍是云南地方政府铸钱局透过铸币收入所累积的'余息'，以及云南政府自银厂所获得的税课收入"（邱澎生：《十八世纪滇铜市场中的官商关系与利益观念》，《中央研究院历史语言研究所集刊》第72本第1分，2001年3月），这恐怕与史实有一定出入。第一，80多万两官本提前一年就已解滇，就是为了方便借贷，是为借贷资金的最重要部分。而且在清代前期（道光之前），80多万两官本大体上是够用的，甚至还有剩余。第二，云南铸币"余息"以及银课收入，每年不超过20万两（详后文），与此相距甚远。第三，铸息与银课若用于借贷，必须经过朝廷的严格审核与批准，但我们在相关史料中，并未看到朝廷同意铸息与银课大量用于借贷的记录。第四，银课主要是用于支付兵饷的，不可能大量用于矿业借贷。第五，铸息很多是用于云南的地方公事，有一部分也用于矿业，但主要是用来提高官价、补助铜矿提拉与排泄地下水之用（详后文），真正能够用于借贷的，所剩无几。

协济铜本，分贮于迤东道、迤西道、粮储道（辖迤南各州县）和藩司各库，由道员按时携款到厂发放。工本分为"月本"和"底本"两类，前者即短期贷款，上月发款，下月收铜；后者属长期借贷，时限因厂、因时而异，从数年至十年不等。[1]

月本是官方借贷的最主要形式。底本借贷，大约是乾隆二十二年（1757）滇抚刘藻奏请，次年获户部准许施行的，主要针对汤丹与碌碌二铜厂。此二厂厂民除按月借贷月本外，汤丹厂准预借一个季度的工本银 5 万两，厂民每交正铜 100 斤，带交余铜 5 斤作为分期还款，限五年扣清。碌碌厂准预借一季工本银 75000 两，同样是每交正铜 100 斤，另加余铜 5 斤作为还款，限十年还完。乾隆三十六年，署理云贵总督彰宝觉得借一季度工本，还款期限太长，遂奏准朝廷改为借两月工本，每交铜 100 斤，另加余铜 5 斤作为分期还款，约四年即可还清。因底本还款期限较长，为避免出现呆账，只贷给"诚谨殷实"之人，要查验籍贯来历及其往月的获铜数目，并要"取具连环同业保结"。[2]

（三）油米炭借贷

除放本收铜借贷外，在云南铜厂还有一种油米炭借贷，过去论者未对此充分关注，或与放本收铜混为一谈。其实，在当时的各种公文中，两类借贷区分得非常清楚。当放本收铜之款无法满足铜厂采冶之需时，负有督促生产与税收任务的官员们，又另外量借一笔资金给厂民，以购买油米炭等必需品。乾隆三十一年（1766），云贵总督杨应琚奏称，近年来因厂地粮价高昂，厂民不敷食用，"每向

1　严中平：《清代云南铜政考》，第 28 页。
2　署理云贵总督彰宝：《奏报遵旨酌议云南汤丹等厂预发工本扣缴余铜事》（乾隆三十六年二月二十三日），朱批奏折，04-01-35-1279-005。

厂员预借银米", 一个季度之后还账。[1] 乾隆三十四年, 预借油米炭价之法正式上奏皇帝并得到了批准, [2] 一直到道光年间仍然在实行, 而且资金规模也相当可观, 因此造成的呆账, 数年之间便可能超过10 万两。放本收铜造成的呆账, 一般称为"厂欠", 与油米炭借贷的呆账并列。[3] 当然, 厂民借款到手, 这两类借贷在使用上可能并无本质差别, 均主要是购买生产与生活的必需用品。

其他省的铜厂, 笔者尚未看到形诸制度的资金借贷, 但厂民资本不足的状况同样存在, 而负有督促矿厂完成生产与税收任务的官员们, 在实践上也常常预借铜本给厂民, 形成了事实上的放本收铜。在云南之外的几个主要产铜省份中, 我们都看到了类似记录。雍正九年 (1731), 广西巡抚金鉷的奏折中提到了"厂欠"(因炉户未能及时还款或丧失还款能力而造成的呆账), 这说明官方也借贷铜本给厂民。[4] 乾隆初年广东开采铜矿, 两广总督鄂弥达、广东巡抚马尔泰题准, 先借支库银作为各种经费, 其中, 就有"商人借支谷一万七千三百石"的记录, 这显然是给矿商的借贷。[5] 乾隆六年 (1741), 贵州威宁州新开的铜川河铜厂生产不佳, 未达预期, 署贵州总督张允随派员整顿, 提到"其厂中有工本不敷, 仍酌量先行接济", 这其实就是放本收铜了。[6] "因炉户乏本, 必须预发接济", 所

1　云贵总督杨应琚:《奏请酌剂滇省铜厂事务节其耗米之流以裕民食事》(乾隆三十一年六月初四日), 朱批奏折, 04-01-36-0089-012。

2　调署云南巡抚裴宗锡:《奏报清查铜厂实在情形事》(乾隆四十年十月三十日), 录副奏折, 03-0781-042。

3　云贵总督明山、云南巡抚韩克均:《奏为查出汤丹宁台等铜厂各员积年删减未报油米炭本等欠分别定限追赔事》(道光四年五月初六日), 朱批奏折, 04-01-30-0496-013。

4　中国人民大学清史研究所等编《清代的矿业》, 第 279~280 页。

5　中国人民大学清史研究所等编《清代的矿业》, 第 260~261 页。

6　贵州总督兼管巡抚事张广泗:《奏报查明铜厂井盐事》(乾隆七年四月十八日), 录副奏折, 03-0769-046。

以乾隆二十五年至乾隆三十三年间，威宁州知州刘标挪用铅厂的工本，贷给铜厂炉户，由此造成的"炉欠"银多达七万八千余两。[1]湖南也实行放本收铜。乾隆十一年，湘省地方官员奏称，桂阳州炉户在官围煎炼铜斤，"先量给银两，令其自雇人工买办柴炭等项烧炼"。[2]

二　铅本与放本收铅

在清代，铅是重要性仅次于铜的矿产，主要产地在贵州。黔省所产之铅，每年要解运 400 万斤左右到京师钱局，并运送 200 多万斤至汉口供各省采买。[3]官方每年都必须为此安排专门资金，是为铅本。

清王朝办理京师钱局黔铅的铅本，一般为每年 20 多万两至 30 余万两。与滇省办解京铜一样，这笔钱不是从中央银库支取，而是由户部每年指定各省协拨，参与协拨黔省京局铅本的省份，笔者所见有江西、湖南、浙江、广东、广西等，而贵州也从每年办铅的节省银中支出一小部分。如乾隆二十三年（1758），贵州应办京局白铅 3841914 斤，需工本银 55707.75 两，需水陆脚费银 174038.7 两；又办备贮铅 300 万斤，需工本银 43500 两，总计工本水陆脚费共银273246.45 两。内除上年运铅节省银 1529.26 两留为工本脚价之用外，实需银 271717.19 两。这笔款项，由湖南协拨 23 万两，江西协拨

1　湖广总督吴达善：《奏报将刘标侵亏铜铅工本运脚银两案审明定拟事》（乾隆三十五年三月初九日），朱批奏折，04-01-35-1274-025。

2　《湖南省例成案》卷一一《钱法·铜砂煎炼铜斤建设官围委州同督率工本不敷于司库预给一切弊窦严行查究》，第 14 页下。

3　《清朝文献通考》卷一六《钱币四》，考 5005 页。

41717.19 两。乾隆二十四年，黔省办京铅同样需工本与运费 273246
两零，上一年节省银 2901 两零，作为工本，需外省协济银 270345
两零，户部令浙江省拨银 10 万两，江西省拨银 170345 两零。[1]

　　每年京运黔铅的数量有一定变化，铅本亦随之而不同。例如
嘉庆七年（1802），贵州巡抚福庆称黔省每年办运京局黑、白铅
4865100 余斤，请拨工脚银 292331 两。[2] 嘉庆十七年，贵州办解京
局黑、白铅 4895152 斤，铅本为 305456 两，其中广西拨解 10 万两，
广东拨解 194190 两，直隶则拨解了部分运费。[3] 铅本通常存放在道
库。如最大铅厂妈姑厂的工本银，就存在贵西道道库。[4]

　　与滇铜进京相似，最初京局黔铅的运费也是由负责解黔铅本的
省份承担，每年拨解至铅运沿途的直隶通州、湖北武昌、江南仪征
等处支用。同样是在乾隆三十二年（1767），江西布政使揆仪奏准，
京局黔铅的运费，改由沿途的直隶、湖北、江苏三省就近拨支。[5] 乾
隆四十一年，令直隶藩库拨银五千两，同车价一并解存通永道库，
以为京运黔铅起剥之需。[6]

　　以上讨论的是京运铅斤的铅本，至于办供各省铅斤的工本，应
该是来自黔省藩库，每年当在七万两左右。铅斤售供各省后，黔省

1　大学士管户部傅恒：《题复黔省办运京铅及收买备贮铅斤所需工本价脚银应准拨给》（乾隆
　　二十二年六月十三日），张伟仁主编《明清档案》，A194-104，B108623~108632。
2　贵州巡抚福庆：《奏为遵旨查明黔省铅厂亏缺银数议赔事》（嘉庆八年正月十九日），朱批奏
　　折，04-01-36-0095-019。
3　贵州巡抚鄂云布：《题请拨给办运京铅所需工本脚价银》（嘉庆十五年四月二十六日），台湾
　　中研院历史语言研究所藏内阁大库档案，040508-001。
4　大学士管户部于敏中：《题复贵州乐助堡白铅厂收买铅斤用银开销事》（乾隆四十二年十二月
　　十三日），张伟仁主编《明清档案》，A233-106，B131437~131442。
5　大学士管户部傅恒：《奏复滇黔二省办运铜铅所需部费脚价等银应准于直隶等省藩库动拨》
　　（乾隆三十三年二月初九日），张伟仁主编《明清档案》，A206-146，B115331~115334。
6　光绪《钦定大清会典事例》卷二一六《户部·钱法·办铅锡》，收入《续修四库全书》第
　　801 册，第 522 页。

就可以收回工本并获得一定利润。[1]

云南有明文规定的放本收铜借贷，然而，黔铅虽与滇铜并列，但在各种典章制度、正史、实录、方志诸书中，我们并未看到官方向铅厂借贷的政策。不过，道光四年（1824）九月，云贵总督明山、护理贵州巡抚吴荣光的一份奏折，透露出了一项极其重要而又鲜为人知的措施——放本收铅：

> 炉户俱系手艺贫民，无力垫办，向系先发工本，后缴铅斤。因各厂开采年久，硐深矿微，烧炼不出，炉欠历任皆有。[2]

由此可知，因为炉户资本微薄，生产面临困难，负有督促生产责任的厂员于是每年向炉户预支购铅经费——工本，所获铅斤，除按规定纳课外，部分税后产品低价卖给官府，先前所借工本银两从价款中扣除。这种办法，我们可以名之为"放本收铅"。有借贷必有呆账，此即"炉欠"。既然"炉欠历任皆有"，可见始行"放本收铅"的日期远早于道光四年。中国第一历史档案馆所藏的一份录副奏折称："老厂率以攻采年久，出产渐微，臣不时切谕厂员或预发工本，或借给油米，多方调剂。"[3]该折系乾隆二十六年五月贵州布政使徐垣所上，可见，至迟在此时，"放本收铅"措施已开始实行，而且同样有油米借贷。

总之，只要矿业属于民办且厂民缺乏资本，而官府又试图获

1　《清朝文献通考》卷一六《钱币四》，考 5005 页；光绪《钦定大清会典事例》卷二一八《户部·钱法·直省办铜铅锡》，收入《续修四库全书》第 801 册，第 549~559 页。

2　云贵总督明山、护理贵州巡抚吴荣光：《奏为查明黔省水城威宁两铅厂炉欠实在情形分别有着无着勒限追赔事》（道光四年九月十四日），朱批奏折，04-01-30-0496-014。

3　贵州布政使徐垣：《奏报仓谷铅厂各情形事》（乾隆二十六年五月二十四日），录副奏折，03-0540-067。

得更多矿利并对相关官员律以责任，那么不管制度上是否有明确规定，当事官员就存在向厂民贷款的动力。甚至云南铜矿业中普遍实行的放本收铜措施，在很大程度上也是由此逻辑推动的。乾隆初年举全国之力支持滇铜发展之后，明确规定可以贷款的仅有非常重要的汤丹、碌碌二厂，即"先银后铜"，其余各厂则是上交产品后才会获得相应的价银，即"先铜后银"。但在实践中，因"厂民资本无多"，不得不"预放工本接济"，所以按规定并不享受资金借贷政策的铜厂，"此时亦系先银后铜"。[1] 铜、铅之外的矿种，是否存在官方借贷，有待更切实的材料来判断。

第四节　道路的修筑、维护与运输风险

除铜本、铅本外，官方为汲取矿业资源不得不付出的另一代价是道路的修筑与维护。特别是云贵二省，关系京师及许多省份的币材所需，每年一二千万斤铜、铅从滇黔地区通过人背马驮、车载船运，跨越崇山峻岭，渡过大江大河，跋涉数千里乃至万余里。与之相应的陆路水道的建设与修整成为清代的一件要政。被严苛的矿税政策压榨失去大部分收益的厂民，没有动力亦无能力参与道路建设，主要靠官方投入巨资，云贵地区的交通也因之得到极大改善。

1　署理云南巡抚诺穆亲：《奏为敬筹滇省铜厂调剂事宜事》（乾隆三十五年十一月初五日），朱批奏折，04-01-36-0089-032。

关于滇铜如何运送京局及他省，已经有不少研究成果，[1]原本比较薄弱的黔铅的运输问题，近年来也有学者进行了细致探讨。[2]本书并不关注具体的程途与位置，而是集中考察官方对此的付出。

一 省内道路

矿区大多偏处深山，多属人迹罕至的荒僻边地，一旦成功开办矿厂，为了运输矿产品以及米粮等必需品，必然要开辟一条道路通向省内相应的交通干线。[3]例如云南东川府的著名铜厂碌碌厂（亦称大碌厂、落雪厂、大雪山厂），"自路径开通之后，厂民聚集"。[4]为运输汤丹、因民方向各厂铜斤，修筑了沿小江、尖山、尾坪子、焦家坪、大村子、热水塘、以礼到达府城之道路，今以礼村七孔桥侧，还保存有一条长 1.3 公里、宽 1.4 米的运铜古道，用不规整的五面青石支砌，许多石板上留有深深的马蹄印迹。这条古道修筑一年后，以礼河洪水上涨，运铜夫役深以为苦，东川府知府崔乃镛乃捐资于以礼河旁筑堤，并在堤旁栽种桃柳，不仅使驿道畅通无阻，农

1　严中平：《清代云南铜政考》，第 31~36 页；E-Tu Zen Sun, "The Transportation of Yunnan Copper to Peking in the Ch'ing Period," *Journal of Oriental Studies*, No.9 (1971), pp.132–148; Anna See Ping Leon Shulman, Copper, Copper Cash and Government Controls in Ch'ing China (1644–1795), pp.98–124；中嶋敏「清朝の銅政における洋銅と滇銅」『東洋史學論集』161~177 頁；蓝勇：《清代滇铜京运路线考释》，《历史研究》2006 年第 3 期；马琦：《国家资源：清代滇铜黔铅开发研究》，第 317~445 页。

2　马琦：《多维视野下的清代黔铅开发》，第 139~175 页；Hailian Chen, *Zinc for Coin and Brass: Bureaucrats, Merchants, Artisans, and Mining Laborers in Qing China, ca.1680s–1830s*, pp.591–598.

3　潘向明：《清代云南的矿业开发》，载马汝珩、马大正主编《清代边疆开发研究》，第 333~363 页。

4　《张允随奏稿》，收入方国瑜主编《云南史料丛刊》第 8 册，云南大学出版社，1999，第 727 页。

田的安全也得到保障。[1] 有时，为了开发一处有潜力的矿山，官府也会主导修路以便开采。[2]

严中平描述了云南省内的运铜线路。他指出，云南铜产集中在滇北、滇西、滇中三个区域。滇北区域包括东川、鲁甸、巧家、昭通、大关、永善、宣威各州县，拥有著名的汤丹、碌碌等铜厂。该区域矿区的运道分为两大干线。其一从寻甸陆运，经宣威、威宁、镇雄，然后至永宁或罗星渡上船，转四川泸州，此即寻甸路，全程陆路计二十五六站，共一千二三百里，水路八九站，共九百余里。其二从东川起程陆运，经鲁甸、昭通、大关、永善或镇雄，然后分别运至永宁、罗星渡、豆沙关或黄草坪上船转运泸州，是为东川路，经此路运输者，最远为禄劝县狮子尾厂，凡经陆路 21 站半共 1200 余里到豆沙关，再经水路 1450 里到泸州。最近者为永善县梅子沱厂，全部水路，行 690 里便到泸州。铜产最旺的汤丹厂，陆路十三站半共约 800 里可到豆沙关。滇西区域包括永北、丽江、云龙、永平、保山、顺宁各州县，以顺宁产铜最盛。运道以大理府下关为会聚点，然后经凤仪、祥云、镇南、楚雄、广通、禄丰、安宁、昆明、易隆至寻甸与滇北寻甸路合运。此路最远者为丽江县回龙厂，共经陆程 34 站共 2165 里方到寻甸，最近者为永北厅得宝坪厂，历陆路 27 站共 1870 里至寻甸。滇中区包括滇池与抚仙湖周围的 20 多个州县，该区运道分别集中于昆明、易隆，然后入寻甸路，最远者属滇南各厂，由蒙自到寻甸凡 1300 余里。[3]

1　陶正明、梅世彬主编《会泽县文物志》，云南美术出版社，2001，第 44~45 页。

2　云南总督张允随：《奏陈滇省铜厂情形预筹开采接济京局事》（乾隆十二年三月初十日），朱批奏折，04-01-35-1238-005；云南总督张允随、云南巡抚图尔炳阿：《奏为滇省新开铜厂渐臻旺盛事》（乾隆十三年正月二十七日），朱批奏折，04-01-36-0086-019。

3　严中平：《清代云南铜政考》，第 31~36 页。

黔铅主要产于大定府之威宁州与水城厅，各厂铅斤集中于威宁，由威宁发运毕节入川，如果是离毕节较近的铅厂（如水城福集厂），则径运毕节。[1] 威宁、毕节至各厂的道路均得到开辟、修整，只是这些道路"站远山多，路险径杂"。[2] 威宁至毕节计程 282 里，水城至毕节需经过大定府亲辖地，大定至毕节计程 100 里（一说 95里），水城至大定计程 200 里。[3] 在大定府城东北有一河名总己，水城铅斤运送毕节必横渡此河。道光十八年（1838），知府张志咏劝谕当地绅士糜肇瑞集资建石桥于河上，并买"近山松木四百余株以护蓄之，为后日补修经费"。[4]

西南地区崇山峻岭，水深流急，开辟道路非常艰难。位于东川境内、沟通滇蜀的蒙姑坡铜运古道，直接就开凿在悬崖之上，其中一段长 3 里左右的路，系人工一锤一钻凿石而成的隧道，路面宽 1.5米，高 2 米多。为使隧道内有足够光线，隧道外侧还开凿了窗洞。[5]因为太过艰险，一些道路工程并未取得预期效果，如金沙江工程只是让黄草坪以下河段可以通航，又如乾隆二十四年（1759），黔抚周人骥奏请开浚贵阳附近的南明河至贵定县瓮城河口，共二百余里，以便运铅，[6] 但最后被证明徒劳无益，周人骥因此被革职。[7]

1　《清高宗实录》卷一二四三，乾隆五十年十一月。

2　《清高宗实录》卷一二二一，乾隆四十九年十二月。

3　道光《大定府志》卷一七《关路记》，收入《中国地方志集成·贵州府县志辑》第48册，巴蜀书社，2017，第272页。

4　黄宅中：《总己河桥记》，道光《大定府志》卷一七《关路记》，收入《中国地方志集成·贵州府县志辑》第48册，第263页。

5　陶正明、梅世彬主编《会泽县文物志》，第43~44页。

6　贵州巡抚周人骥：《奏请开浚黔省运铅水陆运道事》（乾隆二十四年十月二十三日），录副奏折，03-0995-008。

7　《清高宗实录》卷六四八，乾隆二十六年十一月丙午；卷六五三，乾隆二十七年正月己未；卷六五五，乾隆二十七年二月丙戌。

二　跨省干道

将各厂铜铅顺利运送到本省重要的交通干线上只是开始，更为繁重的任务是运输到北京与各省。这个方面的道路修筑与维护所需资金更为巨大。

滇黔二省为了运输铜铅所修的跨省干道主要有如下八条。

（1）东川—威宁—毕节—永宁道。这是连通云贵川的交通大动脉，为滇铜黔铅外运的要道。运京滇铜在东川府城的铜店收齐之后，北上经镇雄至贵州威宁州，威宁又是全国最主要的铅产地，所以铜材铅斤皆集中于此。从威宁出发东行，经毕节县北上到达四川永宁，即可上船进入长江航道。从威宁至永宁共十四站，全系崇山峻岭，"云雾弥天"，起初修了一条土路，因道路遇雨便泥泞难行，至迟在乾隆七年（1742）改砌成石路。除京运铜铅外，各省采买铜铅以及商旅往来同样经由此路，威—永道的压力可想而知。张允随称这条道路"甫经修平，遽遭践踏，旋修旋坏，徒滋靡费"。[1]

此外，所过州县无力供应足够的夫马。张允随算过一笔账，威宁每日必得安排马一百五六十匹方能满足铜铅运送之需，但实际情况是"威宁每日进关之马，至多不过五六十匹，少则一二十匹"，即便增加运费，也无法雇到足够的马匹。[2] 在运输繁忙时，远离运道的州县亦被要求雇拨夫马协济，如黔西州必须帮助地处运铅总路的毕节县。这种"协济"不仅是一种官府的雇佣行为，还同时是一种强制性的差役。或许是地遥路远，而脚费又遭官府克扣，黔西州百

---

[1]　贵州总督张广泗：《奏为节次筹划开修运铜道路事》（乾隆七年四月十八日），录副奏折，03-1144-005。

[2]　《张允随奏稿》，收入方国瑜主编《云南史料丛刊》第8册，第575页。

姓有时情愿"凑银帮贴"，也不愿亲身应役。乾隆四十一年州牧谭秀侪因支持州民的诉求而被革职。[1] 而京运滇铜，因在本省雇运的牛马不足，"仍须于黔省雇募"，但贵州官员往往先安排畜力驮运黔铅，滇省方面虽极力雇运，但隔省呼应不灵。[2]

为了舒缓威—永道的压力，乾隆三年（1738），清廷命令黔省铅斤停运一年，而此前一年，官员们已将铅斤改由贵阳直运湖南解京。[3] 但这些都只是权宜之计，开辟新路才是解决运道易损、夫马艰难的根本之策。特别是到了乾隆初年，发生了两件大事，使铜斤京运任务陡然加重，开辟新路迫在眉睫。首先，云南所承担京铜的相当一部分（160 多万斤）原本是运至广西府铸成钱后，经过百色、桂林等地解京，自乾隆四年起停止广西府铸钱，相应的铜斤要直接从滇东北起运，经威宁、毕节至四川永宁进京。其次，乾隆三年规定江浙应办京局额铜 200 多万斤归云南办解。上述两事意味着滇省京运的任务更加繁重。在朝廷的支持下，云贵地方政府逐步展开了一些重要的道路工程，即下述七条道路。

（2）乾隆四年（1739），开辟了东川—昭通—镇雄—永宁驿道。此道无须经过贵州，于是京铜新旧两道共同办运，各运一半计 200 多万斤，[4] 旋因京铜加运，实各运 316 万余斤。[5] 经过贵州的滇铜也不再从东川而是从寻甸起运，成为寻甸—威宁—毕节道，到达威宁后仍与黔铅同路，而黔铅的京运额为 470 余万斤，加上运往其他地

1　裴宗锡：《奏为特参挟诈误公之州牧以肃功令事》（乾隆四十一年三月十八日），载《滇黔奏稿录要》第 2 册，第 185~189 页。

2　《张允随奏稿》，收入方国瑜主编《云南史料丛刊》第 8 册，第 669~670 页。

3　参见《清高宗实录》卷八二，乾隆三年十二月癸未。

4　《清朝文献通考》卷一六《钱币四》，考 4995 页。

5　《清高宗实录》卷二二一，乾隆九年七月戊戌；赵慎畛：《榆巢杂识》上卷《滇川运河》，中华书局，2001，第 67 页。

区的铅斤，威宁、毕节每年均有千余万斤铜铅过境，[1]当地马匹供应仍然十分紧张。东川—昭通—镇雄—永宁一线的压力稍轻，但同样"马匹雇募不前"。[2]必须继续设法缓解运输紧张的状况。

有鉴于此，云南总督张允随于乾隆九年提出将遵义府属月亮岩铅斤停止私销，全归官买，由贵阳运至北京，以减轻威宁—毕节道的压力；[3]贵州总督张广泗于乾隆十年提出了凿修赤水河河道的设想并获得批准。[4]

（3）威宁—毕节—永宁新道。最初这条运道的威—毕段大概与今天的毕（节）—威（宁）公路相合，横跨今毕节、赫章二县交界的六冲河七星关，该地相传为蜀相孔明征孟获时祀七星处，是前往云南的要道，从明初开始便修建铁索桥或木桥。入清以后，滇铜黔铅途经此处，络绎不绝，木桥极易毁坏，频繁的修复工作令官员们大伤脑筋。[5]乾隆初年大定府知府牛天申、威宁州知州李有先等重勘新路一条，经毕节县属之木瓜冲、天生桥、梅子沟等地抵达威宁，道路较平，且绕过了七星关，于是贵州总督兼巡抚张广泗奏请一面整修旧路，一面启用新路，两道并行。[6]

（4）乾隆九年（1744），盐井渡河道开通，东川—盐井渡—泸州成为运铜通道。乾隆十四年，议准将东川—昭通—镇雄—永宁线上所运316万余斤京铜，分一半由东川—盐井渡—泸州线运送，将

1　《清高宗实录》卷二二一，乾隆九年七月戊戌；卷二三九，乾隆十年四月庚申。

2　光绪《钦定大清会典事例》卷二一五《户部·钱法·办铜二》，收入《续修四库全书》第801册，第508页。

3　《清高宗实录》卷二二一，乾隆九年七月戊戌。

4　《清高宗实录》卷二三九，乾隆十年四月庚申。

5　同治《毕节县志稿》卷四《营建志》，贵州省图书馆复制油印本，1965，第7页。

6　贵州总督张广泗：《奏为节次筹划开修云铜道路事》（乾隆七年四月十八日），录副奏折，03-1144-005。

铜从东川陆运至昭通府大关盐井渡上船，水运至泸州。[1]

（5）乾隆十年，罗星渡河道凿通，威宁—罗星渡—泸州成为铜运通道。乾隆十四年，定该路分运寻甸—威宁—毕节线上所运316万余斤京铜之一半，由威宁陆运至昭通府镇雄州境内之罗星渡上船，水运至泸州。[2]

（6）乾隆十一年，开通毕节—重庆水道。赤水河从贵州毕节县流过，下接遵义府仁怀县属之猿猱，河道修通后，可顺流达四川重庆水次。该项工程共开修大小滩68处，实用银38000余两，官员们估计两年即可从节省的运费中赚回此数。这一估计无疑太过乐观，从十一年六月开通后到十五年正月，三年半时间，仅节省水脚银14000余两。[3]更重要的是，这条水道较险，最后黔铅仍然陆运至永宁水次。[4]

（7）金沙江水路及南岸陆路工程。盐井渡、罗星渡水道的开通，主其事者均为张允随。他还规划并实施了更具雄心的金沙江疏浚工程。金沙江经云南之鹤庆、丽江、永北、姚安、武定、东川、昭通七府以达四川，其中自东川府小江口起至川省叙州府新开滩止，绵延1300余里，水深滩险，历来被当地土司等首领视为阻挡王朝力量进入的天堑。为了滇铜运输而凿修的正是这段河道。张允随将此工程分为上、下两游分别办理，以金沙厂为界，上自小江口起为上游，计673里，下经永善县黄草坪至叙州府新开滩为下游，计

1　光绪《钦定大清会典事例》卷二一五《户部·钱法·办铜二》，收入《续修四库全书》第801册，第508~509页。

2　光绪《钦定大清会典事例》卷二一五《户部·钱法·办铜二》，收入《续修四库全书》第801册，第509页。

3　《清高宗实录》卷二三九，乾隆十年四月庚申；卷二六八，乾隆十一年六月癸酉；卷三五七，乾隆十五年正月辛未。

4　《清高宗实录》卷四七三，乾隆十九年九月。

646 里。其中黄草坪距金沙厂 60 里，完全不能通航，需彻底疏凿；黄草坪至新开滩 586 里，勉强可通，但要将一些险滩凿修后才能真正通行无阻。[1] 上游自乾隆五年（1740）十一月试修起，至乾隆八年四月竣工；下游自乾隆六年十月开修，至乾隆十年四月完工。又续开蜈蚣岭等 21 滩，自乾隆十一年三月动工，至乾隆十三年四月结束，总计用时七年有余。[2] 乾隆十一年张允随奏报，金沙江水道每年约可运铜 100 万斤，可节省银 6300 余两。[3] 不过，金沙江工程并未达到张允随的预期成效，蜈蚣岭等 15 处滩石极险，无从施工，铜船至每一滩前均不得不"起剥登陆"，再重新装船。[4] 而且上游沿江披沙一带为政府难以控制的"野夷"出没之处，"不免惊心"。[5] 因此上游工程基本失败。但下游即黄草坪至新开滩这一段，即便主张惩罚张允随的户部尚书赫德、湖广总督新柱也承认"尚属有益"，"尚足以资铜运"，"（较之从前运费）节省较多"。[6]

金沙江两岸陆路，因为"险仄难行"，所以人迹稀少。在疏浚金沙江的同时，张允随亦规划修整南岸陆路。乾隆七年（1742）将那比渡以上至滥田坝六百余里修治宽平，次年又将那比渡以下至副官村四百余里一律修治。[7]

金沙江工程，不但缓解了原有道路的交通压力，而且因其中一段为水路而大大降低了运输费用。[8] 此外，水路开通后，大量商船载

---

1 《张允随奏稿》，收入方国瑜主编《云南史料丛刊》第 8 册，第 607~608 页。

2 《张允随奏稿》，收入方国瑜主编《云南史料丛刊》第 8 册，第 748 页。

3 《张允随奏稿》，收入方国瑜主编《云南史料丛刊》第 8 册，第 692 页。

4 潘向明：《清代云南的交通开发》，载马汝珩、马大正主编《清代边疆开发研究》，第 364~393 页。

5 乾隆《东川府志》卷四《疆域》，收入《中国西南文献丛书·西南稀见方志文献》第 26 卷。

6 《张允随奏稿》，收入方国瑜主编《云南史料丛刊》第 8 册，第 757~758 页。

7 《张允随奏稿》，收入方国瑜主编《云南史料丛刊》第 8 册，第 655 页。

8 《张允随奏稿》，收入方国瑜主编《云南史料丛刊》第 8 册，第 620~621、664~665、692 页。

货而来，回程放空，正好可雇来运载铜铅。[1]

（8）广西府—粤西路。此路在云南境内的线路为广西府—广南府板蚌—西洋江口—土黄—瓦村—板达—剥隘，由剥隘至广西百色，然后可经南宁、桂林、湖南湘潭、湖北汉口等地进京。[2]这条线的部分路段，可能在康熙年间就已经成为滇铜运往广东、广西的要道，例如雍正元年（1723），云贵总督高其倬就提到将滇铜运往剥隘，以便广东商贩承买。[3]这条路的水路部分，大约于雍正七年或稍早加以开浚，这从是年署广东巡抚傅泰提到的"粤东去云南尚近，今云南又开浚水道，广东若于滇省采买铜斤，由广西而下所费水脚无多"[4]一句话中可以推知。雍正十一年，朝廷决定由这条路分担160余万斤滇铜京运的任务，但不是直接运送铜斤，而是将相应的铜材运至云南广西府铸成钱后解京，自雍正十二年起执行。[5]为了顺利将铜钱运京，雍正十一年又议定由云南官方利用本省隐漏田地变价银两，将这条路的云南部分分段修浚。[6]次年，滇抚张允随称"发运铜、铅道路，修理宽平，车行无阻"。[7]因为广西府铸钱之铜来源于10站之外的东川府汤丹厂，铅来自6站之外的罗平州卑浙、块泽厂，[8]这就意味着广西府—汤丹、广西府—卑浙与块泽数百里的道路

1　《张允随奏稿》，收入方国瑜主编《云南史料丛刊》第 8 册，第 672、675 页。

2　李强：《清代云南广西府铸运京钱始末》，《中国钱币》2003 年第 4 期。

3　云贵总督高其倬等：《奏遵查铜斤利弊情形折》（雍正元年十二月二十日），中国第一历史档案馆编《雍正朝汉文朱批奏折汇编》第 2 册，第 432~436 页。

4　署广东巡抚傅泰：《奏请准收缴矿徒已挖铜斤折》（雍正七年八月初六日），中国第一历史档案馆编《雍正朝汉文朱批奏折汇编》第 16 册，第 289~290 页。

5　《清世宗实录》卷一三七，雍正十年十一月癸巳；《清朝文献通考》卷一五《钱币三》，考 4990~4991 页。

6　《张允随奏稿》，收入方国瑜主编《云南史料丛刊》第 8 册，第 540~541 页。

7　《张允随奏稿》，收入方国瑜主编《云南史料丛刊》第 8 册，第 542 页。

8　李强：《清代云南广西府铸运京钱始末》，《中国钱币》2003 年第 4 期。

得到修整。乾隆四年（1739），因从广西府运钱抵粤西之百色进京，中间山川险阻，且属穷乡僻壤之区，驼畜雇觅不易，遂停止广西局鼓铸，令云南督抚照依原定，将160余万斤京铜由原路线解京，不再走广西府—粤西路。[1] 乾隆九年，为了缓解滇东北、黔西北的京运压力，张允随建议分一部分京铜由此路运送，未获批准。[2] 虽然此路在乾隆四年后不再承担京运任务，但广东、广西、江苏、福建、陕西、湖北等许多省份采买滇铜仍然要由此经过，而广东与云南的铜盐互易也经由此路进行。在这条线路上，界临广西的剥隘是一个重要的渡口。[3] 同治十三年（1874），议准滇铜京运取道两广，再由海运至天津入京，这条路再次成为京运要道。至光绪八年（1882），京运线路再次改变，仍照从前经大关、威宁两路运至泸州，再至宜昌，在此"搭轮至汉口，换轮至上海，由上海抵京"。[4]

除京运外，还有许多省赴滇采买铜材，其路线与上文所述道路多有重合之处，[5] 而黔省将铅运至湖北汉口等处供外省采买，走的也是京运路线。此外，与黔省毗邻的滇、川、桂三省曾长期或短期到贵州采办铅斤，其路线很多亦与上文所述的黔铅外运路线重合。

道路修筑，所费不赀，如毕节—重庆水道花银38000两，金沙江疏浚工程，耗时7年，用银193446两。[6] 道路开通后，尚需日常维护费用，金沙江疏通过程中，汤丹等铜厂的商民曾称情愿于每

1　《清朝文献通考》卷一六《钱币四》，考4994页。

2　《张允随奏稿》，收入方国瑜主编《云南史料丛刊》第8册，第670页。

3　Anna See Ping Leon Shulman, Copper, Copper Cash and Government Controls in Ch'ing China (1644–1795), pp.133–134；《清高宗实录》卷七七一，乾隆三十一年十月乙丑；卷七七四，乾隆三十一年十二月庚子；《清朝文献通考》卷16《钱币四》，考5010页。

4　光绪《钦定大清会典事例》卷二一五《户部·钱法·办铜二》，收入《续修四库全书》第801册，第519页。

5　关于外省来滇购铜路线，可参考马琦《国家资源：清代滇铜黔铅开发研究》，第330~338页。

6　《张允随奏稿》，收入方国瑜主编《云南史料丛刊》第8册，第748~749页。

350 斤毛铜之内捐出 1 斤，"以备岁修之用"。[1] 目前笔者尚不清楚常
规的道路维护及费用详情，只看到一些零星的记载。铜斤由黄草坪
上船运至泸州，计水程 8 站，中有许多险滩，水路不畅，须年年维
修，每年支银 1000 两。[2] 嘉庆二十四年（1819），云南巡抚李尧栋
指出，云南各厂办运京铜所经之地，必须"一律平整，庶铜运得以
迅速"，通常每五六年就得补修一次道路，主要是由官府出资，一
般在"运铜节省银"内开销，事竣造册奏请核销。[3] 但如果费用在
银 500 两以上，必须上奏朝廷，听候圣裁。[4] 节省银，即采取各种措
施，使开支未达到既定额度而节省出来的银两，运输方面的节省银
有如下两种来源。第一，调整运输路线以及改良道路所带来的成本
降低，如陆运改水运，将道路整改平直，缩短了路程等。第二，对
承运人的剥削。如各厂运铜至铜店及自各铜店运至泸州，每铜百斤
搭运五斤，不给承运人脚价，节省银两留充公用。[5]

　　根据《铜政便览》提供的数据计算，云南省境内铜运道路的维
护费用，每年约为 3000 两，[6] 这可能是一个不完全的统计。

三　运输风险及其分担

　　上文简述了铜、铅运出滇黔二省的道路，这也是最艰难的途

1　《张允随奏稿》，收入方国瑜主编《云南史料丛刊》第 8 册，第 654~656 页。

2　吴其濬：《滇南矿厂图略》卷二《程》，《续修四库全书》第 880 册，第 197 页。

3　云南巡抚李尧栋：《奏为宁台厂运铜道路损坏请照例动项兴修事》（嘉庆二十四年七月初六
　　日），朱批奏折，04-01-35-1359-025。

4　云南巡抚颜伯焘：《奏为修理东川府属汤丹等厂上游运铜桥道估需银两事》（道光二十年五月
　　二十七日），录副奏折，03-3647-060。

5　吴其濬：《滇南矿厂图略》卷二《节》，《续修四库全书》第 880 册，第 205~206 页。

6　《铜政便览》卷八《修理官房道路》，收入《续修四库全书》第 880 册，第 360~362 页。

程，运输难免有风险。之后沿长江水道至汉口，这一路最大的挑战是长江滩险水恶，时有沉没之虞，官方常常蒙受损失。从汉口可以北上京师或前往各省，北上者往扬州转入运河，经天津而达通州大通桥，这一段难在运河闸坝众多，背纤费力。[1] 要言之，从滇黔运送铜、铅至京，船只在水路上遭风涛之险而沉没，绝非个别现象，官方不得不另筹资金以弥补损失。不过，朝廷不愿意独自承担风险成本，而是力图通过各种办法令官员个人参与担责。从朝廷角度看，官员负有赔偿责任，必然会恪尽职守，不失为一种监督良法。朝廷为此详加规定，明确何种情况该赔补、如何赔补，何种情况可以申请豁免，等等。

先来看滇铜运输损失赔偿制度。按规定，云南境内有 150 处非险滩，60 处次险滩，如遇风沉失铜材，打捞无获，承运之员要赔补相应的铜价及运费；四川境内 84 处、湖南省境内 5 处、湖北省境内 102 处，共 191 处次险之滩，如遭风沉失铜斤，打捞一年限满无获，核明应赔铜价运脚，着落地方官分赔 3/10，运员分赔 7/10。四川省境内 36 处、湖南省 5 处、湖北省 102 处、江西省 33 处，共 176 处一等极险之滩，加上云南境内的 18 处险滩，遭风沉失铜斤，打捞无获，可申请豁免，"其应需铜价运脚，于铜息银内动支买补清款"。此外，在安徽三江口遭风坏船，打捞无获者，奉旨豁免；在黄河中心沉溺无获者，地方官与运员各半分赔；在黄天荡沉溺无获者，奉旨豁免；在直隶榆林庄沉溺无获者，地方官分赔 3/10，运员分赔 7/10。如运员赔偿额度巨大，贴上所有家产亦不能赔清，又查无隐匿财物，即将所少银两令相关各上司分赔，府州赔 4 股，巡道赔 3

1　严中平：《清代云南铜政考》，第 34 页。

股，藩司赔 1 股，督、抚各赔 1 股。[1]

这么多险要之处，意味着沉船事故并不罕见。总计有 194 处险滩与极险滩，加上安徽三江口、黄天荡 2 处，共 196 处地方遇有沉失事故可以豁免，可以想见清王朝被迫承担的运输事故损失，并非一个小数额。因为连带赔偿的关系，地方官员与运员的利益是一致的，所以，地方官会尽力为铜、铅沉船事故开脱。[2]

黔铅京运同样会有沉船损失，其赔偿与豁免的细则，笔者虽未得见，但应该与滇铜大体相同，因为在不少材料中，滇铜黔铅的运输赔补与豁除都是被一并提及的。如乾隆五十一年（1786）规定，滇黔二省铜铅，经过四川、湖北、湖南、江西等省的"著名最险各滩"，沉溺无获，准其豁免。但如果豁免后，发现是在非危险之滩沉失，"及别项捏报情弊"，要将查勘之员以及保题之上司，"一并严议着赔"。[3] 在乾隆五十九年、嘉庆三年（1798）、九年、十一年以及道光十年（1830）出台的规定中，也是铜、铅视同一例的。[4]

我们来看一个黔铅沉失的具体例子。大约在乾隆五十年，贵州运员吴寿朋押运京铅，在湖北巴东县之三松子滩、东湖县之大峰珠滩迭遭沉船，溺失铅 21 万斤，只捞获 33800 斤。遇险之处俱在三峡险隘，历来事故甚多，按理可申请豁免。湖广总督毕沅在奏报中

1　《铜政便览》卷三《次险滩沉铜分赔》《滩次》，收入《续修四库全书》第 880 册，第 287~293 页。

2　E-Tu Zen Sun, "The Transportation of Yunnan Copper to Peking in the Ch'ing Period," *Journal of Oriental Studies,* No. 9 (1971), pp. 132-148；Anna See Ping Leon Shulman, Copper, Copper Cash and Government Controls in Ch'ing China (1644-1795), pp.110-124；蓝勇：《清代京运铜铅打捞与水摸研究》，《中国史研究》2016 年第 2 期。

3　光绪《钦定大清会典事例》卷二一七《户部·钱法·办铜铅考成》，收入《续修四库全书》第 801 册，第 540 页。

4　光绪《钦定大清会典事例》卷二一六《户部·钱法·办铅锡》、卷二一七《户部·钱法·办铜铅考成》，收入《续修四库全书》第 801 册，第 527、542~545 页。

亦称该运员携带家口 5 名以及相应的柴薪食米，查无渎职非法之事。但皇帝认为毕沅有心开脱回护，其间恐有玩忽职守及盗卖情弊，要求严加审讯。结果仍然是事出有因，并无不法情状。尽管如此，还是要求赔补白银 3573 两。而吴寿朋一人完缴有困难，因此将所赔银分为三股：吴寿朋赔一股；贵州上司未能发现该员"违例携眷同行"，赔一股；湖北巴东、东湖、江陵三县知县及该管道府官员未能事先防范，合赔一股。[1]

1　湖广总督毕沅：《奏报审讯贵州运员沉铅一案并另筹分赔沉铅价脚事》（乾隆五十五年十一月二十四日），朱批奏折，04-01-35-1330-004。

第三章　清代矿业税费政策

以上两章论述了政府如何推动矿业，接下来的两章，我们将讨论官府怎样从矿业中获利。在民间办矿的情况下，控制矿产品及其相应收益，是清代矿政的主要关切。总体而言，官府不是经由市场购买来达到目的，而是通过一系列税费政策来使结果如己所愿。这种政策，以满足官方的矿产品需求为原则，置矿民利益于不顾，而矿民也没有多少同官方议价的能力。但在一个广土众民、各地情形迥异的国家中，朝廷无法自上而下制定一个统一的税费政策行诸全国，在中央与地方政府，以及政府与矿民的博弈中，税费政策因矿种、地区、时期不同而呈现出种种变化。

第一节　矿税的征收客体

矿业分为开采与冶炼两个部分。在现代经济中，它们通常由不同的企业经营，二者在地理位置上可能相距甚远甚至分属不同国家。但传统时期的矿厂通常融二者为一体，清代亦不例外。当时开采与冶炼一般由同一资本方运营，两者在观念上被视为同一过程的不同环节而非两个分离的部分。因为炉户与硐户身份重合，所以官府征税时，其课税主体往往就是炉户。与此相应，课税客体一般就只是最终产品而不涉及矿砂以及相应的开采工作，正如乾隆十六年（1751）湖南巡抚杨锡绂所云："查各省矿厂，（除湖南外）并不先抽砂税。"[1] 杨氏所言非虚，例如乾隆十九年，四川甲子夸铜厂开办，所获矿石系铜、银伴生，地方官员提出的抽课办法是：直接针对净铜抽税，每百斤抽课二十斤、耗铜四斤八两，另外，炼出的银，每两抽正课二钱、耗银四分五厘。[2]

湖南矿业在全国系例外。该省许多铜、铅矿厂是采、冶分别征税，前者一般称为"砂税"，后者常以"炉税"名之。湖南最重要的产矿地区为郴州与桂阳州，乾隆八年（1743）规定桂阳州马家岭、雷坡石及石壁等处铜、铅矿，先抽二八砂税（即 20% 税率），

1　中国人民大学清史研究所等编《清代的矿业》，第 352 页。

2　四川总督黄廷桂：《题为核明盐源县本年开采铜厂用过价脚等支用各项银两数目事》（乾隆十九年七月初四日），户科题本，02-01-04-14811-020。

炼出铜、铅，再征 20% 的税。[1] 十年后这明确扩展为全省铜、铅矿厂的通例，[2] 例如《直隶郴州总志》称，黑、白铅砂每卖砂价银一两，抽税银二钱，炼获黑铅后，每百斤抽税二十斤。[3]

  杨锡绂将湖南双重征税的缘由归结为矿石的特殊性质。该省铅矿伴生有银矿，康熙年间开采时以银矿报采，实际开采时，银砂并不集中，其中有铜矿，铜矿甚至不含银，只有黑铅砂内带有"银气"，但"银气"多寡不等，通过仔细核查最终煎炼结果来抽税比较麻烦，对伴生银的征税就改为：砂夫采获之砂，"估看银气之重轻，评定砂价之贵贱"，砂夫卖砂与炉户商人，所获砂价按 20% 征税，称为"银税"，"其实即砂税也"。乾隆七年（1742）重新开采，为名实相符，去银税之名，直接称砂税。那些完全不含银的矿，也不得不遵循这个定例。杨锡绂所称的湖南特例，实即来源于此。[4] 到乾隆十八年，又因"银气复旺"而规定铜砂、白铅砂及无银气之黑铅砂照旧按砂税、炉税征收，有银之黑铅砂，重新定为征银税，另立章程征收。[5] 对这种征税，《桂阳直隶州志》总结为"先税沙，再税铅，别税银"。[6]

  铜、铅之外，湖南许多矿厂实行的是只对最终产品征税的全国通例，例如乾隆十一年（1746）规定，湖南郴州锡厂"不抽砂税"，但五年后又规定要"一体抽收砂税"，以便与湖南其他矿厂统一。[7]

---

1 同治《桂阳直隶州志》卷二〇《货殖》，收入《中国地方志集成·湖南府县志辑》第 32 册，第 430 页。

2 光绪《湖南通志》卷五八《食货四·矿厂》，岳麓书社，2009，第 1364 页。

3 嘉庆《直隶郴州总志》卷一九《矿厂志》，收入《中国地方志集成·湖南府县志辑》第 21 册，第 584 页。

4 中国人民大学清史研究所等编《清代的矿业》，第 352~353 页。

5 光绪《湖南通志》卷五八《食货四·矿厂》，第 1364 页。

6 同治《桂阳直隶州志》卷二〇《货殖》，第 428 页。

7 嘉庆《湖南通志》卷四二《矿厂》，道光增刻本，第 15~16 页。

然而，据嘉庆《直隶郴州总志》的记载，砂税并未征收。[1]

　　杨锡绂的解释，尚未揭示出全部缘由。湖南铜、铅矿在税收上的例外，对应于砂夫、炉户身份上的分离。在湖南、广东等地区，曾实行过招商承充开采某一处或数处矿山的办法，由商人雇觅垅长、炉头等人采炼，但这并不意味着这些厂就由统一的资本来经营，事实上，一旦开采成功，商人就可能不再投入资本，而是享受分成。不同矿硐的经营者被称为垅户、砂夫，他们自负盈亏，采获矿砂后卖给炉户冶炼。[2] 例如，桂阳州与郴州的黑、白铅厂中，"炉户"并不负责采矿，所需矿砂需要直接或间接向"砂夫"购买，他们各有自己的行业组织，首领分别称为"炉总""夫长"，[3] 这样，官府自然分别针对采、冶征税。[4] 乾隆十一年，湖广总督鄂弥达奏称，桂阳州铜铅矿厂，商人挖出矿砂卖给炉户煎炼，所得以十分为率，其中五分作为采砂工本，其余五分，"官抽一半，给商一半"，相当于征收了 25% 的税。炉户炼出铜、铅后，又二八抽课。[5]《直隶郴州总志》所载《矿厂抽解额例》亦载，黑、白铅砂每卖砂价银一两，抽税银二钱，其中官收一钱，作为正税，商得一钱，作为厂费。炼

1　嘉庆《直隶郴州总志》卷一九《矿厂志》，收入《中国地方志集成·湖南府县志辑》第 21 册，第 584 页。

2　两广总督马尔泰、署理广东巡抚策楞：《奏为查明广东开采矿山情形及酌办事宜请议复事》（乾隆九年四月二十七日），朱批奏折，04-01-36-0085-005；两广总督策楞、广东巡抚准泰：《奏为敬陈广东省矿山开采情形暨酌筹调剂事》（乾隆十一年九月初十日），朱批奏折，04-01-36-0086-004；贺喜：《乾隆时期矿政中的寻租角逐——以湘东南为例》，《清史研究》2010 年第 2 期。

3　贺喜：《明末至清中期湘东南矿区的秩序与采矿者的身份》，《中国社会经济史研究》2012 年第 2 期；贺喜：《乾隆时期矿政中的寻租角逐——以湘东南为例》，《清史研究》2010 年第 2 期。

4　嘉庆《直隶郴州总志》卷一九《矿厂志》，收入《中国地方志集成·湖南府县志辑》第 21 册，第 584 页。

5　中国人民大学清史研究所等编《清代的矿业》，第 234~235 页。

获黑铅后，每百斤抽税二十斤。[1]

采、冶分属不同人群的情形，还出现在广东。粤省官方要求炉头、炉丁在官方指定的栅栏内居住，砂夫、锤手在垅口附近居住，[2]并且垅长、炉头诸人分别招募，[3]炉户亦须向砂丁购矿石，[4]在这种情况下，采、冶有可能分别征税。

如果开采工作零零星星，规模小且分散，则虽然开采与冶炼分属不同人群，官府也可能免除开采环节的税收。例如陕西华阳川铅厂开于乾隆十三年（1748），砂户将所挖矿砂运至敷水镇，卖给商人煎炼。在这种情况下，按理应分别对开采与冶炼征税，但据方志记载，每出铅百斤抽税铅二十斤，课铅五斤，官买余铅二十五斤。乾隆十五年课铅奉裁，每百斤止抽税铅二十斤，收买余铅二十五斤。完全没有提到对开采的征税。[5]

也有只针对开采环节征税的，例如云南银厂有生课、熟课之分，迤东道所属各银厂硐户卖矿，所得每百两官抽银十五两，谓之生课；迤西道各厂硐户卖矿，不用缴税，只是"按煎成银数每百两抽银十二三两不等"，谓之熟课。[6]迤东道银厂，似乎仅对开采征税，这种情形实为清代矿业中的例外。

1　嘉庆《直隶郴州总志》卷一九《矿厂志》，收入《中国地方志集成·湖南府县志辑》第21册，第584~585页。

2　两广总督鄂弥达：《题为遵旨议复广东惠潮韶肇等筹开铜矿相关事宜事》（乾隆三年二月十六日），户科题本，02-01-04-13108-020。

3　两广总督马尔泰、署理广东巡抚策楞：《奏为查明广东开采矿山情形及酌办事宜请议复事》（乾隆九年四月二十七日），朱批奏折，04-01-36-0085-005。

4　两广总督策楞、广东巡抚准泰：《奏为敬陈广东省矿山开采情形暨酌筹调剂事》（乾隆十一年九月初十日），朱批奏折，04-01-36-0086-004。

5　乾隆《华阴县志》卷四《建置·税课》，收入《中国地方志集成·陕西府县志辑》第24册，第107~108页。

6　《清朝续文献通考》卷四三《征榷考十五·坑冶》，考7980页。

绝大多数的矿税，都可按矿砂与产品来分析课税的客体，但在许多金厂中，这种分析却未必有效。在工艺上，金可以通过淘洗矿砂而非冶炼获取，而且也难以监控具体的产量，所以许多金厂不是根据产量，而是根据劳动人数、劳动时间或劳作区域来征税。照人数与时间者，如新疆达尔达木图山、乌鲁木齐迪化州金厂，按照挖金人数，每名每月收课金三分。[1]乾隆三十八年（1773），陕甘总督勒尔谨奏请开采甘肃哈布塔海哈拉山金矿时，定每五十名金夫给票一张，每票日交课金二钱五分。[2]乾隆五十一年规定，甘肃敦煌县沙州南北两山金矿，每五十名矿工设夫头一名，夫头给予照票，散夫给予腰牌，逐日课金，责成夫头收缴，按夫抽取。[3]照劳作区域者，如云南文山麻姑金厂，"以洗金之一塘为一床"，每床人数不定，有二三十人开塘二三处，"每月止完课金一钱三分"，乾隆二十三年查勘后，定为十五人为一床，每床月纳课金一钱三分，总共十五床，月纳课金一两九钱五分。腊月和正月"系厂民休息之所"，减半抽收。[4]按"床"征收并非清代所创，清人刘恺称云南永北府地界金沙江，旧传明季有淘金人户，每户金床一架，额征金一钱五分。[5]有的地方则按"沟"来抽税，其实质与按"床"相似，都是照采金的区域征课，如腾越厅黄草坝厂，按上、中、下三号塘口抽收课金，上沟抽一钱五分，中沟抽八分，下沟抽四分。中甸麻康厂则与其他金

1　中国人民大学清史研究所等编《清代的矿业》，第 523、532 页。

2　中国人民大学清史研究所等编《清代的矿业》，第 546 页。

3　《清朝续文献通考》卷四三《征榷考十五·坑冶》，考 7973 页。

4　中国人民大学清史研究所等编《清代的矿业》，第 554~555 页。

5　刘恺：《奏免金课疏》，载师范《滇系》卷八之十二，收入《丛书集成续编》第 238 册，第 1072 页。

厂有着根本差异，系按产量征课，每金一两抽课金二钱。[1]

此外，贵州兴义府之回龙水银厂，"自辰至昏输水银八两，至申而停者半之"，[2] 这是按照工作时间来课税。

有的既不问产量，也不问时间、人数，而是笼统征收一个定额。云南永昌府潞江金厂，康熙四十六年（1707）开采，每年额征课金二十四两五钱六分，遇闰不加。[3] 云南建水县慢梭金厂，康熙五十八年开采，后每年定额缴纳课金四十五两六钱四厘，遇闰年则相应增加。[4]

因为伴生矿的存在，一些矿厂可能有两种产品，其中比较常见的是银与黑铅伴生、煤与硝伴生，相应地也就需要分别征收实物。如贵州威宁有柞子、白蜡、羊角三黑铅厂，有银矿伴生，在雍正七年（1729）四月初一日至次年三月底，税收情况如下：柞子厂抽收课银24328.4两，课铅变价银2189.6两，存厂未变课铅303862斤；白蜡厂课银212两，存厂未变课铅14393斤；羊角厂课银301.4两，炉底课毛铅变价12.7两，存厂未变炉底课毛铅17507斤。[5] 其中，课银应该就是直接对伴生银矿所征，而课铅变价或炉底铅课变价银当为征收实物黑铅后发卖所得，存厂未变课铅则是尚未变现的实物税。又如广西河池州南丹、挂红等银厂、锡厂，规定每炼获铅百斤，抽课二十斤；每出银一两，抽课二钱。[6] 平乐县猪头岭铅矿，伴

1　民国《新纂云南通志》卷一四五《矿业考一》，李春龙审定，云南人民出版社，2007，第119页。

2　咸丰《兴义府志》卷四三《物产志》，宣统元年铅印本，第25页。

3　光绪《永昌府志》卷二二《食货志·矿厂》，收入《中国西南文献丛书·西南稀见方志文献》第30卷，第108页。

4　中国人民大学清史研究所等编《清代的矿业》，第559~560页。

5　中国人民大学清史研究所等编《清代的矿业》，第322~323页。

6　嘉庆《广西通志》卷一六一《经政·权税》，广西师范大学历史系中国历史文献研究室点校，广西人民出版社，1988，第4507页。

生有银、密陀僧，每炼铅百斤收正课二十斤、撒散三斤，每银一两收正课银五分、撒散三分，密陀僧每百斤收正课二十斤、撒散三斤。[1]

个别伴生矿只对其中一种征税。如云南金钗铜厂开采于康熙四十四年（1705），并不"抽课铜及公廉捐项"，该矿系银、铜伴生，"砿有银气"，所以每产铜百斤，抽"小课银"一钱。[2]

有的伴生矿含量低，成色薄，无甚大利，官方就会免予抽收。如广东铜、铅矿中偶杂银砂，乾隆九年（1744）四月，地方官建议，如果为数不多，免予抽课，以促进商人采炼铜矿的积极性。[3]当年十月，定铜矿内有夹带银屑为数甚微者，仍准开采。一两以下免其抽课，一两以上抽课三钱。[4]有的地方虽然有伴生矿，但含量很少，煎炼成本过多，没有太多冶炼价值，如湖南一些黑铅矿中所伴生的银，地方官请求炼出黑铅后，照例抽课，"毋庸抽收银税"。[5]

第二节　矿业税费的基本结构

清政府没有制定统一的矿业税费标准，根据地域、矿种的不

1　嘉庆《广西通志》卷一六一《经政·榷税》，第4509页。

2　《铜政便览》卷二《厂地下·金钗厂》，收入《续修四库全书》第880册，第266页。

3　中国人民大学清史研究所等编《清代的矿业》，第252、266页。

4　中国人民大学清史研究所等编《清代的矿业》，第48页。

5　嘉庆《湖南通志》卷四二《矿厂》，第18页。

同而出现种种差异，但林林总总的矿厂，在税费上大体遵循几个案例或对之进行变通，这使《清朝文献通考》可以对矿税进行简要总结：

> 开厂之例亦陆续增定，大抵听商民自为采取而官为监之，税其十分之二，其四分则发价官收，四分则听其流通贩运；或以一成抽课，其余尽数官买；或以三成抽课，其余听商自卖；亦有官发工本，招商承办；又有竟归官办者。其额有增减，价有重轻，皆随各省见在情形斟酌办理。[1]

这段文字表明，矿民除按税率缴税外，剩余产品中的相当部分还要"发价官收"，而官价通常远低于市场价，这就意味着厂民实际上又向政府出让了一部分矿利，等于再缴纳了一种隐性矿税。但这段文字仍然未能揭示出矿厂的实际税负，[2]因为它遗漏了诸多杂费。将这些遗漏考虑进去后，我们可以提出一个清代矿业的税费结构模型：

> 正税 + 隐性税（官价与市场价差额）+ 附加税费 = 实际税负

必须说明，上述公式只是一个模型，虽然可适用于绝大多数情形，但因时、因地、因矿种也会出现变化。有的矿厂在某个时期的矿税构成并未完全包括该公式所指出的三种途径，而是只有其中的一种或两种。为了从纷繁复杂的材料中得到一个清晰认识，下文以上述模型为基础展开讨论。

1　《清朝文献通考》卷一四《钱币二》，考4972页。

2　一些学者根据《清朝文献通考》中的这段文字分析当时矿民的实际税负（如周伯棣《中国财政史》，上海人民出版社，1981，第442~443页），这是欠缺妥当的。

一　正税

（一）最常见的税率——20%

正税即《清朝文献通考》中所称的抽课，这是矿税最基本、最普遍的成分，几乎每个矿厂的税负中都有它。清朝较早的矿业政策出台于康熙十四年（1675），主要是鼓励生产与币材紧密相关的铜、铅。四年后，专门规定了税率，即"采得铜、铅以十分内二分纳官，八分听民发卖"。[1] 20%的税率是一个非常重要的规定，在全国很多区域、很多矿种中都被采纳。下面我们看看几个重要矿业省份的情况。

云南　康熙二十一年，云贵总督蔡毓荣奏请云南开矿时，称"十分抽税二分"。[2] 这一规定得到了较为普遍的实行，如中甸麻康金厂，系按产量征课，每金一两抽课金二钱。[3]

贵州　雍正三年（1725），贵州齐家湾等处白铅厂照"二八抽收之例"，[4] 四年后，大兴、砂朱二铅厂开采，亦遵此税率。[5] 乾隆五年（1740），开采绥阳县属月亮岩铅矿，出铅一万斤，照例抽课两千斤，[6] 之后四年开采的普安州铅矿，同样是20%税率。[7] 威宁州妈

1　《清朝文献通考》卷一四《钱币二》，考4972页。
2　蔡毓荣：《筹滇第四疏·理财疏》，载师范《滇系》卷八之三，收入《丛书集成续编》第237册，第696页。
3　民国《新纂云南通志》卷一四五《矿业考一》，第119页。
4　中国人民大学清史研究所等编《清代的矿业》，第314页。
5　大学士兼管户部事务傅恒：《题为遵旨察核贵州大定府属朱砂厂抽收课铅并开销人役工食银两事》（乾隆十四年十一月十七日），户科题本，02-01-04-14396-003。
6　《清高宗实录》卷一一四，乾隆五年四月己卯。
7　中国人民大学清史研究所等编《清代的矿业》，第331~332页。

姑厂是全国最大的白铅厂，开采于乾隆十二年，二八抽收。[1]乾隆四十一年，贵州巡抚裴宗锡称普安州连发山铅厂新开，请照乐助厂成例，值百抽二十。[2]两年后，开采大定府兴发铅厂，每采铅百斤，官抽课二十斤。[3]嘉庆八年（1803），贵州大定府属水洞帕与兴发白铅厂产铅 95100 斤，抽课铅 19020 斤，税率亦为 20%。[4]贵州兴义府的雄黄厂同样如此。[5]

湖南　雍正四年（1726），九架夹黑白铅矿"照例二八抽分"。[6]四年后，规定桂阳州大凑山煤矿税率为 20%。[7]乾隆二年（1737），题准长沙府之湘乡、安化二县硫黄矿，十分抽二。[8]乾隆八年，规定郴州桃花垅、甑下垅、铜坑冲等处，每铜砂百斤抽税二十斤，[9]这也是当年定下的全省黑、白铅厂的税率。[10]乾隆十一年，规定湖南郴州的锡厂"每百斤抽税二十斤"。[11]乾隆十九年规定，湖南桂阳州铜厂，值百抽二十。[12]

1　道光《大定府志》卷四二《经政志·厂政》，收入《中国地方志集成·贵州府县志辑》第 48 册，第 621 页。

2　贵州巡抚裴宗锡：《奏为试采连发山铅厂已有成效事》（乾隆四十一年十月二十日），朱批奏折，04-01-36-0092-010。

3　道光《大定府志》卷四二《经政志·厂政》，收入《中国地方志集成·贵州府县志辑》第 48 册，第 620 页。

4　户部尚书禄康、戴衢亨：《题为遵察黔省水洞帕兴发厂抽收铅课等项银两事》（嘉庆十年十二月初一日），户科题本，02-01-04-18598-019。

5　咸丰《兴义府志》卷二七《赋役志·税课》，第 3 页。

6　湖南巡抚布兰泰：《奏请委员眼同开采郴州铅垄据实抽税等事折》（雍正五年闰三月初二日），中国第一历史档案馆编《雍正朝汉文朱批奏折汇编》第 9 册，第 373 页。

7　嘉庆《湖南通志》卷四二《矿厂》，第 11 页。

8　嘉庆《湖南通志》卷四二《矿厂》，第 20 页。

9　嘉庆《湖南通志》卷四二《矿厂》，第 1 页。

10　嘉庆《湖南通志》卷四二《矿厂》，第 18~19 页。

11　嘉庆《湖南通志》卷四二《矿厂》，第 15 页。

12　嘉庆《湖南通志》卷四二《矿厂》，第 11~12 页。

广西 广西铜厂普遍实行二八抽课。[1] 雍正九年（1731）规定，涝江等处铜厂每百斤内收税二十斤，[2] 乾隆三年（1738）二月，广西巡抚杨超曾奏称，本省铜厂开采之初，定议每出铜一百斤，课税二十斤。[3] 乾隆八年，广西布政使唐绥祖奏称回头山铜矿十分抽二，[4] 又河池州响水厂开采之初就定下值百抽二十。[5] 其他矿种中 20% 税率也很常见，如宣化县铙钹山铅厂雍正六年开采，二八收课，之后开采的渌生岭铅厂遵循同一税率。[6] 河池州南丹、挂红二厂每炼获铅百斤抽课二十斤，长坡锡厂同样如此。[7] 怀集县汶塘山银铅矿厂雍正十二年开采，值百抽二十。[8] 苍梧县芋荚山金矿原为官办，[9] 雍正九年因"获砂渐微，不敷工本"而停工，之后招募商人"分地挖刮，其所得之金，每两议抽课金二钱"。[10] 乾隆二十三年，苍梧县金鸡山铁矿开采，税率同样为 20%。[11]

广东 乾隆三年，广东开采矿山规条规定铜、铅二八抽收。[12] 这一规定是得到实施的，例如大埔县大靖村打禾坪出产铅矿，值百抽

1　同治《苍梧县志》卷一〇《食货志下·杂税》，同治十三年刻本，第 7 页。

2　中国人民大学清史研究所等编《清代的矿业》，第 279～280 页。

3　广西巡抚杨超曾：《奏请准销粤西铜厂课银脚价事》（乾隆三年二月二十一日），录副奏折，03-0768-008。

4　管理户部尚书事务徐本：《奏议广西布政使唐绥祖请定收买余铜价值事》（乾隆八年十二月初二日），朱批奏折，04-01-35-1233-025。

5　署理广西巡抚鄂宝：《题为奏销粤西各属铜厂乾隆二十年分抽收课余铜斤用过价脚以及支给官役饭食等项银两事》（乾隆二十二年五月二十九日），户科题本，02-01-04-15107-005。

6　嘉庆《广西通志》卷一六一《经政·榷税》，第 4515 页。

7　光绪《庆远府河池州志书》卷一〇《经政志下·税课》，光绪三十三年抄本，第 50~51 页。

8　嘉庆《广西通志》卷一六一《经政·榷税》，第 4513 页。

9　广西巡抚金𬭊：《奏报七月以来开采金铜等矿情形折》（雍正七年十一月初七日），中国第一历史档案馆编《雍正朝汉文朱批奏折汇编》第 17 册，第 140~141 页。

10　中国人民大学清史研究所等编《清代的矿业》，第 564 页。

11　嘉庆《广西通志》卷一六一《经政·榷税》，第 4512 页。

12　中国人民大学清史研究所等编《清代的矿业》，第 252 页。

二十。[1]除铜、铅外，其他矿种也实行这一规定，如乾隆五年，开广东惠州锡矿，照例二八收税。[2]

四川　乾隆十年（1745），四川巡抚纪山题请乐山县老洞沟铜厂每铜百斤抽课二十斤。[3]乾隆七年奏定长宁、云阳等处铅矿允许开采，"照例二八抽课"。[4]乾隆五十五年，马边厅之铜大、雷波厅之分水岭二铜厂开采，值百抽二十。[5]除铜厂外，四川铁厂也普遍按十分抽二原则课税。如康熙二十四年（1685），邛州蒲江县黄铁山铁炉六座，康熙二十四年开采，税率为20%。屏山县铁矿乾隆二十九年开采，十分抽二。[6]

二八抽收之例在其他省份也普遍出现。例如乾隆十年，湖广总督鄂弥达奏准湖北宜都县之横碛铁矿听民刨挖，二八抽课。[7]乾隆十三年，陕西华阴县华阳川产黑铅，最初议定每百斤抽税铅二十斤，官买余铅二十五斤。[8]在江西，乾隆九年赣抚陈弘谋疏请"无论银铅，二八抽课，余者听民自相运售"。[9]乾隆三十九年规定，江西省铁炉照川省十分抽二之例，每铁百斤抽课二十斤，

1　中国人民大学清史研究所等编《清代的矿业》，第376页。

2　《清高宗实录》卷一二五，乾隆五年八月丁卯。

3　大学士兼管户部事务傅恒、户部尚书海望：《题为遵旨察核川省乐山县属老洞沟等铜厂乾隆十四年抽收课耗铜斤支给厂费各项银两事》（乾隆十七年七月十一日），户科题本，02-01-04-14646-001。

4　《清朝文献通考》卷三〇《征榷五·坑冶》，考5131页。

5　署理四川总督孙士毅：《题请开采马边雷波所属铜大（分）水岭等厂铜矿事》（乾隆五十五年三月初四日），户科题本，02-01-04-17617-016。

6　嘉庆《四川通志》卷七〇《食货·钱法》，收入《中国西南文献丛书·西南稀见方志文献》第4卷，第194~195页。

7　《清高宗实录》卷二四〇，乾隆十年五月辛巳。

8　民国《续修陕西通志稿》卷六三《钱币》，1934年铅印本，第2页。

9　陈弘谋：《请开广信封禁山并玉山铅矿疏》，载贺长龄辑《皇朝经世文编》卷三四，收入《近代中国史料丛刊》第731册，第1251页。

每斤折银一分。[1]

（二）其他税率

20% 的税率并非不可变动，根据矿厂生产情形与厂民承担税负的能力，这一原则会得到调整，这就出现了上引《清朝文献通考》所称的二八抽课外，"或以一成抽课，其余尽数官买；或以三成抽课，其余听商自卖"。

《清朝文献通考》所列举税率尚有遗漏，除 10%、20%、30% 外，笔者所见材料中的税率还有 15%、40%、45% 等。

（1）10% 税率

10% 的税率也比较常见，主要出现在滇黔二省的铜矿业中。康熙二十一年（1682）云贵总督蔡毓荣奏请云南开矿时，规定"十分抽税二分"，但等到铜矿业真正发展起来时，最普遍的其实是一九抽收。[2] 这一规定也被贵州的铜厂所援引。[3]

其他矿种也有采行 10% 税率的，例如，乾隆七年（1742），贵州布政使冯光裕称普安县回龙湾水银厂每百斤抽课十斤。[4] 云南罗平州卑浙、平彝县块泽二铅厂开于雍正七年（1729），二八抽课，余铅官收，后因厂民亏本，于是请改为每百斤收课十斤。[5] 滇省的矿业

1　光绪《钦定大清会典事例》卷二四四《户部·杂赋·铜铁锡铅矿课》，收入《续修四库全书》第 801 册，第 890 页。

2　吴其濬：《滇南矿厂图略》卷二《铜厂》，第 174~180 页。

3　贵州巡抚张广泗：《奏报查明铜厂井盐事》（乾隆七年四月十八日），录副奏折，03-0769-046；贵州巡抚开泰：《题请报销威宁州属勾录铜厂开采抽课及收买余铜等项用过银两事》（乾隆十八年三月十七日），户科题本，02-01-04-14693-006；中国人民大学清史研究所等编《清代的矿业》，第 202 页。

4　中国人民大学清史研究所等编《清代的矿业》，第 659 页。

5　道光《云南通志稿》卷七四《食货志八之二·矿厂·铅厂》，第 9 页。

大县蒙自，富产银、锡，税率亦为 10%。[1]

（2）15% 税率

乾隆七年（1742），广西平乐县山斗冈铜厂开采，税率为 15%，大有朋山铅矿同样如此。[2] 乾隆四十二年，云南建水州属大黑山铅厂开采，照普马厂之例抽课收买，每百斤抽课铅 15 斤。[3] 云南个旧银厂每一两抽正课一钱五分、撒散三分。[4] 嘉庆十六年（1811），户部的一份材料提到云南银厂系按 15% 税率抽课，认为这是"敛从其薄，于民诚有大益"，这显然是针对过去 20% 的税率而言。[5]

（3）30% 税率

在金矿中，三分抽课最为常见。雍正九年（1731），贵州巡抚张广泗称天柱县黄花厂产金，每金一两抽课三钱。[6] 这一税率在乾隆初年被天柱县相公塘、东海洞二金厂采纳。[7]

银矿中也常出现 30% 税率。广西贺县蚂蝗山银矿雍正十一年开采，每两收课三钱。[8] 关于广东银矿，乾隆九年（1744）规定，如果系铜矿中夹带零星银砂，一两以下免其抽课，一两以上抽课三钱。[9]

铜矿中也偶尔出现三成抽课情形。雍正八年，令四川建昌所属

1　乾隆《蒙自县志》卷三《厂务》，收入《中国西南文献丛书·西南稀见方志文献》第 26 卷，第 266 页。

2　嘉庆《广西通志》卷一六一《经政·榷税》，第 4509 页。

3　道光《云南通志稿》卷七四《食货志八之二·矿厂·铅厂》，第 12 页。

4　乾隆《蒙自县志》卷三《厂务》，收入《中国西南文献丛书·西南稀见方志文献》第 26 卷，第 269 页。

5　《清朝续文献通考》卷四三《征榷考十五·坑冶》，考 7978 页。

6　中国人民大学清史研究所等编《清代的矿业》，第 560~561 页。

7　中国人民大学清史研究所等编《清代的矿业》，第 561~562 页。

8　嘉庆《广西通志》卷一六一《经政·榷税》，第 4510 页。

9　中国人民大学清史研究所等编《清代的矿业》，第 48 页。

之迤北、兴隆，宁番之紫古唎、沙基、九龙五厂招别省商人开采，所出铜斤三分收课。[1] 乾隆十年，广西巡抚讬庸奏准本省铜厂由十分抽二、余铜官买改为三分抽课、余铜商买，[2] 但过了一年，并未有殷实商人前来投资，矿业生产不佳，效果并不理想，仍改为二八抽课，余铜官收，每百斤给价十三两。[3]

（4）40% 税率

主要出现于金、银矿中。如贵州威宁州属柞子厂、平远州属达磨厂，每产银 1 两抽课 4 钱。[4] 乾隆十一年（1746），四川巡抚纪山称沙沟、紫古唎二铜厂，虽然伴生有银矿，但"采炼维艰，与全出金银者不同"，如果按照会典四六之例抽课，商人会亏本，因此请求二八抽收，"用纾商力"，这一请求得到了批准。[5] 湖南靖州会同县的金矿，同样"每金一两抽课四钱"，[6] 乾隆二十二年，陈弘谋以商民不敷工本为由，奏请改为按二八抽课。[7] 乾隆三十八年，陕甘总督勒尔谨奏请开采甘肃哈布塔海哈拉山金矿时，称贵州省天庆寺金矿抽收课金，每出金一两抽课四钱，外抽撒散金三分。[8]

（5）45% 税率

广东大埔县大靖村打禾坪出产铅、银，出银每两抽公费银一

1　嘉庆《四川通志》卷七〇《食货·钱法》，收入《中国西南文献丛书·西南稀见方志文献》第 4 卷，第 194 页。

2　《清高宗实录》卷二四四，乾隆十年七月癸未。

3　《清高宗实录》卷二七一，乾隆十一年七月癸亥。

4　光绪《钦定大清会典事例》卷二四三《杂赋·金银矿课》，收入《续修四库全书》第 801 册，第 872 页。

5　《清高宗实录》卷二五九，乾隆十一年二月壬戌。

6　嘉庆《湖南通志》卷四二《矿厂》，第 6 页。

7　中国人民大学清史研究所等编《清代的矿业》，第 567~568 页。

8　中国人民大学清史研究所等编《清代的矿业》，第 546 页。

钱，余银九钱以一半抽课，[1] 税率达到了 45%。广东永安、丰顺、嘉应三州乾隆二十一年（1756）煎出银 2997.401 两，抽正课银 1348.83 两，公费银 299.74 两，[2] 若不计公费银，税率约 45%。

有的地方甚至采取不用抽课，但产品全数官买的办法，如广西永福县之车滩厂、恭城县之上陆冈等铜厂，原系 20% 税率抽课，余铜悉数官收，厂民不堪重负，遂于乾隆元年改为免抽课铜，余铜尽归官买，并增加收购价格。[3]

总体而言，税率从 10% 到 45% 不等，一般是 5% 的整数倍，20% 税率是基本原则。此外，较为常见者有 10% 税率，30% 税率次之，40% 税率又次之，15% 税率、45% 税率就非常特殊了。还有一些更罕见的例子，税率并非 5% 的整数倍，兹举几例。云南迤西道的各厂硐户卖矿，不用缴税，只是"按煎成银数每百两抽银十二三两不等"，谓之熟课。[4] 云南永平县西里朱砂厂，康熙四十四年（1705）总督贝和诺题开，每六斤抽一斤。[5]

二　官价与市场价的差额（隐性税）

清代矿政的核心是满足政府所需，因此税后产品，厂民通常不能自由支配，官方视需求程度，部分或全部低价收购之。此类矿产品，主要有铜、白铅、黑铅。铜、白铅均为重要币材，黑铅也长期是铸钱所需，此外铜与黑铅还是重要的军器材料。乾隆六年（1741），

1　中国人民大学清史研究所等编《清代的矿业》，第 376 页。

2　中国人民大学清史研究所等编《清代的矿业》，第 376~377 页。

3　中国人民大学清史研究所等编《清代的矿业》，第 282 页。

4　《清朝续文献通考》卷四三《征榷考十五·坑冶》，考 7980 页。

5　光绪《永昌府志》卷二二《食货志·矿厂》，收入《中国西南文献丛书·西南稀见方志文献》第 30 卷，第 108 页。

刚从云南调任江西布政使的陈弘谋就称云南金、银、锡三厂，官方抽课之后，所余产品听从厂民自由运销，但铜厂却是由官方收买余铜，"不许私自运售"，为此层层稽查，"犯者治以私铜之罪"。[1]

　　贵州的黑、白铅供应京局，官方会收买税后余铅的相当部分甚至全部。有的省份所出铅材，不用办供京局，主要供本省铸钱，如供本省鼓铸有余，税余之铅，官方往往只收买一部分，甚至完全任由厂民自行销售，如乾隆八年（1743），广西布政使唐绥祖称本省铅、锡等厂抽课之外，听民自便。[2]

　　（一）全部收买

　　官方的税余收购政策，有一个形成过程。清朝立国之初，铸钱所需铜材主要来自废旧铜器以及前代旧钱，之后是依靠洋铜。康熙十四年（1675）、十八年出台推动铜铅矿业的政策，仅仅要求按20% 税率抽税，不过问税后产品。直到康熙四十四年贝和诺担任云贵总督后，推行"放本收铜"政策，税后铜材始悉归官购。[3]这很快就被他省仿效，雍正七年（1729）九月，云贵广西总督鄂尔泰奏请开贵州威宁铜厂，"除抽课外，其余铜斤俱发现银收买"。[4]雍正九年，广西涝江等处所开铜厂，"遵照滇省定例"，每百斤抽课二十斤，其

1　江西布政使陈弘谋：《奏请广铜厂之利以惠民生事》（乾隆六年九月初二日），朱批奏折，04-01-35-1232-006。

2　广西布政使唐绥祖：《奏请开采桂省铜厂以资鼓铸事》（乾隆八年十一月），录副奏折，03-0769-070。

3　严中平：《清代云南铜政考》，第6~8 页；张煜荣：《清代前期云南矿冶业的兴盛与衰落》，收入云南省历史研究所云南地方史研究室编《云南矿冶史论文集》，第102~114 页；杨余练：《康雍时期矿业政策的演变》，《社会科学辑刊》1983 年第2 期；Anna See Ping Leon Shulman, Copper, Copper Cash and Government Controls in Ch'ing China (1644–1795), pp.58–59。

4　云贵广西总督鄂尔泰：《奏请开黔省鼓铸并试采银金铜等矿折》（雍正七年九月十九日），中国第一历史档案馆《雍正朝汉文朱批奏折汇编》第16 册，第662 页。

余八十斤由官方按 6 两 / 百斤之价收购。[1]乾隆三年（1738）二月，广西巡抚杨超曾奏称，该省铜厂开采之初，定议每出铜一百斤，抽课二十斤，余铜八十斤官为购之。[2]同年，规定广东铜厂税后产品尽数售于官。[3]乾隆十七年，四川开采老洞沟铜厂，所出铜斤除照例抽课之外，"余铜照例收买"。[4]乾隆十九年，滇抚爱必达仍然称全数购买本省铜厂税后铜斤，"以供鼓铸"。[5]云南之外，湖南郴州、桂阳州的铜矿，实行二八抽收，余铜悉数官买。[6]贵州威宁州陈家沟铜厂除按 10% 税率征课外，余皆官购。[7]

　　水银主要产于贵州，也为官方所垄断。如贵州普安县回龙湾水银厂于雍正十二年（1734）开采，每百斤抽课十斤，其余水银归官方收购，每百斤价银十八两，在这一规则的影响下，本来税后产品自行处理的修文县红白二岩厂也实行税后水银全数官方收买的政策。[8]

　　硝、磺可用于火药制造，属重要军事物资，掌握在百姓手中则被统治者视为一大威胁。因之在清代所有矿种中，硝、磺禁例最为

1　中国人民大学清史研究所等编《清代的矿业》，第 280 页。
2　广西巡抚杨超曾：《奏请准销粤西铜厂课银脚价事》（乾隆三年二月二十一日），录副奏折，03-0768-008。
3　两广总督鄂弥达：《题为遵旨议复广东惠潮韶肇等筹开铜矿相关事宜事》（乾隆三年二月十六日），户科题本，02-01-04-13108-020。
4　大学士兼管户部事务傅恒、户部尚书海望：《题为遵旨察核川省乐山县属老洞沟等铜厂乾隆十四年抽收课耗铜斤支给厂费银两事》（乾隆十七年七月十一日），户科题本，02-01-04-14646-001。
5　《清朝文献通考》卷三二《市籴一》，考 5150 页。
6　中国人民大学清史研究所等编《清代的矿业》，第 232 页。
7　道光《大定府志》卷四二《经政志·厂政》，收入《中国地方志集成·贵州府县志辑》第 48 册，第 620 页。
8　中国人民大学清史研究所等编《清代的矿业》，第 659 页。

森严。[1] 在许多情况下，非但产品全部归官，而且矿厂开不开、开多长时间、生产多少，都得视军需情况而定。如广西镇安府硫黄矿厂供"各营之需并接济邻省"，[2] 云南宝宁县八梅硝厂年办硝 13000 斤，一部分拨交广南营，一部分运到省局分配给其他营伍。[3] 乾隆二十八年（1763），云贵总督吴达善称，雍正九年（1731）规定，各标、镇、协、营需用火药，"按营分之大小，定预备之数目"，储备三五年所需之数，供每年操练支用。支出多少，即生产多少补足，"出陈易新"。文武官员驻磺硝厂"会同督煎"，每日通报，"严饬目兵不得越数多煎"。贵州各营卫每年共需硝 95290 余斤，乾隆十六年奏请先办三年以供各营卫之用，俟将次用完，另请照数开采。[4] 广东省标营所需硝磺在英德县猫耳峡等处招商采办，一旦充足后即封闭，过几年后再行开采，[5] 湖南磺矿厂所出也是供"本省各营及邻省赴买之用"，当存储足够丰富时，即将矿厂封禁。[6] 山西的硫黄主要产于阳城等县，如果外省需要购买，先要行文至山西巡抚，然后命令依次下达至布政司、泽州府、阳城县，这才完成相关手续，而且开采完毕即封闭矿硐。[7]

　　在没有发生较大规模战争的情况下，军队的火药消耗大体上是

1　《清朝文献通考》卷三二《市籴考一》，考 5147 页。

2　嘉庆《广西通志》卷九三《物产·镇安府》，第 2923 页。

3　道光《广南府志》卷二《课程·硝厂》，光绪三十一年补刻本，收入《中国方志丛书》华南地方第 27 号，成文出版社，1967，第 65 页。

4　云贵总督吴达善：《奏为查明滇黔两省煎办硝磺情形折》（乾隆二十八年六月十六日），载《宫中档乾隆朝奏折》第 18 辑，台北"故宫博物院"，1983，第 178~180 页。

5　兼署两广总督朱珪：《奏请召商采办磺斤事》（乾隆六十年六月十一日），朱批奏折，04-01-36-0094-033。

6　嘉庆《湖南通志》卷四二《矿厂》，第 20 页。

7　同治《阳城县志》卷五《物产》，收入《中国方志丛书》华北地方第 405 号，成文出版社，1976，第 202~203 页。

恒定的，许多磺硝厂的开采与封禁因之常常呈现一定的周期性。广东大体上是以十年为一个循环。[1]贵州兴义府的硝，则系三年开采一次，由各地方官领银于藩库，严格监视硝户开采，"数满即将洞封闭"。[2]在这样的情况下，厂民生产磺、硝，除收税之外，所有产品都要由官方收购。例如，乾隆二年题准长沙府之湘乡、安化二县出产硫黄，所有炼出硫斤二八抽税，余硫给价收买，存贮官库，以备本省各营及邻省赴买之用。[3]

　　但磺硝又是日用所需，"如银匠、药铺、薰布、薰帽、煎炼、银朱、取灯、花炮之类，在在需用"，政府不能完全漠视民间需求，于是力图在严格监管之中予以满足。乾隆二十一年（1756）规定，各省赴山西办官用磺斤时，可附带买回本省民间用磺。其程序是：各府州县将本地银匠、药铺等需用硫黄查明定数，令各店铺出具乡保邻里保结，按所需硫黄数量，先将价银缴官，采买官员购回硫斤后，分发各店铺应用。[4]又如乾隆二十八年，为满足福建民间用硝，设立硝户，自备工本煎炼，产品全部以 7 两 / 百斤之价卖给官府，官方再卖给丹朱、药材、银物等店铺。后因炼硝渐少，又担心零星散处的硝户走私偷漏，遂于嘉庆十三年（1808）规定，禁止硝户煎炼，各铺户所需硝斤，"由县取结具详，填明斤数"，并预付价款，福建官方办运军硝时顺便买回。[5]

　　按官方所称，有时收购税余产品是为了解决销路问题，这对那些位置偏远、交通不便的矿厂尤为重要。例如雍正年间贵州马鬃

1　中国人民大学清史研究所等编《清代的矿业》，第 651~652 页。

2　咸丰《兴义府志》卷一三《物产志》，第 26~27 页。

3　嘉庆《湖南通志》卷四二《矿厂》，第 20 页。

4　《清朝文献通考》卷三二《市籴考一》，考 5150 页。

5　中国人民大学清史研究所等编《清代的矿业》，第 630 页。

岭、柞子、丁头山等铅厂，"地僻山深，不通商贾，以致铅皆堆积而炉户人等工本无几，时有停工误卯之虞。……即有一二官商前来，如听其赴厂购买，不特驮马雇脚呼应不灵，而携带重资深入险远之地，亦难保无疏失"。[1] 所以云贵广西总督鄂尔泰奏请官方全数收买税余黑、白铅斤。三年后，又以同样的理由收买遵义小洪关铅厂的余铅。[2] 乾隆十一年（1746），大学士等叙述贵州铅厂规条时称，各铅厂本系二八抽课，余铅一半官收，一半听厂民自售，乾隆九年，"以厂民未能广为售销"，定余铅全数官收，并且此后所开铅厂，全部照此办理。[3] 四川黎溪厂系总督黄廷桂奏请开采，该厂坐落深山，交通不便，厂商本少，不能运出销售，苦于铜斤积压，黄廷桂奏准于重庆设立铜店，将黎溪厂白铜悉数官买，每百斤给银 35.5 两，运至重庆招商出售。加上运费等，每百斤需银约 37 两，而重庆白铜市场价约为 50 两，可获利十一二两。[4]

（二）部分收买

部分收买的情况一般有三种。第一，产量较为丰富，满足官方需求之后有较多剩余，政府就会部分收买。不过，一旦矿厂减产，官方就可能提高收买比例甚至悉数收购。如贵州威宁州兴发铅厂，于乾隆四十一年（1776）十一月试采，四十三年正月始行抽课，税率为 20%，税后产品官购其半，每百斤给价银一两四钱，以供宝黔局铸钱以及运销永宁供四川采买之用。后厂渐衰歇，于是改为余铅

1　云南总督鄂尔泰：《奏报调剂黔省铅斤并办获滇省铅息情形折》（雍正七年十一月初七日），中国第一历史档案馆编《雍正朝汉文朱批奏折汇编》第 17 册，第 159~160 页。

2　中国人民大学清史研究所等编《清代的矿业》，第 324~325 页。

3　民国《湖北通志》卷五二《经政·钱法》，1921 年刻本，第 21 页。

4　四川总督开泰：《奏报办理铜厂情形事》（乾隆二十一年四月十九日），录副奏折，03-1097-023。

全数官收，每百斤予值一两八钱三分。[1] 第二，全部收买使厂民获利稀少，影响他们的生产积极性，特别是随着开采日久，成本递增，厂民甚至亏本，矿厂面临倒闭风险，这时，官方就得进行变通，要么提高收购价格，要么只收买部分产品。第三，有的矿产品，尽管产量超过官方需求，官方仍然选择全部收买，以便转售获利，但如市场销售不畅带来产品堆积，就改为部分收买。例如贵州威宁柞子厂黑铅，雍正年间曾经按照白铅之例一体收买，"旋以此项黑铅获息甚少，行销甚难，恐经题报不便，递请停止"。[2]

部分收买，本质上就是允许厂民自由支配、贩卖一定比例的产品。下面举一些实际例子。

一分通商 即允许厂民售卖 10% 的产品。这一定例始自贵州铜厂。该省威宁铜川河厂，约于乾隆八年（1743）开采，援本州之格得、八地二厂之例按 10% 税率抽课，余铜官为收买。[3] 因厂民工本难敷，于乾隆十五年改为每 100 斤铜抽课 10 斤，余铜官买 80 斤，厂民自卖 10 斤。哈剌河铜厂开自乾隆十六年，亦照此例执行。[4] 二十余年后，该例逐渐被云南的诸多铜厂采纳。当时在余铜悉数由官方收买的情况下，滇省铜厂厂民无利可图，甚至亏折工本，官方借贷的铜本也无法按时收回，产生了大量"厂欠"。乾隆三十七年，在云南官方的争取下，该省新开的九渡箐、发古、万宝等七处铜厂，"概照黔省之例，俱以余铜一分听厂民通商自售"。次年，据署理云贵总督彰宝、云南巡抚李湖的描述，在这一政策的刺激下，新

---

1 道光《大定府志》卷四二《经政志·厂政》，收入《中国地方志集成·贵州府县志辑》第 48 册，第 620 页。

2 中国人民大学清史研究所等编《清代的矿业》，第 325 页。

3 中国人民大学清史研究所等编《清代的矿业》，第 205~206 页。

4 道光《大定府志》卷四二《经政志·厂政》，收入《中国地方志集成·贵州府县志辑》第 48 册，第 620 页。

厂生产状况向好，而汤丹、大水、茂麓、碌碌等四个重要的旧厂，厂欠银已达 139200 余两，他们建议，各旧厂也采行黔省之例，一分通商，即每办铜百斤，抽课 10 斤，厂民自行通商 10 斤，官买 80 斤，以此作为解决厂欠问题的措施之一。[1] 这样，乾隆三十八年，除了上述四厂外，云南的许多铜厂也改行此例，如另一个重要铜厂宁台厂以及大功厂、乐马厂、梅子沱厂、人老山厂、箭竹塘厂、长发坡厂、小岩坊厂、凤凰坡厂、红石岩厂、大兴厂、红坡厂、大风岭厂、青龙厂、白羊厂、马龙厂、寨子箐厂、义都厂、大宝厂、大美厂、竜邑厂、者囊厂、金钗厂、香树坡厂，于乾隆三十九年准许一分通商。此后所开之铜厂如狮子尾厂（乾隆三十八年开办）、紫牛坡厂（乾隆四十年开办）、回龙厂（乾隆四十二年开办）、得宝坪厂（乾隆五十八年开办）亦采行此例。[2]

二分通商 即允许厂民贩卖 20% 的产品。云南双龙铜厂开办于乾隆四十六年（1781），每办铜百斤，抽课 10 斤，通商 20 斤，余铜 70 斤官为收买。同年开采的秀春厂亦如此。宁州绿碛硐厂、建水县鼎新厂于嘉庆十一年（1806）开采，均采行此例。[3] 嘉庆十八年，在距武定州属大宝厂 120 里的绿狮地方，采获铜矿，作为大宝厂子厂，"准其二八通商"。[4]

综上可知，自贝和诺总督滇黔之后，云南铜厂实行了官买全部税后产品的政策，厂民在制度上不被允许在市场上售卖铜斤。到乾隆三十七年（1772）之后，禁令才逐渐放开。有学者认为乾隆十年

---

1 署理云贵总督彰宝、云南巡抚李湖：《奏为遵旨筹议滇省各旧铜厂照例以余铜一分通商事》（乾隆三十八年六月二十二日），朱批奏折，04-01-36-0091-013。

2 《铜政便览》卷一至卷二《厂地》，收入《续修四库全书》第 880 册，第 229~267 页。

3 《铜政便览》卷一《厂地上》，收入《续修四库全书》第 880 册，第 234 页；卷二《厂地下》，收入《续修四库全书》第 880 册，第 263~264 页。

4 中国人民大学清史研究所等编《清代的矿业》，第 186 页。

之后就允许一分通商，可能缺乏确凿史料支持。

三分通商　乾隆十四年（1749），贵州铅矿业进入了鼎盛时期，年产量高达 1400 万斤，而供应北京并川、黔二省鼓铸以及运往汉口发售各省共计需 900 万斤，于是抚臣爱必达奏请每百斤铅抽课 20 斤，官买 50 斤，剩余 30 斤准商人售卖。[1]

四分通商　即官买一半税后产品（20% 税率），这在铅厂中比较常见。乾隆四年（1739）议定，贵州各铅厂二八抽课，余铅官购其半。遵照此政策，乾隆五年四月开采绥阳县属月亮岩铅矿，每出铅一万斤，照例抽课两千斤，其余八千斤，官商各买一半。[2] 不过，到了乾隆九年，又以"厂民未能广为售销"为由，恢复余铅悉归官购之制。[3] 乾隆四十一年，贵州普安州连发山厂开采，也是按 20% 税率抽课，余铅一半通商，一半官买。[4] 乾隆四十三年，开贵州大定府兴发铅矿，亦遵此制。[5] 乾隆四十六年，因为威宁州柞子黑铅厂生产困难，允许照乐助、新寨、兴发等厂白铅例，每百斤除抽课外，允许厂民自由贩卖 40 斤。[6] 他省铅矿亦有四分通商者，如广西柳州府融县四顶山白铅矿，需要将矿运至外地就煤煎炼，因运费负担较重，官方予以照顾，按 20% 税率抽课，官买税余产品的一半。但同

1　《清高宗实录》卷三四二，乾隆十四年六月乙酉。

2　《清高宗实录》卷一一四，乾隆五年四月己卯；道光《遵义府志》卷一九《坑冶》，收入《续修四库全书》第 715 册，第 600 页。

3　《清朝文献通考》卷一七《钱币五》，考 5005 页。乾隆九年，满足京局与本省铸局以及其他省局铸钱外，全省年余白铅 300 万斤，议定年储备 200 万斤，运售汉口 100 万斤，但很快每年又多出 500 万斤，而汉口销售各省每年只能售出 200 万斤，因此导致了数千万斤的白铅积压。

4　贵州巡抚裴宗锡：《奏为试采连发山铅厂已有成效事》（乾隆四十一年十月二十日），朱批奏折，04-01-36-0092-101。

5　道光《大定府志》卷四二《经政志·厂政》，收入《中国地方志集成·贵州府县志辑》第 48 册，第 620~621 页。

6　《清高宗实录》卷一一四二，乾隆四十六年十月己卯。

县的马巩铅厂，税后余铅却由官方悉数收购，这是因为该厂以及相应的煤矿均在融县，无须远运。[1]

四分半通商 如广东大埔县大靖村打禾坪银矿，煎出银每两抽公费银一钱，余银九钱以一半抽课充饷，一半归商作本。[2]

五分半通商 即允许厂民贩卖 55% 的产品。乾隆十三年（1748），开采陕西华阴县华阳川产黑铅，最初议定每百斤抽税铅二十斤，官买余铅二十五斤。[3]

七分通商 如广东大埔县大靖村打禾坪产铅，每出铅百斤抽课铅二十斤，公费铅十斤，余铅七十斤，听商自行售卖。[4]

无比例 官方收买税后产品大多按一定比例，不过，也有未定比例者。如云南卑块、普马、者海等铅厂主要供本省铸钱，官方每年只按需购买，"其余概不置议"。乾隆十九年（1754），滇抚爱必达称近年各厂产铅旺盛，又奏准于卑浙、块泽厂每年收买余铅二十五万斤，以为备用。但仍然有余剩，于是规定"先尽官买额数"，余铅按例一体抽课后，准令厂民自行通商。[5]

对非战略性矿物，官方一般不收买税后产品。即便是战略性矿产，满足需求之后，收买意愿也会降低。乾隆十一年（1746）九月，两广总督策楞就称广东黑铅税后产品官买一半，其余"听商自行售卖"，因为铸造铜钱，"每铜、铅、锡一百斤内，仅需黑铅六斤八两"，需求不大。[6]

---

1 中国人民大学清史研究所等编《清代的矿业》，第 371~372 页。

2 中国人民大学清史研究所等编《清代的矿业》，第 376 页。

3 民国《续修陕西通志稿》卷六三《钱币》，第 2 页。

4 中国人民大学清史研究所等编《清代的矿业》，第 376 页。

5 《清朝文献通考》卷三二《市籴一》，考 5150 页。

6 中国人民大学清史研究所等编《清代的矿业》，第 276 页。

也有一些战略性矿产官方没有收买，如乾隆八年（1743），广西布政使唐绥祖称本省铅、锡等矿厂抽课之外，"听民自便"，铜厂则是给价收买。[1]又如乾隆九年，江西巡抚陈弘谋请开广信府玉山铅矿，办法是"无论银、铅，照二八抽课，余者听民自相运售"。[2]这类情形并非常态，可能是因当时官方需求已经得到较好满足。

需要说明的是，上文所论述的通商比例，都是忽略了附加税的。如果算上附加税，那通商额＝总产量－正税额－官买额－附加税税额，相应的通商比例公式应为：（总产量－正税额－官买数－附加税税额）/总产量。笔者之所以忽略附加税，主要基于两点：一是文献上所谓的"一分通商""二分通商"云云，都是忽略了附加税的；二是许多矿厂的附加税税率没有记载，如果一定要考虑，就无法计算通商矿产品比例。

因为忽略了附加税费，所以文献上所载的通商比例实际上是偏高的。如四川屏山县的龙门溪、细沙溪二厂，开自乾隆二十五年（1760），按20%税率抽课，余铜官买一半，由此，通商之铜比例似乎应为40%。但实际上，每铜百斤内，除抽课铜二十斤，还要收附加税（耗铜）四斤八两（即4.5斤，1斤＝16两），余铜七十五斤八两（即75.5斤），一半官买，一半通商。[3]这样，实际的通商之铜比例为37.75%，并未达到40%，所谓的一半通商徒有其名。此外，四

1　广西布政使唐绥祖：《奏请开采桂省铜厂以资鼓铸事》（乾隆八年十一月），录副奏折，03-0769-070。

2　陈弘谋：《请开广信封禁山并玉山铅矿疏》，载贺长龄辑《皇朝经世文编》卷三四，收入《近代中国史料丛刊》第731册，第1251页。

3　乾隆《屏山县志》卷二《赋役志》，收入《中国地方志集成·四川府县志辑》第36册，第797页。

川乐山县老洞沟铜厂，[1] 冕宁县紫古唧、金牛二铜厂以及狮子山铅厂等，[2] 同样是值百抽二十，另收耗铜 4.5 斤，通商比例也是 37.75%。

（三）隐性税的税率

官方低价收买税后产品的获利，等于官方价格与市场价格间的差额。我们不太可能全面了解隐性税税率，因为首先，官价与市场价之间，并不存在恒定的比例关系，我们不可能由前者推知后者；其次，官价相对稳定，如有变化，通常会见诸记录，但市场价波动频繁，并且很少见诸文献，偶有记录，通常也只是某个时期的价格，而非完整的变动情形。职此之故，我们仅能列举若干个例，大体了解一下隐性税税率。

1. 贵州铅厂

（1）雍正六年（1728），贵州官员称黔省几家铅厂所在地的铅价是每百斤价银一两四五六钱不等。[3] 取平均数，市场价约为 1.5 两／百斤。次年贵州官方全数收购厂民的税后余铅（20% 税率），"如马鬃岭、砂朱、江西沟、柞子四厂矿浅煤近，每百斤俱给银一两二钱"。[4] 这样，马鬃岭、砂朱、江西沟、柞子四厂之官价，每百斤比市价约低 1.5-1.2=0.3 两。官方是全数收买税后产品（即总产品额的 80%），这四厂的隐性税税率为（1.5-1.2）×80%/1.5=16%。

（2）雍正七年，护理贵州巡抚常安称该省黑铅税率为 20%，收买税后产品价格为每百斤银一两一二钱不等（均价为 1.15 两），在

1　大学士兼管户部事务傅恒、户部尚书海望：《题为遵旨察核川省乐山县属老洞沟等铜厂乾隆十四年抽收课耗铜斤支给厂费各项银两事》（乾隆十七年七月十一日），户科题本，02-01-04-14646-001。

2　咸丰《冕宁县志》卷五《建置志四·厂务》，光绪十七年增刻本，第 13~15 页。

3　中国人民大学清史研究所等编《清代的矿业》，第 315~316 页。

4　云南总督鄂尔泰：《奏报调剂黔省铅斤并办获滇省铅斤情形折》（雍正七年十一月初七日），中国第一历史档案馆编《雍正朝汉文朱批奏折汇编》第 17 册，第 160 页。

厂地附近发卖，每百斤一两四五六钱不等（均价为 1.5 两）。[1] 隐性税税率为（1.5-1.15）×80%/1.5=18.7%。

2. 贵州铜厂

乾隆十二年（1747），贵州巡抚孙绍武称威宁州格得、八地、铜川河三铜厂按 10% 税率抽课，余铜官方尽数收买，前二厂价格为 8 两/百斤，后者价格为 7 两/百斤，而当时的市场价格为 13~14 两/百斤，[2] 取中间价为 13.5 两/百斤，这样，

（1）格得、八地二厂相当于另征收了（13.5-8）×90%/13.5=36.7% 的税；

（2）铜川河厂相当于另征收了（13.5-7）×90%/13.5=43.3% 的税。

3. 云南铜厂

根据彭泽益一篇论文中的数据[3]可知以下情况。

（1）雍正十三年，云南官方按 5.25 两/百斤的价格向厂民收购铜材，调拨给各省铸局及京局铸钱，每百斤价银平均为 9.2 两，差价为 3.95 两，另运费约为铜价的 12.7%，扣除此项花费，每购铜百斤官方可获净利润 2.78 两。当时的税率是 20%，据此可知，通过低价收购，官方等于再征收了（2.78×0.8）/9.2=24.2% 的税。

（2）乾隆二十二年，向厂民的收购价为 6.65 两/百斤，调拨给京师及各省铸局的价格为 9.2 两/百斤，运费约为铜价的 7.88%，如此，每购铜百斤官方可获净利润 1.825 两，相当于再征了 15.7%

1　中国人民大学清史研究所等编《清代的矿业》，第 325 页。

2　贵州巡抚孙绍武:《奏陈黔省铜厂情形等事》（乾隆十二年九月十六日），朱批奏折，04-01-35-1238-013。

3　彭泽益:《清代采铜铸钱工业的铸息和铜息问题考察》，载《中国古代史论丛》1982 年第 1 辑，福建人民出版社，1982。

的税。

（3）乾隆四十一年，向厂民的收购平均价为 6.59 两 / 百斤，调拨给京师及各省铸局的价格平均为 10.53 两 / 百斤，运费约为铜价的 10.26%，如此，每购铜百斤官方可获净利润 3.264 两，相当于再征了 24.8% 的税。

必须说明的是，滇省矿业中，实际隐性税率比上述计算的结果要高，因为调拨给京师及各省官方铸局的价格，比实际的市场售价要低很多。按"市场价 – 收购价"而不是"调拨价 – 收购价"来计算隐性税税率，会更准确，也会高出不少。

4. 广西铜厂

（1）广西铜厂开办于雍正七年（1729），[1] 税率 20%，余铜全数官收，价格为 6.8 两 / 百斤，官方以 13 两 / 百斤的价格变卖，[2] 相当于官方再征了（13-6.8）×80%/13=38.2% 的税。

（2）因厂民不堪重负，于乾隆元年（1736）规定，永福县之车滩厂、恭城县之上陆冈等厂，免收课铜，所产铜斤全数官收，价格定为 8.3~8.7 两 / 百斤，取中间价 8.5 两 / 百斤计算，实际上等于征收了（13-8.5）/13=34.6% 的税，较前大为减轻。

（3）阳朔县之细米江厂、河池之响水厂，照例二八抽课，余铜官收，收买价格定为 7.48~9.1 两 / 百斤，取中间价 8.29 两 / 百斤计，则相当于 20% 税率之外，官方再征了（13-8.29）×80%/13=29% 的税，总计税率为 49%。[3]

1　广西巡抚金𬭸：《奏报七月以来开采金铜等矿情形折》（雍正七年十一月初七日），中国第一历史档案馆编《雍正朝汉文朱批奏折汇编》第 17 册，第 141 页。

2　中国人民大学清史研究所等编《清代的矿业》，第 280 页。

3　广西巡抚杨超曾：《奏请准销粤西铜厂课银脚价事》（乾隆三年二月二十一日），录副奏折，03–0768–008。

5. 广东铜厂

乾隆八年（1743），广东布政使讬庸奏称商人采铜百斤，抽课 20 斤，又另收公费折耗等铜 4.8 斤，余铜 75.2 斤，官方按 10 两 / 百斤之价全数收买。而当时的市场价格为每百斤 17.5 两。[1] 这样，低价收买则相当于再征收（17.5-10）×0.752/17.5=32.2% 的税。

6. 湖南铜厂

乾隆十一年，湖广总督鄂弥达奏称，桂阳州各铜厂，二八抽税，余铜官买，价格为 12 两 / 百斤，而市场价格为 20 两 / 百斤。这样，相当于官方再征了（20-12）×80%/20=32% 的税，由此导致厂民亏本，因为炼铜百斤的成本为 10 两多，交税之后再经官方收购，厂民实得仅 9.6 两。[2]

7. 广东锡厂

乾隆八年，管广东巡抚事王安国称，广东锡厂二八抽课，余锡每百斤官方以九两价银收买，而市场价格则为 22 两 / 百斤，如此，等于再征收了（22-9）×80%/22=47.3% 的税。此外，厂民还要从所得价银中扣除 1/10 作为公费。[3]

8. 贵州水银厂

（1）乾隆七年，贵州布政使冯光裕称普安县回龙湾水银厂每百斤抽课十斤，其余水银由官方收买，每百斤价银十八两。[4] 而乾隆十年，贵州巡抚称当地的市场价格为每百斤六十两，如此，收买就等于征收了（60-18）×90%/60=63% 的附加税，总税负高达 73%。

1　中国人民大学清史研究所等编《清代的矿业》，第 262 页。

2　中国人民大学清史研究所等编《清代的矿业》，第 234-235 页。

3　中国人民大学清史研究所等编《清代的矿业》，第 610~611 页。

4　中国人民大学清史研究所等编《清代的矿业》，第 659 页。

（2）因厂民亏损严重，后来收买价格增至 21 两，相当于再征收了（60−21）×90%/60=58.5% 的税，仍然十分沉重，以至于黔抚张广泗要求按 30% 税率征税，剩余水银让厂民自由贩卖。[1]

根据以上数据，我们整理出表 3−1。

表 3−1　隐性税税率举例

单位：%

矿种及地区	时间	税率	说明
贵州铅厂	雍正六年	16	马鬃岭、砂朱、江西沟、柞子四厂
	雍正七年	18.7	黑铅厂
贵州铜厂	乾隆十二年	36.7	格得、八地二厂
	乾隆十二年	43.3	铜川河厂
云南铜厂	雍正十三年	24.2	使用的是"官方调拨价 – 官方收购价"而非"市场价 – 官方收购价"计算隐性税税率，税率偏低
	乾隆二十二年	15.7	
	乾隆四十一年	24.8	
广西铜厂	雍正七年	38.2	
	乾隆元年	34.6	永福县之车滩厂、恭城县之上陆冈等厂
		29	阳朔县之细米江厂、河池之响水厂
广东铜厂	乾隆八年	32.2	
湖南铜厂	乾隆十一年	32	
广东锡厂	乾隆八年	47.3	
贵州水银厂	乾隆七年	63	普安县回龙湾厂
	？	58.5	

必须说明，因材料所限，上面的大多数计算并未考虑附加税。大体而言，隐性税的税率从 16% 到 63% 不等，普遍在 30% 以上。厂民的隐性税负担，总体上远较正课沉重。

---

[1]　中国人民大学清史研究所等编《清代的矿业》，第 659~661 页。

三　附加税

附加税以正税的存在为前提并以其为依据，按比例随正税税额变化而变化。附加税的目的，主要是解决矿业管理经费，因此常常出现在官方控制意图较强的矿产（如铜、铅、银、金）中。政府为了垄断这些产品，防止走私偷漏，须设置专门管理机构和人员，相关的行政成本大增。此外，官方收到这些产品后，需要保管、运输、弥补损耗等，亦需经费。这些林林总总的费用，一般不能从正课中支销，只能来源于附加税费。例如乾隆三年（1738）二月，两广总督鄂弥达在制定开采铜矿规条时称，除二八抽课外，"另抽三厘，以为解铜部费倾销折耗，并在厂官役养廉工食，及奏销月报册籍纸张等费之用"。铜矿中所伴生的铅矿，炼出后照例二八抽收，"另抽三斤以供厂内不敷公费"。此外，税后余铜官方收买，每百斤价银十二两，还要"仍每百斤加收三斤，以备搬运折耗"。[1] 锡厂则每百斤照例抽课二十斤解京，"另抽十斤以作在山官役人等公费之用"。[2]

不同地区的不同矿种，附加税虽名目有异，但实质并无不同。就名称而言，附加税常见的税目有公廉捐耗（铜厂中比较多见）、撒散、公费、耗、规费等。这些附加税名称不同，实质相似，主要是遵循不同的"例"所致。公廉捐耗，其实是公费、养廉、捐献、损耗四种名目，有的矿厂四种全收，于是有了"公廉捐耗"之统称，许多矿厂只征其中的一种（耗）或两种（耗＋公费）。以矿种

1　中国人民大学清史研究所等编《清代的矿业》，第 250~252 页。
2　中国人民大学清史研究所等编《清代的矿业》，第 262 页。

而论，撒散主要征于银厂、铅厂、金厂乃至锡厂，公廉捐耗主要征于云南铜厂，而贵州铅厂之附加税通常被称为规费。

（一）公廉捐耗

公廉捐耗的形成经历了一个过程。雍正元年（1723），云贵总督高其倬等称每铜百斤抽课二十斤外，"又给管厂头人名为厂委盘费，另收小铜九斤"。[1] 而按同一时期李绂的说法，附加税更为夸张，凡向官方借贷生产者，按20%税率抽课，余铜每100斤，官方按4.5两之价收购。此外官方还要"秤头加长"30斤，即令厂民无偿上缴30斤铜。这样，厂民实际上需上缴150斤铜（低价所卖铜100斤 + 课铜20斤 + "秤头加长"30斤），方能换回白银4.5两。[2] 刑科给事中赵殿最也表达了与李绂相似的看法。[3]

显然，厂民的实际税负远超名义税负，这被严中平视为阻碍云南矿业发展的主要因素。他指出，雍正元年（1723），皇帝听从户部建议，命令官方买铜，悉照市秤、市价，抽税铜时公平抽纳，不许抑勒商民，并且除税铜外，官方向厂民购铜，以敷滇省鼓铸为额，所余听民间自行贩卖流通。这一政策的实施使矿民重新有利可图，铜产又增盛起来。雍正二年各厂只能办获铜一百余万斤，得息银二万余两；四年，便已增加至二百一十五万斤，获息银四万七千

1　云贵总督高其倬等：《奏遵查铜斤利弊情形折》（雍正元年十二月二十日），中国第一历史档案馆编《雍正朝汉文朱批奏折汇编》第2册，第433页。

2　李绂：《穆堂初稿》卷四二《书中·与云南李参政论铜务书》，收入《续修四库全书》第1422册，第69~70页。考李绂乃康熙四十八年进士，授翰林院编修（《清史稿》卷二九三《李绂传》，第10321页），康熙五十六年丁酉科以翰林院侍讲充云南乡试正主考（乾隆《云南通志》卷一八下之二《本朝历科乡试主考》，收入《景印文渊阁四库全书》第569册，第621页），这封信可能就作于这段时间。

3　刑科给事中赵殿最：《奏陈云南盐法铜斤利弊折》（雍正元年六月二十一日），中国第一历史档案馆编《雍正朝汉文朱批奏折汇编》第1册，第554页。

两；五年，则更多。[1]

　　严氏的论述颇值得商榷。雍正四年、五年云南铜产的剧增，未必与新政策有强烈的因果关系，最关键的因素是自四年起，富有优质铜矿的东川归滇以及鄂尔泰的整顿，这一点前文已有较多分析。另外，新政策未必得到全面贯彻。面对对官铜店低价收铜的抨击，雍正元年十二月二十日，云贵总督高其倬等曾对放本收铜的必要性进行说明，他分析了官方高昂的管理成本，指出如果完全按照市场价格去收铜，云南官方每年将赔补大笔经费。同时，如果官方不介入，那些远在深山之铜材如何运销也是一大问题。雍正皇帝接到高其倬等的奏折后，批示："怡亲王丰、隆科多、朱轼、张廷玉查照议奏。"[2]

　　显然，皇帝愿意深入讨论高氏的意见，但笔者目前尚未找到此番讨论的直接史料。不过，可以确定，雍正年间给发厂民工本时仍然用库平银，而收买铜斤时用市平银，这样每银百两可赚一两，用于厂务之员的各项费用。[3]可见，高其倬等的意见至少部分得到了采纳，而被严氏认为推动云南铜矿业发展的雍正元年的新政（官方买铜，悉照市秤、市价，抽税铜时公平抽纳），至多短暂施行后就废止了。

　　放到当时整个社会经济的大背景中去看，矿业中的那些盘剥厂民的税费政策，正如田赋中的脚耗、鼠耗、雀耗、火耗，具有一定合理性，在很大程度上是为了解决官员的薪水过低以及地方行政经费严重不足的问题。雍正皇帝对此心知肚明。雍正元年七月，云南

1　严中平：《清代云南铜政考》，第8页。
2　云贵总督高其倬等：《奏遵查铜斤利弊情形折》（雍正元年十二月二十日），中国第一历史档案馆编《雍正朝汉文朱批奏折汇编》第2册，第432～436页。
3　云南总督庆复、云南巡抚张允随：《奏请酌加管厂养廉银两并动支铜价银以补公项事》（乾隆五年闰六月二十二日），朱批奏折，04-01-36-0083-034。

巡抚杨名时奏称"所有一切规礼银，臣一无收取，其铜厂之息铜，捐纳之羡余，季规羡米及诸陋弊，俱行严绝"，皇帝表示了他的不屑，认为杨名时在"矫激以沽誉"。在皇帝看来，各种公用以及官员们的生活，不能过于拮据，因此不能严格遵循税收制度，可以视情况适当收取陋规，做到公费、官员与兵民之间利益的平衡。[1]因此，雍正皇帝不可能要求革除云南铜矿业中所有制度外的苛索。

　　雍正皇帝承认正税之外的索取具有一定合理性，并力图将其合法化、透明化与规范化，以改进吏治，由此在全国范围内推行"火耗归公"，这被一些学者称为"财政的合理化改革"。[2]矿业中的附加税费也经历了这一过程。雍正十一年（1733），陈弘谋任云南布政使[3]后，建议废止通过库平、市平赚取公费的做法，采用更加规范与透明的附加税制度：每铜百斤除抽课外，收耗铜五斤，以一斤抵补运输过程中的擦损，二斤为管厂粮道的养廉费，二斤解藩库作公费。总督尹继善与巡抚张允随商议，减去养廉铜一斤而以三斤解藩库作公费。[4]这里，虽然附加税税目中只有耗铜一项，但其用途被明确为公费、养廉、擦损（耗），这应该就是"公廉捐耗"附加的前身，只是少了捐铜名目，而且公铜、养廉铜、耗铜三项在数量上与后来的定制有不少差别。到雍正十二年，汤丹、碌碌等厂就正式实行公廉捐耗制度了。[5]制定此项政策时，全省年仅办获铜二百万斤，

1　《世宗宪皇帝朱批谕旨》卷三《朱批杨名时奏折》（雍正元年七月初六日奏），收入《景印文渊阁四库全书》第416册，第133~134页。

2　Madeleine Zelin, *The Magistrate's Tael: Rationalizing Fiscal Reform in Eighteenth-Century Ch'ing China.*

3　乾隆《云南通志》卷一八上，收入《景印文渊阁四库全书》第569册，第575页。

4　云南总督庆复、云南巡抚张允随：《奏请酌加管厂养廉银两并动支铜价银以补公项事》（乾隆五年闰六月二十二日），朱批奏折，04-01-36-0083-034。

5　《铜政便览》卷一《厂地上》，收入《续修四库全书》第880册，第235、236页。

乾隆元年（1736）以后铜产大旺，年办铜八九百万斤至千万斤不等，以铜百斤抽一斤为养廉银，算下来合银四五千两，而管厂的粮道本来每年就有养廉银五千九百两，再加上四五千两，张允随与尹继善认为过多了，于是乾隆五年相关官员再次议定每年从耗铜中列支的管厂养廉减至一千六百两，所余仍解司库作为公费。[1] 乾隆九年总督张允随奏明每毛铜三百五十斤外，收捐铜一斤。[2]

现在文献上所见的云南铜厂之"公廉捐耗"，征收方式一般是每百斤抽四斤二两，包括归公铜、养廉铜、捐铜、耗铜，其构成是归公铜 2 斤 5 两 4 钱 5 厘、养廉铜 12 两 4 钱 6 分 9 厘、捐铜 3 钱 6 钱 5 分 7 厘、耗铜 12 两 4 钱 6 分 9 厘。这四种名目，其征收之目的与用途不一。归公铜顾名思义是归官所有，养廉铜为厂官养廉之用，这两种铜均于"铜厂奏销册内收造，所收铜斤照各厂余铜例价核计，按年拨归公件项下备放各官养廉及院司房承办铜务书巡工食之用"。捐铜是厂民"捐献"，于"铜厂奏销册内收造，每百斤变价银九两二钱，按年拨入铜息项下"，以便金沙江相关岁修工程之用。耗铜是因为税铜以及官方低价购买之铜，在运解途中有损耗，需要厂民另交铜斤来弥补。按规定，云南京运之铜由厂运送至泸店，"每百斤准销路耗铜半斤（8 两）"，但耗铜征收税率为每百斤征 12 两多，支出之后有余剩，此为"耗下尽铜"。耗下尽铜"亦于铜厂奏销册内收造，每百斤变价银九两二钱，拨入铜息项下支用"。[3]

抽收公廉捐耗的云南铜厂有汤丹、碌碌、大水沟、茂麓、大

1　云南总督庆复、云南巡抚张允随：《奏请酌加管厂养廉银两并动支铜价银以补公项事》（乾隆五年闰六月二十二日），朱批奏折，04-01-36-0083-034。

2　乾隆《东川府志》卷一一《厂课》，收入《中国西南文献丛书·西南稀见方志文献》第26卷，第97页。

3　《铜政便览》卷八《杂款·公廉捐耗》，收入《续修四库全书》第880册，第355页。

风、紫牛、人老山、箭竹塘、乐马、梅子沱、小岩坊、长发坡、宁台、白羊、马龙、寨子箐、香树坡、义都、大美、大宝、凤凰坡、红石岩、红坡、大兴、青龙、竜甴、者囊等二十七厂。[1]

各铜厂实行公廉捐耗制度的时间并不统一，如汤丹厂系雍正十二年（1734）实行，而宁台厂则迟至乾隆二十五年（1760）才实行。值得注意的是，较晚采纳或未采纳公廉捐耗的铜厂，并不意味着税费方面的优惠，如顺宁府宁台厂于乾隆九年开采，开办时"不抽收公廉捐耗"，每百斤抽课铜二十斤，余铜官买，每百斤价银五两。但铜的损耗是既存事实，所以官府每收课铜、余铜百斤，要加"煎耗铜十七斤八两，厂民补耗铜三斤二两，不给价银，共耗铜二十斤十两"。[2]耗铜并没有免除，而且其税率甚至比公、廉、捐、耗加起来还高。

双龙、秀春、绿硪硐、鼎新厂数厂采行另外的税例，不抽公廉捐耗，而且允许20%的产品供厂民自由贩卖。[3]

（二）公费、耗

许多矿厂的附加税费名目简单，只有一项，即"公费"或"耗"，不过，这并不意味着更低的税负，因为看似只有一种税目，但其税率却可能高过公廉捐耗加总。

乾隆七年（1742），四川巡抚硕色发现了云南巡抚张允随奏准的办法，即"每铜百斤，除正课外，加收耗铜五斤，以一斤为运店擦损之折耗，以一斤为总理衙门之养廉，以三斤为地方公用"，请求遵照此例，但略微减少，每铜、铅一百斤，除收正课外，加耗四

1　《铜政便览》卷八《杂款·公廉捐耗》，收入《续修四库全书》第880册，第355页。

2　《铜政便览》卷一《厂地上·宁台厂》，收入《续修四库全书》第880册，第229页。

3　《铜政便览》卷一至卷二《厂地》，收入《续修四库全书》第880册，第234、258、263、264页。

斤半。其中以半斤为部书之饭食，以一斤为运店擦损之折耗并一切装铜油篓、竹筐、麻绳、包布等费，以一斤为总理厅官并专管厂员之月费，其余二斤，用于院、司、道、府、厅、厂各衙门书役薪水及灯油、纸笔、朱墨等项杂费。[1]

四川采用了滇抚张允随等在云南提出的加耗之例，并且将该例推广到本省其他矿种中。如四川会理州迤北红铜厂、金狮红铜厂，西昌县金马红铜厂，盐源县甲子夸、豹子沟铜厂，冕宁县金牛红铜厂、沙鸡黑铅厂，马边厅铜大红铜厂，雷波厅分水岭红铜厂，石柱厅白沙岭白铅厂，荥经县吕家沟红铜厂，雷波厅龙头山黑铅厂，以上各厂每百斤俱抽课二十斤，耗四斤半（半斤为 8 两），官买三十七斤十二两，商人自卖三十七斤十二两。甲子夸、豹子沟厂银铜伴生，每铜百斤罩炼煎银二十两，豹子沟每铜百斤罩炼煎银二两五钱，每银一两抽课银二钱，耗银四分五厘。[2]四川屏山县的龙门溪、细沙溪二铜厂，开自乾隆二十五年，每矿三千四百斤煎铜三百斤，每铜百斤内，抽课铜二十斤，耗铜四斤八两，余铜七十五斤八两，官买一半，商买一半。一切官俸杂费，俱于耗铜内开支。[3]

耗的征收非常普遍，并不限于滇、川二省。如广西铜厂二八抽课，余铜官买一半，每铜百斤给价银十三两，连同课铜每百斤加耗铜八斤；[4]广西河池州响水铜厂每出铜二十斤，秤头耗头铜八斤，余铜官收。[5]

1　中国人民大学清史研究所等编《清代的矿业》，第 211~212 页。

2　嘉庆《四川通志》卷七〇《食货·钱法》，收入《中国西南文献丛书·西南稀见方志文献》第 4 卷，第 192~193 页；嘉庆《宁远府志》卷三〇《钱法志》，西安古旧书店 1960 年印行，第 47~49 页。

3　乾隆《屏山县志》卷二《赋役志》，第 797 页。

4　同治《苍梧县志》卷一〇《食货志下·杂税》，第 7 页。

5　光绪《庆远府河池州志书》卷一〇《经政志下·税课》，第 50 页。

广东铜、铅矿厂实行的是征收"耗＋公费"。粤省铜铅矿山至迟在乾隆三年（1738）已全面开放，规定所产铜、铅除照例二八收课外，税后产品每百斤别收三厘，又加收三斤，以备搬运折耗以及在厂官役养廉工食之用。[1] 但到了真正开采时，执行的附加税政策是公费＋折耗，铜每百斤分别抽收耗铜、公费铜二斤六两四钱，合计四斤十二两八钱。铅则每一百斤除照例抽收课铅二十斤外，征收公费铅十斤。此外，因铜、铅改为由官方从厂地运至省城，所以还要从给厂民的价格中扣除运费。[2]

粤省矿厂附加税税目中有的只有公费。如大埔县大靖村打禾坪出产铅、银，煎出铅每百斤照例抽课铅 20 斤，公费铅 10 斤。又煎出银每两抽课 4.5 钱，抽公费银 1 钱。[3] 又如永安、丰顺、嘉应三州在乾隆二十一年（1756）共煎出银 2997.401 两，抽正课银 1348.83 两，公费银 299.74 两，[4] 相当于正税 45% 外，再抽 10% 公费，税负非常重。同一时间，永安、丰顺二县共煎出铅 11938 斤，抽正课铅 3897 斤，公费铅 1948 斤，[5] 正税税率约为 32.64%，附加税税率约为 16.32%。

（三）撒散的形成及征收地区

冶出产品后，交课时要对金属进行凿分，凿落的细碎，由官收取，"以作厂委官及课书、巡役之费"，此即"撒散"，后来厂官等人有养廉银，但这些细碎仍然充公，并且规定了税率，成为一个附加税税目。以笔者阅读所及，撒散始于云南的银厂、锡厂，康熙

1　光绪《钦定大清会典事例》卷二四四《户部・杂赋・铜铁铅锡矿课》，收入《续修四库全书》第 801 册，第 884 页。

2　中国人民大学清史研究所等编《清代的矿业》，第 275~277 页。

3　中国人民大学清史研究所等编《清代的矿业》，第 376 页。

4　中国人民大学清史研究所等编《清代的矿业》，第 376~377 页。

5　中国人民大学清史研究所等编《清代的矿业》，第 376~377 页。

四十四年（1705）贝和诺题报滇省铜厂时，石羊银厂每出银一两抽课二钱，撒散二分。两年后，又规定个旧银、锡厂每银一两抽课一钱五分，撒散三分；每锡百斤抽课十斤。当时该省所有银厂都按每银一两抽课一钱五分、撒散三分来征税。[1]

后来，撒散推广到全国的许多金、银、铅、锡矿。广西是云南之外较早抽收撒散的地区，税率大致为 3% 或 4%。雍正九年（1731）规定，广西南丹厂每出银一两，抽课二钱，撒散四分；每炼出锡百斤，抽课二十斤，撒散四斤。[2]同年，笋夹山金厂因官办不力，改为商办，[3]税率为正课 20%，撒散 3%。[4]乾隆十一年（1746），广西平乐县猪头岭铅矿，伴生有银、密陀僧，每炼铅百斤收正课二十斤，撒散三斤；每银一两收正课银一钱五分，撒散三分；密陀僧每百斤收正课二十斤，撒散三斤。[5]乾隆十五年，广西巡抚舒辂题请广西思恩县干峒山照例每炼铅百斤抽正课二十斤，另抽撒散三斤，[6]又如河池州蔡村银厂，出银一两，抽课银、撒银共二钱四分。南丹厂每出铅百斤抽课二十斤，撒散四斤；长坡锡厂每百斤抽课锡、撒散锡共二十四斤。[7]南丹厂、挂红厂产银、锡，每炼获铅百斤抽课二十斤，撒散四斤；每斤变价银一钱，供支厂费；每出银一

1　雍正《云南通志》卷一一《课程》，收入《景印文渊阁四库全书》第 569 册，第 369 页；乾隆《蒙自县志》卷三《厂务》，收入《中国西南文献丛书·西南稀见方志文献》第 26 卷，第 269 页。

2　光绪《钦定大清会典事例》卷二四三《户部·杂赋·金银矿课》，收入《续修四库全书》第 801 册，第 873 页。

3　中国人民大学清史研究所等编《清代的矿业》，第 564~565 页。

4　《清高宗实录》卷八二，乾隆三年十二月癸未。

5　嘉庆《广西通志》卷一六一《经政·榷税》，第 4509 页。《清高宗实录》卷二五二，乾隆十年十一月己巳所载同，但猪头岭地点在恭城县。

6　中国人民大学清史研究所等编《清代的矿业》，第 367 页。

7　光绪《庆远府河池州志书》卷一〇《经政志下·税课》，第 50~51 页。

两，抽课银二钱，撒散银四分，供支厂费及运银脚费。[1]乾隆三十一年，融县开采白铅矿，每铅百斤抽正课二十斤，撒散三斤，造册报部稽核。[2]乾隆五十年十一月、十二月，广西融县四顶山铅厂运铅砂往官山煤矿就煤煎炼，共获铅 7180 斤，抽正课铅 1436 斤，撒散铅 215 斤。[3]

湖南是另一个征收撒散税的省份。乾隆十一年（1746），题准郴州柿竹园、葛藤坪等处出产锡砂，每百斤抽课税二十斤外，再抽撒散四斤，变价以充官役薪水工食之费。[4]乾隆十二年，湖南巡抚杨锡绂称郴州所属桂东县流源、双坑等处锡矿，每锡百斤抽税二十斤，撒散四斤，除官役薪工外，实存税锡二万四千余斤。[5]乾隆十七年，题准湖南郴州之锡厂每百斤收课二十斤，撒散四斤。[6]

清代的金矿不多，似乎是普遍收取撒散。乾隆年间，贵州省天庆寺金矿抽收课金，每出金一两抽课四钱，外抽撒散金三分。[7]贵州天柱县中峰岭金矿税率与此同，撒散金变卖后以供厂费。[8]乾隆五十一年（1786），规定甘肃敦煌县沙州南北两山金矿，逐日向矿工课金，每课金三分，于正课之外另抽撒散金三厘。[9]咸丰八年（1858），开采新疆和阗金砂，每年交课银二百两，产金之噶尔等六处每年交课金三百两，其新场每金百两抽撒散金三两，"作修补卡

1　光绪《庆远府河池州志书》卷一〇《经政志下・税课》，第 50 页。

2　《清朝文献通考》卷三〇《征榷五・坑冶》，考 5133 页。

3　中国人民大学清史研究所等编《清代的矿业》，第 372~373 页。

4　光绪《湖南通志》卷五八《食货四》，岳麓书社，2009，第 1372 页。

5　中国人民大学清史研究所等编《清代的矿业》，第 621~622 页。

6　乾隆《钦定大清会典则例》卷四九《户部・杂赋上》，收入《景印文渊阁四库全书》第 621 册，第 548 页。

7　中国人民大学清史研究所等编《清代的矿业》，第 546 页。

8　中国人民大学清史研究所等编《清代的矿业》，第 562~563 页。

9　《清朝续文献通考》卷四三《征榷考十五・坑冶》，考 7973 页。

房、书吏工食费用"。[1]

通常而言，收了撒散就不再收其他附加费，但道光二十八年（1848），云贵总督林则徐称云南各银厂在正课之外，收有所谓"撒散银"，其用途为头人、书役、巡查之工食薪水，又有所谓火耗，用于"马脚、硐主硐分、水分以及西岳庙功德合厂公费等名目"。[2]这里，撒散与火耗并征，较为罕见。这里的火耗并非用于厂务管理，系因其他开销而派生的附加税费。

（四）规费

贵州是仅次于云南的矿业大省，但在相关史料中，除金厂外，涉及附加税者较少，查阅最重要的铅产地大定府以及次重要的铅产地遵义府的方志，讲到矿税时都只提及正税与隐性税。这可能与黔省矿厂管理费用可以从矿业正税中支销有关。例如乾隆十六年（1751），贵州威宁州勺录铜矿开采，按10%税率抽课，余铜归官收买，每百斤给价银八两。办事人役月支银十两五钱，"于所收课铜内变价按名给发"。[3]又如清代最大铅厂莲花厂，雍正十三年（1735）开采时就规定，管理费用在"课铅变价项"下支销，即将相关银两折算成铅，在所收课铅中划拨。如该厂从乾隆三十九年六月初一日起至次年五月底，厂内办事人员每月支销银30.6两，共支银367.2两，按照规定的每铅100斤值银1.5两的价格，等于24480斤铅，在所收课铅中划拨出这批铅，变卖成银后即可。[4]另一重要铅厂毕节县福集厂，乾隆十一年题请开采，按20%税率抽税，"所需厂内

1　《清朝续文献通考》卷四三《征榷考十五·坑冶》，考7982页。

2　《清朝续文献通考》卷四三《征榷考十五·坑冶》，考7978~7980页。

3　乾隆《钦定大清会典则例》卷四九《户部·杂赋上》，收入《景印文渊阁四库全书》第621册，第548页。

4　署户部尚书英廉：《题复贵州省莲花塘白铅厂抽课并支销工食等银开销事》（乾隆四十一年六月二十一日），张伟仁主编《明清档案》，A227—41，B127629~127633。

办事人役工食等项"银两，均在"抽获课铅项下变价支给"。[1] 又如
砂朱厂自乾隆十二年九月初一日起至乾隆十三年八月底止，连闰 13
个月，厂内办事人役工食共支银 234 两。其来源是，在所征收的
76710.8 斤课铅中，按照 1.5 两 / 百斤的价格，卖出 15600 斤。[2]

不过，至少在晚清时期，我们也看到贵州矿业中出现了不少
税外之费。光绪十四年（1888），督办云南矿务的唐炯奏称，贵州
铅务自嘉庆中奏归贵西道管理以来，折收名目繁多，规费甚重，每
100 斤白铅，除正课外，抽规费 4 斤 10 两，又抽镕费银 2 钱 1 分；
每 100 斤黑铅，除正课外抽规费 20 斤，又抽火课斧记银 2 钱 6 分
2 厘，"其他折扣不可枚举"。他建议此后收买白、黑铅镕净，以天
平秤 105 斤作 100 斤，随收 1 斤以为贵西道办公之费，"发价不准折
扣，官亲幕友书役不准驻厂设局，其余一切规费请饬贵州巡抚严行
永禁"。这一建议得到皇帝的批准。[3] 值得注意的是，整顿之后，并
未剔除附加费，只是大为减少而已。

这类规费，与上述附加税费有很大区别，公廉捐耗、撒散等
附加税费，都是载于官方正式文书得到朝廷许可的，其使用也受到
严密的监管，必须严格按规定支出并核销。而规费却未得到朝廷许
可，其用途是公是私亦不清晰，也不在奏销制度的监管之内，这就
是其被视为"积弊"的原因。

正税、隐性税、附加税三者构成了厂民的实际税负，这导致
在铜、铅、锡等矿种中，绝大部分收益被官府拿走。例如乾隆八年

---

1 户部尚书李元亮：《题复黔省福集厂抽收课铅并支给工食开销事》（乾隆二十四年八月初十日），张伟仁主编《明清档案》，A200-50，B111775~111779。
2 户部尚书蒋溥等：《题为遵旨察核贵州大定府属朱砂厂抽收课铅并开销人役工食银两事》（乾隆十四年十一月十七日），户科题本，02-01-04-14396-003。
3 《清朝续文献通考》卷四四《征榷考十六·坑冶》，考 7990 页。

（1743），管广东巡抚事王安国称，广东锡厂二八抽课，余锡每百斤官方以九两价银收买，而市场价格则为二十二两，如此，则相当于再征收了（22-9）×80% /22=47.3% 的隐性税。正税与隐性税合计67.3%，此外，厂民还要从所得官方价银中扣除 10% 作为公费。[1] 除去成本与税费后，厂民就所获无几了。乾隆八年，广东布政使讬庸称，本省铜矿，按20% 税率抽课，每百斤另收公费、折耗等铜四斤十二两八钱，厂民"不特毫无余利，且致亏折工本"，矿厂由此倒闭歇业。[2]

第三节　矿税中的银

清代矿业的发展，主要源于政府对矿产品的需求。这也决定了矿税的主体是实物税，除银矿外，征银的情况较为少见。然而，在清代非银矿矿税的相关史料中，有大量关于银的记载。银从何而来，税银的出现及如何出现，端赖国家对矿产品的需求程度以及相应的控制意愿，值得深入讨论。

一　云南铜矿业中的定额税银

自蔡毓荣奏请大力发展滇省矿业后，我们看到的征税记录，

1　中国人民大学清史研究所等编《清代的矿业》，第 610~611 页。
2　中国人民大学清史研究所等编《清代的矿业》，第 261~262 页。

均为白银缴纳。贝和诺题定各铜厂税额，也是用白银，这可由本书第一章的表1-1、表1-2、表1-3中反映出来。康熙四十六年（1707），当户部请求"据实查核加增"云南矿税时，皇帝认为云南矿税一年已有8万多两，"用拨兵饷数亦不少"，以"累民"为由予以拒绝，"定云南矿税毋许加增"，将滇省矿厂税额大致定在了8万多两白银。[1]云南有较多银厂，矿税中的银大部分来源于此。但是，其他种类的矿厂也贡献了不少税银。康熙四十九年，定通省铜厂矿税为银9620余两，[2]这一额度一直维持到雍正四年（1726），[3]之后因为东川自蜀归滇，汤丹、普毛等铜厂改由云南管理，于是增加铜税银1200余两，总共为10825两。[4]此后尽管汤丹铜矿发展迅猛，成为全国举足轻重的大厂，但每年仍课银1200余两，[5]全省铜税总额10825两也一直保持，笔者所见乾隆二十一年（1756）、[6]嘉庆十七年（1812）[7]之数据均是如此。

这就带来了几个令人困惑之处。第一，按照康熙四十四年（1705）贝和诺的政策，厂民产铜百斤，纳课20斤，剩余80斤官方低价收买。以实物纳税，税银从何而来？第二，自康熙至乾隆

1　《清朝文献通考》卷三〇《征榷五·坑冶》，考5129页；《清圣祖实录》卷二三一，康熙四十六年十月己亥。

2　云贵总督高其倬等：《奏遵查铜斤利弊情形折》（雍正元年十二月二十日），中国第一历史档案馆编《雍正朝汉文朱批奏折汇编》第2册，第433页。

3　云南巡抚鄂尔泰：《奏报铜厂一季获铜斤余息银两数目折》（雍正四年三月二十日），中国第一历史档案馆编《雍正朝汉文朱批奏折汇编》第7册，第117~118页。

4　乾隆《云南通志》卷一一《课程·厂课》，收入《景印文渊阁四库全书》第569册，第371页。

5　乾隆《东川府志》卷一一《厂课》，收入《中国西南文献丛书·西南稀见方志文献》第26卷，第97页。

6　大学士傅恒等：《题为遵查云南汤丹大碌等铜厂请酌给厂费等事》，户科题本，02-01-04-15016-013。

7　光绪《钦定大清会典事例》卷二四四《户部·杂赋·铜铁铅锡矿课》，收入《续修四库全书》第801册，第880页。

年间，云南铜矿业发展迅猛，随着矿厂产量的变化，按照一定的税率征税，税额也应相应变化，但云南铜矿矿税为何长期维持在银 10825 两？第三，云南通省矿税从康熙年间贝和诺整顿后一直是 8 万多两，亦无变化，其中铜税只有 10825 两，并不突出，这完全有悖于该省铜矿业是全国矿业中最重要的部分的事实。这些矛盾现象，尚未有学者留意，更未予以解释。下文将从朝廷对滇铜的需求情况以及相应的矿利分配来进行分析。

康熙二十一年（1682），蔡毓荣疏请发展云南矿业，定滇省铜矿业税率为"每十分抽税二分"。云南官方收取实物税，在解决本省铸钱所需之后，自无将铜材控制在手中堆积如山的必要，一定是变卖为银。只不过，矿厂为官员隐瞒，矿利成为私利而不体现为税利，所以蔡毓荣题报的滇省矿税仅有 200 余两，其中只有 24 两来自铜厂，而且是并不生产铸钱币材的白铜厂。

康熙四十四年贝和诺督滇黔后，将铜厂等题报公开，对厂民仍按 20% 税率收取实物，并低价收购余铜。但是，我们看到云南官方上报给朝廷的铜课是以银计算和缴纳的，这只有一种解释，即滇省官府将所收铜材变卖后获银上缴。事实上，官府在省城设官铜店，旨在囤积铜斤以便发售，此即雍正元年（1723）云贵总督高其倬等所称的"招商销售，完课归本"。[1] 贝和诺的整顿使云南矿税激增，而且随着矿业的发展，矿税持续增长。康熙四十六年，贝和诺疏称，本省金、银、铜、锡等矿厂自康熙四十四年冬季起至四十五年秋季止，一年之内共收税银 80152 两（其中铜税银为 9625 两）、金84 两，户部认为有低报、漏报之嫌，建议驳回，"令该督据实严查加增"。皇帝谕称："一年征银八万两零，用拨兵饷，数亦不少。若又

---

1 云贵总督高其倬等：《奏遵查铜斤利弊情形折》（雍正元年十二月二十日），中国第一历史档案馆编《雍正朝汉文朱批奏折汇编》第 2 册，第 433 页。

令增加，有不致累民乎？"就此将滇省矿税固定下来了。[1]

必须指出，康熙皇帝声称固定税额的目的是不想"累民"，但实际上却与厂民无关，因为他们大体上一直在按照既定税率无偿上缴实物铜材，并且将余铜按官价卖给政府，随着矿业增长，他们上缴的税额（包括隐性税）日渐增加。矿税固定与他们毫无关系，真正获益的还是朝廷与滇省官府。实际铜税额（包括隐性税）减去用作兵饷的固定铜税银（9625 两）之后的差额银两，存放在云南藩库，受中央监管，按照朝廷的指示开销，既用于云南地方事务，也用于其他方面。

康熙年间云南铜矿业的产能尚不突出，上缴 9625 两用作兵饷之后，所余可能已经不多。雍正二年（1724），云南巡抚杨名时回忆，当他于康熙五十五年（1716）就任云南布政使时，云南一年出铜不足 40 万斤，按照每铜 100 斤可收课银 2 两计算，"尚未及额息九千六百余两之数"，抱怨不能完成税收任务。后来经过努力整顿，康熙五十六年、五十七年铜产均有增加，完成 9625 两税银任务尚有余剩，除了补回之前的欠课外，其余作为养廉银"赏给"了云南高官——康熙五十七年，巡抚甘国璧分得 1 万两，杨名时分得 6000 两。[2]当时的养廉银，与地方财政是没有清晰界限的，所以这既是给官员的补助，也是给地方经费的补助。

雍正四年（1726）富藏铜矿的东川归滇之后，云南铜产迅猛增加，但上缴铜税银仅仅增加 1200 两，连原来的 9625 两，共为10825 两，定额税银之后的所余就相当可观了。雍正十年八月，张廷玉算过一笔账，上年云南办获铜 2427669 斤，减去各种成本以及

---

1 《清圣祖实录》卷二三一，康熙四十六年十月己亥。
2 工部左侍郎金世扬：《奏遵查铜斤利弊情形折》（雍正二年闰四月初一日），中国第一历史档案馆编《雍正朝汉文朱批奏折汇编》第 2 册，第 883~884 页。

全年铜税银 10825 两后，最终获息银 57624 两。[1] 照此计算，每办获铜百斤，可获息银 2.37 两，这与滇抚张允随所称每办铜百余万斤，约可获息银二万余两相近。[2] 到了滇铜生产的旺盛时期，全省每年办铜一千多万斤，每年获铜息银二十五六万两至三十万两。[3]

综上可知，滇省铜厂每年固定的课银 10825 两，是被朝廷指定与其他矿种的矿税一起来支付兵饷的，远非铜矿税额的全部。这项税银，并非厂民交纳的折色，而是地方政府变卖税铜所得。地方政府按正税抽课、低价收买以及附加税费等征收上来的铜，变卖后，其价值远远超过 10800 余两，扣除此项课银以及成本，就是铜息银。所以，铜矿税银的固定不再增加绝不是什么利民政策。

二　战略性矿产的变价银

铸钱与军器所需的铜、铅、锡等，官府收到的实物课税，满足自身的使用需求（铸钱、制造军器等）之后，如有盈余，通常用两种方式处理。一种是作为储备，如在泸州存有大量滇铜。[4] 这些存贮的规模有时非常大，如黔省铅斤最多时存有 5000 万斤，[5] 可以满足京

1　中国人民大学清史研究所等编《清代的矿业》，第 128~129 页。

2　大学士兼管户部事务傅恒、户部尚书海望：《题为遵察滇省奏销雍正十一年份各铜厂办获铜斤余息案内铜本脚价等项数目事》（乾隆十五年六月二十三日），户科题本，02-01-04-14448-001。

3　署云贵总督爱必达、署云南巡抚郭一裕：《奏明筹办铜厂增本裕息缘由事》（乾隆二十一年四月二十日），录副奏折，03-1097-024。

4　姚莹：《东溟文后集》卷一二《太子少保兵部尚书都察院右都御史云贵总督谥文恪陵赵公行状》，收入《清代诗文集汇编》第 549 册，上海古籍出版社，2010，第 541 页。

5　《清朝文献通考》卷一七《钱币五》，考 5005 页。乾隆九年，在满足京局与本省铸局以及其他省局铸钱外，全省年余白铅 300 万斤，议定年储备 200 万斤，运销汉口 100 万斤，但很快每年又多出 500 万斤，而汉口销售各省每年只能售出 200 万斤，因此导致了数千万斤的白铅积压。

城宝泉、宝源两个钱局十年鼓铸之用。另一种方式是变卖为银，这有时被称为"变价银"。

变价银有两种方式，一种是市场发卖，另一种是调拨变价——这不是自由买卖，而是官方内部的实物产品分配，但这种分配也有价格，接收方同样须支付银两，而非无偿调拨。大体上，官方无实际用途的矿产品，由第一种途径变为银，官方有实际用途的矿产品，主要由第二种方式变为银。滇铜与黔铅的实物课税变卖为银的方式，都经历了从第一种向第二种的转变。

清初，全国铸局所需之铜曾经主要依赖洋铜，所以当时云南所收的实物铜斤大量在市场上变卖为银。自乾隆初年起，滇铜成为全国铸局铜材的主要来源。但不管是供给京师铸局、外省铸局还是本省铸局，都不是无偿调拨，而是要按一定的价格进行核算。调拨给各铸局的滇铜，既包括课铜，也包括低价所购余铜。调拨时这两种铜不加区分，其定价的基本原则是：官方向厂民收购余铜价格低于向官方铸局的调拨价格，后者又低于市场铜价。通过这种途径，大量课铜与余铜均变为银两（详见本书第四章第二节）。

鼓铸所需的另外一种币材是白铅，再次是黑铅，都主要产于贵州。雍正初年黔省铅厂初兴时，尚未规定黔铅供应京师钱局，因此大量税铅被变卖为白银。按 20% 税率，厂民每产铅百斤须上缴官府二十斤，此为"课铅"，税后之铅称为"余铅"，理论上系由炉户自行处理。当时贵州未开钱局，"课铅"售供云南铸钱，每百斤价银一两四钱至一两六钱，此项所得即"课铅变价银"。如"课铅"不敷滇省鼓铸，云南官方还要购买贵州炉户手中的部分"余铅"以补足，价格与购"课铅"相若。雍正七年（1729）云南罗平州之卑浙、平彝县之块泽开办铅厂，所得满足滇省铸钱后尚有盈余。黔铅自此不再售滇，而年产量又增加到几百万斤，销售遂成为大问题。

据云贵总督鄂尔泰的描述，马鬃岭等厂僻处深山，难以通商，每百斤铅的价格已减至银八九钱至一两不等。而厂民又"半系赤贫"，不能长期存贮铅斤，"势必星散"。[1] 于是鄂尔泰奏准买运黔省"课铅"与"余铅"赴汉口发卖，"课铅"同样变为"课铅变价银"。有的厂之课铅未经发卖，即为"存厂未变课铅"。[2] 此外，贵州铅矿管理中尚有"课银"一词，这主要是由于黑铅与银往往伴生，在铅厂中出现的"课银"，当是针对黑铅厂出产的银所征之税。如雍正七年四月初一日至八年三月底，抽收威宁州柞子黑铅厂课银24328.4两，铅课变价银2189.6两，存厂未变课铅303862斤。[3] 有的研究对以上名词的解释存在错谬之处，[4] 系对材料解读欠精细所致。

自雍正十一年（1733）起，黔铅供应全国的格局形成后，课铅以及官购余铅变为银两的机制主要是通过第二种方式，与同时期的滇铜相若（详见第四章第三节）。

实物矿税变卖为银不独铜、铅为然，如雍正年间云南的课锡也曾变卖为银；[5] 地区亦不独滇黔为然，如雍正九年，广西巡抚金鉷称临桂、义宁、宣化等厂的课铅每百斤定价银一两八钱，[6] 同年十月，金鉷奏称本省本年春、夏、秋三季"铜厂官办及收课余铜共获铜

1　《鄂尔泰奏稿》，雍正六年十月二十日奏。据道光《云南通志稿》卷七七《食货志八之五》，雍正七年因卑浙、块泽铅厂兴旺不再办运黔铅，此与鄂尔泰奏折所称的时间不符，误。

2　云南总督鄂尔泰：《奏报调剂黔省铅斤并办获滇省铅息情形折》（雍正七年十一月初七日），中国第一历史档案馆编《雍正朝汉文朱批奏折汇编》第17册，第159~160页；中国人民大学清史研究所等编《清代的矿业》，第320~322页。

3　中国人民大学清史研究所等编《清代的矿业》，第322页。

4　温春来：《从"异域"到"旧疆"：宋至清贵州西北部地区的制度、开发与认同》，第239~240页；温春来：《清代贵州大定府的铅的产量与运销》，《清史研究》2007年第2期。

5　中国人民大学清史研究所等编《清代的矿业》，第126~128页。

6　中国人民大学清史研究所等编《清代的矿业》，第364页。

十万三千余斤，除抵还工本外，约余息银五千七百余两"，[1]可见广西的实物课铜也进行了变价。

对于那些产量微不足道的矿厂，考虑到管理成本问题，官方未设立专门的驻厂机构，所收少量实物税，费时费力运送到官方仓库亦不合算，变价为银、折算为银乃自然的选择，有的甚至直接征银。乾隆四十二年（1777），题准云南建水州属大黑山铅厂开采，照普马厂之例抽课收买，每年办铅 6753 斤，每百斤抽课铅 15 斤，共抽 1013 斤，每百斤变价银一两四钱八分，共变价银十四两九钱九分。[2]又如广西富川县石羊、山罗、洪窦、清沟、冲塘等锡矿"听民自采"，每百斤税银三钱二分。[3]

三　非战略性矿产的税银与折色银

国家控制意愿较弱的矿产，所收实物税大多通过市场变卖为银。例如白铜并非铸钱所需，四川会理州黎溪白铜厂，每年额报煎获 63000 多斤，抽小课 1000 余斤，每百斤变价银 36 两，共变价银 388 两 8 钱，以供厂费。[4]又如雍正九年（1731）五月，广西巡抚金鉷称，南宁府果化土州雄黄每斤约变银五分，太平府属恩城土州朱砂课每斤约变银三钱五分。[5]因为需要变价为银并以银核算，所以文献中会出现锡课银、雄黄课银、铅课银等名目，这通常并不意味着

1　广西巡抚金鉷：《奏报地方开挖矿产及抽收课银数目折》（雍正九年十月初十日），中国第一历史档案馆编《雍正朝汉文朱批奏折汇编》第 21 册，第 314 页。

2　道光《云南通志稿》卷七四《食货志八之二·矿厂·铅厂》，第 12 页。

3　嘉庆《广西通志》卷一六一《经政·榷税》，第 4509 页。

4　嘉庆《四川通志》卷七〇《食货·钱法》，收入《中国西南文献丛书·西南稀见方志文献》第 4 卷，第 193~194 页。

5　中国人民大学清史研究所等编《清代的矿业》，第 364 页。

直接征收课银，而是实物课税的变现；尚未变现者，则称为"未变朱砂银""未变雄黄银""未变铅斤银"等。[1]

相对于统治者的需求而言，铁矿不像铜、铅那样稀缺，变价极为常见。例如乾隆二十九年（1764），准四川屏山县开采铁矿。每矿砂十斤可煎得生铁三斤，每岁计得生铁 38880 斤，按 20% 税率抽收，"变价拨充兵饷"。[2]

事实上，对于煤、铁等官方无垄断意图的矿产，矿税的征收旨在获得收益，而非实物，因此许多是直接收银。云南永平县西里朱砂厂，康熙四十四年（1705）总督贝和诺题开，每六斤抽一斤，共课银一百七十五两二钱九分六厘，遇闰加银十三两五钱五分。[3] 浙江温州、处州二府的铁矿，百姓们农闲季节自由采挖，卖给炉户煎炼，开始连税则都没有制定，[4] 只有云和县年征税银五十八两，[5] 到乾隆十四年（1749），官员们才奏请根据矿硐的衰旺、冶炉的大小，将矿硐分为上、中、下三等，分别征银一两六钱、一两二钱、八钱，炉分为上、下两等，分别征银六钱、三钱。[6] 嘉庆十九年（1814），陕甘总督长龄奏称，陕西省铁厂每处只设炉一二座不等，开采矿砂为数不多，获利无几，"未便以出铁抽课"，定每领执照一张年纳课银十两。[7] 四川豹子沟、甲子夸二铜厂，又兼炼碌，炼碌时，甲子夸厂"火一炉抽课银一钱"，豹子沟厂"火一炉抽课银七分"。[8]

1　中国人民大学清史研究所等编《清代的矿业》，第 365、595~596 页。

2　《清朝文献通考》卷三〇《征榷五·坑冶》，考 5132 页。

3　光绪《永昌府志》卷二二《食货志·矿厂》，收入《中国西南文献丛书·西南稀见方志文献》第 30 卷，第 108 页。

4　中国人民大学清史研究所等编《清代的矿业》，第 514 页。

5　《清高宗实录》卷二六九，乾隆十一年六月乙酉。

6　中国人民大学清史研究所等编《清代的矿业》，第 515 页。

7　中国人民大学清史研究所等编《清代的矿业》，第 519 页。

8　嘉庆《宁远府志》卷三〇《钱法志》，第 48 页。

　　有的按规定是征实物，实际上折银征收。如乾隆四十年
（1775），江西巡抚海成奏称，长宁县八副、南桥二堡出产铁砂，每
日出铁1200斤，照上犹县之例，每铁100斤抽收20斤，矿商按照
1两银/百斤铁的价格，将税铁折为银两缴到县，由县解交司库。[1]
第二年，海成又奏请兴国县的铁矿照此办理。[2] 这成了江西的一个
定例。嘉庆十七年（1812），赖赵兴承开长宁县珠湖窝铁矿，按
20%税率，每年应抽税铁62208斤，每百斤折银一两，"照例折纳银
六百二十二两八分，缴县解司，报部充公"。[3]

　　有些微不足道的生产，官方干脆免税。例如乾隆八年，总督
孙嘉淦题准，湖南铁矿附近居民，农隙刨挖以供农器之用，如有余
铁，挑往邻邑售卖，免其科税。[4]

1　中国人民大学清史研究所等编《清代的矿业》，第507~508页。
2　中国人民大学清史研究所等编《清代的矿业》，第508~509页。
3　中国人民大学清史研究所等编《清代的矿业》，第510页。
4　乾隆《湖南通志》卷四一《矿厂》，收入《四库全书存目丛书》史部第216~219册，齐鲁书
　　社，1996，第688页。

第四章　官方收益的产生机制与数量分析

　　举全国之力推动矿业发展，并通过一系列税费政策垄断矿产品，清王朝由此得到多少收益呢？这一问题非常复杂。官方从矿业中获得的收益主要有课税、铸息（铸钱利润）、铜息（办铜利润，主要来自滇铜）、铅息（办铅利润，主要来黔铅）。其中，铜、铅实物课税用于铸钱，其收益最终体现在铸息上。这类息，尽管有着市场买卖的外衣，但其实主要是通过行政力量严格限定各种原料、产品、运费、人工价格与管理支出后所制造出的盈余，是一种"行政造息"而非"市场生息"，并不反映真实的经济运作，甚至与之严重背离。本章综合讨论官方矿业的收益产生机制并进行数据分析，时限从雍正年间滇铜黔铅成为全国最重要币材之际开始，到太平天国起事以致矿业显著衰落之前结束。

第一节　京师与各省钱局铸息

清代，最重要的钱局是京师铸局（户部宝泉局与工部宝源局），其次是云南各铸局，最后是他省铸局，下文将分别展开讨论。

一　京师钱局铸息

清王朝开国之初，币材主要来自民间废钱与铜器。彼时靠着强行压低收购价格，铸钱尚有余利。自康熙以降，京局铸钱常常无利可图，甚至亏折工本。雍正年间每年亏损高达银 30 万两。[1] 乾隆初年改用滇铜鼓铸后，通过复杂的税费政策控制矿产品，京局又开始产生铸息了。

因为矿政中的各种核算均以银两为准，所以京师铸局的铸息，等于所铸钱币的白银价格，减去办理币材的支出、运费以及铸钱开销。

每年所铸铜钱的白银价格，可以通过铸钱量乘以银钱比价算出，而铸钱量则可以通过铜的消耗量推知。乾隆四年（1739）起，每年额运京铜 6331440 斤，其中包含了损耗，即每正额铜 100 斤，以"耗铜" 8 斤补足铜斤成色之不足，以 3 斤弥补水陆搬运之磕损。[2] 减去这些损失，6331440 斤铜中，能有效用于铸钱者为 6331440×100/（100+8+3）=5704000 斤，而铸钱过程中亦有损耗，

1　彭泽益：《清代采铜铸钱工业的铸息和铜息问题考察》，载《中国古代史论丛》1982 年第 1 辑。

2　严中平：《清代云南铜政考》，第 13 页。

最初定每铜百斤耗铜 12 斤，康熙四十一年（1702）改为 9 斤，[1] 一直到光绪年间还是"每百斤（铜铅），例销炉耗九斤"。[2] 这样，最终有 5704000×（100-9）/100=5190640 斤铜转化成钱。这个数量的铜，相当于多少文铜钱呢？自雍正十一年（1733）后直至咸丰初年，每文铜钱重 1 钱 2 分，即 0.12 两，按 1 斤 =16 两计，为 0.0075 斤。其中，铜的含量，我们以乾隆五年规定并长期执行的青钱（铜：白铅：黑铅：锡 =50：43.5：3.5：3）为标准，每文钱含铜 0.00375 斤，5190640 斤铜，约可转化为 1384170667 文铜钱，按 1 两白银 =1 串铜钱 =1000 文铜钱的官方比价计算，约合白银 1384171 两。[3]

官方的直接付出就是办理币材的支出加上铸钱成本。清代制钱的材料主要是铜、铅（白铅最重要，黑铅次之），乾隆五年至乾隆五十九年以及嘉庆五年（1800）之后，还加入了少量的锡。京局铸钱的成本见表 4-1。

表 4-1　京局年铸钱成本与铸息

单位：两

项目	价格	依据
购铜	524768	年运京铜 6331440 斤，但其中耗铜不给价，实际付价者为 5704000 斤，官定价格为 9.2 两 / 百斤，总价为 57040×9.2=524768 两
铜材运费	206366	滇铜运京每百斤运费为 2.3311（铜店运至泸州）+1.0393（泸州运至京城）=3.3704 两，[a] 但根据"厂地搭运"与"各店搭运"制度，铜店至泸州，每百斤搭运五斤不给运费。[b] 据此，6331440 斤铜约需运费 206366 两

1　《清朝文献通考》卷一四《钱币二》，考 4977 页。

2　光绪《钦定大清会典事例》卷八九〇《工部·鼓铸·鼓铸局钱》，收入《续修四库全书》第 810 册，第 750 页。

3　有学者从档案中整理出若干年份的京师宝泉、宝源二局的铸钱数（王德泰：《清代云南铜矿垄断经营利润的考察》，《清史研究》2012 年第 3 期），可以发现，其数量与笔者根据铜的消耗量计算出的京师铸局年铸钱量是接近的。

续表

项目	价格	依据
购白铅及运费	229746	贵州京局白铅铅本银约 27 万两，但其中有一部分是生产备贮铅斤，真正为京师钱局鼓铸的白铅工本银为 55707.75+174038.7（运费）=229746.45 两 [c]
购黑铅及运费	18485	京局黑铅长期由贵州供给，黑、白铅在贵州的官方收购价格自乾隆八年后就已相同，据此可以根据铜钱中黑、白铅的比例（3.5∶43.5），由白铅的工本银与运费共 229746.45 两推算出黑铅的工本银与运费共 18485.35 两
购锡及运费	25416	[d]
铸钱工本	244002	工料钱约占铸钱总数的 17.628%，[e] 京局总铸钱量约值银 1384171 两，据此可知工料钱约为 244002 两
成本总计	1248783	
铸钱总额		1384171（见上文）
年铸息		1384171－1248783=135388
铸息率		10.84%（135388/1248783=10.84%）

a. 王德泰：《清代云南铜矿垄断经营利润的考察》，《清史研究》2012 年第 3 期。

b.《铜政便览》卷四，收入《续修四库全书》第 880 册，第 297~298 页。

c. 大学士管户部傅恒：《题复黔省办运京铅及收买备贮铅斤所需工本价脚银应准拨给》（乾隆二十二年六月十三日），张伟仁主编《明清档案》，A194-104，B108623~108632。

d. 王德泰：《清代云南铜矿垄断经营利润的考察》，《清史研究》2012 年第 3 期。

e. 铸钱工本，包括燃料、工钱等。康熙末期至雍正初年，京师钱局铸钱，每铜、铅百斤，炉耗九斤不给工本，给工料钱 1969 文（《清朝文献通考》卷一四《钱币二》，考 4980 页）。又，同书卷一五《钱币三》，考 4981 页称，京局铸钱每铜、铅百斤，给工料钱 1959 文，不知是笔误，还是因为没有"除耗九斤"，所以所给稍少）。雍正十二年规定，宝泉局每卯铸钱 12498 串余，给工料钱 2203.2 串，工料钱占总铸钱数的 17.628%（《清朝文献通考》卷一五《钱币三》，考 4990 页）。因为滇铜黔铅大规模京运铸钱是从雍正后期和乾隆初年开始的，我们就以 17.628% 这个比例来计算。

京局每年产生的铸息约为 135388 两，铸息率约为 10.84%。这一结果，低于王德泰所给出的 16.87%，[1] 原因有二。第一，王氏对有的花

1　王德泰：《清代云南铜矿垄断经营利润的考察》，《清史研究》2012 年第 3 期。

费估计过低，例如他推算黑、白铅的购铅成本加运费为 4.6 两 / 百斤，总花费为 147979 两。而我在档案中发现，仅仅白铅，每年的购买与运费就高达 229746 两。[1] 第二，王氏计算铸息率只考虑收购币材的经费与运费，没有考虑铸钱成本，因此只将息银总数除以铜铅价银与铜铅运费之和，而我的计算则是将息银数量除以铜铅价银、铜铅运费、铸钱工料、铸钱人工费用之和。不过，我同意王氏的看法，即京师钱局是能产生铸息的，而非像彭泽益所认为的那样改用滇铜后仍然无利可图。[2]

二　云南钱局铸息

云南富产铜材，兼具铅矿之利，具备得天独厚的铸钱条件。除京师外，清代滇省的铸钱规模远非他省可比，且有系统史料留存，故本书单独论述云南铸息。李中清利用严中平《清代云南铜政考》与傅汉斯（Hans Ulrich Vogel）书稿中的数据，统计了 1723~1750 年云南的铸息，在这个时间段，年均铸息为 57230 两。[3] 本书将利用更为系统的史料，考察 1724~1820 年滇省钱局铸息。

清代，云南在省城、东川、广西、顺宁、永昌、大理、曲靖、临安、楚雄、广南、沾益等府州设局铸钱。其中楚雄局、广南局仅于嘉庆年间短暂设炉改造收买的小钱，并非利用铜、铅等原料铸钱，与矿业收益无关，故本书不予考虑。基于同样的理由，临安、大理等局短暂铸改小钱的年份本书也予以忽略。

1　大学士管户部傅恒：《题复黔省办运京铅及收买备贮铅斤所需工本价脚银应准拨给》（乾隆二十二年六月十三日），张伟仁主编《明清档案》，A194-104，B108623~108632。
2　彭泽益：《清代采铜铸钱工业的铸息和铜息问题考察》，载《中国古代史论丛》1982 年第 1 辑。
3　李中清：《中国西南边疆的社会经济（1250~1850）》，第 278~279 页。

与京局的相对稳定不同，各省铸局时开时停，每年铸钱数量浮动不定，铸息亦因之上下波动。《铜政便览》中有滇省各铸局铸息的详细变化情况。据此，笔者整理出雍正二年（1724）至嘉庆二十五年（1820）间滇省的铸息情况（见表4-2）。

表4-2 云南钱局铸息情况（雍正—嘉庆）

单位：两

铸局	时间	年铸息	小计	数据来源
省局	1724~1726	14640	43920	《铜政便览》卷五
	1727~1733	17000	119000	
	1734	18776	18776	王德泰：《清代云南铜矿垄断经营利润的考察》，《清史研究》2012 年第 3 期
	1735	28000	28000	《铜政便览》卷五 按：王德泰《清代云南铜矿垄断经营利润的考察》（《清史研究》2012 年第 3 期）文中有 16 个年份的云南省局铸息数据，比《铜政便览》中相应年份的铸息数为多，不知是否因为王文是按 1000 文钱 =1 两银计算铜息，而自乾隆元年起，云南是 1200 文钱"扣收银一两"，次年给兵丁发饷钱，也是以 1200 文为 1 两，与全国通行的 1000 文钱 =1 两不同
	1736~1740	16400	82000	
	1741	22900	22900	
	1742~1749	31000	248000	
	1750~1751	22200	44400	
	1752~1764	23300	302900	
	1765~1779	21400	321000	
	1780	17100	17100	
	1781~1793	24001	312013	
	1794	12001	12001	
	1795~1796	停铸	0	
	1797~1799	17400	52200	
	1800	23200	23200	
	1801~1820	21690	433800	
东川旧局	1735	31400	31400	《铜政便览》卷五
	1741~1752	13600	163200	
	1753	17400	17400	
	1754~1778	21800	545000	
	1779~1780	13900	27800	
	1781~1793	8700	113100	
	1794	4350	4350	
	1795~1809	停铸	0	
	1810~1820	9080	99880	

续表

铸局	时间	年铸息	小计	数据来源
东川新局	1753~1761	43600	392400	《铜政便览》卷五
	1762~1769	21800	174400	
	1770~1776	停铸	0	
	1777	13000	13000	
	1778	6900	6900	
	1779~	停铸	0	
广西局	1736~1740	不计[a]	0	《铜政便览》卷五 按：王德泰《清代云南铜矿垄断经营利润的考察》（《清史研究》2012 年第3 期）一文中还有 10 个广西局的数据，但奇怪的是，这些数据有的是广西局已经停铸的年代的，既已停铸，何来铸息？而且这些数据与强学文、王德泰《乾隆朝广西宝桂局铸钱利润的考察》多有重复，笔者因此怀疑王德泰将云南广西局与广西宝桂局的数据混淆了
	1741~1750	停铸	0	
	1751~1760	14700	147000	
	1761~1765	15000	75000	
	1766~1769	15700	62800	
	1770	15000	15000	
	1771~1776	停铸	0	
	1777~1778	8000	16000	
	1779~1780	4000	8000	
	1781~	停铸	0	
顺宁局	1764~1769	4300	25800	《铜政便览》卷六
	1770~	停铸	0	
永昌局	1776	4000	4000	《铜政便览》卷六 《铜政便览》将 1776 年铸息记为 40 余两，显系笔误
	1777	6000	6000	
	1778	5000	5000	
	1779~	停铸	0	
曲靖局	1777	17600	17600	《铜政便览》卷六
	1778~1779	7800	15600	
	1780~	停铸	0	
临安局	1724~1726	4200	12600	《铜政便览》卷六
	1727~1734	7700	61600	
	1735	12300	12300	
	1736~1740	6760	33800	
	1741	9800	9800	
	1742~1749	13590	108720	
	1750~1753	7720	30880	

续表

铸局	时间	年铸息	小计	数据来源
临安局	1754~1764	7790	85690	《铜政便览》卷六
	1765~1770	7100	42600	
	1771~1775	停铸	0	
	1776	10791	10791	
	1777~1778	7100	14200	
	1779~	停铸	0	
沾益局	1724~1726	10500	31500	《铜政便览》卷六
	1727~	停铸	0	
大理局	1724~1726	3500	10500	《铜政便览》卷六
	1727~1744	停铸	0	
	1745~1758	8700	121800	
	1759~1770	9100	109200	
	1771~1775	停铸	0	
	1776	9100	9100	
	1777	10900	10900	
	1778~1779	4880	9760	
	1780~	停铸	0	
总计			4793581	
1724~1820 年平均			49418	

注：如设炉、闭炉时间在某年下半年者，开炉、闭炉时间从下一年开始计算。广南局铸息与矿业收益无关，故略去。

《铜政便览》应系嘉庆、道光年间云南布政司幕僚所撰，其最晚记事，止于道光七年（1827）。关于此书，可参见王德泰、强文学《〈铜政便览〉考辨》，《中国经济史研究》2007 年第 2 期；李明奎《〈铜政便览〉研究》，《中国经济史研究》2016 年第 5 期。《铜政便览》所载云南各铸局铸钱情形与铸息变化，最晚至嘉庆十五年（1810），之后的变化没有记载，应该是因为自嘉庆十五年至成书时期，铸息情况保持稳定。据此，笔者认为到嘉庆二十五年，铸息情况较嘉庆十五年没有变化，故将本表的时间下限定为 1810 年。

a. 这一时期广西局的铸钱，其实是承担京局的任务，铸后即解京，相关铸息其实是京局之铸息，所以不计。见《清朝文献通考》卷一五，考 4990、4994 页；《铜政便览》卷五，收入《续修四库全书》第 880 册，第 318~320 页。

三　其他省钱局铸息

除云南外，贵州、湖北、广东、江西、江苏、浙江、福建、广西、湖南、直隶、山西、四川、陕西、新疆、西藏、山东、河南、安徽、甘肃等地区均曾设局铸钱。这些铸局，铅材皆来自国内矿业（特别是黔铅），[1] 铜材的来源则比较复杂，欲论述这些省份的铸息与官方国内矿业收益之关系，必须先行分析铜材来源。

甘肃于雍正五年（1727）收买废旧钱开铸，次年即停歇。鲁、豫、皖三省于雍正年间设局，币材系废铜器，不数年即停炉。[2] 直隶于乾隆十年（1745）开局于保定府，[3] 一直到道光年间均主要使用日本铜。[4] 山西主要用洋铜，辅以汉口市场所购商铜。[5] 此数省之铸局，所使用铜材均与国内矿业无直接关系，或与官方垄断矿业的收益无涉，故不予考虑。

江苏省雍正年间开局之初主要使用废旧铜器，后停铸，《清朝文献通考》称苏省于乾隆初年复炉之后主要利用日本铜材，偶有不敷，则采买滇铜或川铜添补。不过，该书记事到乾隆五十年（1785）止，结合《铜政便览》《滇南矿厂图略》来看，嘉庆朝以

1　清代的铅矿业在大部分时期大体上可以满足国内所需，甚至还可以出口。Zhou Wenli（周文丽），*The Technology of Large-Scale Zinc Production in Chongqing in Ming and Qing China*, pp.13-14,126-128; Hailian Chen, *Zinc for Coin and Brass: Bureaucrats, Merchants, Artisans, and Mining Laborers in Qing China, ca.1680s-1830s*, pp.105-106.

2　《清朝文献通考》卷一五《钱币三》，考 4987 页。

3　《清朝文献通考》卷一六《钱币四》，考 5002 页。

4　刘果肖：《宝直局初探》，硕士学位论文，河北师范大学，2012，第 34~40 页。另外，《铜政便览》卷七记载了各省赴滇购铜的情况，其中没有直隶。

5　马超：《宝晋局研究》，硕士学位论文，河北师范大学，2012，第 25~29 页。另外，《铜政便览》卷七记载了各省赴滇购铜的情况，其中没有山西。

降，江苏赴滇购铜频率有所增加，到道光年间甚至形成了三年赴采
一次的规定。[1]不过，滇、苏路途遥远，运费高昂，而且往往采买不
到高质量的滇铜，所以有滨海之便的江苏，办购洋铜更为合算。使
用价高质次的滇铜铸钱，扣除成本之后，几乎不能产生铸息。[2]因此，
我们认为苏省每年数千两之铸息，大体上来自洋铜，与国内矿业关
系不大，故予以忽略。

新疆地区，乾隆二十六年（1761）于阿克苏、[3]乾隆四十年于伊
犁设局铸钱，[4]西藏于乾隆五十七年开铸银钱，同年改铸铜钱，[5]这两
个地区铸钱量极小，[6]而且铸息材料缺乏，同样予以忽略。

综上，所需考虑者就只剩下黔、鄂、粤、赣、浙、闽、桂、
湘、川、陕十省。

上述十省，除四川、贵州、广西、湖南铸局大体上全赖国内矿
业供给铜材外，[7]其他省份兼用洋铜，这尚需进一步分析。江西、浙
江、湖北、湖南于雍正年间开炉后，均为收买旧铜器铸钱，并于雍正
十三年（1735）以前次第停止，[8]所以此数省在雍正年间的鼓铸，均与
官方的矿业收益无涉，我们予以排除。湖北铸钱铜材来自汉铜（在汉

1　《铜政便览》卷七《采买》，收入《续修四库全书》第 880 册，第 340 页；吴其濬：《滇南矿
　　厂图略》卷二《采》，《续修四库全书》第 880 册，第 208~209 页。

2　从表 4-4 中可以看到，较多仰赖滇铜的浙江，每年铸息只有 524 两，福建甚至是 -1592 两，
　　由此可知江苏省局每年所产生的数千两铸息（王德泰：《清代云南铜矿垄断经营利润的考
　　察》，《清史研究》2012 年第 3 期），应该主要不是来自滇铜。

3　《清朝文献通考》卷一七《钱币五》，考 5012、5014 页。

4　《清朝文献通考》卷一八《钱币六》，考 5020 页。

5　《清朝续文献通考》卷一九《钱币一》，考 7684~7685 页。

6　如伊犁宝伊局乾隆四十年获铜 5300 余斤，铸钱仅 920 串，阿克苏铸局每年用红铜 1 万斤
　　（《清朝文献通考》卷一七《钱币五》，考 5012、5014 页；卷一八《钱币六》，考 5020 页），
　　以此推算铸出钱文不到 2000 串。

7　《清朝文献通考》卷一五《钱币三》，考 4987 页。

8　《清朝文献通考》卷一五《钱币三》，考 4986~4987 页；卷一六《钱币四》，考 5009 页。

口商品市场上购买之铜）、洋铜、滇铜以及少量川铜、湘铜，乾隆中期以前，汉铜和洋铜较多，乾隆后期，滇铜为主。因为洋铜、汉铜价格较高，能产生的铸息非常有限，[1]所以我们可以将湖北铸息简略视为官方垄断国内矿业的收益。陕西同样如此，该省洋铜、滇铜、川铜兼用，本省矿铜也少量补充，自乾隆十六年（1751）后，国内铜占主要地位，且洋铜千里迢迢运送至陕西，成本高昂，[2]靠之铸钱难以赢利，故陕西钱局之铸息体现的是官方的国内矿业收益。

广东开炉初期用本省铜与滇铜，后因本省铜矿封闭，滇铜不敷，改为70%滇铜配搭30%洋铜鼓铸。[3]浙江于乾隆五年（1740）重新开局后，系"洋铜、滇铜兼买配铸"。[4]江西于乾隆七年截留京铜50余万斤复炉鼓铸，[5]乾隆九年定为洋铜与滇铜7∶3配铸，乾隆二十七年后以洋铜不敷，改为滇铜与洋铜6∶4配铸。[6]福建以洋铜与滇铜6∶4配铸。[7]因为无法知道上述四省洋铜与国内铜的具体成本，我们很难确定这些省份的铸息中有多少来自国内矿业，不得已之下，姑且均视为官方的矿业垄断收益。这样当然会高估国内矿业所带来的铸息量，不过，并不会偏离实情太多，原因如下。第一，由前文可知，广东、江西二省鼓铸用铜大部分还是来自国内。第二，主要使用洋铜的直隶、山西、江苏三省之铸息没有列入计算，但这几省使用的铅来自国内，其铸息中有国内矿业的贡献。对这三个省

1　刘红霞：《清代宝武局研究》，硕士学位论文，河北师范大学，2012，第32~38页；王德泰：《清代云南铜矿垄断经营利润的考察》，《清史研究》2012年第3期。

2　徐轩：《宝陕局论述》，硕士学位论文，河北师范大学，2011，第12~15页；《清朝文献通考》卷一六《钱币四》，考5016页。

3　《清朝文献通考》卷一六《钱币四》，考5001页；卷一七《钱币五》，考5006页。

4　《清朝文献通考》卷一六《钱币四》，考4998页；《清高宗实录》卷一二〇，乾隆五年闰六月丙午。

5　《清朝文献通考》卷一六《钱币四》，考4999页。

6　《清朝文献通考》卷一六《钱币四》，考5001页。

7　《清朝文献通考》卷一六《钱币四》，考4996~4997页。

铸息的忽略，导致了对国内矿业所带来铸息量的低估，这能在一定
程度上平衡前面的高估。第三，该四省的年铸息数量均不大，只有
数千两、数百两或负千余两，出现误差也不会对我们测算全国矿业
总收益造成很大影响。

综上，川、黔、桂、湘全赖国内矿业供给币材，鄂、陕二省
铸钱所需材料主要由国内矿业提供，且洋铜因成本过高难以产生铸
息，故上述六省之铸息均以国内矿业为基础，粤、浙、赣、闽四省
铸息中虽有一部分洋铜之贡献，但全部视为国内矿业所提供也不会
误差太大。下面我们来计算这十省的铸息量。

不同于京局的大体稳定，清王朝根据币材供给的多少、银钱比
价的变化以及是否急于筹措经费等来决定各省铸局的运转。同一个
省，铸局或开或闭，并非年年铸钱；开铸的年份，铸钱数量也是起
伏波动。而且这些复杂的变化情况，未尽载于现存的史料中。云南
因为有《铜政便览》提供的系统资料，我们能对该省铸息有比较准
确的把握，但其他省的相关资料零零星星。凡此种种，使我们很难
准确评估各省铸局的铸息。不得已，我们将某省若干年份的铸息平
均，作为该省的年平均铸息，再乘以该省的实际铸钱年数，即可得
到该省的总铸息量。

各省实际铸钱年数，见表4-3。

表4-3　雍正至道光年间各省钱局开业时长（1723~1850）

单位：年

铸局	开设时间	停铸时间	实开年数
贵州宝黔局	1731	1794~1795,1838~1841	114
贵州大定局	1787	1794~1795,1838~1841	58
湖北宝武局	1729	1733~1743,1794~1795,1835~1841	102

铸局	开设时间	停铸时间	实开年数
广东宝广局	1745	1794~1795	104
江西宝昌局	1729	1733~1742,1794~1795,1837~1842	104
浙江宝浙局	1729	1733~1739,1840	114
福建宝福局	1740	1794~1795,1825~1841	92
广西宝桂局	1741	1794~1795,1838~1841,1847~1850	100
湖南宝南局	1729	1733~1741,1794~1795,1833~1841	102
四川宝川局	1732	1794~1795	117
陕西宝陕局	1748	1794~1795,1832~1842	90

注：如开炉、闭炉时间在某年下半年者，开炉、闭炉时间从下一年开始计算。

资料来源：《清朝文献通考》卷一五至卷一八；《清朝续文献通考》卷一九；《清朝通典》卷一〇；《铜政便览》卷五、卷六；《新纂云南通志》卷一五八；道光《云南通志稿》卷七四；《清高宗实录》卷一二六、卷二〇四、卷二三二、卷一四五四、卷一四五八、卷一四六〇、卷一四七一、卷一四九〇；《清宣宗实录》卷一九四、卷二六七、卷二七〇、卷三一六、卷三六四；吴其濬《滇南矿厂图略》卷二；道光《大定府志》卷四二；道光《贵阳府志》卷四六；户科题本，02-01-04-20476-017、02-01-04-20814-005、02-01-04-20670-005、02-01-04-20814-027、02-01-04-21177-023、02-01-04-21178-014、02-01-04-20434-005、02-01-04-21065-012；朱批奏折，04-01-35-1361-032、04-01-35-1367-026、04-01-35-1364-011；刘果肖《宝直局初探》；马超《宝晋局研究》，第21~30页；徐钢《清代广西造币厂（宝桂局）考》，《广西金融研究》2005年增刊二。

　　王德泰在史料中爬梳出了雍正至道光年间各主要铸局若干年的铸息数量，[1]我们将这些数据平均，作为各省的年平均铸息，然后乘以实际开铸年数，推算出各省总铸息。虽然不够准确，但已足资参考。

1　王德泰：《清代云南铜矿垄断经营利润的考察》，《清史研究》2012年第3期；王德泰：《乾隆时期的铸钱成本与价钱增昂问题》，《西北民族大学学报》（哲学社会科学版）2003年第2期；王德泰、强学文：《清代湖南铜矿垄断利润向铸钱利润的转移》，《中国钱币》2011年第4期；王德泰、强学文：《清代四川铜矿垄断利润向铸钱利润转移的考察》，《西北师大学报》（社会科学版）2008年第3期；强学文、王德泰：《乾隆朝广西宝桂局铸钱利润的考察》，《中国钱币》2009年第1期。

表 4-4 雍正至道光年间各省钱局铸息情况（1723~1850）

单位：两

铸局	年均铸息		实开年数	各局总铸息
贵州宝黔局	16548	15 年平均	114	1886472
贵州大定局	5881	7 年平均	58	341098
湖北宝武局	8290	13 年平均	102	845580
广东宝广局	5982	14 年平均	104	622128
江西宝昌局	2776	8 年平均	104	288704
浙江宝浙局	524	15 年平均	114	59736
福建宝福局	−1592	13 年平均	92	−146464
广西宝桂局	14141	7 年平均	100	1414100
湖南宝南局	11656	12 年平均	102	1188912
四川宝川局	56265	14 年平均 [a]	117	6583005
陕西宝陕局	3228	8 年平均 [b]	90	290520
总计				13373791
1723~1850 年平均				104483

a. 数据中有的年份只有正铸之外的加卯，这种年份的铸钱数，统一加上几个年份正铸的平均值。

b. 根据王德泰《乾隆时期的铸钱成本与价钱增昂问题》[《西北民族学院学报》（哲学社会科学版）2003 年第 2 期] 提供的宝陕局 3 个年份的铸钱成本，以及徐轩《宝陕局论述》第 20 页提供的 8 个与此成本相近年份的铸钱数量推算。

资料来源：除说明来源者外，余皆来自王德泰、强学文的上述几篇论文。

可以看到，除云南外，铸息每年过万的省份有贵州、四川、广西、湖南，都是矿业大省，铜或铅富饶，或二者兼而有之。不过，铜铅的价格由户部规定，这些省份购买本省所产铜铅，价格与外省前来采买相同，[1]并不能享有优惠，但因节省大笔运费而获得了更多

1 如云南本钱局购买滇铜，价格与京局、外省铸局采买相同，均为 9.2 两 / 百斤。《铜政便览》卷五《局铸上》，收入《续修四库全书》第 880 册，第 310、319 页。

铸息。湖北年铸息排在此五省之后，遥遥领先于其他省份。这可能
是因为汉口乃铜、铅、锡汇聚之地，运输费用的花费较低。湖北
铸钱，一开始滇铜、洋铜、商铜、湘铜均予使用，乾隆二十七年
（1762）后主要用滇铜，[1]铜材虽需赴滇采买，但"铅、锡等项皆聚于
汉口镇"，购买便利，[2]例如黔铅运至汉口售供多省铸局，湖北就近购
买，成本自然远低于他省。

第二节　滇铜铜息

　　清王朝举全国之力发展滇省铜矿业，除铸息外，还会获得铜息
收入。关于铜息，前人已有过研究，[3]但铜息的复杂性及其产生机制
尚未被真正揭示清楚，深入讨论的空间仍然很大。

　　乾隆三年（1738）确立京局鼓铸全面使用滇铜之前，滇铜铜息
产生的机制如下：云南官方征收课铜并低价收买余铜后，运赴湖北
汉口、江苏镇江、四川永宁售卖或供各省前来采买，售价除去购买
余铜花费、运费、管理费用、厂欠以及每年的固定铜课银（东川归
滇之前为 9625 两，东川归滇之后为 10825 两）等，即为铜息。[4]

1　《清朝文献通考》卷一七《钱币五》，考 5005~5006 页。

2　《清朝文献通考》卷一六《钱币四》，考 5000 页。

3　彭泽益：《清代采矿铸钱工业的铸息和铜息问题考察》，《中国古代史论丛》1982 年第 1 辑；
　　王德泰：《清代云南铜矿垄断经营利润的考察》，《清史研究》2012 年第 3 期；李中清：《中国
　　西南边疆的社会经济（1250~1850）》，第 276~277 页。

4　中国人民大学清史研究所等编《清代的矿业》，第 121~126 页。

乾隆三年之后，铜息的产生比较复杂。综合各种档案材料可知，其来源主要有以下五种。（1）滇铜调拨之利润。通过课税并收买税后余铜，云南官方掌握着大量铜材，并奉朝廷之命，按朝廷规定的调拨价格，将铜材销售给京师铸局、本省铸局与各省铸局。尽管调拨价格低于市价，但却高于向厂民收购税后余铜之价（这一价格也是朝廷规定的），而且课铜还不用付价。因此，用远低于市价的调拨价格调拨给各铸局，仍足以产生利润。（2）余剩铜材之利润。满足第一项需求后，如有余剩，折算成银（通常按9.2两／百斤折算，与售供京局的价格相同），减去相应的成本之后，会有盈利产生。（3）不能用于铸钱的白铜厂的税收。如乾隆十六年（1751）妈泰、茂密两大白铜厂共抽课银8561两零。（4）针对某些伴生于铜矿的矿种所征之税。如金钗厂铜矿内"微有银气"，厂民每煎铜100斤，除抽收铜课外，另抽"小课银"0.1两，乾隆十四年抽获小课银169两零。这类收益，应该是微不足道的。（5）各官铜店卖铜收益。这类销售，不是面向市场的自由贩卖。如运官押运京铜，因沉船等导致铜材损失，往往需要向官铜店购买铜材赔补。又如白铜在生产工艺上需购买黄铜"点济"，白铜厂厂民通常向官铜店购买黄铜。[1]这些收益，减去林林总总的支出（详见下文），即为铜息。铜息来源中，最主要者为第一项，下面我们对该项进行更详细的说明。

首先看调拨给京局的利润。云南每年按9.2两／百斤的价格卖

1　云南巡抚刘藻：《奏复铜厂通欠经费余息不敷支用事》（乾隆二十六年六月初十日），录副奏折，03-0773-056；署理云南巡抚硕色：《题报滇省各铜厂乾隆十四年份办获铜斤余息事》（乾隆十五年八月初六日），户科题本，02-01-04-14448-013；云南巡抚爱必达：《题报滇省各铜厂乾隆十六年办获铜斤余息银数事》（乾隆十七年七月初四日），户科题本，02-01-04-14645-019；云南巡抚李尧栋：《题报上年份各铜厂办获铜斤余息银两事》（嘉庆二十二年七月初八日），户科题本，02-01-04-19764-022；云南巡抚伊里布：《题报上年份各铜厂办获铜斤余息银两数目事》（道光十一年八月二十五日），户科题本，02-01-04-20496-024。

给京局 5704000 斤铜，每百斤铜加耗铜 8 斤（因为汤丹等厂的铜斤多是九五成色，所以加耗铜）、余铜 3 斤（水陆搬运，难免磕损，所以加余铜），正铜加上耗铜余铜，云南每年供应京铜 6331440 斤，[1]但朝廷支付的只是正铜 5704000 斤的价银，耗铜、余铜不付价。

京局鼓铸每年向滇省购铜所费为 57040×9.2=524768 两，而云南方面向铜厂所征集的铜为 6331440 斤，其中，有 10% 正税（供应京局的汤丹等厂，税率长期维持在 10%）、4.125% 的附加税费（每百斤抽公廉捐耗 4.2 两，即 4.125 斤）共 14.125% 不用付钱，须付价的铜斤约为 6331440×（1-14.125%）=5437124 斤。如果按雍正十二年（1734）所定价格 6.987 两 / 百斤，价银总计约为 5437124/100×6.987=379892 两，息银为 524768-379892=144876 两，如果按乾隆二十七年（1762）奏定并长期维持的价格 7.452 两 / 百斤，则铜息约为 119594 两。如果按照乾隆三十三年至三十八年间曾短暂执行的 8.053 两 / 百斤的价格，则息银约为 86916 两。

其次看调拨给各省铸局的利润。赴滇购铜的，主要有苏、赣、浙、闽、鄂、湘、陕、粤、桂、黔十省，或每年采买一次，或若干年采买一次。据严中平估计，自乾隆五年（1740）至嘉庆十六年（1811），各省赴滇采买的总额至少有 9000 万斤，最多不超过 16200 万斤。[2]我们以江苏为例来看铜息如何产生。江苏三年采买一次，每年正高铜 17 万斤，每百斤价银 11 两，每百斤加余铜 1 斤，不收价。这样，实际价格约为 11/（100+1）=10.891 两 / 百斤，而云南官方向厂民购买正高铜，除按 14.125% 抽收正税与附加费外，余铜最高价亦不过 7.452 两 / 百斤，这样算下来，每百斤铜，云南官

1　《铜政便览》卷八《杂款·铜息银两》，收入《续修四库全书》第 880 册，第 356 页；严中平：《清代云南铜政考》，第 13 页。

2　严中平：《清代云南铜政考》，第 20 页。

方实际的支付价格为 7.452×（1−14.125%）=6.399405 两 / 百斤，每向江苏出售 100 斤高铜，可产生铜息银 10.891−6.399405=4.491595 两；又江苏采购金钗厂正低铜 52 万斤，每百斤价银 9 两，加耗 23 斤，余铜 1 斤，不收价，实际价格约为 9/（100+23+1）=7.258 两 / 百斤，而云南官方向金钗厂除按 14.125% 抽收正税与附加费外，余铜收购价为 4.6 两 / 百斤，这样，每百斤铜，官方实际的支付价格为 4.6×（1−14.125%）=3.95025 两 / 百斤，每向江苏出售 100 斤金钗厂铜，可产生息银 7.258−3.9445=3.30775 两。[1]

最后看调拨给本省铸局的利润。各省矿藏都被视为朝廷财产，而非各省所有，滇铜能否售供云南铸局，出售什么品质的铜，出售多少，价格多少，均由朝廷决定，所产生的收益，也被视为朝廷资产，其用途亦听朝廷指示，云南官方只有建议之权。因此，向京局、各省铸局售铜与向本省铸局售铜，机制并无不同，差别仅在于享有的优惠不同。向京局所售之铜皆为优质铜（高铜），而且价格较低，而各省局不得不搭配购买大量低铜，且付价较高。同样是高铜，京局支付的价款是 9.2 两 / 百斤，每 100 斤加耗铜 8 斤、余铜 3 斤，不给价，而江苏、江西、广西、陕西、湖南、福建等支付的价款是 11 两 / 百斤，而且每百斤只加余铜 1 斤，不给价。与这些省不同，云南能购买更多高铜，而且支付的价格加上运费也只有 9.2 两 / 百斤，且不用给价的耗铜比例更高，省局每 100 斤加耗铜 13 斤，东川新局与旧局每 100 斤加耗铜 8 斤。贵州也享有较多优惠，可以在滇省购买更高比例的高铜，价格开始为 9.8 两 / 百斤，很快降为 9.2 两 / 百斤。广东出价也较低，价格为 11 两 / 百斤，且每 100 斤加耗铜 10.4 斤、余铜 1 斤；湖北出价为 11 两 / 百斤，加耗铜 8 斤、余铜 1 斤，

1　吴其濬：《滇南矿厂图略》卷二《采》，《续修四库全书》第 880 册，第 208~209 页。

很快改为加耗铜 3 斤、余铜 1 斤。[1] 与滇铜一样，黔铅等矿产也是朝廷所有并由朝廷控制。

所有收益，减去各种费用与厂欠之后即为当年铜息。这些费用中最主要者有：（1）每年上缴定额铜税银 10825 两（详见第三章第三节）；（2）厂费，即管理费用，包括人员薪水与办公支出等；（3）从厂到铸局、铜店之间的运费；（4）云南省铸局用铜，每铜 100 斤，需用"炒炼、人工、炭火等费银" 3 钱，乾隆十四年，共用银 4452 两零。[2]

综上所述，将滇铜铜息产生的方式总结为表 4-5。

表 4-5　滇省铜息的产生

A. 收益	a. 向厂民所征税费（包括正税与附加税费）
	b. 向京局售铜所获价银
	c. 向各省局售铜所获价银
	d. 向本省局售铜所获价银
	e. 余剩铜材所值价银（按 9.2 两 / 百斤折算）
	f. 白铜厂的税收
	g. 铜矿伴生矿税
	h. 官铜店卖铜收益
	i. 其他（一些难以悉举的收益）
B. 支出	j. 向厂民购铜价银
	k. 年定额铜税银 10825 两
	l. 厂费（管理费用）
	m. 从厂到铸局、铜店间的运费
	n. 云南铸局用铜之炒炼、人工、炭火等费
	o. 其他（一些难以悉举的支出）
C. 厂欠	p. 官方借给厂民办铜，未能按时归还之款
D. 铜息	$D = A - B - C = (a+b+c+d+e+f+g+h+i) - (j+k+l+m+n+o) - p$

1　《铜政便览》卷五《局铸上》、卷七《采买》，收入《续修四库全书》第 880 册，第 310、313、316、343、346、350 页。

2　署理云南巡抚硕色：《题报滇省各铜厂乾隆十四年份办获铜斤余息事》（乾隆十五年八月初六日），户科题本，02-01-04-14448-013。

表 4-5 所开列细项中，仅有 a、b、j、k、l 项相对稳定，其余均变动不居，因此滇省铜息并不固定，年年浮动。彭泽益从档案中找到了 6 个年份的铜息数据；王德泰从档案中找到了 10 个年份的铜息数据，其中有 4 个与前者重复；笔者亦从档案中找到了 19 个铜息数据，其中亦有两个与王氏的数据重合。据此，我们整理出一份 29 个年份的铜息数据（见表 4-6）。

表 4-6　清代滇铜铜息

单位：两

年份	数量	资料来源
1725	17960	《清代的矿业》，第 121 页
1726	45820	《清代的矿业》，第 124 页
1727	180000	《清代的矿业》，第 124 页
1728	121197	1727 年办获铜 401 万斤零，获息银 18 万两，1728 年办获铜 270 余万斤（《清代的矿业》，第 124、126 页），可推知获息银约 121197 两
1729	140330	《清代的矿业》，第 129 页
1730	30307	《清代的矿业》，第 129 页
1731	87328	《清代的矿业》，第 129 页
1733	125738	彭泽益：《清代采铜铸钱工业的铸息和铜息问题考察》，载《中国古代史论丛》1982 年第 1 辑
1734	112142	王德泰：《清代云南铜矿垄断经营利润的考察》，《清史研究》2012 年第 3 期
1735	169227	彭泽益：《清代采铜铸钱工业的铸息和铜息问题考察》，载《中国古代史论丛》1982 年第 1 辑
1736	238225	《明清档案》，A76-47，B43127~43143
1740	168953	王德泰：《清代云南铜矿垄断经营利润的考察》，《清史研究》2012 年第 3 期
1749	312682	户科题本，02-01-04-14448-013
1751	278699	户科题本，02-01-04-14645-019
1752	217393	户科题本，02-01-04-14697-004

续表

年份	数量	资料来源
1755	151389	王德泰：《清代云南铜矿垄断经营利润的考察》,《清史研究》2012 年第 3 期
1756	113322	户科题本，02-01-04-15107-012
1757	204892	彭泽益：《清代采铜铸钱工业的铸息和铜息问题考察》，载《中国古代史论丛》1982 年第 1 辑
1758	199263	彭泽益：《清代采铜铸钱工业的铸息和铜息问题考察》，载《中国古代史论丛》1982 年第 1 辑
1759	518760	录副奏折，03-0773-056
1760		
1776	169796	彭泽益：《清代采铜铸钱工业的铸息和铜息问题考察》，载《中国古代史论丛》1982 年第 1 辑
1783	165987	王德泰：《清代云南铜矿垄断经营利润的考察》,《清史研究》2012 年第 3 期
1790	121029	王德泰：《清代云南铜矿垄断经营利润的考察》,《清史研究》2012 年第 3 期
1816	20839	户科题本，02-01-04-19764-022
1828	61190	户科题本，02-01-04-20411-017
1830	81736	户科题本，02-01-04-20411-017
1834	72425	户科题本，02-01-04-20756-020
1836	61191	户科题本，02-01-04-20900-009
平均	144408	

注：李中清整理出 13 个年份的铜息数据表 [李中清：《中国西南边疆的社会经济（1250~1850）》，第 277 页]，有的年份与本表中的年份相同，但铜息数据却不同。按其资料来源，其表中 1727 年数据来自中国人民大学清史研究所等编《清代的矿业》，息银为 1473000 两，误，加上该材料后文的补充，应为 18 万两。其表中 1728 年数据亦称来自《清代的矿业》，为 14 万两，但笔者在该书中并未看到，而且查当年生产状况，似不可能有这么多。又，其表中 1733 年的数据来自《清代的矿业》第 133~134 页，为 161366 两，但看材料，似应为 1732 年 8 月至 1733 年底的息数，并非一整年，所以本表弃之不用，采用王德泰论文中的数据。基于类似的理由，本表亦不采用李氏表中的 1734 年数据（142317 两），而采用王德泰论文中的数据。其他不采用李氏表中数据者，不再一一说明。

<h2 style="text-align:center">第三节　黔铅铅息</h2>

贵州铅矿业为官方产生的直接盈利，称为铅息。雍正五年（1727），黔铅开始兴旺，地方官员从厂民手中收购铅斤，运售湖北汉口，售价减去收购价及运费，即为铅息。笔者在已出版的档案中找到雍正时期部分年份的铅息数，见表4-7。

表4-7　黔省铅息（雍正年间）

单位：两

年份	铅息数	资料来源
1727	20000	《雍正朝汉文朱批奏折汇编》第 13 册，第 721~722 页
1729	30000	《雍正朝汉文朱批奏折汇编》第 17 册，第 159~160 页
1730	55000	《雍正朝汉文朱批奏折汇编》第 18 册，第 324~328 页
1732	124268	《雍正朝汉文朱批奏折汇编》第 25 册，第 823 页。雍正十年获银 163500 余两，十一年获银 169900 余两，扣还两年工本银 8 万两。据此可大致计算出这两年的息银
1733	129132	

雍正十一年，定黔铅供应京局，并由朝廷调动资源进行开发。自此，铅息主要是向京师与他省铸局售铅所产生的息银（售供本省铸局不获利），以及多办铅斤的利润。然而，笔者在各种史料中，并未发现多少有关黔铅铅息的记载。我们只能进行推算。

一　京局黔铅的息银

1. 白铅息银

京运黔铅的数量，一直有变化，总体上看，大致维持在 400 多万斤。[1]乾隆七年（1742）定为白铅 3841914 斤，加上耗铅之后为 403.3 万斤，这一常额一直维持到乾隆二十六年。[2]我们以此为基准来计算铅息。乾隆二十三年，朝廷指令相关省份向黔省筹拨京局白铅 3841914 斤的工本银 55707.75 两，[3]平均每百斤价银约为 1.45 两，当时黔省官方向厂民收买税后余铅的价格为 1.5 两 / 百斤、1.4 两 / 百斤不等，[4]1.45 两 / 百斤显然是一个折中、平均的价格。黔铅官方调拨价接近向厂民的收购价，与滇铜截然不同。

贵州方面加上耗铅，共需办解白铅 403.3 万斤，朝廷指拨的工本银并不涵盖耗铅，黔省官方看来需要赔补。其实不然，因为有 20% 向厂民无偿征收的正税（贵州铅厂没有附加税费），而京局购买铅斤时"并不扣除课铅工本"，[5]所以贵州方面实际向厂民付价的铅斤数为 403.3 ×（1-20%）=322.64 万斤，比京局需要付价的正铅 3841914 斤少了 60 多万斤，因此能够产生息银。当时的余铅收购均价为 1.48 两 / 百斤，[6]据此，向厂民支付的价银

1　马琦：《国家资源：清代滇铜黔铅开发研究》，第 265、275~276 页。

2　马琦：《多维视野下的清代黔铅开发》，第 106~107 页。

3　大学士管户部傅恒：《题复黔省办运京铅及收买备贮铅斤所需工本价脚应准拨给》（乾隆二十二年六月十三日），张伟仁主编《明清档案》，A194-104，B108623~108632。

4　《清高宗实录》卷一八五，乾隆八年二月辛亥；卷二四七，十年八月丙寅；《清朝文献通考》卷一六《钱币四》，考 5000 页。

5　贵州巡抚明福庆：《奏为遵旨查明黔省铅厂亏缺银数议赔事》（嘉庆八年正月十九日），朱批奏折，04-01-36-0095-019。

6　《清朝文献通考》卷一六《钱币四》，考 5005 页。

共 为 32264×1.48=47750.72 两，产生白铅铅息约为 55707.75-
47750.72=7957.03 两。

2. 黑铅息银

自乾隆五年（1740）黑铅用于铸钱后，定黔省每年额运京局黑
铅50万斤，但因产量不稳定，许多年份只运30多万斤、40多万斤，
甚至全然不运，改由湖南办解。[1]笔者综合各种资料，整理出黔省黑
铅供应京局数量。咸丰初年太平天国起事，滇铜黔铅京运受到极大
破坏，所以咸丰之后的情况不列入考虑。

表 4-8　乾隆至道光年间黔省黑铅供应京局数量

单位：万斤

时间	年度京运量	总量	事由	资料来源
1741~1744	50	200	改铸加黑铅与锡的青钱，黔省黑铅开始办解京师铸局	光绪《钦定大清会典事例》卷二一六，收入《续修四库全书》第801册，第520页
1745	50	50	①京局加卯鼓铸，年加办黑铅20万余斤[a]；②湖南所出铅斤满足本省鼓铸外尚有余剩，年承担京运20万斤[b]，贵州相应减办	《湖南省例成案·户律仓库》卷一七《钱法》，第16页；《清高宗实录》卷二四八，乾隆十年九月壬午
1746~1748	40	120	湖南停办白铅10万斤，加办黑铅10万斤为30万斤，贵州相应减10万斤	《湖南省例成案·户律仓库》卷一七《钱法》，第16页

---

[1]　黑铅直到乾隆五年后才用于铸钱，而且含量仅为6.8%，嘉庆年间低至3.4%乃至1.8%，因此黔铅京运的数量并不高，而且全国黑铅的产量都比较低。

续表

时间	年度京运量	总量	事由	资料来源
1749~1763	0	0	黔省铅硐渐空，定京局黑铅尽归湖南桂阳州、郴州铅厂办解	《清朝文献通考》卷一六《钱币四》，考 5007 页；嘉庆《钦定大清会典事例》卷一七四，收入沈云龙主编《近代中国史料丛刊三编》第 655 册，文海出版社，1991，第 7952 页
1764~1774	35	385	郴州矿厂封闭，贵州威宁柞子厂停运以来黑铅颇有积储	《湖南省例成案·户律仓库》卷一七《钱法》，第 17 页；《清朝文献通考》卷一六《钱币四》，考 5015 页
1775~1783	0	0	贵州省黑铅出产短少，每年分办京局黑铅 35 万余斤，全归湖南办解	光绪《钦定大清会典事例》卷二一六，收入《续修四库全书》第 801 册，第 522 页
1784	35	35	乾隆四十六年柞子黑铅厂复得矿引	光绪《钦定大清会典事例》卷二一六，收入《续修四库全书》第 801 册，第 522 页
1785~1793	38.3	344.7	宝泉局请每年添办 32900 余斤，由贵州添办	《清朝文献通考》卷一六《钱币四》，考 5022 页
1794~1798	0	0	改铸铜六（白）铅四的黄钱，不再用黑铅	光绪《钦定大清会典事例》卷二一六，收入《续修四库全书》第 801 册，第 523 页
1799	38.3	38.3	重新配铸青钱，湘、黔二省按原额解办	光绪《钦定大清会典事例》卷二一六，收入《续修四库全书》第 801 册，第 523 页

续表

时间	年度京运量	总量	事由	资料来源
1800~1850	50.3	2565.3	①户、工二局添炉加卯，湘、黔二省各加黑铅9万斤，又办解营操铅3万斤，共为50.3万斤。 ②道光年间关于黔省黑铅京运数量记载较少，我认为，因为铜钱成分没有变化，而且白铅京运数量也没多少变化，黑铅的京运数量因之也应维持稳定。马琦注意到1825年京运黑铅仅3万斤，这应该是京局黑铅有较多积存，所以暂时停运铸钱黑铅，只办解营操铅所致，并非京运黑铅数量的规定发生了变化。这种情况此前亦有发生，见右侧资料来源中朱理之奏折	光绪《钦定大清会典事例》卷二一六，收入《续修四库全书》第801册，第523页；嘉庆二十二年二月初十日朱理奏折（04-01-36-0098-007）；中研院历史语言研究所藏内阁大库档案中嘉庆十五年四月二十六日鄂云布奏折（040508-001）；马琦《多维视野中的黔铅开发》，第109~110页
总计			3738.3	
1741~1850年平均			33.98	

a. 据《清朝文献通考》卷一六《钱币四》，考4999页，乾隆七年议定加办白铅125万斤、黑铅20万斤，白铅最后的加办数为68.2万斤，开始执行的时间是乾隆十年。

b.《清朝文献通考》卷一六《钱币四》，考5001页将贵州减办黑铅之事系于乾隆九年，且数字是30万斤而非20万斤。但《湖南省例成案》与《清高宗实录》均将此事系于十年，且明确说明湖南系办白铅10万斤、黑铅20万斤。疑《清朝文献通考》有误。

自乾隆六年（1741）至道光三十年（1850）共110年间，黔省平均年解京师黑铅33.98万斤。相应能产生多少铅息呢？考虑到黑铅的采冶成本与白铅相当，乾隆八年后黑、白铅厂余铅的收购价格也一致，[1]我们可以根据黔省每年售卖京局3841914斤白铅产生7957.03两铅息的比例，推算出每年33.98万斤京运黑铅约产生息银703.8两，总计黔省每年额办京局黑、白铅斤403.3+33.98=437.28万斤，产生息银约7957.03+703.8=8660.83两。

有的年份，黔铅的京运量更多，但一般不过增加数十万斤，相应的息银不过增加数百两。如嘉庆七年（1802）贵州巡抚福庆奏称黔省每年办运京局黑、白铅共4865100余斤，[2]较437.28万斤多了约49.23万斤，按前面437.28万斤京铅产生8660.83两息银的比例计算，约可增加息银975.06两，总息银为9635.89两。嘉庆十七年贵州办运京局白铅4391914斤，黑铅473238斤，共4865152斤，[3]所产生息银与嘉庆七年相当。平均起来，京运黑、白黔铅每年产生的铅息当在9100两左右。

除京师钱局与军营用铅外，黔铅还有一些为数较少的分配，如嘉庆年间供本省营操铅13042斤。[4]由此产生的息银基本可以忽略。

二　运售汉口黔铅的息银

除满足京局铸钱、京营操练与本省之用外，黔铅还供给外省，

1　《清高宗实录》卷一八五，乾隆八年二月辛亥；《清朝文献通考》卷一六《钱币四》，考5000页。

2　贵州巡抚福庆：《奏为遵旨查明黔省铅厂亏缺银数议赔事》（嘉庆八年正月十九日），朱批奏折，04-01-36-0095-019。

3　贵州巡抚鄂云布：《题请拨给办运京铅所需工本脚价银》（嘉庆十五年四月二十六日），中研院历史语言研究所藏内阁大库档案，040508-001；贵州巡抚朱理：《奏为遵旨封禁黔省黑铅厂座分别酌办事》（嘉庆二十二年二月初十日），朱批奏折，04-01-36-0098-007。如加上营操铅30000斤，共为4895152斤。

4　贵州巡抚鄂云布：《题请拨给办运京铅所需工本脚价银》（嘉庆十五年四月二十六日），中研院历史语言研究所藏内阁大库档案，040508-001；贵州巡抚朱理：《奏为遵旨封禁黔省黑铅厂座分别酌办事》（嘉庆二十二年二月初十日），朱批奏折，04-01-36-0098-007。

但除了雍正年间的云南，大体上各省并非赴黔购铅，而是黔省将铅运至四川永宁、湖北汉口或其他交通方便之地供外省采买，其中运销汉口的途径最为重要。这是黔铅在运销方式上与滇铜最大的差异。贵州先后供给过的省份有云南、湖南、直隶、山西、广西、四川、广东等。

黔铅供应京局之后，黔省官方一度暂停了运售汉口的计划。到乾隆十一年（1746），因黔铅生产旺盛，于是奏定每年办解100万斤铅至汉口，因产量增加迅猛，两年后增至500万斤。但次年即因供大于求，又回落至岁运200万斤。[1] 此后实际的运汉口数量，根据各省铸钱需求以及汉口的销售状况而变化，有的年份可能远超此数，但有的年份可能为零。[2] 平均下来，200多万斤是一个常态。例如乾隆三十七年，署户部尚书素尔讷称各省鼓铸每年需铅218万余斤，而贵州只额办200万斤至汉口，于是定为岁运250万斤。[3] 陈海连认为乾隆四十五年后贵州运销汉口的白铅额度下降至约100万斤，[4] 结合马琦的研究[5]来看，陈海连的观点似不大准确，乾隆四十五年之后，贵州运销汉口的白铅年额确实有100多万斤的情况，但还是长期维持在200万斤以上的。

我们以平均每年200万斤来计算铅息。《清朝文献通考》称，乾隆十三年（1748），议定汉口黔铅每百斤价银为3.606两。[6] 而光绪《钦定大清会典事例》所载价格为3.656两／百斤，且议定时间

1　《清朝文献通考》卷一七《钱币五》，考5005页。

2　马琦：《多维视野下的清代黔铅开发》，第110~114页。

3　署户部尚书素尔讷：《奏复黔抚请增楚铅数目并令各省按年采买事》（乾隆三十七年三月十五日），张伟仁主编《明清档案》，A214-44，B119831~119834。

4　Hailian Chen, *Zinc for Coin and Brass: Bureaucrats, Merchants, Artisans, and Mining Laborers in Qing China, ca.1680s—1830s*, p.589.

5　马琦：《多维视野下的清代黔铅开发》，第111~114页。

6　《清朝文献通考》卷一六《钱币四》，考5005页。

为乾隆十一年，[1]结合乾隆五十八年贵州巡抚冯光熊的奏请[2]可知，《清朝文献通考》有误。[3]黔铅运至汉口，最主要的莲花厂每百斤的运费等为 1.943726 两，加上收购价 1.48 两之后，总成本为 3.423726 两。另一重要铅厂福集厂每百斤运费等为 2.007052 两，加上收购价 1.48 两之后，总成本为 3.487052 两。[4]以莲花厂成本为标准，200 万斤铅，产生的铅息约为 20000 ×（3.656-3.423726）=4645.48 两，以福集厂成本为标准，产生的铅息约为 20000 ×（3.656-3.487052）=3378.96 两。考虑到莲花厂为清代最大铅厂，所产在运供汉口的铅材中的比例可能较大，因此汉口黔铅的年息银似应高于 4645 与 3379 两数的平均值，我们据此估计黔铅销售各省的息银每年在 4100 多两。

　　汉口售铅之息银甚少，源于朝廷旨不在从中获息，所以尽量以成本价出售。嘉庆《钦定大清会典事例》称："贵州省每年运发汉口白铅二百万斤供各省鼓铸，每一百斤核计铅本、脚价及办员养廉工食各项，实需银三两六钱五分六厘零，定价售卖。"[5]我们所看到的 4100 多两息银，应该是以成本定价但略为从宽的结果。

1　光绪《钦定大清会典事例》卷二一八《户部·钱法·直省办铜铅锡》，第 549 页。

2　贵州巡抚冯光熊：《奏请敕各省按增减铅价赴汉口采买铅斤事》（乾隆五十八年五月二十九日），朱批奏折，04-01-35-1339-034。

3　又，《清高宗实录》卷三四二，乾隆十四年六月乙酉载，乾隆十四年贵州巡抚爱必达奏称："从前运汉铅斤，除已照五两价销售外，尚存局铅一百八十万五千五百斤零。"似指在汉黔铅售价为 5 两/百斤，但这与笔者所见材料不符。据此，我们计算铅息时，不用《清高宗实录》中的 5 两/百斤之数据，因为即便记载无误，也应该只是特例。

4　据光绪《钦定大清会典事例》卷二一八《户部·钱法·直省办铜铅锡》（收入《续修四库全书》第 801 册，第 549~550 页），贵州最重要的铅厂莲花厂之白铅，从厂运至永宁，每 100 斤给脚价银 1.475666 两，永宁至汉口，每 100 斤给水脚银 0.343 两、新滩拨费银 0.034 两、杂费银 0.00146 两、熔化火工银 0.0496 两、养廉工食银 0.04 两，共为 1.943726 两。另一重要铅厂福集厂之白铅运至永宁，每 100 斤给脚价银 1.538992 两，其余费用与莲花厂同，加总后为 2.007052 两。

5　光绪《钦定大清会典事例》卷二一八《户部·钱法·直省办铜铅锡》，第 549 页。

三 售供川、滇、桂的息银

外省铸局中，因为与黔省毗邻，滇、川、桂三省均不赴汉口购铅，而是直接到贵州采办。其中，云南用黔铅的年份仅为雍正二年（1724）至四年共三年，每年办运黔铅50万斤，[1] 广西使用黔铅的时间为乾隆八年（1743）至十一年共四年，每年用铅不过113904斤。[2] 滇、桂二省使用黔铅时间甚短，且量不大，所产生的铅息，可予以忽略。

长期赴黔办铅的省份为四川，永宁是重要的转运枢纽。[3] 欲知川省采办所产生的铅息，须先考察采买的数量。四川铸局初设于康熙七年（1668），两年后四川巡抚张德地称川省"见在无需钱文之用"，请停鼓铸并获批准。此后又于雍正元年（1723）开炉，[4] 很快又因"矿砂未旺"而议停，至雍正十年后才长期开局。[5] 此番重开后的宝川局，所用铜、铅一开始就是分别赴滇、黔采买，共设炉8座，

---

1 云贵总督高其倬：《奏节省铅价并调剂钱折》（雍正二年十一月二十一日），中国第一历史档案馆编《雍正朝汉文朱批奏折汇编》第4册，第54~56页；云贵总督鄂尔泰：《奏报借动库项收铅运售获息缘由折》（雍正六年十月二十日），中国第一历史档案馆编《雍正朝汉文朱批奏折汇编》第13册，第721~722页。高其倬奏折中称云南系雍正元年十二月开铸，是知其实相当于自雍正二年开铸，使用黔铅应从雍正二年算起。

2 由《清朝文献通考》卷一六《钱币四》，考4999页可知，广西于乾隆七年开采铜矿，遂向朝廷奏请开局并获得批准，真正开铸时间可能应从乾隆八年算起。开局之初，广西每年铸钱用铜，白、黑铅，锡（比例为50：41.5：6.5：2）共237300斤，其中黑、白铅为113904斤。另外，广西自乾隆十二年开采思恩县属之干峒厂之后就不再采购黔铅，甚至还能向广东、湖南售卖铅斤。见《清朝文献通考》卷一六《钱币四》，考5013页；嘉庆《广西通志》卷一六一《经政略·榷税》，第4507页。

3 马琦：《多维视野下的清代黔铅开发》，第131~136页。

4 据《清世宗实录》卷一，康熙六十一年十一月癸卯。是年令滇、川二省设炉鼓铸，开炉时间应在雍正元年。

5 嘉庆《四川通志》卷七〇《食货·钱法》，收入《中国西南文献丛书·西南稀见方志文献》第4卷，第187页。

每年开铸 24 卯，年用铜铅 32 万斤。[1] 乾隆五年（1740）配铸青钱之前，四川铸钱所用铜与白铅的比例为 6∶4，[2] 据此可知，自雍正十年至乾隆二年共六年间，四川年采办黔铅 32×4/（6+4）=12.8 万斤。乾隆三年川抚硕色奏准增炉 7 座至 15 座，每年用铜铅 60 万斤，[3] 可知年买贵州白铅 60×4/（6+4）=24 万斤。乾隆五年改铸青钱，铜、白铅、黑铅、锡比例为 50∶41.5∶6.5∶2，据此算出川省每年购白铅 24.9 万斤、黑铅 3.9 万斤。乾隆十一年，因四川铜厂旺盛，除本省鼓铸外尚有余剩，于是将宝川局炉座从 15 座增至 30 座，铸钱运往陕西。[4] 采购贵州白铅、黑铅的数量随之翻番为 49.8 万斤、7.8 万斤。乾隆十七年，因停运陕西钱，减炉 7 座为 23 座。黔铅采购量相应减为白铅 38.18 万斤、黑铅 5.98 万斤。乾隆十九年又恢复为 30 座，白、黑铅采购量重又回到 49.8 万斤、7.8 万斤。[5]

　　乾隆十九年（1754）后，随着川省铸钱额的增加，所用白铅数量也呈上升趋势，[6] 但年购黔铅额却似乎维持在了乾隆十九年的水平，即白铅 49.8 万斤。乾隆四十六年，文绶的奏折对此有所反映，[7] 乾隆五十二年川督保宁表述得更为清晰。[8] 究其原因，主要在于四川本

1　《清朝文献通考》卷一五《钱币三》，考 4989 页。

2　《清朝文献通考》卷一五《钱币三》，考 4986 页。当时的规定是铜、铅各半配铸，但"云南各局及嗣后所开之贵州局、四川局，以铜质高低不一，兼之沙水异宜，仍以铜六铅四相配"。

3　《清朝文献通考》卷一六《钱币四》，考 4995 页。

4　《清朝文献通考》卷一六《钱币四》，考 5005 页。

5　嘉庆《四川通志》卷七〇《食货·钱法》，收入《中国西南文献丛书·西南稀见方志文献》第 4 卷，第 188 页。

6　嘉庆《四川通志》卷七〇《食货志·钱法》（收入《中国西南文献丛书·西南稀见方志文献》第 4 卷，第 188~190 页）记载了宝川局炉座增加的情况，又称乾隆二十年加铸 6 卯为 18 卯，但前引《清朝文献通考》称川局雍正十年开局起即年铸 24 卯（嘉庆《四川通志》卷七〇《食货志·钱法》，收入《中国西南文献丛书·西南稀见方志文献》第 4 卷，第 187 页所载与此同），又未看到减卯的记载，因此，疑"加铸 6 卯"为"减铸 6 卯"之误。

7　《清朝文献通考》卷一八《钱币六》，考 5022 页。

8　马琦：《国家资源：清代滇铜黔铅开发研究》，第 273~274 页。

省铅矿业的兴起。乾隆十九年，酉阳州铅厂试采有效，议定除抽课外，半归官买，每百斤给价银二两二钱，四川就此进入本省铅斤配搭黔铅供铸的时期。[1]除酉阳州白铅厂外，四川还先后在长宁、会川、宁番、石砫、雷波、冕宁、荥经等州、县、厅开采黑、白铅，基本上是供应川局鼓铸。[2]

乾隆五十六年（1791），因黔省"出铅愈衰"，于是减川运为每年28万斤。嘉庆元年（1796）停止川运。[3]后来又恢复售供川省，但时间尚不清楚，比较早的记录是嘉庆八年，数量为266666斤。此后可知数量的几个年份，如嘉庆二十年以及道光四年（1824）、十二年、二十五年，销量均为266666斤。[4]据此，我们姑且假定黔铅自嘉庆八年起恢复售川，一直到道光三十年，每年定额均为266666斤。

至于黑铅，乾隆十四年（1749）之后，黔铅生产衰退严重，连京运任务都难以维持。乾隆十四年至二十八年、乾隆四十年至四十八年间京运数量为零，其他时期也是与湖南分办。[5]而四川本省产黑铅，因此颇疑贵州黑铅已不再供应四川，这一怀疑是有相当根据的。一方面，川省官员只提黔省白铅；另一方面，他们明确说明黑铅来自本省。例如，乾隆四十六年户部在议复文绶的奏折时称：

1　《清朝文献通考》卷一六《钱币四》，考5005页。

2　嘉庆《四川通志》卷七〇《食货志·钱法》，收入《中国西南文献丛书·西南稀见方志文献》第4卷，第192~194页。

3　道光《大定府志》卷四二《经政志·厂政》，收入《中国地方志集成·贵州府县志辑》第48册，第621页。

4　马琦：《多维视野下的清代黔铅开发》，第136页。

5　《清朝文献通考》卷一六《钱币四》，考5007页；嘉庆《钦定大清会典事例》卷一七四《户部·钱法·办铅锡》，收入沈云龙主编《近代中国史料丛刊三编》第655册，第7952页；光绪《钦定大清会典事例》卷二一六《户部·钱法·办铅锡》，收入《续修四库全书》第801册，第520~522页。

每年止需铜八十万斤，已与该省出产之数相符，其采买黔
铅及需用本省黑铅，亦据通融筹画。[1]

这里采买的黔铅，即用于正铸的白铅。而黑铅则来自本省。嘉
庆五年（1800）重铸青钱之际，因黑铅供应紧张，大部分省份以使
用了含有"铅性"的云南金钗厂低铜为由不加黑铅，四川则因为本
省有出产而能够同京局一体铸青钱，[2] 这也是川省黑铅自足之一例。
但暂时无法确知川省不用贵州黑铅始自何年，根据相关史料，姑且
推定为乾隆十九年（1754）。[3]

通过以上分析，我们将川省采买黔铅数量制成表4-9。

表4-9　雍正至道光年间川省每年采买黔铅数量

单位：万斤

年度区间	年买白铅	年买黑铅	小计（相应年数的黑、白铅总计）
1732~1737	12.8	0	76.8
1738~1739	24	0	48
1740~1745	24.9	3.9	172.8
1746~1751	49.8	7.8	345.6
1752~1753	38.18	5.98	88.32
1754~1790	49.8	0	1842.6
1791~1795	28	0	140

1　嘉庆《四川通志》卷七〇《食货志·钱法》，收入《中国西南文献丛书·西南稀见方志文献》
　　第4卷，第189页。
2　嘉庆《四川通志》卷七〇《食货志·钱法》，收入《中国西南文献丛书·西南稀见方志文献》
　　第4卷，第191页。
3　据嘉庆《四川通志》卷七〇《食货志·钱法》（收入《中国西南文献丛书·西南稀见方志文
　　献》第4卷，第193页），四川沙鸡黑铅矿自乾隆十三年开采，但产量尚不能满足全省之用。
　　《清朝文献通考》卷一七《钱币五》，第5005页称四川铸钱，"其黑、白铅皆由贵州采买，至
　　（乾隆）十九年以后以酉阳州铅厂试采有效"，遂开始用本省铅配搭黔铅供铸。我们姑且以乾
　　隆十九年作为川省不再够买省黑铅的始年。

续表

年度区间	年买白铅	年买黑铅	小计（相应年数的黑、白铅总计）
1803~1850	26.666	0	1279.968
总计			3994.088
1732~1850 年平均			33.5638

贵州平均每年销售四川 335638 斤铅材，可产生多少息银呢？乾隆二十一年（1756）四月至二十二年三月一年间，贵州在四川永宁等处销售余铅 1020095 斤，每斤价银 3.9 两，获息银 9873 两，[1]据此，可算出每斤铅的息银约为 0.00967851 两，因为黔铅在四川销售并非市场行为，而是官方规定的，价格、运费等都是官定，长期保持不变，所以我们可以得出，黔铅销售四川息银平均每年约为 335638 × 0.00967851=3248.47585 两。

四 售供本省铸局的息银

在滇省铜政中，不管是京师、他省还是云南本省之铸局，购买滇铜时，价格尽管远低于市价，但明显高于向厂民的收购价，所以能产生大量铜息。贵州铅政与此迥异，铸局购铅价与向厂民的收购价相差不大，所以铅息有限。而黔省购买本省之铅时，更是与出厂价（即向厂民的收购价）完全相同，如乾嘉之际，大定钱局的购铅价为 1.5 两/百斤，正好是出厂价。[2]如此看来，黔铅售供本省，并

---

[1] 马琦：《多维视野下的清代黔铅开发》，第 135 页。按，我们不能把这 1020095 斤铅理解为每年黔铅售川量，因为外省购买黔铅，几年采购一次是常态，如直隶二年一次、福建三年一次、山西五年一次。署户部尚书素尔讷：《奏复黔抚请增楚铅数目并令各省按年采买事》（乾隆三十七年三月十五日），张伟仁主编《明清档案》，A214-44，B119831~119834。

[2] 道光《大定府志》卷四二《经政志·钱法》《经政志·厂政》，收入《中国地方志集成·贵州府县志辑》第 48 册，第 616~618、620~621 页。

不会产生铅息。尽管有 20% 的课铅不用付费，但厂费从中支取（详见下文），再加上高昂的运费，课铅实已不敷。事实上，相关文献中，也并未提及黔铅售供本省铸局之铅息，其收支均在铸息项下核算。[1] 综上，比照滇省铜政，我们可以列出黔铅售供本省铸局的息银项目，但其实应计为零。

五　多办铅斤的息银

黔铅供应京师、四川、本省并运汉口售供各省，每年约需铅 900 万斤，[2] 但许多年份，黔铅的产量均超过 1000 万斤，余剩的铅斤，能为官方产生多少息银呢？欲回答此问题，必须清楚官方在满足所需之后多办铅材的数量。官方大量囤积铅材，会积压大量资金，而且存贮铅斤需要成本，让铅斤露天存放还有"损耗之虞"，[3] 因此尽管官方在控制黔铅之初实行余铅尽数收购之策，但很快就不得不放弃这一办法。乾隆十四年（1749），面对生产旺盛的黔铅，黔抚爱必达奏请每百斤铅抽课 20 斤，官买 50 斤，剩余 30 斤准厂民自卖，[4] 大量铅斤由此脱离了官方控制。尽管如此，因黔铅产量较大，官方通过低价收购的余铅，满足所需之外，还是有不少余剩，累年所积，到乾隆二三十年代，存贮铅多达 5000 余万斤。但乾隆朝后期，黔

1　道光《大定府志》卷四二《经政志·钱法》，收入《中国地方志集成·贵州府县志辑》第 48 册，第 616~620 页。运费方面，如兴发厂每铅 100 斤之出厂价为 1.5 两，运至大定局，费银 0.2784 两，黑铅每百斤出厂价为 1.5 两，从柞子厂运至大定局费银 1.0536 两。

2　《清高宗实录》卷一一四二，乾隆四十六年十月己卯；《清朝文献通考》卷一六《钱币四》，考 4999 页。

3　中国人民大学清史研究所等编《清代的矿业》，第 335 页。

4　《清高宗实录》卷三四二，乾隆十四年六月乙酉。该年黔铅产量高达 1400 万斤，而供应北京和川、黔二省鼓铸以及运往汉口发售各省共计需 900 万斤，产量远超官方需求。

铅产量下降，每年新储铅材为数不多，许多年份铅产甚至不能满足所需，不得不动用储备铅斤，官铅存备量由此逐渐下降。道光九年（1829）开始，官方采取措施刺激生产，产量回升，储备铅的数量有所增加。经过积年的支出与增加，到道光二十六年，黔铅储备量尚有 2081 万斤。[1] 这个数量，我们大致可以理解为清代道光朝之前黔省多办铅斤的总量。

2081 万斤铅，能产生多少息银呢？按照朝廷的规定，黔省收买备贮铅斤，向户部核销时价银为 1.45 两 / 百斤，[2] 而向厂民支付的收购价格，平均为 1.48 两 / 百斤，[3] 如此，收买备贮铅斤，似乎会亏损，但因有 20% 的课铅不用付价，所以不但不会亏本，反而略有利润。2081 万斤铅产生的息银约为：$208100 \times 1.45 - 208100 \times (1-20\%) \times 1.48 = 55354.6$ 两。从乾隆元年（1736）到道光二十六年（1846）共 111 年，[4] 年平均息银约为 499 两。

六 厂费支出

以上计算了贵州铅息的来源及数量，接下来我们考虑支出。支出主要是厂费，即矿厂管理费用。道光八年（1828），贵州巡抚嵩溥奏称黔省最重要的两大铅厂妈姑、福集二厂年产额铅 6318915 斤，按 20% 税率，每年抽课铅 1263783 斤，变价银 18956 两，从中扣支

1　马琦：《多维视野下的清代黔铅开发》，第 124~130 页。

2　大学士管户部傅恒：《题复黔省办运京铅及收买备贮铅斤所需工价脚银应准拨给》（乾隆二十二年六月十三日），张伟仁主编《明清档案》，A194-104，B108623~108632。

3　《清朝文献通考》卷一六《钱币四》，考 5005 页。

4　马琦《多维视野下的清代黔铅开发》统计了上自乾隆元年，下迄道光二十六年间若干年份的黔省官铅存储量（第 129~130 页），因此我们以此时间跨度来计算平均息银数。

厂费银约 687 两。[1]630 万余斤铅，所需厂费银为 687 两，以此为准，我们只要知道黔铅年产量，即可推知相应的厂费。黔铅的年产量波动较大，自雍正二年（1724）至咸丰四年（1854）共 131 年间，白铅平均年产量为 559 万斤，自雍正三年至道光二十五年共 121 年间，黑铅年产量大致为 69.8 万斤，黑白铅年均产量合共 628.8 万斤。[2] 与道光八年（1828）嵩溥所称之产铅额 6318915 斤大体相当。因此，我们可以将 687 两作为黔省铅厂的年平均厂费。这一数字当然欠精准，但已足资参考。

　　我们之所以能将道光八年之厂费银推广至整个清代的大部分时期，还因为自雍正年间黔铅供应京局之后，至太平天国起事之前，虽然时间跨度很长，物价变动很大，但在矿政中，各种价格都是官方规定的，长期保持稳定，不会根据市场变化而变化。例如，道光八年嵩溥奏称课铅 1263783 斤，变价银 18956 两，[3] 据此，每百斤课铅变价银约 1.49994105 两，这正好是乾隆八年（1743）所规定的黔省主要铅厂余铅的价格——1.5 两 / 百斤。[4]

七　厂欠

　　参照滇省铜息的计算原则，我们还应从黔铅息银中减去厂欠。与云南铜矿业不同，关于贵州铅矿业中厂欠的史料非常少，我们难以全面、准确地进行论述。道光四年（1824），云贵总督明山、护

1　贵州巡抚嵩溥：《奏为本省铅厂办理竭蹶请暂减一成课铅事》（道光八年十月二十五日），朱批奏折，04-01-35-1362-019。

2　马琦：《多维视野下的清代黔铅开发》，第 96～104 页。

3　贵州巡抚嵩溥：《奏为本省铅厂办理竭蹶请暂减一成课铅事》（道光八年十月二十五日），朱批奏折，04-01-35-1362-019。

4　《清高宗实录》卷一八五，乾隆八年二月辛亥；《清朝文献通考》卷一六《钱币四》，考 5000 页。

理贵州巡抚吴荣光等奏称，黔省铅厂炉欠"历任皆有"，但均"为数无几"，或延长厂民还款期限，或令厂员赔补，总之均有解决途径，因此甚至没有上报朝廷。只是到了道光年间，因各种原因才造成积欠 33000 余两。[1] 据此，我们可以认为，在道光之前，厂欠并未给官方的铅息造成损失，故忽略之。

将前面几项数据汇总后，我们可以得到乾隆至嘉庆年间，黔省的平均每年铅息数（见表 4-10）。

表4-10　黔铅年平均铅息（乾隆—嘉庆）

单位：两

项　　目		每年平均数
收益	售京师息银	9100
	售汉口息银	4100
	售川息银	3248
	售供本省铸局的息银	0
	多办铅斤息银	499
	小计	16947
支出	厂费	687
厂欠	略	略
铅息	收益－支出＝16947－687＝16260	

对比雍正年间与之后的铅息数，可以发现，黔铅供应京局及各省铸局铅材的格局形成后，尽管黔铅的产量在增加，但铅息却大幅减少了。原因在于，过去黔省官员从本省铅厂购铅，运至汉口，用市场价售出；而黔铅受朝廷全面控制后，不管是调拨京局还是运售

1　云贵总督明山、护理贵州巡抚吴荣光：《奏为查明黔省水城威宁两铅厂炉欠实在情形分别有着无着勒限追赔事》（道光四年九月十四日），朱批奏折，04-01-30-0496-014。

汉口，都只能按朝廷规定的低价进行，盈利的空间被大大压缩了。雍正六年（1728），官方将黔铅运至汉口，每百斤铅的收购加运输用银 3.5 两，在汉口的售价为 4.5 两，每百斤获息 1 两。[1]雍正八年，贵州官方在四川永宁、湖北汉口销售黔铅，时价三两七八钱至四五两，每百斤可获余息银一两四五钱。[2]但朝廷全面控制黔铅后，铅斤运至汉口，销售给各省采买官员，每百斤售价仅定为 3.606 两，[3]铅息自然急剧减少了。

第四节　矿税与矿业总收益

一　铜、铅矿税

　　清代各省铜、铅矿业中的课税，以实物为主，这些税铜、税铅，大多用于铸钱，其收益已经体现在京师与各省的铸息中，为避免重复计算，没必要再细究矿税数额。不过，云南铜矿业中，每年有定额银课 10825 两，用于支付兵饷（详见第三章第三节），未体现于铸息，须统计进矿业收益中。

1　云南总督鄂尔泰：《奏报借动库项收铅运售获息缘由折》（雍正六年十月二十日），《雍正朝汉文朱批奏折汇编》第 13 册，第 721 页。

2　贵州巡抚张广泗：《奏明买售铅斤工本余息细数并应行归公及应增各官养廉等项折》（雍正八年三月二十七日），中国第一历史档案馆编《雍正朝汉文朱批奏折汇编》第 18 册，第 324~328 页。

3　《清朝文献通考》卷一六《钱币四》，考 5005 页。

二 其他矿种的矿税

铜、铅矿业是清代矿业的主体，对于此外的矿种，官方收益主要来自税收，其中以银税为大宗。我们根据光绪《钦定大清会典事例》，将相关税额整理如表4-11。

表4-11 清代铜、铅之外的每年矿税税额

单位：两

矿种	每年税额
金	74
银	62590
铁	4907
锡	3212[a]
水银	575[b]
合计	金74，银71284

注：光绪《钦定大清会典事例》所载之矿税税额，并非光绪年间的数据，而是之前比较稳定的税额。例如该书卷二四三第872页所载云南银课系嘉庆十七年数据，又称"（云南）咸丰六年军兴之后，五金厂课均已停办。所有光绪年间新开各矿，俱系尽收尽解"，可见光绪年间云南根本没有一定的课额。必须说明：（1）一些省份的某种矿种的矿税，光绪《钦定大清会典事例》只记载了税率，并未记载税额，所以表中的统计并不完整，但这些漏记之额，数量应该不大；（2）税额与实际征收数之间，有一定差异，不过已足资参考。

a. 光绪《钦定大清会典事例》所载锡之额课为云南3186两、广西192斤实物，考乾隆十年后官方所定广东锡价为13.5两/百斤（《清朝文献通考》卷一六《钱币四》，考4997页），以此为标准，192斤锡值银25.92两，加上云南锡课3186两，约3212两。

b. 光绪《钦定大清会典事例》所载水银课税额为实物水银1438斤，当时规定每100斤水银值银40两，实际的水银市场价格则变动不居，曾经为每36两/百斤，最高时达到54两/百斤，乾隆三十八年降至每百斤值银三十一二两（光绪《钦定大清会典事例》卷二四四），我们姑且以官价40两/百斤为准，算出1438斤水银约值银575两。

资料来源：光绪《钦定大清会典事例》卷二四三《户部·杂赋·金银矿课》、卷二四四《户部·杂赋·铜铁锡铅矿课》。

三　官方的矿业总收益

自雍正末年朝廷开始全面介入控制铜、铅矿业后，到太平天国起事直接导致矿业全面衰落之前，官方每年的大致矿业收益，见表4-12。

表4-12　雍正至道光时期铜、铅矿业年平均收益

单位：两

项目	数额
京师钱局铸息	135388
云南钱局铸息	49418
他省钱局铸息	104483
滇铜铜息	144408
黔铅铅息	16160
滇铜课银	10825
其他矿种之矿税	金 74，银 71284
合计	金 74，银 531966

矿业兴盛时期，清王朝每年获得的收益约为白银531966两，以及少量的金。这些收益，都属朝廷所有，如何取得以及使用，均须经过朝廷批准，地方政府只有建议权。不过，这些收益，许多也被朝廷指定用于补充地方经费，例如雍正八年（1730），黔抚张广泗请求将运售铅斤所获之五六万两息银赏作本省官员之养廉银。[1] 矿

1　贵州巡抚张广泗：《奏明买售铅斤工本余息细数并应行归公及应增各官养廉等项折》（雍正八年三月二十七日），中国第一历史档案馆编《雍正朝汉文朱批奏折汇编》第18 册，第324~328 页。

业收入成为云南、贵州能够在雍正年间进行火耗归公改革的前提。[1]

每年约 531966 两的矿业收益，置诸清王朝的岁入体系中，并不起眼。根据乾隆十八年（1753）的奏销册，当年全国盐课为 5560540 两，[2] 关税为 4324005 两，[3] 牙行、铺户等税收亦达 1052706 两。[4] 按照汤象龙的估算，鸦片战争前夕，清廷每年的田赋收入为 3000 万两，盐课为 650 万两，关税为 450 万两，杂赋 200 万两，耗羡 550 万两，[5] 相对而言，矿业收益不值一提。不过，矿业开发尚有一些值得注意的社会经济效果：大量铜钱促进了清代经济发展，滇黔矿业吸纳了内地的众多过剩人口，道路修整极大改善了西南的交通状况，促进了商业的繁荣，也使云贵地区与内地更为紧密地整合为一体。[6] 当然，矿业还给许多地区（特别是云南）带来了触目惊心的生态破坏，[7] 时人对此不以为意，两三百年之后对环境有着新认识的我们则可以清晰感受到。

1　Madeleine Zelin, *The Magistrate's Tael: Rationalizing Fiscal Reform in Eighteenth-Century Ch'ing China*, pp. 141-148.

2　乾隆《钦定大清会典》卷一五《户部·盐课》，收入《景印文渊阁四库全书》第 619 册，第 148 页。考虑到盐商的报效，朝廷从盐业中获得的收益更为可观。

3　乾隆《钦定大清会典》卷一六《户部·关税》，收入《景印文渊阁四库全书》第 619 册，第 150 页。

4　乾隆《钦定大清会典》卷一七《户部·杂赋》，收入《景印文渊阁四库全书》第 619 册，第 155 页。

5　汤象龙：《鸦片战争前夕中国的财政制度》，《财经科学》1957 年第 1 期。

6　温春来：《从"异域"到"旧疆"：宋至清贵州西北部地区的制度、开发与认同》，第 232~261 页；温春来：《矿业、移民与商业：清前期云南东川府社会变迁》，载温春来主编《区域史研究》第 2 辑，社会科学文献出版社，2019，第 107~154 页。

7　杨煜达：《清代中期（公元 1726~1855 年）滇东北的铜业开发与环境变迁》，《中国史研究》2004 年第 3 期；温春来：《矿业、移民与商业：清前期云南东川府社会变迁》，载温春来主编《区域史研究》第 2 辑，第 107~154 页。

第五章　成本递增与矿业衰落

　　第四章对清王朝矿业收益的年均数量分析，容易让人误以为清代国家总能稳定地从矿业中获益。实情绝非如此，因为清代矿业存在着一个无法突破的结构性困境。清王朝为了垄断矿产品，付出巨大人力、物力，建立并维持复杂的矿政体系。虽然这套体系存在根本缺陷，重重压榨之下的厂民也大多处于贫困状态，但在最初阶段，清王朝仍然能够轻易达到目的。但是，矿业成本递增的特性，使厂民出现亏损，且该情形不断恶化，他们通过拖欠贷款、走私、歇业、逃亡等方式来进行反抗。为了避免矿厂倒闭，拥有强大议价能力的朝廷，也不得不在税费政策方面做出一定让步，削减自身收益，并让地方政府承担更多的责任，使矿政体系仍然可以运转，中央、地方与厂民之间就此达到了新的平衡。随着采冶成本持续增加，这一平衡不断被打破，官方收益随之继续递减。当采冶成本增加到一定程度，官方难以在满足需求的同时保证自己与厂民均不亏损，平衡难以再维系，矿业的衰落不可避免。

第一节　生产成本的递增

开采年久，矿业生产必然会出现成本递增、报酬递减的现象。首先是矿坑越挖越深，氧气越来越稀薄，在没有电车、升降机、通风系统等机械设备的情况下，困难可想而知。乾隆八年（1743），广西布政使唐绥祖奏称，回头山铜矿乾隆二年初开时，入之不深，即可得矿，每人一日可出入数十次；七年之后，垅口已深，取砂在数十丈之下，"或由砂路所及，旁穿侧入"，每人一日出入不过数次。乾隆二十一年，署理云贵总督爱必达等称云南最重要的汤丹、碌碌等铜厂，开采年久，矿硐"较前深至一二十里，背负（矿石）甚艰"。[1] 其次，坑洞深入之后，容易遭遇地下水，或一遇下雨，积水灌注，抽排工作极其繁重，而且随着矿硐延伸，繁重程度日渐加剧。[2] 再次，开采之初，自然先采品质优良的矿山，这就意味着矿砂品质的逐渐下降。例如位居清代各铜厂之首的汤丹厂，在乾隆十二

1　署理云贵总督爱必达、署云南巡抚郭一裕：《奏明筹办铜厂增本裕息缘由事》（乾隆二十一年四月二十日），录副奏折，03-1097-024。

2　广西布政使唐绥祖：《奏请开采桂省铜厂以资鼓铸事》（乾隆八年十一月），录副奏折，03-0769-070。

年时开始出现"矿硐既远、出铜渐少"的现象。官府不得不积极寻找新的矿源，在滇东北地区新办大雪山、盐井坝厂，因开采成本较高而封闭的多那厂也得以重开。[1] 当汤丹等滇东北的大铜厂无法恢复产量高峰后，云南官方不得不让顺宁府的宁台厂承担 200 万斤解京蟹壳铜的额度。然而，宁台厂产量虽大，矿石品位却不高，产品品质较差，得另费巨大成本，先将铜斤改煎为紫板铜，再改煎为蟹壳铜，方可运京。[2] 复次，燃料供应日益困难。铜的冶炼需要柴薪、木炭，贵州黑、白铅的冶炼则主要用煤，[3] 随着矿山周边的树木砍伐殆尽，炭山越来越远，炭薪价格越来越高。[4] 如广西回头山铜矿，乾隆二年开采，七年之后，附近柴炭砍烧殆尽，所需燃料来自十里之外。[5] 道光年间，滇省产量最大的宁台铜厂，所需薪炭须到一二百里之外购买。[6] 又次，通风、照明的难度，同样随着开采时间的推移而日益增加，当矿井日渐深远，照明所需费用"约居薪米之半"。[7] 最后，通货膨胀特别是油、米价格的上涨，也带动了办矿成本的增

1　云南总督张允随：《奏陈滇省铜厂情形预筹开采接济京局事》（乾隆十二年三月初十日），朱批奏折，04-01-35-1238-005；云南总督张允随、云南巡抚图尔炳阿：《奏为滇省新开铜厂渐臻旺盛事》（乾隆十三年正月二十七日），朱批奏折，04-01-36-0086-019。

2　云贵总督富纲：《题为云南白羊厂改煎蟹壳净铜请照例酌给价银事》（乾隆四十八年八月初六日），户科题本，02-01-04-17365-010；云贵总督富纲、云南巡抚刘秉恬：《奏为遵旨遴选甘士谷管理宁台厂铜务事》（乾隆五十一年四月十二日），朱批奏折，04-01-36-0093-031。

3　铜的冶炼所需燃料，前文已有叙述。贵州铅、锌的冶炼，主要用煤。云南总督鄂尔泰的《奏报调剂黔省铅斤并办获滇省铅息情形折》中对此有描述，2012 年我对位于六盘水市水城特区的福集铅厂遗址的调查也是如此。

4　全汉昇：《清代云南铜矿工业》，《中国文化研究所学报》第 7 卷第 1 期，1974 年 12 月。

5　广西布政使唐绥祖：《奏请开采桂省铜厂以资鼓铸事》（乾隆八年十一月），录副奏折，03-0769-070。

6　云贵总督伊里布、云南巡抚何煊：《奏为遵旨查明铜厂积弊逐款核议事》（道光十六年十二月初十日），录副奏折，03-9498-062。

7　潘向明：《清代云南的矿业开发》，载马汝珩、马大正主编《清代边疆开发研究》，第 333~363 页。

加。雍正十二年（1734）张允随提到，在决定汤丹、青龙等铜厂的官方收购价时，每百斤给银三两五钱以至五六两不等，但十余年后，"一切油米柴炭等项价值较昔倍增，是以后开之厂不能悉符原案"，大鱼井等厂收购价就高达九两。[1]

　　成本增加，不断冲击矿产控制体系，官、民皆日益陷入困境。要满足自己的矿产品需求，就不得不在税费上让利，或者用其他措施补助矿厂，否则厂民亏损，矿厂倒闭，官方将一无所获。清代最重要的铜厂汤丹厂，自乾隆三十年（1765）起，产量逐渐下降，署云南巡抚明德将此归因于过去汤丹厂是在州县中挑选干练的佐贰官员管理，该官专理铜务，"稍有不善即另行遴选"，乾隆三十年督臣刘藻因厂地辽阔，厂民越来越多，争斗案件相应增加，奏准将澄江府通判裁撤，改设东川府分防汤丹通判，通判不只管铜务，还理刑名，有所分心，而且原来的厂员一旦表现不佳就撤换，通判则可以久任，"不无懈怠"，因此建议恢复原来的制度。[2]

　　明德的分析并未抓住要害。乾隆三十年之后，因为矿硐开采年久，成本增加，加上油米价格上涨等因素，云南铜厂生产普遍出现问题，而不只是汤丹。例如义都、大兴、大铜三厂原本是出产优质铜的大厂，义都年办铜一百五六十万斤，在滇省铜厂中位列第三，仅次于汤丹、碌碌，大兴年产量亦在百万斤以上。但到了乾隆三十二年（1767），滇抚汤聘奏称因开采日久，"大铜厂洞老

1　大学士兼管户部事务傅恒、户部尚书海望：《题为遵察滇省奏销雍正十一年份各铜厂办获铜斤余息案内铜本脚价等项数目事》（乾隆十五年六月），户科题本，02-01-04-14448-001。

2　署云南巡抚明德：《奏请裁滇省汤丹铜厂通判事》（乾隆三十五年三月十三日），朱批奏折，04-01-36-0894-025。

砂微，业经封闭，大兴厂积水难消，亦复停歇不采。即义都一厂亦有积水，是以产铜渐不如往年之多"。[1]乾隆三十三年，滇抚明德自己也奏称全省各厂"出产铜斤渐少，以致不敷各省办运"。[2]次年的一份奏折中，他给出了具体的数据，乾隆三十年之前，每年获铜俱在一千万斤以上，但三十一年仅获铜八百余万斤，次年又减至七百余万斤，三十三年上半年，更是只获铜三百二十余万斤，下降的趋势非常明显。而当时京局鼓铸年需铜六百余万斤，全国其他铸局年需铜亦六百万斤，共需铜一千二百余万斤。[3]到乾隆三十七年，汤丹厂采矿砂丁不满万人，远少于兴旺时期的三万余人。滇抚李湖将生产衰退归为办矿成本增加，炉户、砂丁均无盈利。例如，因为近厂松木砍伐殆尽，为了获取煎炼蟹壳铜的松炭，得到一二百里之外买运回厂，每百斤炭仅运费就需银八九钱至一两多不等，一遇雨雪运输不便，只得"停炉以待"。此外，砂丁受炉户雇募采矿，"除交官矿三十八桶外"，再多采者，炉户就须计桶向砂丁购买，但随着矿硐越采越深，砂丁连完成官矿任务都很困难，不可能再有额外矿砂卖出，无利可图，不愿再受雇采矿。[4]在乾隆三十八年的一份奏折中，李湖又提到，办矿成本增加，厂民获矿困难，厂员担心贷款无法收回，自己会被追赔，于是不肯轻易放款，

1　云南巡抚汤聘：《奏陈铜厂现在开采情形事》（乾隆三十二年二月十六日），朱批奏折，04-01-35-1268-029。

2　云南巡抚明德：《奏陈铜厂情形事》（乾隆三十三年六月十五日），录副奏折，03-1098-005。

3　云贵总督明德：《奏报云南整顿铜厂情形事》（乾隆三十四年二月），朱批奏折，04-01-35-1270-016。

4　署理云南巡抚李湖：《奏为敬陈滇省铜厂事宜事》（乾隆三十七年四月），朱批奏折，04-01-36-0090-013。

加剧厂民困难，形成恶性循环。[1]

　　生产成本增加带来的冲击也影响着贵州矿业。全国最重要的铅厂莲花以及砂朱等，乾隆八年（1743）就曾出现"矿砂既薄，食物俱昂，炉民无利可图，人散炉停，出铅日少"的状况，[2]官方不得不设法改善。18世纪70年代末到80年代，莲花厂与另一大厂福集厂再次陷入衰退，原因就在于开采年久，矿硐日深，而且"常需雇工淘水，工费更增"。[3]因为黔铅冶炼用煤，较之主要用薪炭的铜厂，燃料成本增长可能没那么显著，所以铜厂面临的困难显然更大。如威宁州格得、八地、铜川河三大铜厂，前两厂开于雍正十年（1732），后者开于乾隆六年，均为一九抽课，余铜官收，每百斤价银七两。虽然官价低于市价，但此时厂民仍然有利可图，到乾隆十二年，黔抚孙绍武奏称因矿硐日深、近厂柴山砍伐已尽、油米价格上涨，厂民每生产铜百斤需费银十二两，远高于官价，加上还要缴税，是以厂民纷纷散去，三厂获铜逐年减少，产量不及起初的十分之二三，而且厂民有全部星散的势头。[4]

　　全国其他地区的矿厂，也经历着成本增加所带来的困难，不再详述。

1　云南巡抚李湖：《奏为查明滇省汤丹大碌等铜厂欠银酌议扣追清帑事》（乾隆三十八年正月初八日），朱批奏折，04-01-36-0091-001。

2　《清高宗实录》卷一八五，乾隆八年二月辛亥。

3　《清高宗实录》卷一三一一，乾隆五十三年八月戊午。

4　贵州巡抚孙绍武：《奏陈黔省铜厂情形等事》（乾隆十二年九月十六日），朱批奏折，04-01-35-1238-013。

第二节　官方收益的递减

成本递增一步步压缩厂民的获利空间，甚至令他们面临亏损而离厂别去。为了维系矿业的发展，官方不得不向厂民让利，这就导致官方收益的递减。

一　税费让步

根据"正税＋隐性税（官价与市场价的差额）＋附加税费＝实际税负"的结构，官方的税费让步有四种基本方式。(1) 降低正税税率。(2) 降低隐性税税率之一：提高官方收买税后产品的价格。(3) 降低隐性税税率之二：减少官方收购税后产品的比例。(4) 降低附加税费税率。所有税费让步的实践，均是地方政府向朝廷申请，经反复讨论、讨价还价之后才有可能落地。附加税费乃矿厂管理费所系，这一刚性需求难以削减，所以实践中几乎不会出现第四种情况。前三种构成了税费让步的基本途径，具体因时、因地、因厂而异。总体而言，(1)(3) 与官方控制矿产品的努力相背，操作空间相对较少，(2) 遂成为最普遍的方式。

（一）提高官价

在这个方面，云南铜矿业的史料中有比较完整的记录。

最初，滇铜官价每百斤给银三两八九钱至四两不等，汤丹、大水沟等铜厂价格稍高，为五两一钱。[1] 严中平总结过滇铜的几次加价，第一次是雍正五年（1727），第二次是乾隆三年（1738），第三次是乾隆十九年，第四次是乾隆二十一年，第五次是乾隆二十五年。[2] 其实之后仍有两次加价。一次是小范围的个别铜厂加价，即乾隆二十九年将大美厂余铜从原来每百斤价银 6 两加至 6.987 两。[3] 另一次是临时加价，乾隆三十三年，滇省铜厂普遍减产，原因之一是军事行动所导致的"马骡短少，柴米价昂"，于是巡抚鄂宁奏准每百斤余铜暂时加价 0.6 两，"俟军务竣后停止"。但战争结束后铜厂生产仍然未能改观，三十五年署理巡抚明德奏称"各厂未能复旧"，请求将期限延长一二年，迨"物价平减之时再照向定章程办理"。两年后，接任的巡抚李湖以物价仍然昂贵，"厂民工本不敷"为由，再次奏请将加价延期，[4] 皇帝批准再展限二年。[5] 至乾隆三十九年，加价终于停止，各厂每百斤余铜价格统一减去 0.6 两，恢复原价。

　　至此，终清之世，滇省余铜加价就基本停止了。全省铜厂形成了三种不同的余铜价格，最高者为汤丹、碌碌、大水沟、茂麓、大风岭等厂，价格为每百斤 7.452 两；其次为大功、得宝坪、双龙、小岩坊、大兴、红坡等厂，价格为每百斤 6.987 两；最低者为宁台、香树坡、乐马、人老山、箭竹塘、长发坡、凤凰坡、红石岩、青

1　调署云南巡抚裴宗锡：《奏报清查铜厂实在情形事》（乾隆四十年十月三十日），录副奏折，
　　03-0781-042。

2　严中平：《清代云南铜政考》，第 36~42 页。

3　《铜政便览》卷一《厂地上》，收入《续修四库全书》第 880 册，第 261 页。

4　署理云南巡抚李湖：《奏为滇省各铜厂加价钱文请展限事》（乾隆三十七年四月二十五日），
　　朱批奏折，04-01-36-0090-012。

5　署理云贵总督彰宝、云南巡抚李湖：《奏为遵旨筹议滇省各旧铜厂照例以余铜一分通商事》
　　（乾隆三十八年六月二十二日），朱批奏折，04-01-36-0091-013。

龙、马龙、白羊、义都、大宝、者囊等厂，价格为每百斤 6 两。三
种价格，从高到低，对应上、中、下三类厂，形成了三种余铜价
格。[1] 此后所开铜厂，均照此定价。[2] 一直到道光年间，仍然如此，
这从 1843~1845 年任云贵总督的吴其濬[3]的《滇南矿厂图略》中即可
看出。[4]

这样的价格，不敷采冶成本，厂民非但不能获利，且有亏损之
虞。乾隆四十年（1775），甫上任的云南巡抚裴宗锡就指出，即使
出矿较旺的厂，每百斤铜的成本也高过官价一两五六钱，矿砂较薄
的厂，差距更大。[5]

事实上，每次加价，均是厂民、地方与中央博弈的过程。乾隆
七年（1742）规定，如有因开采年久而硐深矿薄、物价昂贵之铜厂

1　《铜政便览》卷一《厂地上·梅子沱厂》，收入《续修四库全书》第 880 册，第 241 页。永
　　善县梅子沱铜厂乾隆三十九年停止加价后，余铜价格为每百斤 7.452 两，"（乾隆）四十二年
　　按中厂例价，每余铜百斤给价银六两九钱八分七厘"。由此似可推断，梅子沱厂原来的价格
　　7.452 两是上厂例，6.987 两是中厂例，而 6 两是下厂例。除梅子沱厂外，笔者看到的铜厂余
　　铜价格调整的例子还有宁台厂。宁台厂价格原本是每百斤 6 两，后因汤丹等厂衰落，宁台厂
　　始承担大量的京运铜材任务。但宁台厂铜材纯度较差，需要改煎为纯度较高的蟹壳铜，蟹壳
　　铜的余铜价格为每百斤 6.987 两，这是中厂之例。《铜政便览》卷一《厂地上·宁台厂》，收
　　入《续修四库全书》第 880 册，第 229 页。
2　《铜政便览》卷一、卷二，收入《续修四库全书》第 880 册，第 229~267 页。按，有多个铜
　　厂余铜原来每百斤价银 6 两，乾隆三十三年每百斤加价银 0.6 两，加价后应为 6.6 两，但《铜
　　政便览》却将加价后的价银写为 6.698 两，不知何故。乾隆三十九年后减去所加的 0.6 两，
　　这几个铜厂的余铜价格重新变为 6 两。按，《铜政便览》一书，笔误处颇多。
3　E-Tu Zen Sun, "Wu Ch'i-chuü: Profile of a Chinese Scholar-Technologist," *Technology and
　　Culture*, Vol. 6, No. 3, 1965.
4　吴其濬：《滇南矿厂图略》卷二《铜厂》，《续修四库全书》第 880 册，第 174~180 页。不在
　　此例者仅金钗厂，为每百斤 4.6 两。这可能是因所产铜材纯度较差，故价格一直为最低。该
　　厂余铜原银原为 4 两／百斤，雍正十三年加至 4.6 两，乾隆三十三年同全省铜厂一起每百
　　斤加价银 0.6 两，变为 5.2 两，乾隆三十九年停止加价，又减为 4.6 两（《铜政便览》卷一《厂
　　地上·金钗厂》，收入《续修四库全书》第 880 册，第 266 页）。
5　调署云南巡抚裴宗锡：《奏报清查铜厂实在情形事》（乾隆四十年十月三十日），录副奏折，
　　03-0781-042。

须加价，地方官将添价理由与方案上报，经户部讨论、议复，交皇帝圣裁。[1] 各方讨论总是烦琐冗长，耗时耗力，形成如下清代滇铜官价变化的常态：在厂民的痛苦、地方官不断的请求与解释以及户部持续的否定中，铜价缓慢增长，这种增长远远滞后于办铜实际成本的变化情形，甚至出现涨价之后又减回到之前价格的情况。

处于底层的厂民，面对严苛的税费政策，其积极反抗手段是走私偷漏，消极手段则是在生产与税收任务无法完成时一逃了之。此时官方不但难以获得所需矿产品，而且相应的借款也难以追偿。

对向厂民让利的问题，朝廷与地方官府的态度并不完全一致。地方官员更倾向于厂民的立场，因为他们不但对厂民办铜的艰难情况有切实了解，而且负有督促生产与税收任务完成的重任，所以倾向于提高收购价格以刺激生产。但对朝廷而言，加价意味着收益的减少，而且对地方官员所请是否属实，是否涉嫌逃避责任乃至从中谋私，朝廷并无十足把握，因此倾向于否决地方加价的申请或削减加价额度，或者为加价设定期限，如上述乾隆三十三年的加价。

乾隆二十一年（1756），地方官员终于找到一个使户部可以更爽快同意加价的办法，即，加价之钱不从既定的 100 万两铜本中动支，而是另辟蹊径。乾隆十九年，云南请求东川府铜厂每百斤铜加价 0.84 两，但最后只批准加价 0.42 两。乾隆二十一年四月二十日，署云贵总督爱必达等再次奏称，汤丹、碌碌等厂开采年久，矿硐"较前深至一二十里，背负甚艰"，而且米价每石涨至三两七八钱，油价每百斤涨至九两，炭价每千斤涨至七八两，办铜成本较从前几

1　云南巡抚刘藻：《题为宁台山铜厂功〔攻〕采年久人工食费较倍请旨循例加价事》（乾隆二十三年十二月），户科题本，02-01-04-15138-004。

乎翻倍，因此要求每百斤铜再加 0.42 两。为了争取朝廷同意，爱
必达等提出，此次加价不需动用铜本，只要增加东川钱局的铸钱数
量，所增铸息即可支付新增价银。[1] 当年六月初六日，皇帝命令户部
就此进行讨论。二十六日，户部以增铸会导致钱价过贱为由，要求
新任云贵总督恒文与巡抚郭一裕细加讨论。恒、郭二人答复称，户
部担心的结果不会出现，闰九月初四日，户部终于同意了云南督抚
的方案并上呈皇帝批准。[2] 六年后，总督吴达善又奏称汤丹、碌碌二
厂嶒硐更深，炭山远在二三站（即步行需二三天时间）之外，抽排
积水工作繁重，请求每百斤铜加价银四钱。[3] 但到乾隆三十三年，因
为滇省铜厂普遍减产，不得不裁撤全省一些铸局，并减去东川局炉
座，通过加铸铜钱增加收购价格的办法遂告不行。[4] 整个云南铜厂余
铜加价过程也就终止了。

　　全国最重要的铅产地在贵州，该省铅厂余铅价格也有数次增
加。雍正五年（1727），地方官府开始从厂民手中收购铅斤，运赴
汉口发卖，每百斤铅给价银 1 两。[5] 价格很快就有提升。两年后，云
南总督鄂尔泰声称，成本较低（矿浅煤近）的马鬃岭、砂朱、江西
沟、柞子四厂给价 1.2 两 / 百斤，成本较高（煤远矿深）的大鸡、丁

1　署云贵总督爱必达、署云南巡抚郭一裕：《奏明筹办铜厂增本裕息缘由事》（乾隆二十一年四
　　月二十日），录副奏折，03-1097-024。

2　乾隆《东川府志》卷一三《鼓铸》，收入《中国西南文献丛书·西南稀见方志文献》第 26
　　卷，第 104~105 页。

3　云贵总督吴达善：《奏报酌议调剂云南铜厂铜价银事》（乾隆二十七年六月十二日），朱批奏
　　折，04-01-35-1264-002。

4　署理云贵总督彰宝、云南巡抚李湖：《奏为遵旨筹议滇省各旧铜厂照例以余铜一分通商事》
　　（乾隆三十八年六月二十二日），朱批奏折，04-01-36-0091-013。

5　雍正六年，云南总督鄂尔泰奏称动用银 2 万两，在黔省收获铅 200 万斤赴汉口发卖，可见向
　　厂民的收购价格应为 1 两/百斤。云南总督鄂尔泰：《奏报借动库项收铅运售获息缘由折》（雍
　　正六年十月二十日），《雍正朝汉文朱批奏折汇编》第 13 册，第 721~722 页。

头山二厂给价 1.5 两 / 百斤，这样让炉户"工费充足且有余利"，矿厂方能兴旺。[1]次年，贵州巡抚张广泗也说黔省铅厂余铅的收购价格为每百斤一两四五钱不等。[2]

雍正十一年（1733）确定黔铅供应京局鼓铸之后，官方于次年将各厂的余铅价格统一定为 1.3 两 / 百斤。[3]价格较过去有所降低，其原因可能有二：一是当黔铅崛起之后，朝廷力图以更低成本控制这一重要资源；二是有一定的降价空间。此时，莲花厂已经开始兴旺，这个清代最为重要的铅厂，应该是矿藏丰富且易于开采的，所费较其他厂低，故以其作为定价标准。另一重要矿厂砂朱厂生产成本也较低，过去的定价为 1.2 两 / 百斤，雍正十一年的统一定价，较此还略有提升。乾隆五年（1740），改铸铜、白铅、黑铅、锡配铸的青钱；次年令贵州供应京局黑铅，余铅价格为 1.2 两 / 百斤，[4]较白铅价格略低。

乾隆八年，因莲花、砂朱厂"矿砂既薄，食物俱昂，炉民无利可图，人散炉停，出铅日少"，贵州巡抚张广泗奏请加价为 1.5 两 / 百斤。户部建议"暂如所请"，如铅产状况有改善，即"据实核减"。[5]同年，贵州柞子黑铅厂的税后收购价格，同样因"矿砂渐薄，工本较重"，从 1.2 两 / 百斤增至 1.5 两 / 百斤，与白铅价格相同。[6]两年后，威宁

1　云南总督鄂尔泰：《奏报调剂黔省铅斤并办获滇省铅息情形折》（雍正七年十一月初七日），中国第一历史档案馆编《雍正朝汉文朱批奏折汇编》第 17 册，第 159~160 页。

2　贵州巡抚张广泗：《奏明买售铅斤工本余息细数并应行归公及应增各官养廉等项折》（雍正八年三月二十七日），中国第一历史档案馆编《雍正朝汉文朱批奏折汇编》第 18 册，第 324~328 页。

3　《清朝文献通考》卷一五《钱币三》，考 4990 页。

4　光绪《钦定大清会典事例》卷二一六《户部·钱法·办铅锡》，收入《续修四库全书》第 801 册，第 520 页。

5　《清高宗实录》卷一八五，乾隆八年二月辛亥。

6　《清朝文献通考》卷一六《钱币四》，考 5000 页。

州倮木底新开铅矿也因不敷工本，每百斤价银从 1.3 两增为 1.4 两。[1]

　　18 世纪晚期，黔铅生产普遍陷入衰退，官方不得不继续予以厂民更高收购价。如大定府兴发厂在乾隆四十三年议定税率为 20%，余铅官购其半，每百斤价银 1.4 两，很快因生产渐衰，改为官方不抽课，所有铅斤官方悉数收买，价格为每百斤 1.83 两。[2] 莲花、福集两大铅厂的生产也很不理想，乾隆四十九年（1784），黔抚永保赴威宁查看时，尚称莲花等厂矿砂"均属丰旺"，"炉户、砂丁等亦各踊跃从事，可期无误"，困难不在于生产，而在于运输。[3] 但仅仅过了四年，贵州巡抚李庆棻就指出莲花等厂开采日渐艰难，必须提高炉户工本，以便刺激生产，于是规定黔省白铅每百斤加价银 0.3 两，据此，福集厂从 1.4 两加为 1.7 两，而莲花厂从 1.5 两加至 1.8 两。[4] 但不知何时，所加之价可能又予削减。道光八年（1828），黔抚嵩溥奏称余铅的收购价为 1.4 两 / 百斤。[5]

　　全国其他地区的矿厂，也经历不断加价的过程，但笔者所见材料不够丰富，难以详述。例如乾隆八年（1743）广东布政使讬庸称，粤省铜矿奉旨开采之时，"商人采铜百斤，照例抽课二十斤，又另收公费、耗折等铜四斤十二两八钱，余铜七十五斤三两二钱，每斤定价一钱，全数交官收买，是商人采办百斤之铜，止领七两五钱之价，不特毫无余利，且致亏折工本"，建议将余铜价格涨至市场

1　《清高宗实录》卷二四七，乾隆十年八月丙寅。

2　道光《大定府志》卷四二《经政志·厂政》，收入《中国地方志集成·贵州府县志辑》第 48 册，第 620–621 页。

3　贵州巡抚永保：《奏报查勘威宁一带铜运铅运情形事》（乾隆四十九年十二月初九日），朱批奏折，04–01–35–1319–002。

4　《清高宗实录》卷一三一一，乾隆五十三年八月戊午；贵州巡抚冯光熊：《奏请敕各省按增减铅价赴汉口采买铅斤事》（乾隆五十八年五月二十九日），朱批奏折，04–01–35–1339–034。

5　贵州巡抚嵩溥：《奏为本省铅厂办理竭蹶请暂减一成课铅事》（道光八年十月二十五日），朱批奏折，04–01–35–1362–019。

价格,即 17.5 两/百斤。户部以滇铜定价每百斤九两二钱,洋铜价格每百斤十四两五钱,拒绝了这一请求。[1] 最后妥协的结果,是每百斤定价十二两。[2]

(二)降低正税税率

同提高官价一样,其他税费方面的让步,如降低正税税率、降低官方收购税后产品的比例等,都是各方博弈的结果,须经过烦琐冗长的讨论,此不赘述。

贵州铅厂原本按 20% 税率抽课,道光八年(1828),因"开采年久,硐深矿微,攻取匪易",且排水困难,炉户"所领工本银两不敷烧办成本",渐致歇业,于是贵州巡抚嵩溥奏请按 10% 收税,[3] 获得了批准。[4] 威宁州属果木果铜厂,原本二八抽课,但该厂"远处僻隅,一切煤炭盐米腾贵"。雍正八年(1730),黔省官员请求照滇省汤丹厂之例,将税率降至 10%,[5] 获朝廷同意。[6] 之后,贵州铜厂陆续被批准采行这一税率。[7]

云南罗平州卑浙、平彝县块泽二铅厂开于雍正七年,税率为20%,余铅官收,每百斤价银 2 两。而二厂每铅百斤约费工本银 1.79

1　中国人民大学清史研究所等编《清代的矿业》,第 261~264 页。

2　《清高宗实录》卷二二〇,乾隆九年七月乙酉。

3　贵州巡抚嵩溥:《奏为本省铅厂办理竭蹶请暂减一成课铅事》(道光八年十月二十五日),朱批奏折,04-01-35-1362-019。

4　贵州巡抚嵩溥:《奏为本省铅厂办理竭蹶请暂停一成课铅事》(道光八年十月二十五日),朱批奏折,04-01-35-1362-019;《清宣宗实录》卷一四八,道光八年十二月丙寅。

5　中国人民大学清史研究所等编《清代的矿业》,第 202 页。

6　中国人民大学清史研究所等编《清代的矿业》,第 202~203 页。

7　贵州巡抚张广泗:《奏报查明铜厂井盐事》(乾隆七年四月十八日),录副奏折,03-0769-046;贵州巡抚开泰:《题请报销威宁州属勺录铜厂开采抽课及收买余铜等项过银两事》(乾隆十八年三月十七日),户科题本,02-01-04-14693-006;道光《大定府志》卷四二《经政志·厂政》,收入《中国地方志集成·贵州府县志辑》第 48 册,第 620 页;中国人民大学清史研究所等编《清代的矿业》,第 203~204 页。

两，抽课加官收，每百斤只得八十斤之价，亏本 0.19 两，于是请改为 10% 税率。[1]

（三）降低税后产品的官买比例

铜是最重要的币材，在全国普遍开局铸钱且铜材主要依赖国内矿业之后，铜厂的税后产品尽数官买几成常态。约乾隆八年（1743）开采之贵州威宁铜川河厂，每百斤抽课 10 斤，余铜 90 斤官为收买，[2]因厂民亏损较大，于乾隆十五年改为官买 80 斤，厂民自卖 10 斤。次年开采的哈剌河铜厂，也跟着享受了这一较为优惠的政策。[3]而云南铜厂则长期保持官方收买全部税后余铜的政策，正如乾隆二十六年，云南巡抚刘藻所云"滇铜例不通商"。[4]乾隆三十七年，为了解决因成本递增而导致的办铜困难，云南官方要求援引贵州铜厂之例，让本省新开的七处铜厂"准照黔省以余铜一分听厂户等自售"。次年，署理云贵总督彰宝等声称这一政策已取得良好效果，申请云南各旧厂也采行此例。[5]一分通商遂成为云南铜厂的普遍状况。[6]

乾隆十四年（1749），贵州铅矿业进入了鼎盛时期，年产量高达 1400 万斤，而供应北京及川、黔二省鼓铸以及运往汉口发售各省共计需 900 万斤，于是抚臣爱必达奏请每百斤铅抽课 20 斤，官买 50 斤，剩余 30 斤准厂民自卖。[7]乾隆四十六年，为了刺激开采年久、

1　道光《云南通志稿》卷七四《食货志八之二·矿厂·铅厂》，第 9 页。

2　中国人民大学清史研究所等编《清代的矿业》，第 205~206 页。

3　道光《大定府志》卷四二《经政志·厂政》，收入《中国地方志集成·贵州府县志辑》第 48 册，第 620 页。

4　云南巡抚刘藻：《奏复铜厂通欠经费余息不敷支用事》（乾隆二十六年六月初十日），录副奏折，03-0773-056。

5　署理云贵总督彰宝、云南巡抚李湖：《奏为遵旨筹议滇省各旧铜厂照例以余铜一分通商事》（乾隆三十八年六月二十二日），朱批奏折，04-01-36-0091-013。

6　《铜政便览》卷一、卷二，收入《续修四库全书》第 880 册，第 229~267 页。

7　《清高宗实录》卷三四二，乾隆十四年六月乙酉。

碉远矿深的威宁州柞子黑铅厂的生产，照乐助、新寨、兴发等厂白铅例，每百斤抽课 20 斤，官买 40 斤，通商 40 斤，"俾厂灶均沾余润，以裕鼓铸"。[1]

二　厂欠、油米炭欠的赔补与豁免

另一项使官方收益递减的因素是贷款呆账。政府向矿厂借贷，具有一定风险，贷款未能及时收回或无法收回，形成"厂欠"。延迟还款者，称为"有着厂欠"，无法收回者，称为"无着厂欠"。

"厂欠"史料以关于云南铜厂者为大宗，笔者所见的较早的相关论述，来自雍正元年（1723）云贵总督高其倬等的奏折。其讲了三种情况：一是厂民借款后开采无效；二是开采虽有效，但铜斤被盗卖；三是在运输途中，铜斤被盗，或牛马倒毙，承运人弃铜逃跑。[2] 按严中平的分析，厂欠主因是官方所定铜价过低，厂民亏损太大，无法正常经营甚或弃矿潜逃。乾隆初年，全省铜厂厂欠不过数百两，多则数千两，乾隆二十年（1755）后，厂欠增加迅速，渐成严重问题。乾隆三十二年云南全省铜厂厂欠为 137000 余两，[3] 到了乾隆三十七年，仅东川府汤丹、大水、茂麓、碌碌四个重要铜厂，厂

1　《清高宗实录》卷一一四二，乾隆四十六年十月己卯。

2　云贵总督高其倬等：《奏遵查铜斤利弊情形折》（雍正元年十二月二十日），中国第一历史档案馆编《雍正朝汉文朱批奏折汇编》第 2 册，第 432~436 页。

3　严中平：《清代云南铜政考》，第 36~44 页。严氏对云南铜厂厂欠做了深入论述，但因该书写于民国时期，史料获取不易，有两处瑕疵：一是在论厂欠之始，用的是转引的雍正三年滇抚杨名时的奏折，但其实雍正元年高其倬已叙述过厂欠，并且杨名时完全沿袭了高其倬奏折的内容；二是认为乾隆四十年，"更定议每年岁终，厂官皆要取具无欠保结，由所辖上司作保。厂欠之名自是不复见于公牍"。事实上，乾隆四十年后，奏折等官方文书中，仍然常常出现"厂欠"。

欠银就达 139200 余两。[1]

官方税费的让步滞后于办矿成本之递增，是厂欠恶化的关键因素。乾隆二十二年（1757），云贵总督恒文、云南巡抚郭一裕奏称，滇省汤丹等铜厂向系官方预发一个季度的工本银两，下一季度厂民收铜还款，历年皆如此办理。但因为开采日久，"硐深矿薄，食物昂贵，采办渐艰"，于是出现"下季所交之铜斤，每每不敷上季预发之工本"。然而滇铜事关京师铸钱，经管官员不敢骤然停贷，"虽前季之铜斤未及收完，又不得不预放下季之工本"，如此年复一年，厂欠愈积愈多。[2] 在贵州最重要铅产地威宁州，铅厂历来都有厂欠，但道光初年状况恶化，主要就是因为矿山"攻采年久，引苗不能蓄养，砂丁进采必须深入险奥，道较远，工费倍增"，后又遭大雨淹浸矿硐，"炉户难堪赔累，积欠愈多"，此时如果"不稍为宽贷"，必然导致炉户歇业。[3]

（一）云南铜厂厂欠之处理

依理而论，如果出现无着厂欠，应分析缘由，如系官员渎职或腐败造成，自应令其赔偿并严惩之；如官员认真办事，借款合规合理，则应予以豁除。在律例上，清王朝也确有豁除之例，"厂户果系赤贫无着，亦例得仰恳豁免之"。[4] 然而在实践中，此例却并不轻启，相关各官难免赔累之苦。当滇铜取代洋铜成为全国币材最主要来源

1 署理云贵总督彰宝、云南巡抚李湖：《奏为遵旨筹议滇省各旧铜厂照例以余铜一分通商事》（乾隆三十八年六月二十二日），朱批奏折，04-01-36-0091-013。

2 云贵总督恒文、云南巡抚郭一裕：《奏为筹办滇省汤丹大碌二铜厂厂地预放工本事》（乾隆二十二年三月十四日），朱批奏折，04-01-36-0088-002。

3 云贵总督明山、护理贵州巡抚吴荣光：《奏为查明黔省水城威宁两铅厂炉欠实在情形分别有着无着勒限追赔事》（道光四年九月十四日），朱批奏折，04-01-30-0496-014。

4 云南巡抚汤聘：《奏陈铜厂现在开采情形事》（乾隆三十二年二月十六日），朱批奏折，04-01-35-1268-029。

之初，办矿成本尚不太高，厂欠虽历年皆有，但为数不多。乾隆二十年（1755）之前，每年豁免的厂欠，从数百两渐增至四千余两；乾隆二十年之后，厂欠渐趋严重，每年豁免至六千两甚至九千两不等。看上去豁免数额在增加，但其实远远滞后于厂欠之恶化实情。[1]

　　乾隆三十年（1765）之后，因为开采年久办矿成本增加、油米价格上涨，云南铜厂生产普遍出现问题。厂欠也因之达到了新高度。乾隆三十二年，欠银多达 137000 余两，皇帝为之震怒，次年"逮治综理铜政及司厂之员"，令赔银七万五千余两。[2]曾任云南巡抚、云贵总督的山东菏泽人刘藻已经去世，但因其在滇较久，"铜厂乃其专责，及升总督仍令兼管铜务"，皇帝特别指示"于刘藻家属名下"追缴赔补，于是山东巡抚下令清查刘藻三子的田土，共值银 15800 余两，全部变价，赔补刘藻名下应赔的铜本银 13100 余两、铜斤脚价银 3339 两，[3]粮储道罗源浩、厂员汪大镛等被分别治罪，[4]并改由藩司总理铜政。令皇帝意外的是，这次厂欠刚刚清完，更大规模的厂欠又立即凶猛袭来，乾隆三十四年、三十五年、三十六年三年，汤丹厂计欠银 52888 两零，碌碌厂计欠银 40845 两零，大水厂计欠银 30664 两零，茂麓厂计欠银 14832 两零，仅此四厂，共欠银 139229 两零。究其原因，云南巡抚李湖一方面归于办矿艰难，成本高昂，一方面归于管理章程尚不够完善。他强调，这些均为实欠，"并无滥

1　调署云南巡抚裴宗锡：《奏报清查铜厂实在情形事》（乾隆四十年十月三十日），录副奏折，03-0781-042。

2　王太岳：《铜政议》上，贺长龄辑《皇朝经世文编》卷五二，收入《近代中国史料丛刊》第731 册，第 1883 页。

3　山东巡抚兼提督衔富明安：《奏为陵县途次接奉字寄上谕遵旨查办前云南抚臣刘藻应赔铜本银两事》（乾隆三十四年六月二十一日），朱批奏折，04-01-12-0129-119。

4　云南巡抚李湖：《奏为敬陈滇省铜厂事宜事》（乾隆三十七年四月二十五日），朱批奏折，04-01-36-0090-013。

放花销情弊"。[1]

面对汹涌而来的厂欠潮，皇帝下定决心予以根除。他明白因连带责任的关系，厂员担心受厂欠牵连，惮于发放工本，这势必影响铜材生产，于是指示"应给工本时仍行预发"，但必须"按期追令清款"。[2]

既要如数借贷，又要按期追还，这一难题如何解决？乾隆三十七年（1772）正月，署理云贵总督彰宝、藩司钱度等商讨之后，提出了方案，他们找到了两个可以援引的"例"：其一是云南支放军需银两时，"每百两扣平市银一两"；其二是各省办理工程，均"酌量扣留以备报销核减"。综合这两个案例，他们建议，滇省各铜厂每年约需放给厂民工本银70余万两，"请照军需之例"，每百两扣平市银一两，每年总共可扣平市银7000余两，存贮布政司库。如果该年有炉户逃亡等造成无着厂欠，查明取具保结之后，将应当豁免的数目在所收平市银两中拨抵。如果该年平市银有余，则留存以充实下年的平市银，如该年的平市银不敷拨抵，其欠缺之数，令厂员赔补，务必年清年款。建立了平市银赔补制度之后，以前的"豁免厂欠之例"自乾隆三十七年为始，永行停止。但自乾隆三十三年清理之后至三十七年之前产生的厂欠，无法用平市银去拨抵，应"照旧例仍予豁免"，并在"铜厂奏销余息项下开除"。皇帝指示"该（户）部议奏"。[3]

最终，彰宝等人的建议基本被采纳，形成了如下决定。第一，

1　云南巡抚李湖：《奏为查明滇省汤丹大碌等铜厂欠银酌议扣追清帑事》（乾隆三十八年正月初八日），朱批奏折，04-01-36-0091-001。

2　署理云南巡抚诺穆亲：《奏为敬筹滇省铜厂调剂事宜事》（乾隆三十五年十一月初五日），朱批奏折，04-01-36-0089-032。

3　署理云贵总督彰宝：《奏为滇省铜厂欠项请准豁免事》（乾隆三十七年正月二十二日），朱批奏折，04-01-36-0090-008。

废除过去的豁免之例。第二，通过每百两工本银扣银一两的方式建立厂欠抵补基金，每年 7000 多两，抵补无着厂欠。第三，铸息弥补旧欠。乾隆三十七年平市银制度尚未建立之前的无着厂欠，令各厂员分赔一部分之后，尚有 13 万余两没有着落，皇帝下令豁除，但也不能有亏国帑，因此在东川铸钱局加铸，所增铸息用以抵补厂欠。第四，纾厂民之困，允许 10% 的铜材自由通商。第五，每年岁终，各厂要呈缴"无欠结状"，由"所隶上司加之保结"。[1]

经过这样一番大力整顿，乾隆皇帝所要求的按期清款的目标似乎已经达到，"各上司按季盘查，岁底结报，立法已极周详，是以每岁奏销册内动放工本与收铜斤数目相符"，之后数年，官方公文中甚至不再有"厂欠"一词。[2] 厂欠，看上去销声匿迹了！但实际情况却是：皇帝想要这个结果，官员们就合演一场新衣戏并设法掩饰、消化不良后果，仅此而已。首先，相对于动辄数万两的厂欠，每年 7000 多两的市平银加上有条件的新增铸息银是远远不够的。其次，最根本的一点是，矿业成本是递增的，而官方的救弊之策，起始就未能真正解决厂民之工本不敷问题。正如乾隆三十七年任布政使的王太岳所云"至于未足之工本依然无措也"，随着时间流逝，这一状况必将日渐恶化。所以，公文中虽无厂欠之名，但实践中却难免厂欠之实，"旧逋方去，新欠已来，两年间又不可訾算矣！"[3]

在借给厂民的办矿银两不敷成本的情况下，官员们怎样做到厂

1　王太岳：《铜政议》上，贺长龄辑《皇朝经世文编》卷五二，收入《近代中国史料丛刊》第731 册，第 1883 页。

2　调署云南巡抚裴宗锡：《奏报清查铜厂实在情形事》（乾隆四十年十月三十日），录副奏折，03-0781-042。

3　王太岳：《铜政议》上，贺长龄辑《皇朝经世文编》卷五二，收入《近代中国史料丛刊》第731 册，第 1883 页。

欠在表面上消失呢？办法就是玩文字游戏。乾隆三十四年（1769），
目睹厂民生计艰难，难以完成生产任务，滇省官员奏准，在借
贷"月本""底本"的同时，又另外借给办矿最急需的油、米、炭
等物资。乾隆三十七年整顿之后，官员们放出的"月本""底
本"银两均要求厂民如期上缴相应的铜材，由此在账面上按期清
款，消除了"厂欠"，但却大量借出油、米、炭且不按期收回。云
南官方，从上到下，对此心知肚明，但皆放任纵容。因为一旦严
禁，铜矿生产就会遭到重击，影响京师钱局的鼓铸，大家都难脱
干系。[1]"厂欠"与"油米炭欠"本质上并无不同，将二者区分，显
然是一种行政运作中的技巧。这是一个地方抱团应对中央的鲜活
案例。

　　仅仅三年之后，乾隆四十年（1775），积欠累积到了无法被忽
视的程度。该年八月，裴宗锡调署云南巡抚，面对这么巨额的呆
账，在上任之初就抓紧向朝廷汇报无疑是最佳选择——因为这一切
与自己无关。十月，裴宗锡奏称因油米炭欠的存在，厂欠其实是
"名去实存"，并用非常翔实的数据与证据向朝廷解释，其原因不在
官员贪腐或渎职，而在于官价过低，厂民不敷工本，为了维持京师
及各省的鼓铸需铜，官员们不得不在月本、底本之外借款，积欠因
之在所难免。欲解决厂欠，根本之策就是提高官价，而唯一能够不
动支既有经费就能提高官价的办法，就是让钱局加铸，所增铸息用
于加价，因此需要恢复滇省钱局鼎盛时期的规模，增加铸钱数量。
皇帝阅悉此奏后，并未对厂欠"名去实存"表示愤怒，朱批云："此
奏似有所见，军机大臣会同该部详议具奏。"显然，皇帝也在一定

---

[1]　调署云南巡抚裴宗锡：《奏报清查铜厂实在情形事》（乾隆四十年十月三十日），录副奏折，
　　03-0781-042。

程度上理解地方官员的行为。[1] 讨论结果是裴宗锡的建议得到采行。[2]
这一年清查，通省厂欠又达 17 万余两之多，这应该是把油、米、炭
之欠一并计算的结果。[3]

很快，新的困难又出现了。加铸意味着增铜，如滇铜旺盛，自
不足虑，但在滇铜因成本加增而产量下滑之际，铸息补厂欠未免顾
此失彼。乾隆四十三年（1778），因滇省铜产不敷京局及各省鼓铸，
皇帝谕令滇、黔、桂等省钱局减炉座。这就等于堵死了增加铸息抵
补厂欠之法，滇省官员自然有异议，不肯议减。皇帝对此表态云：
"（铸钱）余息抵欠，本非正办，且不值以公中之有余，抵积欠之不
足。"由此从性质上否定了铸息补厂欠之策，命令云南钱局必须减
铸，以后如滇铜产量增加，可申请复额。那厂欠如何解决呢？皇帝
提出，新旧厂欠数量巨大，应核实情况，分别办理：（1）如借贷厂
民尚在，勒令他们限期还款；（2）如借贷厂民逃亡，但当初经手发
放的官员还在，即令该官员限期赔补；（3）借贷厂民逃亡者，不能
令现存之厂民代赔，否则厂民"那新补旧，仍归欠缺"；（4）如借贷
厂民逃亡，且相应的放贷官员"产绝人亡"，不能令后任官员"代
补"，也不能让各级官员摊赔，否则官员们"坐扣廉，转致借口娄
索"。这样的无着厂欠，可以据实上奏，由皇帝"加恩宽免"。如此
办理之后，要"年清年款，勿再使逋欠误公，方为正本清源之道"。[4]

乾隆皇帝所谓的"正本清源之道"，无非就是严追债务人还款
以及增加经放贷款官员的赔偿责任而已，万不得已才会豁免，这其

1　调署云南巡抚裴宗锡：《奏报清查铜厂实在情形事》（乾隆四十年十月三十日），录副奏折，
　　03-0781-042。

2　中国人民大学清史研究所等编《清代的矿业》，第 160 页。

3　云南布政使孙士毅：《奏陈铜厂应禁应办缘由事》（乾隆四十二年十月二十一日），录副奏折，
　　03-1098-081。

4　《清高宗实录》卷一〇六三，乾隆四十三年七月庚戌。

实就是过去的老办法，毫无新意，也看不出任何切实解决厂欠问题的可能。他声称以后只让放贷官员赔补，不能让各级官员摊赔，但废除了铸息补欠之法，放贷官员又有何能力赔补如此巨款呢？而且一旦因厂欠影响生产，各级官员都难逃干系。所以不让官员摊赔，就是一句漂亮的空话而已。之后的实践中，各级官员不但要摊赔，而且形成了更为细致的分赔章程。嘉庆九年（1804）规定，对不予豁免之厂欠，如系府、直隶州经管之厂，督抚合赔一股，藩司分赔一股，巡道分赔二股，厂员分赔六股；如果系州县经管之厂，督抚合赔一股，藩司分赔一股，该管府州分赔二股，厂员分赔六股。[1] 整个厂欠的处理办法，至此就大致定型了。

道光二十三年至二十五年间任云贵总督的吴其濬所述之厂欠解决办法是：道员滥行多发，致有欠本，即令道员赔偿；如系知府专管之厂，禀请道府请发工本者，即令道员与知府分赔；如系布政使额外多发，以致厂员滥放亏欠者，布政使亦得参与赔偿。对借款逾期多久须赔偿也有细致规定：（1）"月本"借贷期限为一个月，若厂民三个月后还不能上缴相应的铜斤，该管道府便要勒令厂员陆续扣销，或将借贷人家产变卖赔偿，以一年为限，逾期仍不能还完，则令厂员赔缴，并将厂民审明定罪；（2）如果事隔数年，忽然发现尚有"月本"未还，即治以厂员"侵亏（公帑）"之罪，该管上司也要照"徇隐例议处"；（3）长期贷款"底本"，只能借给"采办已逾十年，硐穴深远者"，借款人每办铜100斤，即带交余铜5斤作为分期还款，限40个月还清，如若出现亏欠，即令经放厂员赔补；（4）对于无着厂欠，如果实在是因为矿薄厂衰、炉户故绝等不可抗

1　户部尚书禄康等：《奏为议驳云南请豁厂欠事》（嘉庆十年十一月二十二日），录副奏折，03-2141-039。

力，无法追偿，则"取具道府等印结"，奏明朝廷办理，如未获批准豁除者，由各级相关官员摊赔，其法同嘉庆九年章程；（5）设置一笔厂欠赔偿金，称"平市银"，此即上述乾隆年间署理云贵总督彰宝等提出的办法；（6）厂员放贷时要注意贷给"殷实之人"，如果承借人并无家产，出现亏欠，"惟该员是问"。[1] 而厂欠之外的油、米、炭之欠，相关官员也往往得参与赔补。[2] 如自"嘉庆二年并道光二年"，"银米炭本等欠"积至 10 多万两，"虽系循照向例借放"，但"不樽节支发，随时查扣"，所以要各官赔补。[3] 这一系列办法，大体上就是过去措施的延续。

（二）贵州铅厂厂欠的处理

贵州铅矿业中也存在官方借贷，有借贷必然有厂欠，文献上通常称为"炉欠"。如乾隆三十六年（1771）正月，户部尚书于敏中奏称威宁铅厂尚有"积欠未清"，其中历年旧欠白铅 156 万余斤，厂员张祥发任内新欠白铅 34.9 万余斤，后大定府知府钟邦任报称各炉户已将新欠铅斤全数清完，旧欠之铅完缴 36 万余斤，尚未完铅120 万斤。[4]

关于贵州铅厂厂欠之处理，笔者尚未发现系统资料，但从根本上而言，应与滇铜厂欠的解决方式无异。我们来看看其处理流程与办法。如果厂欠为数无几，官员们可能会私下解决，我们也就很难知晓具体情形。例如贵州威宁州铅厂，"炉欠历任皆有，特为数无

1　吴其濬：《滇南矿厂图略》卷一《帑第四》，收入《续修四库全书》第 880 册，第 187 页。

2　云贵总督明山、云南巡抚韩克均：《奏为查出汤丹宁台等铜厂各员积年删减未报油米炭本等欠分别定限追赔事》（道光四年五月初六日），朱批奏折，04-01-30-0496-013。

3　《奉上谕追赔铜厂积年删减未报油米炭本等欠事》（道光四年六月十七日），中研院历史语言研究所藏内阁大库档案，278636-088。

4　户部尚书于敏中：《奏复贵州威宁铅厂积欠课银未清暂准展限报销》（乾隆三十六年正月二十四日），张伟仁主编《明清档案》，A210-14，B117161~B117162。

几，或宽限追缴，或厂员代赔，总期额铅有着，向不详明办理"，可见这些细微厂欠，甚至没向朝廷陈明。但如果欠账较巨，无法追偿，难以掩饰，就会启动正式处理程序。首先，要查明厂欠原因，确认厂员是否滥发银两或者将贪污报作呆账。道光初年，贵西道何金禀报威宁铅厂产生厂欠银 33000 多两，巡抚程国仁于是命令署都匀府知府杜友李前往各铅厂调查，杜知府的结论是，实际的铅数、银数确与何金所报相符。接着，程国仁又命杜友李会同贵阳府知府色卜星拿着收发工本、铅斤的底卷，向各炉户询问借款人姓名、所借银数、借款日期、生产铅斤数目、还款情况等，其中有的欠款炉户已经逃亡，但现存炉户尚可质对核实，结果均与底卷相符，由此认定厂欠确系生产困难所致，并非"厂员有意滥放，亦无侵那掩饰情弊"。其次，确认有着厂欠与无着厂欠的数目。前者债务人尚在，有追偿的可能，后者借款炉户已经逃亡，成为死账。在本案中，"有着厂欠"银与"无着厂欠"银分别为 19730 两零、13946 两零。再次，根据厂欠性质与情况，由省级高官提出相应的处理办法。有着厂欠，拟定还款期限，如若逾期仍未完缴，责令相关官员赔补；无着厂欠，通常直接就要求相关官员代还。在本案中，当调查报告到了贵州布政使宋如林手上，他审核无误后，提出的意见就是"分别追赔"，云贵总督与贵州巡抚复查之后，即向皇帝上奏，"有着银" 19730 两零，勒限两年，令欠债厂民办铅偿还，如逾此期后仍然有欠，"令经放之员赔补"；"无着银" 13946 两零，无法向债务人追款，令贵西道道员何金分作三年赔缴，"随时买铅运供"，即便何金升调或离任，也得"按年缴清"。最后，朝廷审核确认处理办法。地方官员将处理办法上呈皇帝，通常皇帝会下令"户部议奏"，而且往往倾向于同意户部的意见，但如果皇帝觉得情况已比较清楚，也可能会直接拍板。本案中，皇帝的指示就是"另有旨"，表明自已会做决定。[1]

还有一种特殊的厂欠，非厂民所欠，而是官员所欠。矿厂初开，征税尚未开始，先借支公款作为厂费，以后在矿税中的附加税部分扣还。但如果矿业生产未达预期，所收附加税费不能抵补所借款项，亦会造成呆账。这类厂欠，会责成相关官员赔偿。例如乾隆三年（1738）广东开采铜矿，先借支库银作为各种管理经费。后来铜厂生产不旺，所收附加税费（公费）未能抵消经费支出，出现了亏空。这些预借的经费包括：谷 17300 石，这是借给矿商的，已经由矿商还回，而各级管厂官员、厂员、吏胥开销公项银 17700 余两，将所收公费铜抵还后，亏损约 4800 余两。继任两广总督庆复的建议是，由前任督臣马尔泰、巡抚王謩等官员赔补。[2]

我们看到，按规定呆账有豁除之例，即首先将欠户在厂资财（如炉房）与原籍产业抵补，如果"实无可追，方请豁免"，[3] 即所谓"厂户果系赤贫无着，亦例得仰恩豁免之"，[4] 但在实践上，不管是在云南铜厂还是贵州铅厂（相信其他地区矿厂也是一样），只要出现不良贷款，即便相关官员在借贷过程中合法合规，并不存在滥放与贪腐行为，参与赔偿亦是常态，免除责任是异数。这一粗暴僵化的办法，一方面固然是因为朝廷不愿承担损失，这也成为清代官员们处理财务问题时的一个重要原则，各级公文中因之常出现"国帑所

1　云贵总督明山、护理贵州巡抚吴荣光：《奏为查明黔省水城威宁两铅厂炉欠实在情形分别有着无着勒限追赔事》（道光四年九月十四日），朱批奏折，04-01-30-0496-014。

2　中国人民大学清史研究所等编《清代的矿业》，第 260~261 页。

3　署理云贵总督彰宝：《奏为滇省铜厂欠项请准豁免事》（乾隆三十七年正月二十二日），朱批奏折，04-01-36-0090-008。

4　云南巡抚汤聘：《奏陈铜厂现在开采情形事》（乾隆三十二年二月十六日），朱批奏折，04-01-35-1268-029。

关，不可不为慎重"[1]"总期国帑无亏"[2]之类的表述；另一方面也是因为，朝廷无法真正监视、准确评估各级官员的行为，如果轻易开启合法合规即可免责的办法，必然会有众多官员将谋私或失职造成的厂欠伪造合法的外衣请求免责，大量看似合法的呆账将使朝廷蒙受严重损失，并使贷款助矿的初衷彻底破灭。因此朝廷不会轻易豁免呆账，"恐管厂各员不能实心经理，或借端捏饰，或滥放市恩，势必逋欠日多，虚糜铜本"。[3]所以滇省铜厂借贷特别规定"毋许以厂欠推卸砂丁，借为搪抵"。[4]

只要出现呆账，无论对错，官员通常得赔补，这固然有助于遏制官员谋私贪腐，但其消极后果显而易见。首先，这极大压制了厂员放贷的积极性，有款而不敢轻放，由此影响矿厂生产也在所不惜。正如乾隆年间云南布政使王太岳所言，厂民借贷官本开采，"硐砾赢绌不齐，不能绝无逃欠"，若严令经管官员悉数缴回借款，他们可能会惮于给发工本，"转妨铜政"。[5]因经管各员畏惧参赔，于是"止知扣收旧欠，不顾裕办新铜"，[6]即便完不成生产任务，"身罹参咎，亦所甘心"。嘉庆九年（1804），云贵总督伯麟在分析铜矿业不景气的原因时，就称厂员"恐将来赔累，不敢预发工本，厂民又

1　云贵总督恒文、云南巡抚郭一裕：《奏为筹办滇省汤丹大碌二铜厂厂地预放工本事》（乾隆二十二年三月十四日），朱批奏折，04-01-36-0088-002。

2　云南巡抚刘藻：《奏为敬陈滇省铜厂情形事》（乾隆二十二年十二月十一日），朱批奏折，04-01-36-0088-008。

3　云南巡抚汤聘：《奏陈铜厂现在开采情形事》（乾隆三十二年二月十六日），朱批奏折，04-01-35-1268-029。

4　吴其濬：《滇南矿厂图略》卷一《帑第四》，收入《续修四库全书》第880册，第187页。

5　王太岳：《铜政议》下，贺长龄辑《皇朝经世文编》卷五二，收入《近代中国史料丛刊》第731册，第1889—1890页。

6　云南巡抚李湖：《奏为查明滇省汤丹大碌等铜厂欠银酌议扣追清帑事》（乾隆三十八年正月初八日），朱批奏折，04-01-36-0091-001。

无力垫办，无从广为搜采"。[1]其次，压制了地方官员寻找新矿、开办新厂的积极性，因为厂未开成，地方各官就无发本收铜之责，就不必担心赔偿之累。乾隆三十五年（1770），署理云南巡抚诺穆亲在谈到近年来开新厂成效不大时，就建议建立奖惩办法加以改变：办得年产 20 万～40 万斤铜的新厂，给予地方官员一次到三次纪录；办得年产 50 万斤以上新厂，地方官员可加一级；办得年产 80 万斤以上新厂，地方官员可以"专折奏请升用"。而对报采后久无成效的铜厂，要详查厂员是否有玩忽情状，"随时参处"。[2]这一建议获得了朝廷采纳。[3]不过，其效果非常有限，因为办获大矿的可能性不高，需要运气，但赔补却是很容易发生的事情。再次，各级官员皆负连带责任的办法，使他们在某种意义上成为一个利益共同体，促进"地方抱团应对中央"的情形的发生。这不是说上级就一定不会揭发处理下级，当情形比较严重（如办铜数量急剧减少等）之时，地方高官还是可能会揪出渎职者或替罪羊的。[4]但笔者所见之地方高官给朝廷的奏折或题本中，赞同下级所称之办矿艰难、要求朝廷给予更多经费方面的宽松政策是常态。

　　就厂民方面而言，亦有几点值得关注。首先，厂民有骗贷的可能性，他们或"领本到手，往往私费，无力开采"，或"采铜既有

1　云贵总督伯麟：《奏报抵滇省查询地方边防铜务盐政诸事》（嘉庆九年十二月十五日），朱批奏折，04-01-35-1351-033。

2　署理云南巡抚诺穆亲：《奏为敬筹滇省铜厂调剂事宜事》（乾隆三十五年十一月初五日），朱批奏折，04-01-36-0089-032。

3　署理云贵总督彰宝：《奏报遵旨酌议云南汤丹等厂预发工本扣缴余铜事》（乾隆三十六年二月二十三日），朱批奏折，04-01-35-1279-005。

4　署理云南巡抚诺穆亲：《奏为特参滇省管宁台山厂务晋宁州知州赵秉锟玩视厂务请革审事》（乾隆三十六年正月初十日），朱批奏折，04-01-36-0090-001。

而偷卖私销"。[1] 其次，厂民也是分层并在一定程度上自我管理的，
上层的厂民中也可能存在腐败，"课长克扣分肥，炉户侵吞"，对这
类行为造成的官帑损失，官方概视之为厂欠进行追赔而未视为犯罪
加以惩罚。再次，厂民也清楚，在共同完成生产与税课任务方面，
他们与厂员有共同利益，一损俱损，有些奸诈的厂民甚至会以此要
挟厂员，"以停采歇火贻误兑运之语恐吓挟制，厂员畏惧处分，曲
为包庇"。当厂员离任之后，接任厂员"自顾本任攻采"，对厂民在
前任厂员期间的欠款并不认真追究，继续放款以完成自己任内的生
产任务。[2] 刁猾厂民发现这一特点之后，在旧厂员即将离任时，将
已采获矿砂藏匿在矿硐内，等新任厂员发放工本之后，再运出矿砂
煎炼，而新任厂员也以自己所借铜本有了收获而满足，不管前任的
借贷是否就此成为呆账。[3] 当然，如果经管官员比较认真尽职，是
可以大力抑制骗贷以及厂民奸诈谋私情形的。但即便所有官员均尽
责尽力，仍然不可能消除厂欠，因为清代矿政中存在一个根本性缺
陷，即厂民资本不足。厂民中本来就缺乏富商大贾，严苛的矿税政
策，更压榨了获利空间，而且矿业的成本递增使资本不足的压力不
断增大。从乾隆初年一直到道光年间官方办理京铜的铜本始终维持
在 100 万两甚至还略有减少的事实，充分说明官方的资金借贷规模
是无法赶上成本递增速度的。而且厂民借款到手，还要扣除 1% 的
平市银，这更加剧了办矿的艰难。因此我们看到，资金借贷无法挽
回生产的颓势，生产的颓势反过来导致呆账。

1　王太岳：《铜政议》上，贺长龄辑《皇朝经世文编》卷五二，收入《近代中国史料丛刊》第
　　731 册，第 1882 页。

2　署理云南巡抚李湖：《奏为敬陈滇省铜厂事宜事》（乾隆三十七年四月），朱批奏折，04-01-
　　36-0090-013。

3　署理云南巡抚诺穆亲：《奏为敬筹滇省铜厂调剂事宜事》（乾隆三十五年十一月初五日），朱
　　批奏折，04-01-36-0089-032。

　　尽管朝廷用了严密到僵化的办法来解决呆账，呆账却越积越多。这个损失，只有通过平市银抵补、官员赔补、朝廷蠲免相结合来解决。整个18世纪，清政府因厂欠的损失直线上升。以云南铜厂而论，1768~1795年，损失（蠲免厂欠）就大大超过了150万两，平均每年5万多两。[1]1796~1801年，大致也维持了这一规模。道光四年（1824），云贵总督明山等奏称，滇省铜厂过去厂欠每至七八年或五六年汇查一次，除平余银抵拨、官员赔补外，每次蠲免的无着厂欠约30余万两至40余万两不等，每年约5万两。嘉庆六年（1801）改为按年清查后，每年蠲免的厂欠约一万一二千两至一万四千数百两不等。除了厂欠之外，油、米、炭之欠也相当可观，嘉庆二十二年至道光二年，五年间，汤丹、宁台两个大厂这个方面的逾期欠款就高达10余万两。[2]

三　水泄银两补助

　　开采日久，矿硐渐深，伏泉流出，矿砂浸没在水中，必须将水抽尽方能开采。坑洞越深，地下水越多，抽水不断，不能一劳永逸，如果再遇大雨，山洪暴发，大水漫灌矿硐，抽水繁劳尚在其次，严重者更可能导致坑洞倒塌，停工歇采在所难免。日常抽水与修复矿坑，成本高昂，官方所给铜价过低的问题愈发突出。[3]为了防止民逃厂闭，官方不得不量为补助泄水之费。下文将围绕云南铜厂来论述此问题。

1　李中清：《中国西南边疆的社会经济（1250~1850）》，第285页。
2　云贵总督明山、云南巡抚韩克均：《奏为查出汤丹宁台等铜厂各员积年删减未报油米炭本等欠分别定限追赔事》（道光四年五月初六日），朱批奏折，04-01-30-0496-013。
3　云贵总督伯麟：《奏为（得）宝坪铜厂请循例给与水泄工费银两事》（嘉庆十二年九月初十日），录副奏折，03-2141-045。

乾隆二十八年（1763），开采仅五六年的大铜、大兴两厂矿砂被水淹没，"提水费多"，经云贵总督吴达善奏准，于顺宁府添设钱局，以宁台厂积余铜斤"加卯鼓铸"，岁获息银8800余两，拨8000两给该二厂作为水泄工费银。后来大兴厂积水难消，只好停歇，顺宁钱局相应减少铸钱数量，每年只产生息银4700余两，以资助大铜厂提水。乾隆三十二年，大铜厂又申请封闭。顺宁钱局产生的息银，就此转向了义都厂。[1]

乾隆三十二年，年产一百五六十万斤优质铜的义都厂因被水之故，"产铜渐不如往年之多"，[2]抚臣汤聘奏请于顺宁府钱局余息银内，每年拨银3000两添补该厂办铜工本，户部复准。[3]三年后，因云南钱价下跌，每银一两可兑铜钱一千一二百文，超过了官方规定的1000文，于是议减滇省铸局炉座，[4]顺宁府局不再有铸息补助义都厂，于是令"厂户捐办"矿硐排水之事，结果"民力益困"，酿成更多厂欠，"惜小害大"。乾隆三十七年，署理云南巡抚李湖遂奏请，出铜有限的小厂可以不理，但汤丹等各大厂，每年所出铜斤攸关全国鼓铸，如遇水淹矿硐，"工程浩大不能捐办者"，应报明督抚，由督抚委派道员、知府亲往察勘，确核估计泄水所需工费银两，"请于局钱及铜斤余息项下动支"，核实报销，如有浮冒，一经查出，即"着落承办勘估之员赔修参处"。[5]对浮冒费用的官员予以惩罚，似

1　大学士管户部傅恒：《奏复滇省顺宁钱局办获余息银拨济义都厂铜厂事》（乾隆三十二年四月十九日），张伟仁主编《明清档案》，A206-33，B114955~114958；云贵总督伯麟：《奏为宝坪铜厂请循例给与水泄工费银两事》（嘉庆十二年九月初十日），录副奏折，03-2141-045。

2　云南巡抚汤聘：《奏陈铜厂情形事》（乾隆三十二年二月十六日），录副奏折，03-1097-088。

3　署理云南巡抚李湖：《奏为敬陈滇省铜厂事宜事》（乾隆三十七年四月），朱批奏折，04-01-36-0090-013。

4　《清朝文献通考》卷一六《钱币四》，考5019页。

5　署理云南巡抚李湖：《奏为敬陈滇省铜厂事宜事》（乾隆三十七年四月），朱批奏折，04-01-36-0090-013。

乎理所应当，但问题就在于上级并无合适的标准与手段来评估何谓"浮冒"，在实践中必然导致相关官员宁紧毋松，严格控制相关预算，使得补助不敷实际所费。

后来逐渐形成了根据产量补助水泄银两的方式。在乾隆中后期逐渐取代汤丹厂成为全国最重要铜厂的宁台厂，[1]每办获铜一百斤，给水泄工费银 0.1694915 两。嘉庆十二年（1807），云南布政使蒋攸铦奏请，永北厅所管得宝坪铜厂，照宁台厂之例补助水泄银两，该厂年办额铜 120 万斤，每年共需水泄银 2030 余两，加上当时云南各铜厂每年的水泄补助银 12360 余两，每年共需银 14390 两多，而云南省城钱局每年获息银 21695 两零，足够支付这笔开销。[2]道光十二年（1832）规定，每年支付给各厂的水泄银额度为：汤丹厂 6000两、碌碌厂 4000 两、大水厂 1500 两、茂麓厂 1500 两、大功山厂3000 两、宁台厂 5000 两、得宝坪厂 2000 多两，[3]仅这几个大厂，每年的水泄银就超过 20000 两，远超嘉庆十二年时全省水泄银总数的14390 余两。

四　平余

官方的另一个重要付出是稳定矿区的物价特别是米价与炭价。开采日久，周边林木砍伐殆尽，薪炭价格日渐增长，而矿厂往往位于深山，产粮本就不多，突然聚集众多矿工，米粮不敷所需，粮价

1　杨煜达：《政府干预与清代滇西铜业的兴盛——以宁台厂为中心》，载杨伟兵主编《明清以来云贵高原的环境与社会》，第 60~82 页。

2　云贵总督伯麟：《奏为宝坪铜厂请循例给与水泄工费银两事》（嘉庆十二年九月初十日），录副奏折，03-2141-045。

3　光绪《钦定大清会典事例》卷二一五《户部·钱法·办铜二》，收入《续修四库全书》第801 册，第 516~517 页。

暴涨。而且厂越兴旺，聚众愈多，粮价愈昂。物价高涨，进一步抬高了生产生活成本，厂民不堪重负，为了维持生产，官方不得不出手解决物价问题。这个方面的史料，笔者目力所及，仍然主要是关于云南铜厂的。

乾隆二十二年（1757），云南巡抚刘藻奏称，油、米、炭斤三项乃"厂中日用必须之物"，厂民不能于价贱时购买，常常有"抬价赊欠之累"，此为矿厂"受困之由"。他建议，厂员动用公帑，多为购买储备，价昂时平价卖给厂民，以纾其力。皇帝对此非常欣赏，批示云："好！知道了。你竟解事。"[1]皇帝可能并未深刻意识到，按刘藻的办法，官方须增加许多支出，因为厂民油、米、炭方面的困难，不仅仅是源于价贱时不能多为购储，像薪炭就是因供给地越来越远，购价加上运费，成本越来越高；而粮价固然会因年成丰歉而变化，一年之中也会有秋收时节与青黄不接之时的差别，但厂地粮产不敷所需，得从远方购粮，价格总体上维持在高位。如果官方不愿支付大笔运费，纾厂民之困就是空话。

刘藻的办法一定没有得到深入执行，因为之后的材料显示，厂地物价仍然高昂。乾隆三十一年（1766），云贵总督杨应琚奏称厂地民众聚集，不但抬高了厂区粮价，甚至他处也因厂地的需求而"搬运空虚，市价日长"。过去粮价较低之时，厂民办矿有利可图，但现在是"并无留余，甚或重利赊欠"。他建议禁止在既有铜厂周围四十里之外开矿，试图通过限制矿业来抑制移民从而降低物价。皇帝批示："如所议行。"[2]但因铜产不敷，仅仅两年之后，官方不得

---

1 云南巡抚刘藻：《奏为敬陈滇省铜厂情形事》（乾隆二十二年十二月十一日），朱批奏折，04-01-36-0088-008。

2 云贵总督杨应琚：《奏请酌剂滇省铜厂事务节其耗米之流以裕民食事》（乾隆三十一年六月初四日），朱批奏折，04-01-36-0089-012。

不废除这一禁令，转而实行鼓励寻找新矿的政策。[1]

鼓励采矿的同时，如何解决物价问题？乾隆三十四年（1769），署理云贵总督明德等奏准，借支一部分办铜工本银两，解交邻近产米州县，代为采买粮食运厂储备，在青黄不接、市价昂贵之时借贷给厂民，官方付出的米价与运费，即在厂民应领铜价内扣除。此外，每石米粮另扣息银二分，以支付相关的仓库与管理之费。两年后，云贵总督彰宝在奏开九渡箐等新厂时，建议按照砂丁的数量与需求，官方为之购买预备半年的米粮与油、炭，得到朝廷批准。次年，滇抚李湖奏称，现在新开之厂已敷接济，但旧厂只是在青黄不接之时接济，"为数尚觉不敷"，建议汤丹等各旧厂也按新厂之例接济。[2] 对此，李中清认为这意味着云南全省为此将储存 20 万吨谷物、5 万吨煤，耗银达数百万两，他将这些视为云南省政府的支出，并认为远远超出了云南官铜店的负担能力，因此他表示"无法确知（云南省）政府到底为此项储备花了多少钱"。[3]

李中清的观点值得商榷。第一，这笔资金主要不是来自云南省政府，李湖很清楚地说明于"工本银"内动支，而工本银，主要就是各省的协拨铜本。第二，数百万两的估计太过夸张，滇铜每年的铜本不过 100 万两，扣除运费之后，解滇办铜者不过 80 多万两，其中，购铜就用去 70 余万两，[4] 所余不过 10 多万两，还要支付进入

1　云南巡抚明德：《奏陈铜厂情形事》（乾隆三十三年六月十五日），录副奏折，03-1098-005；云贵总督明德：《奏报云南整顿铜厂情形事》（乾隆三十四年二月），朱批奏折，04-01-35-1270-016；署理云南巡抚诺穆亲：《奏为敬筹滇省铜厂调剂事宜事》（乾隆三十五年十一月初五日），朱批奏折，04-01-36-0089-032。

2　署理云南巡抚李湖：《奏为敬筹滇省铜厂事宜事》（乾隆三十七年四月），朱批奏折，04-01-36-0090-013。

3　李中清：《中国西南边疆的社会经济（1250~1850）》，第 282~284 页。

4　署理云贵总督彰宝：《奏为滇省铜厂欠项请准豁免事》（乾隆三十七年正月二十二日），朱批奏折，04-01-36-0090-008。

汉口之前的运费，数百万两从何而来？第三，放在当时的整个社会经济条件中，云南官方也是绝不可能提出一个耗资数百万两的计划的，更不用说这个资金还要由云南地方政府承担了，而且云南地方政府也无力承担——当时滇省每年用于全省公用的银两也不过数十万两。[1] 第四，这笔资金是借贷而非赠送，此举虽然旨不在赢利，但成本还是要回收的，甚至每石米还要收息银二分以为管理与仓储之费。[2] 第五，屯5万吨煤之说，可能是著者或是译者笔误，因为云南炼铜之燃料主要是柴薪与木炭，大体是不用煤的。[3]

平抑炭价的另一方法是利用官山官地广种林木，节制砍伐。滇省本来木材富饶，但冶铜煎盐，取用日多，生长渐少，以至于柴炭价格"倍于他省"，厂民与盐民俱困。乾隆二十五年（1760）出台政策，鼓励百姓种植官山官地，五年之后允许剪取旁枝，十年之后允许砍伐出售，但须按数补种新树，并将该地块升科纳粮，给领种之人永远管业。如果不待成材即行砍伐或砍伐之后不补种，即将其地收回，另行招民种植。种植成活3000株、6000株、1万株、2万株以上者，官方授予不同的奖状。如有盗伐，官方一接到报案，立即追究。这一办法，执行可能不甚理想，乾隆三十七年，滇抚李湖重申了此方案。[4]

种树平抑炭价未能产生显著效果，原因之一在于偷伐频繁，以至于百姓宁愿旷废山场。可见，官方无法真正监控矿区及其周边社

1　大学士管户部傅恒：《秦复滇省办存铜息银两应准拨充兵饷》（乾隆二十年十一月初四日），张伟仁主编《明清档案》，A191-95，B106817~106819；云南布政使顾济美：《秦陈铜息余银就款扣抵铜本银两事》（乾隆二十七年三月十六日），朱批奏折，04-01-35-1262-041。

2　署理云南巡抚李湖：《秦为敬陈滇省铜厂事宜事》（乾隆三十七年四月），朱批奏折，04-01-36-0090-013。

3　见本书附录二"冶炉与矿硐之关系"。

4　署理云南巡抚李湖：《秦为敬陈滇省铜厂事宜事》（乾隆三十七年四月），朱批奏折，04-01-36-0090-013。

会。为此，乾隆四十二年（1777），云南布政使孙士毅再次提出，炭价昂贵的问题无法通过官方加价方式解决，唯一的办法还是种植。官方应加强对盗伐的监视力度，"地方官严为饬禁，并令营汛弁兵一体巡查，遇以偷树禀报，立予惩治"。[1]

从嘉庆、道光年间官方公文仍然不断描述物价高昂来判断，[2] 各种平抑物价的措施，固然不能说毫无效果，但总体而论，不能予以过高评价。

五　官方收益的递减

综上可知，官方收益的递减是不可避免的。我们前面算出清代官方的矿业总收益每年约为 531966 两。这样一个平均数字，掩盖了清代矿业潜藏着的危机。事实上，官方的收益，并无账面上的那么多，因为其中有相当一部分，直接就用于补助铜铅矿业，成为清王朝办矿成本的一部分。如前文所述的因余铜加价、厂欠豁免、泄水补助而增加铸钱数量获取的更多铸息就是如此。又如嘉庆十五年（1810），已经停铸 20 多年的东川钱局重新开炉鼓铸，每年所得息银 9080 余两，全部作为汤丹等厂"提拉水泄工费之用"。[3]

官方向厂民让利，往往会导致铜息、铅息减少，铸息也会随之受到影响。京师钱局的特殊地位，使无论矿业生产实际情况如何，大体上均可通过既定的调拨价格获得既定数量的币材供给，京局铸

1　云南布政使孙士毅：《奏陈铜厂应禁应办缘由事》（乾隆四十二年十月二十一日），录副奏折，03-1098-081。

2　云贵总督伯麟：《奏报抵滇省查询地方边防铜务盐政诸事》（嘉庆九年十二月十五日），朱批奏折，04-01-35-1351-033；云南巡抚李尧栋：《奏为宁台厂运铜道路损坏请照例动拨项兴修事》（嘉庆二十四年七月初六日），朱批奏折，04-01-35-1359-025。

3　《铜政便览》卷五《局铸上》，收入《续修四库全书》第 880 册，第 315 页。

息因之相对稳定。但各省铸局的铸息，就同矿业生产情况密切相关了。例如乾隆五十四年（1789），规定贵州向厂民收购税后白铅时，每百斤加价银 0.3 两，相应的，各省铸局采买黔铅，每百斤亦加价 0.3 两。[1] 这就意味着各省铸钱成本上升，铸息相应减少。

此外，当铜铅供给不足时，各省局常常得削减铸钱数量，铸息也随之而减。例如，乾隆十八年（1753）山西宝晋局因铜材不足而削减 40% 铸钱数，[2] 乾隆三十五年、三十六年，因贵州本省"铜厂渐衰"，而云南亦"产铜不旺"，下令贵州裁炉减卯。[3] 乾隆四十三年，以滇省铜产不敷京局及各省鼓铸，谕令滇、黔、桂等省酌减炉座。[4]

为了对清代官方矿业收益的递减有一个清晰认识，下文将量化分析有较系统材料的云南铜息与铸息变化情况。

根据第四章表 4-6 中 29 个年份的数据，制作成滇省铜息数量变化趋势图（见图 5-1）。

我们看到，自雍正四年（1726）富藏铜矿的东川归滇之后，滇铜产量增长迅速，铜息总体上也不断攀升，从数万两升至 10 多万两。自乾隆初年朝廷开始全面控制滇铜后，铜息增长更为迅猛，很快达到 20 万两左右的规模，多的年份甚至超过 30 万两，顶峰为乾隆十四年（1749）的 312682 两。时人的描述可以进一步佐证这一观点，如乾隆二十一年，云贵总督爱必达等称云南每年"获铜息银二十五六万至三十余万两"。[5] 但这样的高水平并未维持太久，到乾

1　贵州巡抚冯光熊：《奏请敕各省按增减铅价赴汉口采买铅斤事》（乾隆五十八年五月二十九日），朱批奏折，04-01-35-1339-034。

2　《清朝文献通考》卷一六《钱币四》，考 5009 页。

3　光绪《钦定大清会典事例》卷二一九《户部·钱法·办铜铅考成》，收入《续修四库全书》第 801 册，第 568 页；《清朝文献通考》卷一八《钱币六》，考 5021 页。

4　《清高宗实录》卷一〇六三，乾隆四十三年七月庚戌。

5　署理云贵总督爱必达、署理云南巡抚郭一裕：《奏明筹办铜厂增本裕息缘由事》（乾隆二十一年四月二十日），录副奏折，03-1097-024。

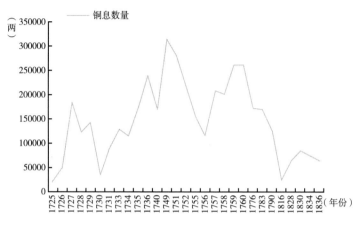

图 5-1　滇省铜息数量变化趋势

隆二十七年，云南布政使顾济美所称的滇省铜息规模就变为"每年约获余息银二十余万两"。[1] 乾隆中期之后，铜息逐渐下降至十多万两，嘉庆二十一年（1816）为最低谷，仅有 2 万两零，之后虽有恢复，但大体维持在六七万两。铜息递减的趋势非常明显。

铜息递减，主因并非铜产减少。如道光十年（1830），滇省共办获铜 12084231 斤零，供京局及各省采买等共用去 10344159 斤零，余剩 1740072 斤，而历年存铜尚有 10186042 斤零，[2] 可见铜产仍然相当丰旺，与乾隆鼎盛时期相当，但道光十年的铜息银却只有 81736两。[3] 这充分说明，正是成本的递增，迫使官方不断向厂民让利，导致铜息的递减。

1　云南布政使顾济美：《奏陈铜息余银就款扣抵铜本银两事》（乾隆二十七年三月十六日），朱批奏折，04-01-35-1262-041。

2　云南巡抚伊里布：《题报上年份各铜厂办获铜斤管收除在数目事》（道光十一年八月二十五日），户科题本，02-01-04-20496-023。

3　云南巡抚伊里布：《题报上年份各铜厂办获铜斤余息银两数目事》（道光十一年八月二十五日），户科题本，02-01-04-20496-024。

除铜息外，云南铸息递减的趋势也很明显。根据本书第四章表4-2，我们整理出云南钱局的铸息数量变化情况（见表5-1、图5-2）。

表5-1　云南钱局铸息数量变化（雍正—嘉庆）

单位：两

年份	铸息	年份	铸息
1724	32840	1747	66890
1725	32840	1748	66890
1726	32840	1749	66890
1727	24700	1750	52220
1728	24700	1751	66920
1729	24700	1752	68020
1730	24700	1753	115420
1731	24700	1754	119890
1732	24700	1755	119890
1733	24700	1756	119890
1734	26476	1757	119890
1735	71700	1758	119890
1736	23160	1759	120290
1737	23160	1760	120290
1738	23160	1761	120590
1739	23160	1762	98790
1740	23160	1763	98790
1741	46300	1764	103090
1742	58190	1765	100500
1743	58190	1766	101200
1744	58190	1767	101200
1745	66890	1768	101200
1746	66890	1769	101200

续表

年份	铸息	年份	铸息
1770	74400	1796	0
1771	43200	1797	17400
1772	43200	1798	17400
1773	43200	1799	17400
1774	43200	1800	23200
1775	43200	1801	21690
1776	67091	1802	21690
1777	105800	1803	21690
1778	82880	1804	21690
1779	51980	1805	21690
1780	35000	1806	21690
1781	32701	1807	21690
1782	32701	1808	21690
1783	32701	1809	21690
1784	32701	1810	30770
1785	32701	1811	30770
1786	32701	1812	30770
1787	32701	1813	30770
1788	32701	1814	30770
1789	32701	1815	30770
1790	32701	1816	30770
1791	32701	1817	30770
1792	32701	1818	30770
1793	32701	1819	30770
1794	16351	1820	30770
1795	0		

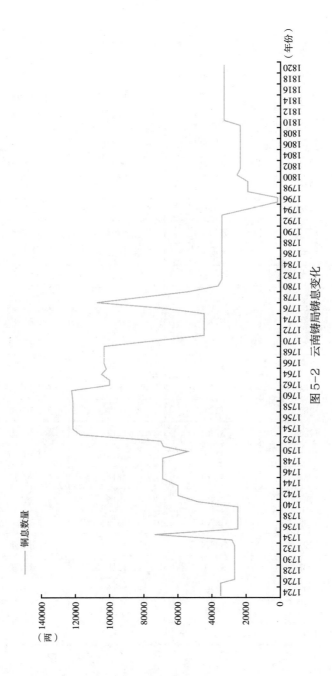

图 5-2　云南铸局铸息变化

雍正二年（1724）至乾隆五年（1740）间，除极个别年份外，铸息大致保持在二三万两。自 1741 年开始，铸息逐渐上升，1753 年攀升到了 10 余万两的高位并大致维持了 17 年，这与当时通过增加铸息来提高余铜收购价格密切相关。1770 年铸息回落到了 74400 两，之后除了 1777 年，再也未能达到 10 万两，并且下降趋势非常明显。自 1780 年开始，铸息 3 万多两、2 万多两是常态，有的年份只有 1 万多两甚至为零。铸息的减少，有时是由于官方为提升钱价而主动削减铸钱数量，如 1795 年、1796 年各省铸局普遍关闭即是如此。[1] 但总体上看，铜材供给不足始终是一个关键因素。从第四章表 4-3 中可以看到，道光年间全国各省铸局关闭频繁，这与当时矿业的衰落状况是相应的。

第三节　最后平衡点

成本增加，厂民盈利空间被压缩乃至亏损，官方被迫让利，双方达到一个新的平衡点。但成本不断增加，新平衡点再次被打破，官方不得不继续让利，达到一个更新的平衡点。随着时间推移，必然会到达一个最后平衡点，那时，官方难以在满足需求的同时保证自己与厂民均不亏本，除非能找到新的富矿，否则矿业的衰落不可避免。这是清代矿业的结构性困境，必须通过现代采冶技术降低成本方能破局，而在传统时期，并无解决之道。

1　《清高宗实录》卷一四五四，乾隆五十九年六月丁卯。

一　广西铜矿业个案

广西铜矿主要产于梧州府、桂林府、平乐府、庆远府，大致兴起于雍正年间，衰落于乾隆中期，[1]规模不大，维持时间不长，在清代并不起眼。但其兴衰过程，恰好是清代矿业的一个缩影。

（一）持续提高官价

桂省铜厂于雍正七年（1729）开办，[2]按20%税率征税后，余铜全数官收，价格为6两/百斤，但官方以13两/百斤价格变卖，[3]相当于官方除20%外，另外再征了（13-6）×80%/13=43.08%的税，总计税率为63.08%。铜矿开采之初，官方通过严苛的税费政策，实现了较多盈利。

但广西各矿"垅浅砂微"，[4]缺乏云南那样的大规模富矿，成本递增因而更为显著。以乾隆二年（1737）开采的回头山铜矿为例，仅仅过了六年，附近柴炭砍烧殆尽，所需燃料来自十里之外，[5]而且"砿口日深，取砂工费已加数倍"，矿商因亏损而"观望不前"，税课日渐减少。[6]《清朝文献通考》曾总结称，广西自雍正七年开采铜矿，不到十年就因"厂民无利"而普遍"办铜日绌"。[7]

因生产成本递增快速而显著，广西铜矿初兴不久，官方就不

1　邓智成：《清代广西矿产开发研究》，硕士学位论文，云南大学，2018，第53~57页。

2　广西巡抚金鉷：《奏报七月以来开采金铜等矿情形折》（雍正七年十一月初七日），中国第一历史档案馆编《雍正朝汉文朱批奏折汇编》第17册，第141页。

3　中国人民大学清史研究所等编《清代的矿业》，第279~280页。

4　中国人民大学清史研究所等编《清代的矿业》，第282~283页。

5　广西布政使唐绥祖：《奏请开采桂省铜厂以资鼓铸事》（乾隆八年十一月），录副奏折，03-0769-070。

6　《清高宗实录》卷二○六，乾隆八年十二月辛亥。

7　《清朝文献通考》卷一六《钱币四》，考4999页。

得不开启持续的让步过程。雍正九年（1731），桂抚金铁奏称，临桂县涝江等处铜厂，按 20% 税率抽税，余铜每斤给银 0.06 两，因为是商人自行运送至官方铜库，须另给运费，开始每斤给运费银 0.002 两，实在不敷，雍正八年起增为 0.008 两。雍正七年七月至雍正八年十二月底，计一年半，共获铜 113448.5 斤（相当于每年办铜 75632 斤），按 13 两 / 百斤价格变卖，共约获价银 14748 两，扣除铜价、脚价、厂费、厂欠约 9278 两，办获余息银 5470 两，获利率（铜息 / 成本）约为 59%。[1]

雍正十年（1732）全年，办获铜 132258 斤零，按 13 两 / 百斤价格变卖，共获价银约 17193 两多，除去铜价、运脚、厂费、厂欠等 11873 两零，获余息银 5320 两零，获利率约 44.8%。[2]

雍正十三年全年，办获铜 29689 斤零，按 13 两 / 百斤价格变卖，获价银约 3860 两，除去铜价、运脚、厂费等约 2624 两零，获息银约 1235 两零，获利率约 47%。[3]

我们看到，雍正七年铜矿开采，雍正十年达到高峰，之后每年所获铜斤数量急剧下降，且官方的获利率，也从最初的 59%，降至 44.8%、47%。其中原因，在乾隆三年（1738）二月广西巡抚杨超曾的奏折中有透露。他认为，官方给予的铜价与运费过少，"官有倍称之息，而商受亏本之累"。广西官方不得不稍微增加了余铜收购价格，这自然会导致官方的成本上升，获利率随之下降。广西的加价之举受到户部批驳，在奏销时无法过关，杨超曾于是向皇帝诉苦，

1　中国人民大学清史研究所等编《清代的矿业》，第 279~280 页。
2　中国人民大学清史研究所等编《清代的矿业》，第 281 页。
3　中国人民大学清史研究所等编《清代的矿业》，第 282 页。

皇帝命令户部进行讨论。[1]

　　讨论的结果，似乎是承认了杨的说法有理，于是将余铜的收购价格从 0.06 两 / 斤提升至 0.083 两 / 斤。此时，广西还开发了一处新的矿山，即恭城县回头山铜矿。这座铜矿试采于乾隆二年（1737），[2] 乾隆三年"照例抽课"，[3] 这个"例"是二八抽课，余铜官收，每斤价银 0.083 两。[4] 乾隆五年，又将余铜的收买价格进一步提高至 0.092 两 / 斤。[5]

　　新的富矿的开采加上税费的让步，扭转了广西铜矿业的颓势。乾隆四年（1739）全年，共抽收课余铜 121362 斤零，按 13 两 / 百斤之价变卖，得银 15777 两零，归还原支铜价、运脚、厂费等银约 9109 两，获余息银 6668 两零，获利率高达 73.2%。[6] 乾隆五年，共抽收课余铜 122071 斤零，按 13 两 / 百斤价格变卖，得银 15869 两零，除去铜价、运脚、厂费等银约 9226 两，获余息银约 6643 两零，获利率为 72%。[7]

　　但是，仅仅过了几年，新开的回头山铜矿就开始面临着成本递增的重压。官价提高的步伐跟不上办矿成本的增速，厂民生产积极性不高，生产迅速衰退。特别是乾隆七年（1742）两广总督庆复奏准广西开局铸钱后，铜产不足所导致的问题愈发突出。按计划，广

1　广西巡抚杨超曾：《奏请准销粤西铜厂课银脚价事》（乾隆三年二月二十一日），录副奏折，03-0768-008。

2　广西布政使唐绥祖：《奏请开采桂省铜厂以资鼓铸事》（乾隆八年十一月），录副奏折，03-0769-070。

3　光绪《钦定大清会典事例》卷二四四《户部·杂赋·铜铁铅锡矿课》，收入《续修四库全书》第 801 册，第 884 页。

4　广西布政使唐绥祖：《奏请开采桂省铜厂以资鼓铸事》（乾隆八年十一月），录副奏折，03-0769-070。

5　《清朝文献通考》卷一六《钱币四》，考 4999 页。

6　中国人民大学清史研究所等编《清代的矿业》，第 284 页。

7　中国人民大学清史研究所等编《清代的矿业》，第 284~285 页。

西铸局铜材由本省供给，每年用铜237300斤，广西铜矿业的压力陡然增大，币材任务难以完成。乾隆八年，广西布政使唐绥祖指出，回头山铜矿于七年前初开时，余铜每斤给价银0.083两，厂民尚有利可图，"人尚争趋恐后"，但办矿成本迅速增加，现在"垅口已深"，取砂在"数十丈之下"，全借油灯照明，"倍极艰难"，从前每人每日可出入数十次，但现在每日一人不过出入数次，而且一下雨，积水灌注，排水艰难，此外厂地附近之柴炭砍烧殆尽，燃料运费剧增，商人因"不敷工本"而畏缩，"小工锤手，亦多观望"，结果产出日少，"课（铜）余（铜）日绌"。唐绥祖认为，目前广西铜矿业产出有限，如要满足铸钱所需，须到云南购铜，价格为0.092两/斤，道路险远，运费亦复不少。而且滇省的优质铜均供应京局，广西只能买到金钗厂之低劣铜斤，用之铸钱，每百斤铜须外加铜30斤，铸出的钱文尚不光亮，工匠因惧亏损，均不敢承领铸钱任务。滇铜既不足恃，还是得靠本省矿业，唐绥祖因此建议，将每百斤余铜的收买价格提高至13.4两（每斤0.134两），而当时的市场价格为17.5两。乾隆皇帝接到唐绥祖的奏折后，立即指示户部"速议具奏"。[1]我们看到，广西铜矿业的衰退，并非源于矿藏缺乏，而是成本递增。

（二）客铜、渣铜、藏铜与走私

综合各种史料可知，唐绥祖大幅提高官价的建议未被采纳，朝廷仅仅将回头山厂余铜官价从每斤0.083两提高至0.092两。[2]这样的力度，根本无法纾缓成本递增的压力，但广西铜矿业仍然在维持，主要是靠了"客铜""渣铜"来辅助。

---

[1]　广西布政使唐绥祖：《奏请开采桂省铜厂以资鼓铸事》（乾隆八年十一月），录副奏折，03-0769-070。

[2]　《清高宗实录》卷二〇六，乾隆八年十二月辛亥。

所谓客铜，系从云南往汉口、江浙等处贩铜的商人，途经广西，嫌前路遥远，就近卖给当地官府铸钱之铜，价格为 0.138 两 / 斤。所谓渣铜，即长期遗留的炉渣，经淘洗煎炼后所得之铜，出力多而得铜少。为了让厂民有从事矿业的动力，乾隆五年（1740）允许厂民自卖渣铜，且不收税，当时市场价，每百斤渣铜可获价银十七八两（0.17~0.18 两 / 斤）。不过，很快就规定渣铜只能卖给官方铸钱，定价银为 0.13 两 / 斤（加上运费后为 0.134 两 / 斤），虽然低于市价，但也远超 0.092 两 / 斤的余铜购价。[1]

渣铜、客铜的名目一开，助长了具有一定合理性的违法与腐败现象。在严苛的税费将盈利空间压缩殆尽乃至出现亏损的情况下，厂民普遍有偷漏走私的动机，他们私自采炼铜材并密而藏之（即"藏铜"），寻觅时机偷偷卖出。渣铜可自由贩卖后，厂民就可能将藏铜报称渣铜，蒙混卖出以图利。亦有一些厂民将过境客铜私自收买，欲转运获利，一旦官府严密拦截无法外运，就暂时密而藏之成为藏铜。官员们对此睁一只眼闭一只眼，有时明知系非法藏铜，却视之为合法的渣铜或客铜，收买以供鼓铸。如此暗地纵容，是因为现行的税费政策，完全榨干了厂民的获利空间。如果严格执法，结果就是厂民星散，矿厂倒闭，相关官员被迫赔补乃至受到惩处。这一番道理，官员们在乾隆九年（1744）、十一年，明明白白告诉了皇帝。[2]

户部知悉渣铜、客铜的种种情弊后，指令地方严格管控。首先，要求渣铜必须按照 20% 税率抽课，课余渣铜按 0.092 两 / 斤的价格收买，这其实是把渣铜完全等同于正常生产之铜。其次，客

1　广西布政使唐绥祖：《奏请变通收买商铜价值事》（乾隆九年七月初九日），朱批奏折，04-01-35-1234-029；《清高宗实录》卷一七六，乾隆七年十月庚子。

2　广西布政使唐绥祖：《奏请变通收买商铜价值事》（乾隆九年七月初九日），朱批奏折，04-01-35-1234-029；署理广西巡抚讬庸：《奏请酌定收买余铜价值事》（乾隆十一年三月十三日），朱批奏折，04-01-35-1237-006。

铜的收购价格亦定为每斤 0.092 两。唐绥祖明确表示反对，认为这样的措施只会让过境商人拒绝出售客铜，渣铜、藏铜等也会无处购买，广西铸钱将大受影响。他向朝廷重申，即便维持客铜 0.138 两 / 斤、渣铜 0.134/ 斤之价，每铸出 1000 文铜钱，成本仍在 1 两之内，不但不会亏损，还略有盈余。[1]

（三）税率的更改

就在唐绥祖向朝廷坚持要求执行客铜 0.138 两 / 斤、渣铜 0.134 两 / 斤的收购价之际，其政敌、署广西巡抚讬庸密奏皇帝，称唐绥祖委任心腹管理回头山铜矿，大肆牟利，[2] 所谓渣铜、客铜云云，无非是唐绥祖想"多获价银"的借口，[3] 这一攻击消解了唐绥祖建议的合理性与正当性。面对铜矿业萧条的困境，讬庸建议采取变通税率的办法。他声称，本省各处铜厂，因官买余铜过多，商人未能获利，以致开采寥寥，币材紧张。他建议，改变过去二八抽课、余铜官买的办法，实行按 30% 税率抽课、余铜厂民自卖的方案。这一新法得到了朝廷的批准，[4] 并且说明，试行一年之后，如果没有成效，再设法变通。[5]

当时广西市场上的铜材价格为每百斤十七八两（折中后为 17.5 两），而官方收购价格仅为 9.2 两 / 百斤，尽管税率从 20% 提升至 30%，但税后余铜可自由支配，总体而言对厂民还是有利的。计算一下即可知道，过去的实际税率约为 57.94%，而新税率仅为 30%。然而，减税并未带来铜矿业的繁荣，新税率试行八个月之后，讬庸

1　广西布政使唐绥祖:《奏请变通收买商铜价值事》（乾隆九年七月初九日），朱批奏折，04-01-35-1234-029。

2　中国人民大学清史研究所等编《清代的矿业》，第 287 页。

3　《清高宗实录》卷二六三，乾隆十一年闰三月壬戌。

4　《清高宗实录》卷二四四，乾隆十年七月癸未。

5　光绪《钦定大清会典事例》卷二四四《户部·杂赋·铜铁铅锡矿课》，收入《续修四库全书》第 801 册，第 885 页。

向朝廷报告了失败的结果。按他的描述，商人"仍属观望不前"，虽然尚未满一年之期，但已能肯定，无法吸引他们前来投资。现在广西铸局仅存铜 2 万余斤，而每年的需求是 20 多万斤，停铸的结局迫在眉睫。这样的结果，在很大程度上应该是办矿成本持续增加，虽已大幅降低税率，但厂民仍不能获利所致。

托庸给出的解决办法是大幅提高官价。他认为，厂民如果能够获利，必须每百斤铜卖到价银 13 两。因此他建议，恢复二八抽课，但余铜以 16.25 两 / 百斤之价收购，这样加上免费上交的课铜，算下来商人实际上每百斤铜获价银 13 两。[1] 据此，税率约为 23.5%，较之 30% 的税率，显然又优惠不少。

托庸乾隆十一年（1746）三月上奏，户部很快就予以回复，其大意为：既然新法未见成效，那就仍实行 20% 的税率，余铜官收。但托庸建议的 16.25 两 / 百斤之价太高，与此前所定 9.2 两 / 百斤过于悬殊，须"另行确核"再议。皇帝同意了户部的意见，并且痛斥托庸，认为他心存私意，为了彰显唐绥祖之过错，故意采行新法，结果毫无成效，重新回到唐绥祖的老路，而且所建议的余铜官价（16.25 两 / 百斤），竟然比唐绥祖所议的 13.4 两 / 百斤还高！皇帝最后下令，"着将托庸交（吏）部察议"。[2] 吏部的处理意见是将托庸革职。[3]

唐绥祖与托庸这一对政敌，不约而同走到大幅提高官价的路子上去，可见办铜成本的递增确系矿业的严重障碍。皇帝在愤怒之余，也不得不认清这一现实，几个月后，朝廷批准了由两广总督策

1　署理广西巡抚托庸：《奏请酌定收买余铜价值事》（乾隆十一年三月十三日），朱批奏折，04–01–35–1237–006。

2　《清高宗实录》卷二六三，乾隆十一年闰三月壬戌。

3　《清高宗实录》卷二六四，乾隆十一年四月己卯。

楞、广西巡抚鄂昌所提的方案：按 20% 税率抽课，余铜官买一半，商人自卖一半。官买的价格为 13 两 / 百斤。[1] 按照 17.5 两 / 百斤的市场价格，这一方案的实际税率约为 30.29%，与讬庸新法的 30% 税率约略相当，但高于讬庸后来建议但未获批准的 23.5%。这一方案之后便长期维持了。

（四）最后平衡点

30% 的税率尚不能挽回颓势，30.29% 的税率自然无能为力。但为何朝廷将余铜价格限制在 13 两 / 百斤而不愿意进一步提高呢？因为这会严重影响官方的获利，铜息会消失甚至变为负数。雍正、乾隆年间的广西铜息银，是官方将所征收课铜与低价购买之余铜，按照 13 两 / 百斤变卖给铸局所赚取的差价，再减去运脚、厂费、厂欠之后所产生的盈余。如果按照讬庸所建议的税后余铜按 16.25 两 / 百斤的价格收买，综合算上无偿征收的课铜之后，官方实际支付给厂民的价格为 13 两 / 百斤，与卖给铸局之价相等，一买一卖之间的差价为零，再加上运费、厂费、厂欠等，铜息就会变为负数。以乾隆四年（1739）为例，当年共获铜 121362 斤零，其中课铜 24272 斤零，余铜约 97090 斤，按 13 两 / 百斤价格变卖，共银 15777 两零，扣除成本后，获余息银 6668 两多。[2] 当时的余铜收购价格为 0.06 两 / 斤，如果按讬庸建议之 0.1625 两 / 斤之价，则每斤余铜将多支付 0.1025 两，97090 斤余铜共约多支 9952 两，铜息将会从 6668 两多变为 -3284 两，出现亏损。如果将所提高的价格转移给钱局承担（即提高铜材销售给铸局的价格），则会严重影响铸息。讬庸也算过这笔账，如果成本转嫁给铸局，每 1 串钱（1000 文）所产生的铸息将

1　《清高宗实录》卷二七一，乾隆十一年七月癸亥。

2　中国人民大学清史研究所等编《清代的矿业》，第 284 页。

会低至0.04两，[1] 当时广西每年铸钱28880串，[2] 按0.04两/串之铸息，每年总铸息为1155.2两。可以想见，只要生产成本再一增加，官方再稍一提高余铜收购价格并转嫁给铸局，铸息也可能变为负数。因此，20%的税率、13两/百斤的余铜收购价格，差不多已接近最后平衡点，官方再向厂民让步的余地已经不大了。广西铜矿业的衰落，已然不可避免。欲走出困境，唯一的办法就是找到新的富矿，但这个方面并不成功。此后我们看到的，是广西铜矿业逐渐衰败的记录。

现将广西铜矿业若干年份的税率、官方获铜数量、成本、铜息等整理成表5-2。为了使变化显得更直观，我们将正税税率、隐性税率合并计算为实际税率。

表5-2　官方的广西铜矿业收益

时间	实际税率（%）	官方获铜数量（斤）	成本（银两）	铜息（银两）	获利率（%）
1730	72.57	75632	6185	3647	59.0
1732	72.57	132258	11874	5320	44.8
1735	72.57	29689	2624	1235	47.1
1739	62.05	121362	9109	6668	73.2
1740	57.94	122071	9226	6643	72.0
1753	30.29	—	—	286	—
1754	30.29	21121	2636	264	10.0
1755	30.29	17357	2198	176	8.0
1756	30.29	14979	1967	—	—

资料来源：乾隆五年（1740）之前的数据见上文之论述。乾隆十八年至二十一年数据来自署理广西巡抚鄂宝《题为奏销粤西各属铜厂乾隆二十年分抽收课余铜斤用过价脚以及支给官役饭食等项银两事》（乾隆二十二年五月二十九日），户科题本，02-01-04-15107-005。

1　署理广西巡抚讬庸：《奏请酌定收买余铜价值事》（乾隆十一年三月十三日），朱批奏折，04-01-35-1237-006。

2　《清朝文献通考》卷一六《钱币四》，考4999页。

可以看到，自雍正七年（1729）开启铜矿业之后，成本递增压力随之而来，官方收益迅速减少，雍正十三年铜矿业已衰败不堪。乾隆二年（1737）发现并于次年开始抽课的回头山铜矿暂时逆转了这一颓势，使铜矿业重回高峰，但数年之后又开始了成本递增的循环。尽管官方不断让步，使税率降至接近最后平衡点的30.29%，但铜矿业仍然迅速衰落。至迟从乾隆十八年起，每年产铜2万斤左右，铜息一二百两，基本已可忽略不计。广西铜矿业自开采之日起，不过20多年，就几乎消亡。自乾隆二十一年七月初一日起，广西铸局改为全用滇铜，[1]铜材主要来自金钗厂、大铜厂。[2]

二　云南铜矿业的重心转移与衰退

广西铜矿业有代表性地呈现了清代矿业的衰退机制。最重要的滇省铜矿业、黔省铅矿业同样难逃这一魔咒。不过二省有大规模富矿，成本递增不像广西那么迅猛，并且当某些大矿快达到最后平衡点时，还相对比较容易找到另外的大矿，从而挽回颓势。尽管如此，矿业逐渐陷入困境的趋势仍然是明显的。

清代滇省铜厂主要分布在四个区域，即以汤丹、碌碌、大水沟、茂麓为核心的滇东北产区，大体上包括了东川、昭通和曲靖三府；以大兴等厂为代表的滇中产区，包括了云南、楚雄、澄江、武定等府、州；以金钗厂为代表的滇南产区，包括了临安、开化、广南、普洱等地；以宁台为代表的滇西产区，包括了大理、丽江、顺

1　署理广西巡抚鄂宝：《题为奏销粤西各属铜厂乾隆二十年分抽收课余铜斤用过价脚以及支给官役饭食等项银两事》（乾隆二十二年五月二十九日），户科题本，02-01-04-15107-005。

2　广西巡抚熊学鹏：《奏为采买搭配滇六铜厂鼓铸钱文铜斤事》（乾隆二十七年六月初八日），录副奏折，03-0773-079。

宁、永昌府及永北、蒙化、景东、腾越直隶厅。其中开发较早、最为重要者，当属滇东北区，尤以汤丹厂产量丰旺、产品优良，堪称第一大厂。其盛时，每年获铜五六百万至七百五十余万斤。滇铜供应京师以及各省诸多铸局局面的形成，正是滇东北铜矿开发的结果。但滇东北铜矿业自乾隆三十年（1765）之后逐渐衰落，独大的地位开始受到挑战，滇西逐渐超过滇东北而成为最主要铜矿区，特别是宁台厂，以年额官铜 380 万斤成为当时云南乃至全国最大的铜厂。[1]

对于滇东北铜矿业的衰退，已有学者指出，这是开采年久成本递增的结果，而厂民通过私铜以及厂欠弥补官价之不足，以此维系着脆弱的平衡，但乾隆三十年爆发的清缅军事冲突打破了这一平衡，滇东北铜厂遂一蹶不振。[2] 这一观点无疑有相当道理，但相对而言笔者不会那么看重清缅战争这一短期事件的冲击，下文将以细致的实证分析，揭示滇东北铜矿业的结构性困境以及政府的措施。

位居清代各铜厂之首的滇东北汤丹厂，大规模开采二十余年后，乾隆十二年（1747）开始出现明显的"矿硐既远、出铜渐少"现象，成本大幅上升。应付这一困境的最经济办法，就是找到新的矿山，官府为此投入了较大努力，在滇东北地区新办大雪山、盐井坝厂，因开采成本较高而封闭的多那厂也得以重开，作为汤丹厂子厂，帮助汤丹完成额定产量。[3] 新矿的开发以及提高官价等措施（详见本章第二节），稳定了汤丹厂的颓势，在乾隆二十七年、二十八

---

1 杨煜达：《政府干预与清代滇西铜业的兴盛——以宁台厂为中心》，载杨伟兵主编《明清以来云贵高原的环境与社会》，第 60~82 页。

2 杨煜达：《政府干预与清代滇西铜业的兴盛——以宁台厂为中心》，载杨伟兵主编《明清以来云贵高原的环境与社会》，第 60~82 页。

3 云南总督张允随：《奏陈滇省铜厂情形预筹开采接济京局事》（乾隆十二年三月初十日），朱批奏折，04-01-35-1238-005；云南总督张允随、云南巡抚图尔炳阿：《奏为滇省新开铜厂渐臻旺盛事》（乾隆十三年正月二十七日），朱批奏折，04-01-36-0086-019。

年、二十九年还达到了一个高峰期，但自三十年起，产量再次进入下行轨道。[1] 各种税费让步与补助措施，无法跟上成本递增的步伐，铜产最多、铜质最高的汤丹、碌碌、大水沟等滇东北铜厂，再也无法重现高峰时期的辉煌。云南铜矿业之所以能继续保持稳定，靠的是其他地区特别是以宁台厂为代表的滇西铜矿业的兴盛。

乾隆三十五年（1770）之前，滇西各铜厂的产量，每年不过20万~30万斤，多亦不过50万~60万斤，仅占全省铜产总量的2%~5%，但乾隆三十八年之后，滇西铜厂所产常年占到官铜定额的75%以上。该区域铜矿业在乾隆中后期兴起，并不是这些地区的铜厂没有受到成本递增的影响，而是因为寻觅到了更多矿山。以宁台厂为例，早期宁台厂坐落于今保山市昌宁县北部，规模并不大，但永平县境内的水泄、芦塘厂，龙陵厅境内的开平山厂相继开发，它们作为宁台厂的子厂帮助其完成生产与税收任务，这才造就了宁台厂的崛起。[2]

滇西铜厂的采冶成本，原本普遍高于滇东北铜厂。如宁台厂产量虽高，但因矿石品位低，产品品质较差，得先将铜斤改煎为紫板铜，再改煎为蟹壳铜，方可运京。[3] 而滇东北的汤丹等厂，并不需要这样繁复的改煎程序，而且滇东北距内地路程较短，从该地将铜材运至长江航道转运京师与外省都较滇西更为经济。杨煜达指出，宁台厂每百斤铜的价格，较汤丹高出 0.448 两，运至京师，还要多出运费 3.7711 两。[4] 在成本差异较大的情况下，官方还愿意花更大代价

1　署云南巡抚明德：《奏请裁滇省汤丹铜厂通判事》（乾隆三十五年三月十三日），朱批奏折，04-01-36-0894-025。

2　杨煜达：《政府干预与清代滇西铜业的兴盛——以宁台厂为中心》，载杨伟兵主编《明清以来云贵高原的环境与社会》，第 60~82 页。

3　云贵总督富纲：《题为云南白羊厂改煎蟹壳净铜请照例酌给价银事》（乾隆四十八年八月初六日），户科题本，02-01-04-17365-010；云贵总督富纲、云南巡抚刘秉恬：《奏为遵旨遴选甘士谷管理宁台厂铜务事》（乾隆五十一年四月十二日），朱批奏折，04-01-36-0093-031。

4　杨煜达：《政府干预与清代滇西铜业的兴盛——以宁台厂为中心》，载杨伟兵主编《明清以来云贵高原的环境与社会》，第 60~82 页。

开发滇西铜矿业取代滇东北铜厂，这是因为滇东北铜矿枯竭了吗？并非如此。事实上，滇东北的崇山峻岭中仍然蕴藏着大量铜矿，但由于成本较高不得不弃采。1949年后现代化机械的引入，激活了这些"沉睡"的矿产，东川因铜矿开发而成为地级市，又持续兴旺了数十年。而在宁台厂兴盛的那个年代，滇东北似应只剩下成本相对较低的矿硐还在继续生产，大量矿硐因成本递增，比滇西铜厂更不经济而被关闭。

然而，成本本来就较高的滇西铜厂，同样难免成本递增的厄运。官方可以维持铜产量，但铜息、铸息都在不断递减，这从上文的相关图表中可以清晰反映出来。到了嘉庆道光年间，官方的铜矿业收益已经为数不多了。完全可以肯定，假以时日，云南铜矿业必定重演广西铜矿业全面衰落的历史。这一端倪，在18世纪末19世纪初已经出现，嘉庆四年（1799），汤丹、碌碌、大水沟三厂每年减办额铜一百零六万余斤，但仍然难以如额办解。[1] 嘉庆晚期至道光十五年（1835），云南铜厂因为无法完成额定任务，不得不到四川西昌县的乌坡铜厂收买余铜以凑足正额。乌坡距西昌县城四百余里，山险路窄，运费昂贵，很少有商人前来收购，厂商无处销售，资金困难，任由数年来所采矿砂堆积如山，不能煎炼。直到滇省前来采购，才开炉炼铜。[2] 由此可见乌坡铜厂的办铜成本相当高昂，官方为维持铜产不得不付出更多代价。道光十二年，因铜材不充裕，

1 云贵总督伯麟、云南巡抚永保：《奏为遵旨筹议加煎滇省宁台厂蟹壳铜应添火工银两请扣养廉银摊补事》（嘉庆十年八月初三日），朱批奏折，04-01-36-0096-006。

2 四川总督蒋攸铦：《奏议滇省收买川铜章程先行查明铜厂情形事》（嘉庆二十四年正月十九日），朱批奏折，04-01-35-1359-017；云贵总督明山：《奏为滇省来年铜本不敷支放请借拨地丁盐课接济事》（道光四年十一月二十九日），朱批奏折，04-01-35-1361-013；光绪《钦定大清会典事例》卷二一五《户部·钱法·办铜二》，收入《续修四库全书》第801册，第215页。

工部宝源局之勤炉停炉一年。[1] 在铜斤供应紧张的情况下，一些官员再次提出禁用铜器的建议。[2] 咸丰元年（1851），云南巡抚张亮基称云南近年来矿硐愈深，"矿少质劣"，附近炭山砍伐殆尽，"工费益繁"，以致铜斤不能如额生产并依期运送至铜店，"厂员、店员均极疲累。厂店交疲，则运员之迟延，铜征之低潮，皆所难免"。[3]

三　贵州铅矿业的衰退

黔铅矿业的衰退几乎与滇铜矿业同步，而且同样主要源于成本加增与报酬递减。如雍正七年（1729）题报纳税的大定府砂朱厂，[4] 到乾隆十年（1745），就因"矿砂淡薄，出铅日渐减少"，不得不减少管理、巡查人员以及办公经费。[5] 之后又维持了十余年，砂朱厂就封闭了。[6]

但黔省有众多富矿带，所以铅矿业韧性较强。旧矿不断衰退或倒闭，新矿持续发现并开采，黔铅矿业在此起彼伏中维持了近百年的兴旺。马琦揭示了黔铅矿业的时空演变情形。西北部的大定府，特别是以妈姑为中心的威（宁州）水（城厅）铅、锌矿群，康熙末期以后就成为黔铅的中心区域；自雍正十二年（1734）起，随着遵

1　光绪《钦定大清会典事例》卷八九〇《工部·鼓铸·鼓铸局钱》，收入《续修四库全书》第810册，第744页。

2　户科给事中黄中杰：《奏为请复禁铜收铜旧例以杜私销事》（嘉庆二十年二月十九日），录副奏折，03-1859-004。

3　《清朝续文献通考》卷四三《征榷考十五·坑冶》，考7980页。

4　《清朝通典》卷八，典2066页；《世宗宪皇帝朱批谕旨》卷一二五之十二《朱批鄂尔泰奏折》（雍正七年十一月初七日奏），收入《景印文渊阁四库全书》第420册，第657~659页。

5　户部尚书蒋溥等：《题为遵旨察核贵州大定府属朱砂厂抽收课银并开销人役工食银两事》（乾隆十四年十一月十七日），户科题本，02-01-04-14396-003。

6　马琦：《多维视野下的清代黔铅开发》，第44~45页。

义、绥阳和清平、都匀、丹江等厅县铅矿的开发，又形成了东南部的清水江、北部的遵义两个次中心区域。这两个区域在乾隆四十年代严重衰退，全省矿厂数量大幅下降。嘉庆十八年（1813）之后，两个次中心区域不复存在，黔铅矿厂仅剩下 5 处，黔铅生产全面衰落。[1]

　　其实，即便是在最重要且持续时间最长的黔西北铅矿业中心，也是不断通过发现新矿来对抗成本递增从而维持矿业生产稳定的。初期重要的矿厂有猴子、羊角、白腊、马鬃岭、丁头山、砂朱等，十余年后即衰落或封闭。但这些厂的衰落无足轻重，随着特大白铅厂莲花（妈姑）厂、大型白铅厂福集厂分别于雍正十二年（1734）、乾隆十年（1745）开采，加上大型黑铅厂柞子厂的兴旺，贵州铅矿业开采达到高峰。[2]不过，这些大厂，也在十多年后开始面临成本递增的重压。乾隆二十六年，贵州布政使称全省铅厂"老厂率以攻采年久，出产渐微"，官方不得不介入，在事实上实行了类似云南"放本收铜"的资金借贷制度，"或预发工本，或借给油米，多方调剂"。[3]而提高官价、降低官方收买税后产品比例等措施亦不断推出。不过，真正能够维持黔铅生产的举措，还是不断发现新矿对抗成本递增。这些新矿，有的有新的厂名，有的没有厂名，只是作为老厂的子厂。所以，同一个厂名，其实不断包含新的矿山，维持着某个厂的产量。[4]在此我们仅以全国最大的铅厂莲花厂为例来说明，该厂到后来，其范围为：以今赫章县妈姑镇莲花村所在地为中心（是为老厂的所在地），包括今赫章县双坪、罗州、水塘堡、珠市及威宁

────────────────

1　马琦：《多维视野下的清代黔铅开发》，第 53~58 页。

2　马琦：《多维视野下的清代黔铅开发》，第 58~82 页。

3　贵州布政使徐垣：《奏报仓谷铅厂各情形事》（乾隆二十六年五月二十四日），录副奏折，03-0540-067。

4　温春来：《清代矿业中的"子厂"》，《学术研究》2017 年第 4 期。

县盐仓、板底等乡镇。[1]

　　发现新的富矿取代成本已严重增加的旧矿，不可能是无止境的，所以黔铅矿业的衰落在所难免。从乾隆晚期开始，这种趋势就比较明显地表现出来。影响全国铅产大局的莲花（妈姑）、福集等厂，在 18 世纪末期陷入衰退，乾隆四十九年（1784），黔抚永保赴威宁查看时，尚称莲花等厂所产矿砂"均属丰旺"，"炉户、砂丁等亦各踊跃从事，可期无误"，困难不在于生产，而在于运输。[2]但仅仅过了四年，贵州巡抚李庆棻就指出妈姑等厂开采日渐艰难，必须提高炉户工本，以刺激生产，[3]于是规定黔省白铅每斤加价银三钱，共为三两九钱五分六厘零。[4]嘉庆四年（1799），因妈姑（莲花）厂再次出现办铅困难，于是将新开的猓纳、兴发、三家湾、黑泥、马街、白岩等作为妈姑子厂，每年凑办铅 420 万斤，因为子厂较为偏远，所以为此每年多付出运费银数千两。但子厂很快也不能承担，遂于嘉庆十年、十二年、十六年分三次将每年额办任务共减去 180多万斤，归妈姑老厂生产。当额定任务无法完成时，官员们只好到市场上购买商铅弥补。[5]嘉庆十五年八月，贵州巡抚鄂云布表达了对无法完成铅斤生产任务的无可奈何：

　　　黔省每年额办京、楚、川及本省鼓铸铅八百余万斤，系在

1　马琦：《多维视野下的清代黔铅开发》，第 67~68 页。

2　贵州巡抚永保：《奏报查勘威宁一带铜运铅运情形事》（乾隆四十九年十二月初九日），朱批奏折，04-01-35-1319-002。

3　《清高宗实录》卷一三一一，乾隆五十三年八月戊午。

4　贵州巡抚冯光熊：《奏请敕各省按增减铅价赴汉口采买铅斤事》（乾隆五十八年五月二十九日），朱批奏折，04-01-35-1339-034。

5　大学士管理户部事务托津等：《奏为遵旨议奏减领贵州铅厂运脚银两并酌筹调剂事》（嘉庆二十一年十一月初七日），录副奏折，03-1859-046。

妈姑厂每年额办铅四百五十万斤，福集厂每年额办铅一百八十余万斤，从前有新寨、乐助、连发等厂同时兴旺，且有积铅，是以历年供兑，均无贻误。嗣因新寨等厂出铅衰薄，陆续详请封闭，额需不敷，经前藩司贺长庚于嘉庆元年详明，妈姑厂除正额外每年加办铅一百三十万斤，福集厂除正额外每年加办铅四十万斤。嗣后妈姑厂仅据威宁州郑五典，贵西道吕云栋、伊汤安领过嘉庆五、六、七各年加办铅各一百三十余万斤，福集厂仅据水城通判元靖领过嘉庆五年加办铅四十万斤，均未采办足额……今妈姑、福集两厂，自嘉庆六年、八年以后，除加额铅斤未经领办，福集厂已缺办正额铅三百余万斤。[1]

新寨、连发等大矿陆续封闭，妈姑厂无力完成加办铅斤，而福集厂甚至不能完成正额。黑铅厂同样如此，嘉庆八年（1803），湖南郴、桂二州出产铅斤"递形短缩"，贵州威宁、平远等地的黑铅厂要么已经封闭，要么日形竭蹶。[2]道光四年（1824）甚至出现了因矿产不旺而导致的"炉户缴铅濡滞"的情况，[3]其原因之一即"攻采年久，引苗不能蓄养，砂丁进采必须深入险奥，硐道较远，工费倍增"。[4]清代的铅矿业，经过18世纪中期的鼎盛，到该世纪晚期至19世纪初期，已经开始衰落了。马琦研究了清代黔铅的产量，直观地呈现了黔铅生产衰退的趋势，到了道光朝后期，黔省白铅的年产

1　贵州巡抚鄂云布：《奏请裁减妈姑福集二厂铅额事》（嘉庆十五年八月二十四日），录副奏折，03-2142-015。

2　贵州巡抚福庆：《奏为查明黔省铅厂情形事》（嘉庆八年九月十六日），录副奏折，03-2141-025。

3　《清宣宗实录》卷七四，道光四年十月丁丑。

4　云贵总督明山、护理贵州巡抚吴荣光：《奏为查明黔省水城威宁两铅厂炉欠实在情形分别有着无着勒限追赔事》（道光四年九月十四日），朱批奏折，04-01-30-0496-014。

量通常为 200 多万斤，而黑铅年产量则为 10 多万斤。[1]

　　同滇铜相似，黔铅的衰落主要不是因为矿藏枯竭，而是在当时的技术条件下，无法做到官方与厂民双方都能获利。中华人民共和国成立后，在当年莲花厂所在地，成立了大型国企赫章妈姑铅锌矿，为地师级单位，兴旺了数十年之后，到 21 世纪初，才因资源枯竭、长期亏损而关闭。

　　18 世纪至 19 世纪初，矿业衰退是全国普遍现象，不限于云、贵二省。在另外一个重要矿业省份湖南，乾隆二十一年（1756），当郴州、桂阳州矿厂旺盛时，湖南铸钱局炉座增加到 20 座。20 余年后，"因郴、桂矿厂不敷二十炉配铸之用"，减为 15 座，后又因铜产不足，自嘉庆六年（1801）始，"委员赴滇采买铜斤凑用"。两年后，铜、铅均不敷，官员奏请减炉为 10 座，不获批准，所缺白铅于黔省运售汉口的铅斤中采买 15 万斤。嘉庆十一年，采办滇铜数额达 20 万斤。朝廷不允许减炉，但矿产不敷，每年的铸钱任务难以完成，嘉庆十九年，地方官又奏请将铸炉减至 10 座，并免补铸十五年至十八年共四年缺铸之 137 卯铜钱，户部驳回，"不准减炉免卯"，要求相关官员"设法筹办铜铅以符额铸"。到嘉庆二十五年，桂阳州矿厂每年只产铜 4 万斤，朝廷终于承认现实，同意减炉 5 座，留炉 10 座。道光四年（1824），官员们反映，因"桂（阳）铜年久砂竭，致鼓铸仍复缺额"，奏准自道光五年春季起，各营发放兵饷时减少铜钱的比例。[2]

　　铜铅矿业的衰落，影响了清政府的钱币铸造，导致制钱供给短缺。嘉庆八年（1803），云贵总督伯麟等人奏称，当时因云南铜

1　马琦：《多维视野下的清代黔铅开发》，第 97~104 页。
2　光绪《湖南通志》卷五七《食货志三·钱法》，第 1359~1360 页。

产"连年缺额"，京城宝泉、宝源二局享有优先供给铜材权利，尚能按卯铸钱，各省铸局则"多系有名无实"，难以"照数鼓铸"。有的省份停铸后就再难开局，造成全国铸钱数量缺乏，以致钱银比价昂贵。[1] 过了几年后，就连京城宝泉局鼓铸也"每年不敷铜二十余万斤"。[2] 有学者研究了清代乾隆、嘉庆两朝铸钱数量与人口之间的关系，乾隆时期每年的铸钱数量，相当于人均每年 12.5 文制钱，到嘉庆年间，仅有 6.9 文。[3]

这样，我们看到了清代铜、铅矿业中的一个结构性矛盾。一方面，时人以及后世的许多学者，不断抱怨官方的低价与克扣使厂民无利可图，压制了矿业的发展；但另一方面，政府对铜铅各厂的监管需要支付数额不菲的行政费用，铜、铅等币材进京，运输费用浩繁，铸钱亦需不少成本，如果政府提高收买价格，则会导致铸息减少甚至为负，事实上许多时候官府铸钱确实在亏损，[4] 所以官方不但对提高币材收购价格之事极为谨慎，而且还在生产、运输、铸钱各环节进行克扣以降低成本，[5] 并以由此获得的"节省银"支付采炼、

1　云贵总督伯麟、云南巡抚永保：《奏为遵旨筹议加煎滇省宁台厂蟹壳铜应添火工银两请扣养廉银摊补事》（嘉庆十年八月初三日），朱批奏折，04-01-36-0096-006。

2　云贵总督伯麟：《奏报加运泸店底铜接济京局并请于宁台厂划解抵补事》（嘉庆十六年闰三月十二日），朱批奏折，04-01-35-1356-034。

3　Werner Burger, "Coin Production during the Qianlong and Jiaqing Reigns (1736–1820): Issues in Cash and Silver Supply," in Hirzel, Tomas and Nanny Kim, eds., *Metals, Monies, and Markets in Early Modern Societies: East Asian and Global Perspectives*, Berlin: Lit Verlag Dr. W. Hopf, 2008.

4　同治六年（1867），钟大焜在《拟请变法铸钱议》中讲道："国初时部定铜价、银价、钱价章程尚留钱息地步，盖当初采办滇铜，每铜百斤只给民价之半，故尚能不至亏损，以后则逐渐加增，由八九两至十三四两，而浸至难敷工本，故近来各省均行停铸。而奸民又以毁钱私铸为业，致小钱充盈钱法敝坏。"

5　运输过程中压低承运者的价格，如"厂地搭运"制度规定，汤丹、碌碌、大水、乐马、茂麓、发古等几大云南重要矿厂的铜发运时，运户每百斤须搭运五斤，不给脚费，由此每年可节省银四百余两，作为汤丹、碌碌二厂加添役食之用。铸钱时，又有"带铸""外耗"制度，即每将一千斤铜、铅铸成钱文，又要铸带铸钱与外耗钱，这两种钱均不给工匠工钱。（《铜政便览》卷四《陆运·厂地搭运》、卷五《局铸上》，收入《续修四库全书》第 880 册）

运输矿产品中的一些费用。[1] 但收购价格不提高，矿民无利可图进而
亏本，矿政必坏。清代的钱法与矿政正是陷入这样一个怪圈之中，
最终政府与矿民都不是赢家。

从理论上看，政府有一个解困措施：增加收购价格，使厂民
有利可图。由此带来的币材成本增加，可以通过减轻制钱重量，使
制钱面值与实值之间有较大差距来解决，这样官方亦不致亏损。然
而，因为铸钱的技术门槛很低，[2] 政府又无法进行严密监管，这样将
会滋长民间盗铸之风而使制钱贬值，并导致钱、银比价过低。[3] 总
之，当时的技术手段很难让政府在压低、克扣铜铅价格之外还有其
他选择。

衰落趋势尽显的铜铅矿业，最终在咸丰年间开始的大动乱中沉
没。太平天国的兴起一度阻断了滇铜京运路线，他省忙于军务，无
法再协济云南的办铜经费，厂势大衰，厂民无以为生，成为社会不
稳定的重要因素。云南布政使徐有壬不得不"就厂制钱以苏民困"，[4]
但这只是暂时延迟了矿工的骚乱，云南接着发生了长达十八年的杜
文秀等人所领导的回民反清战争，其中矿厂是深度卷入的地区，铜
矿业就此一蹶不振。[5] 同一时期，贵州同样爆发了震动全省的"苗
乱"，[6] 成为对铅矿业的最后沉重一击。

1　例如，铜由坪店运至泸店计水程八站，中有许多险滩，水路不畅，每年维修需支节省银一千
　　两。吴其濬：《滇南矿厂图略》卷二《程》，《续修四库全书》第 880 册，第 197 页。

2　上引钟大焜《拟请变法铸钱议》一文甚至建议向私铸者学习铸钱技术。

3　咸丰年间，太平天国之变导致滇铜进京困难，政府不得不铸造当十、当五十、当百大钱，结
　　果导致物价、金融紊乱。

4　戴望：《清故兵部侍郎兼都察院右副都御史江苏巡抚徐公行状》，《谪麐堂遗集·文二》，风雨
　　楼丛书本。

5　王树槐：《咸同云南回民事变》，中研院近代史研究所专刊 23，1967；严中平：《清代云南铜
　　政考》，第 43~44 页。

6　凌惕安：《咸同贵州军事史》，文海出版社，1967。

第六章　成本约束与各方博弈

太平天国运动及其所引发的西南骚乱只是短期性历史事件，清王朝很快就迎来了"中兴"，但矿业并未随之振起。本章将从一个更长的时段，从矿政结构、央地关系以及各相关方的博弈中，对此予以解释。

国家以一种复杂的矿业税费政策去获取、支配民营矿业的产品，表面看似乎付出不大，但其实受到相当高的成本约束。成本可分为两大类：一类为运购成本，即向厂民所支付的购买税后产品的银两以及将产品运送至所需地区的运费，对此前面已有详细论述。一类为交易成本，在传统时期的交通、通信等技术手段制约下，要想准确掌握各矿厂生产情况、防止隐瞒偷漏产品、杜绝贪污腐败等，成本大到难以想象，受其约束，清王朝只得采行一种笨拙而僵化的矿业管理原则。而国家的多主体性质，使这一问题更趋复杂化。国家特别是像清王朝这样一个庞大的国家，不同层级的政府之间，利益与责任均存在着种种差异，在矿业中的付出与收获也非常不成比例。晚清以前，中央的权威尚能压制、掩盖各主体的利益差异，太平天国运动破坏了这一结构，清代实行了百余年的矿产资源汲取模式，再也不能维持下去，清代的矿业就此一蹶不振。

第一节 矿厂监管体系

清代国家通过复杂的税费政策来控制民办矿业的产品，满足自身的巨大需求，其实现的前提有如下几条。（1）保证矿民能够正常生产。开矿者多系穷民，官方苛刻的税费政策，压低了矿业的回报率，矿民因之常常面临资金短缺从而影响了生产，官方不得不提供贷款等帮助之。（2）能够确切了解矿厂的产量。（3）强制矿民纳税并按官价卖出税后产品。（4）有效防止走私偷漏。以上前提要变为现实，必须建立严密的监管体系，这就带来了第五个问题——对监管人员的监管，即防止监管人员懒政懈怠或损公肥己。最后，社会效果也是影响官方汲取资源的因素，因为担心社会失序，明代乃至清初都几度抑制矿业发展。当矿业终于完全解禁时，大量矿工突然涌现于各荒山野岭。他们身强力壮，流动性强，大多一贫如洗，而且开矿的高风险意味着高概率的失业可能，一旦矿砂耗尽矿厂关闭，大批无处谋生的男子将给地方社会秩序带来巨大冲击。[1] 此外，西南许多矿区位于边地，有着复杂的族群问题，汉人与非汉人之间的交流与矛盾常常令官府担忧。[2] 这就必然产生第六个问题：怎样维持矿区社会治安。清朝官方对此高度警惕，在他们看来，矿区社会的管理难度超过了一般农业聚落与商业市镇。时人曾感慨："厂之大者，其人以万计，小者亦以千计，五方杂处，匿匪藏奸，植党分朋，互为恩怨，或恣为忿争，或流为盗贼，所为弹压约束之方又岂易哉！"[3]

上述六条，每一条都不易解决。特别是在传统时期落后的交通与通信条件下，矿区远在北京数千里之外，要较好处理第二、第四、第五条，其交易成本大到难以想象，缺乏真正解决的可能。折中妥协的结果，便产生了一些在今人看来难以理喻和理解的办法，形成了当时社会经济运行中的一些原则。

清王朝建立了一整套复杂的体系来监管矿业。清代矿业中最重要的门类是铜、铅，二者的最主要产地分别位于滇、黔，其中尤以滇铜为重，留存下来的相关史料也最为丰富。下文拟先详述滇铜监管体系，然后延及其他矿区和矿种。

---

1 官府的担忧或有夸张，但并非毫无道理。晚清时期长达十八年之久的云南回民反清起事，就是同汉、回矿工之间的矛盾密切相关的。参见王树槐《咸同云南回民事变》；Sun E-du Zen, "Mining Labor in the Ch'ing Period," in Albert Feuerwerker, Rhoads Murphey, and Mary C. Wright, eds., *Approaches to Modern Chinese History*, Berkeley and Los Angeles: University of California Press,1967, pp.45-67；David G. Atwill, *The Chinese Sultanate: Islam, Ethnicity, and the Panthay Rebellion in Southwest China, 1856-1873*, Stanford:Stanford University Press, 2005, p.22; David G. Atwill, "Blinkered Visions: Islamic Identity, Hui Ethnicity, and the Panthay Rebellion in Southwest China, 1856-1873," *The Journal of Asian Studies*, Vol. 62, No. 4（2003）, pp.1079-1108。

2 C. Pat Giersch, "'A Motley Throng': Social Change on Southwest China's Early Modern Frontier, 1700-1800," *The Journal of Asian Studies*, Vol. 60, No.1（2001）, pp.67-94.

3 光绪《续云南通志稿》卷四四《食货志·矿务·厂务》，光绪二十七年刻本，第22页。

一　滇铜的管理体系

（一）纳入国家行政体系

官方对铜矿业的管理可以用"铜政"名之。正如严中平所言，铜矿的采炼，与其说是一门产业，不如说是国家行政的一部分。上自皇帝，下至吏员，均在其中扮演一定角色，至为严密。举凡题开新矿、封闭旧厂、分配销路、酌定官价，乃至规定官员薪酬、酌给夫役火食、修理站房、招募巡练等，事无巨细，都要上奏候旨，定有则例。而皇帝的指示与命令，其实是在户部意见的基础上给出的，甚至直接就是户部意见由皇帝表达而已。在云南地方，总督、巡抚、藩司都有督办铜政之责，实际综理其事者，起初为粮储道，由其分派管理厂务和监运京铜的人员。乾隆三十三年（1768）八月，滇抚明德认为粮储道驻扎省城，铜厂三十余处，近者数百里，远者千里，监管者不但难以亲履其地，"即耳目亦所难周"，不能真正监管，于是奏准以布政使总理铜政，各道、府、州、县官员就近管理厂务，运输则由专人督办。这样，厂务的管理，并入了行政系统中，厂务的优劣成为行政官员的一项考成内容。这个制度一直实行到咸丰年间。[1]

在云南，布政使总揽铜务，所以称为"总理"，"滇省铜厂责成各道府专管，藩司总理"。[2] 而文献中的"总理衙门"当即布政司衙门。

---

[1]　严中平：《清代云南铜政考》，第25~27页；中国人民大学清史研究所等编《清代的矿业》，第145~146页。

[2]　云南巡抚李尧栋：《题报嘉庆二十一年份各铜厂领发工本银两办获铜斤多寡数目事》（嘉庆二十二年十月初八日），户科题本，02-01-04-19765-009；署理云南巡抚李湖：《奏为敬陈滇省铜厂事宜事》（乾隆三十七年四月），朱批奏折，04-01-36-0090-013。

（二）厂员

仅凭既有的行政系统，无法深入矿厂进行有效管理。为此官方派员驻厂，是为厂员。雍正二年（1724）规定，出铜大厂派"谨慎"杂职官专管。[1] 有的厂距离地方行政中心较远，地方官员政务繁忙，难以兼顾，也会派专员驻厂。[2] 实际上，矿厂事务繁多，州县官兼管难免顾此失彼，所以较具规模之厂，往往会设置专门厂员，甚至会委派地方正印官专任，不一定是委派杂职官。例如嘉庆二十二年（1817），云龙州知州王栻曾兼管宁台厂厂务，次年云贵总督伯麟等奏准令王栻专办宁台厂务，不再管地方，云龙州知州一职则委他人署理。在王栻之前，宁台厂厂员张志学、李景浩也是专办铜务。[3]

雍正元年还规定，小厂就近委地方官兼任厂员进行管理。[4] 其中由"州县经管者"，知府负责监管督促，由"知直隶州同知通判经管者，该管道员督之"。[5] 如果是距离不远的小厂，可能由一名地方官兼管。如易门县知县吴大雅曾为万宝、义都厂厂员，[6] 二厂皆在云南府易门县，距省城六站。[7] 云龙州知州许学范曾管大功厂、白羊

1　大学士兼管户部事务傅恒、户部尚书海望：《题为遵察滇省奏销雍正十一年份各铜厂办获铜斤余息案内铜本脚价等项数目事》（乾隆十五年六月），户科题本，02-01-04-14448-001。

2　吴其濬：《滇南矿厂图略》卷二《考》，《续修四库全书》第880册，第190页。

3　云贵总督伯麟、云南巡抚李尧栋：《奏请王栻专办宁台厂务并委令雷文枚署理云龙州知州事》（嘉庆二十三年十月二十日），朱批奏折，04-01-36-0098-023。

4　大学士兼管户部事务傅恒、户部尚书海望：《题为遵察滇省奏销雍正十一年份各铜厂办获铜斤余息案内铜本脚价等项数目事》（乾隆十五年六月），户科题本，02-01-04-14448-001。

5　吴其濬：《滇南矿厂图略》卷二《铜厂》，《续修四库全书》第880册，第174页。

6　吴其濬：《滇南矿厂图略》卷一《〈铜政全书〉咨询各厂对》，《续修四库全书》第880册，第155页。按：《铜政全书》可能已佚失，其中《咨询各厂对》被收入《滇南矿厂图略》。作者为王昶。据阮元《揅经室集》二集卷三之《诰授光禄大夫刑部右侍郎述庵王公神道碑》（收入《四部丛刊初编》集部第1858册，商务印书馆，1929，第17页）可知，王昶于乾隆五十一年任云南布政使，编了《铜政全书》。

7　《铜政便览》卷二《厂地下》，收入《续修四库全书》第880册，第258、260页。

厂，[1]二厂均在大理府云龙州，前者距下关店十二站半，后者距下关店十一站半。[2]又如文山县知县屠述濂曾兼管位于文山县的者囊、竜岜二厂。[3]

表 6-1　部分铜厂厂员薪食银

单位：两

铜厂	月支薪食银
汤丹厂	30
碌碌厂	15
尖山厂	15
义都厂	15
宁台厂	15
大水沟厂	10
大风岭厂	10
青龙厂	10
金钗厂	10
茂麓厂	10
白羊山厂	8
寨子箐厂	6
下关委员	8
楚雄委员	8
省城委员	8
小计	178
全年合计	2136

资料来源：吴其濬《滇南矿厂图略》卷二《惠》,《续修四库全书》第 880 册，第 187~188 页。

1　吴其濬:《滇南矿厂图略》卷一《〈铜政全书〉咨询各厂对》,《续修四库全书》第 880 册，第 157 页。

2　《铜政便览》卷一至卷二《厂地》，收入《续修四库全书》第 880 册，第 232、255 页。

3　吴其濬:《滇南矿厂图略》卷一《〈铜政全书〉咨询各厂对》,《续修四库全书》第 880 册，第 157 页。

（三）铜店管理官员

铜店有两类：一类收贮相关区域内各铜厂的税铜以及税后余铜，如东川府东店。也有的铜店并不直接从铜厂获得铜材，而是充当铜材进入长江水道之前的中转站，如贵州威宁州威店、四川泸州泸店。不管哪类铜店，均需官员管理。铜店官员有薪酬，管理费用（店费）亦须官方支付。

表 6-2　部分铜店管理官员养廉银及店费银

单位：两

铜店	所在府厅州县	年支养廉银	年支店费银等	小计
寻店	寻甸县	480	528	1008
关店	大理府	186	696	882
威店	威宁州	300	276	576
镇店	镇雄州	900	475.6	1375.6
东店	东川府	720	627.36	1347.36
昭店	昭通府	720	180	900
井店	大关厅	360	187.2	547.2
坪店	永善县	300	210	510
泸店	泸州	1200	324	1524
合　计				8670.16

资料来源：吴其濬《滇南矿厂图略》卷二《惠》，《续修四库全书》第 880 册，第 187~188 页。

（四）吏胥

矿厂事务，烦琐复杂，上文所举各类官员，数量有限，于是额设大量胥吏。总督、巡抚、布政使、道员等高级别官员皆对铜厂负有责任，其衙门中设有专办铜务的书吏，如总理衙门办铜的稿经、书算、巡役等有近 30 名；铜厂厂员、铜店官员同样有赖坐厂书记、客课、站役、巡役等协助；铜运所经道路，设卡稽查，亦需书记、巡役。这些吏胥，名称各异，承担着各种各样的职能，如"坐厂书记"办理文书册报，"课长"专管"天平与秤库柜锁钥"，支发工本，收运铜斤。[1]

吏胥大多是有薪水的。"又防官吏之侵渔，凡在厂在店之员及吏胥皆给以薪食，于获铜内酌定额焉。"[2] 如表 6-2 中所列各铜店店费，主要就是开支吏胥薪水。[3]

（五）士兵

某类吏胥，如巡拦，职司检查巡防，禁止走私偷漏以及无关人员进入矿区。这类工作，有时直接由驻军来完成。

（六）厂民精英

少量官员加上数量可观的吏胥，仍不敷繁杂的矿务所需，于是又从厂民精英中遴选一些人，给予一定身份，约束管理厂民，在官府与厂民间负责上传下达。这类人通常有六种。（1）客长。这是最重要的职位，"掌平通厂之讼"，因为矿厂中通常以汉、回两大族群之人为多，所以客长往往分汉、回，兴旺的矿厂，甚至每个省籍之人皆有本省客长，但上面有一总领的客长。（2）炉头。掌炉火之事。（3）锅头。掌役食之事。（4）镶（欀）头。掌镶架之事。（5）硐长。掌矿硐之事，"凡硐之应开与否，及邻硐穿通或争尖夺底，均委其入硐察勘"。（6）炭长。掌薪炭之事，负责保举炭户，

1　《铜政便览》卷四《卡书公费》、卷八《书役工食》，收入《续修四库全书》第 880 册，第 304~305、363 页；吴其濬：《滇南矿厂图略》卷二《惠》，《续修四库全书》第 880 册，第 188~189 页。

2　吴其濬：《滇南矿厂图略》卷二《惠》，《续修四库全书》第 880 册，第 187 页。

3　吴其濬：《滇南矿厂图略》卷二《惠》，《续修四库全书》第 880 册，第 187~188 页。

领放工本，"不必家道殷实，以有山场牲畜为要"。[1]这六类人员加上掌管天平与秤库柜锁钥并协助支发工本的"课长"，[2]构成了云南铜厂管理的所谓"七长"制。[3]有必要指出，"七长"并非规制，这些职务不是政府明令设置，因此在不同矿厂可能会有差异。[4]一方面，并非每一个铜厂均全面设置七类人员，例如很多铜厂未设课长；另一方面，名称相同的"长"，在不同矿厂所扮演角色亦不尽相同。[5]

　　所有这些"长"，均接受厂员的领导与管理，[6]在官方监督之下，承担辅助督查并管理工人之责。[7]正如云贵总督林则徐所云："今之厂内各设课长、客长、硐长、炉头、礶头、锅头，皆所以约束碏户、尖户及炉丁、砂丁之类。"[8]

　　矿厂往往形成一个市镇，其中还居住着许多服务人员，如提供粮食、百货的商人，这就需一个重要的"街长"，"掌平物之价、贸

1　吴其濬：《滇南矿厂图略》卷一《役》、卷二《矿厂采炼篇》（王崧）、卷二《惠·户部则例》，《续修四库全书》第880册，第144、151、188~189页。

2　吴其濬：《滇南矿厂图略》卷一《役》，《续修四库全书》第880册，第144页。

3　"七长"制的概念，由严中平在《清代云南铜政考》中率先提出，被学界普遍接受。近年来马琦对此提出质疑，认为云南铜厂中并不存在所谓"七长制"，只有多种体系下的"丁役混合体"，见马琦《国家资源：清代滇铜黔铅开发研究》，第89~95页。

4　邱澎生：《十八世纪滇铜市场中的官商关系与利益观念》，《中央研究院历史语言研究所集刊》第72本第1分，2001年3月。

5　例如，《〈铜政全书〉咨询各厂对》称南安州香树坡厂"设立客长约束商贾……过客责成街长"，对比《滇南矿厂图略》卷二《矿厂采炼篇》所称"客长掌宾客之事"、《滇南矿厂图略》卷一《役》称街长"掌平物之价、贸易赊欠、债负之事"，可以发现差异。

6　David G. Atwill, *The Chinese Sultanate: Islam, Ethnicity, and the Panthay Rebellion in Southwest China, 1856–1873*, p.22.

7　任以都：《清代矿厂工人》，《香港中文大学中国文化研究所学报》第3卷第1期，1970年9月。任氏还认为，矿厂工人所依从的各"长"，实际上是在官方监督之下，完成他们辅助地方管理督查并统治工人的任务。这一判断虽有合理之处，却忽略了有的"长"其实也是矿厂为解决自身需要而设置的。

8　林则徐：《查勘矿厂情形试行开采疏》，载葛士濬辑《皇朝经世文编续编》卷26，收入《近代中国史料丛刊》第741册，文海出版社，1972，第697页。

易赊欠、债负之事","街长"应该也属于矿区社会本身所产生然后由官府认可的一种身份。[1]

二　其他矿厂的监管体系

其他地区和其他矿种的材料留存相对较少,但我们仍然可以判断,只要是官方认为有意义的矿种,并且矿厂具备一定规模,就会像滇铜一样纳入国家行政体系,皇帝、户部、总督、巡抚、道员乃至州县官都可能在其中扮演一定角色,而且同样会安排驻扎矿厂之厂员以及吏胥等众多辅助人员,整个组织原则与云南铜厂大同小异,官方的介入也仅有程度差异而没有本质区别。这只要看看清代各省官员讨论矿务的题本、奏折就很清楚。很多通行全国的矿务管理办法,甚至也不一定是云南首创。

有矿之省,常常会设置"总理"一厂甚至是一省内所有矿厂厂务之官员,不过很少有像云南一样,由布政使这么高级别官员任总理的。在广东,总理是道员;[2]在四川,总理似乎只是总摄某一行政区域而非一省之厂务。如乾隆十年(1745)老洞沟、梅子坳等铜厂初开之时虽有厂员,但并无总理之员,"一切领发铜价、收运铜斤等事"就近交给知县管理。[3]后乐山县知县叶铭[4]、嘉定府知府王裕疆

1　吴其濬:《滇南矿厂图略》卷一《役》、卷二《矿厂采炼篇》(王崧)、卷二《惠·户部则例》,《续修四库全书》第880册,第144、151~152、188~189页。

2　中国人民大学清史研究所等编《清代的矿业》,第250~255页。

3　大学士兼管户部事务傅恒、户部尚书海望:《题为遵旨察核川省乐山县属老洞沟等铜厂乾隆十四年抽收课耗铜斤支给厂费各项银两事》(乾隆十七年七月十一日),户科题本,02-01-04-14646-001。

4　大学士兼管户部事务傅恒、户部尚书海望:《题为遵旨察核川省乐山县属老洞沟等铜厂乾隆十四年抽收课耗铜斤支给厂费各项银两事》(乾隆十七年七月十一日),户科题本,02-01-04-14646-001。

先后担任总理。[1] 嘉庆二十五年（1820）题准，委宁远府知府总理乌坡铜厂，又设专官（即厂员）驻厂。[2] 贵州大定府兴发铅厂，乾隆四十一年试采，正式设厂开采后，委佐杂官一员为厂员，驻厂弹压。四十六年停止委厂员，"令大定知府总理"，这样的总理，实质上只是兼厂员之职而已。未设专职厂员，可能是因为兴发厂出铅不旺，设专官得不偿失。[3]

　　我们分别不同矿种，来看一下矿厂之管理体系。乾隆三年（1738），两广总督鄂弥达在规划广东铜厂的管理时，"请照黔省之例"，分别大、中、小厂，设置课长、巡兵、书办、秤手、水火夫等各类管理人员，并由道员总理，厅员兼辖，佐贰杂职官专管（厂员）。总理道员月支银 100 两，兼辖厅员月支银 40 两，专管官员月支银 20 两，课长、书办每名每月给银 2 两，巡丁、秤手每名每月给银 1.5 两，水火夫每名每月给银 1 两。此外，鉴于矿厂往往在丛山叠嶂、人迹罕至之地，所以分拨千、把驻扎管束巡查，于矿山要隘及附近炉厂之地，各设卡 1 处，每处置兵 5 名；如若山深厂大，可酌量增加兵丁。千、把每月补贴银 4 两，兵丁每月补贴银 1 两，队目每月补贴银 1.5 两。[4]

　　在四川，铜厂初开之时，只要判定前景尚属可观，就会从州县佐杂官中选派一人作为厂员，驻厂抽收课耗，稽查透漏，约束商匠并维持社会治安。如果矿厂达到一定规模，还会派品级更高的专员

1　陕甘总督行川陕总督事尹继善：《奏为清厘川省铜厂积弊敬陈调剂章程事》（乾隆十六年四月二十日），朱批奏折，04-01-36-0087-006。

2　光绪《钦定大清会典事例》卷二一五《户部·钱法·办铜二》，收入《续修四库全书》第801 册，第 515~516 页。

3　道光《大定府志》卷四二《经政志·厂政》，收入《中国地方志集成·贵州府县志辑》第 48册，第 620~621 页。

4　两广总督鄂弥达：《题为遵旨议复广东惠潮韶肇等筹开铜矿相关事宜事》（乾隆三年二月十六日），户科题本，02-01-04-13108-020。

总理一切，此即"总理"，所有领发铜价、收运铜斤等均由其负责。总理未设之前，则可能交州县就近经管。当然，大量吏胥如书记、客课、巡役、工伙、水火夫等（还有家人）也是不可或缺的。[1] 如乾隆十二年（1747）户部的一份公文称，四川建昌所属之迤北、沙沟、紫古咧三铜厂设有总理，每月月费银 40 两，纸笔杂费银 4 两；厂员，每月给月费银 20 两，纸笔杂费银 2 两；书记 9 名，每名每月给银 2 两；巡役 34 名，每名每月给银 1.5 两；课长 3 名，每名每月给银 1 两；厨役、水火夫若干。此外还有"番夷头目"，这应该就类似于云南铜厂中的厂民精英了。这些精英没有支薪，但官方每年制备花红银牌赏给三厂的"番夷头目"，用银 40 两。[2] 之所以给赏，可能因为他们乃非汉人群首领，需要特别笼络。还有一些厂民精英，诸如硐头以及每十名矿夫中所设的一名头目等，就没有任何补贴了。[3]

　　铅是重要矿种，管理亦非常严密。在此以贵州为例。首先，那些"地广人稠"的大厂，委州县级的佐贰官或杂职官员担任"厂员"，例如乾隆十年（1745），思州府经历张钺就曾任枫香黑铅厂厂员，[4] 至迟在乾隆十六年，贵阳府广顺州吏目龚宪臣到威宁州妈姑厂任厂员。[5] 其次，除厂员外，还设置一些吏役，以协助管理并承担具

1　大学士兼管户部事务傅恒、户部尚书海望：《题为遵旨察核川省乐山县属老洞沟等铜厂乾隆十四年抽收课耗铜斤支给厂费各项银两事》（乾隆十七年七月十一日），户科题本，02-01-04-14646-001。

2　户部尚书蒋溥：《题为查核川省各铜厂支给厂员书吏课长月费饭食等项银两事》（乾隆十四年十一月十七日），户科题本，02-01-04-14396-002。

3　大学士兼管户部事务傅恒、户部尚书海望：《题为遵旨察核川省乐山县属老洞沟等铜厂乾隆十四年抽收课耗铜斤支给厂费各项银两事》（乾隆十七年七月十一日），户科题本，02-01-04-14646-001。

4　中国人民大学清史研究所等编《清代的矿业》，第 331 页。

5　贵州巡抚开泰：《奏为酌办威宁州民罗应先等拴殴铅厂官员事》（乾隆十六年五月二十九日），朱批奏折，04-01-26-0002-050。

体事务。大厂设课长三名、巡兵八名、书办二名、秤手二名；中厂设课长二名、巡兵六名；小厂设课长一名、巡丁四名。中、小厂均设书办一名、秤手一名。所有大、中、小厂俱设水火夫二名。所有课长、员役均受专管厂员约束，并由官府发给薪水。[1] 再次，同样设置了比较重要的"客长"一职，以约束厂众，大点的厂，会设"客长"多名。例如乾隆十年，砂朱厂因出铅减少，核裁客长一名、课长一名、巡拦四名、水火夫一名。[2] 又如乾隆十六年妈姑厂发生人命案件，群情激奋的厂民将管厂吏目龚宪臣捆绑在官房，最后由水槽铺汛把总李可富带兵前往，与客长一起将其解救。[3] 在此案中，还出现了"司事课长"罗会贤、"课长"谢尚文等，表明妈姑厂的"课长"不止一位，且有主次之分，而"巡役"余焜、郭金魁、李明、王传典则因临事逃避而受到惩处。[4] 鉴于这次事件，黔抚开泰采取了若干措施，其中之一是在炉民中选"殷实良善"者一二十人，管理各炉，"凡每炉若干人，是否安分营生，每月人数增减如何，责令挨次清查，出具保结备案"。[5] 这些人，可能类似滇省铜厂中的"炉长"。

湖南郴州、桂阳州也是重要的黑、白铅产区。这两个地方的铅厂，乾隆十七年（1752）之后，也实行了委派同知、通判作为厂员专管的制度，[6] 其中桂阳州铅矿近在州城，所以乾隆二十一年巡抚陈

1　中国人民大学清史研究所等编《清代的矿业》，第 251~255 页。

2　户部尚书蒋溥等：《题为遵旨察核贵州大定府属朱砂厂抽收课铅并开销人役工食银两事》（乾隆十四年十一月十七日），户科题本，02-01-04-14396-003。

3　贵州威宁镇总兵官李琨：《奏为黔省妈姑河矿厂民纠众哄闹辱官及差查拿获各犯事》（乾隆十六年五月十六日），朱批奏折，04-01-36-004-0589。

4　贵州巡抚开泰：《奏为审明威宁州属妈姑厂炉民罗应先等借命拴殴厂员等情案内首犯请仍照前奏正法事》（乾隆十六年七月二十二日），朱批奏折，04-01-08-0151-004。

5　贵州巡抚开泰：《奏为查明黔省妈姑矿厂炉民滋事厂员龚宪臣并无违例克扣情形事》（乾隆十六年闰五月十九日），朱批奏折，04-01-36-0087-011。

6　贺喜：《乾隆时期矿政中的寻租角逐——以湘东南为例》，《清史研究》2010 年第 2 期。

弘谋奏请仍归知州管理，[1] 该州每厂设立掌案书办二名、水火夫二名、
守库及跟随巡役八名、更夫四名。[2] 四川省铜、铅厂曾普遍委佐贰官
经管，乾隆四十九年后大多改由所在州县官直接管理。[3] 陕西华阴县
华阳川铅厂炉、硐分离，冶炼地点在敷水镇，官府为此专门派县丞
驻扎该镇经管，直到矿厂砂绝封闭后才撤裁。[4] 有时，因犯罪而受到
惩罚的高官也成为管厂人选，如嘉庆十四年（1809），原两广总督
吴熊光被发往伊犁效力，委管铜、铅厂事。[5] 这似乎是当时伊犁铜、
铅厂的一个通例。嘉庆十七年，革职仓场侍郎玉宁就被发往伊犁效
力，同样负责管理铜、铅厂事务。[6] 次年，原黑龙江将军斌静革职赎
罪，亦于伊犁管理铜、铅厂。[7]

　　银是清代最主要的货币，乃关系"军国之巨政"，[8] 银厂的控制
自然也非常严密。乾隆十二年（1747），署理广西巡抚鄂昌要广西
各厂厂员"按旬将抽收课数具报藩司及臣衙门查核"，并按季将课
银"批解藩司衙门收贮"，藩司按册总核后，再报巡抚查察。[9] 在这
样严格的要求下，课书、巡拦之类的辅助人员自然必不可少，如河

1　嘉庆《湖南通志》卷四二《矿厂》，第 4 页。

2　同治《桂阳直隶州志》卷二〇《货殖》，第 430 页。

3　嘉庆《四川通志》卷七〇《食货·钱法》，收入《中国西南文献丛书·西南稀见方志文献》
　　第 4 卷，第 192~193 页。

4　乾隆《华阴县志》卷四《建置·税课》，收入《中国地方志集成·陕西府县志辑》第 24 册，
　　第 111 页。

5　《奏报原两广总督吴熊光奉发伊犁赎罪到戍日期并派管铅厂事务事》（嘉庆十四年），朱批奏
　　片，04-01-12-0282-076。

6　伊犁将军晋昌：《奏为已革仓场侍郎玉宁到戍效力赎罪派令管理铅厂事务事》（嘉庆十七年三
　　月二十九日），朱批奏片，04-01-01-0543-036。

7　署伊犁将军晋昌：《奏报发往伊犁效力赎罪已革黑龙江将军斌静到戍派管铜铅厂事》（嘉庆
　　十八年十二月二十七日），录副奏片，03-2420-005。

8　檀萃：《滇海虞衡志》卷二，收入《丛书集成新编》第 91 册，第 148~150 页。

9　中国人民大学清史研究所等编《清代的矿业》，第 597 页。

池州的南丹、挂红银、锡厂，设有厂官一员、书记二名、上巡役六名、中巡役十五名、下巡役四十三名、水火夫二名。[1]在云南，个旧银厂只有银炉一座，仍设课书一名、巡役二名。[2]即便远在"卡瓦彝境，地处极边烟瘴"的茂隆银厂，虽不便委员专管，但也设了正、副课长在厂经理，"每年抽获课银以一半赏给卡瓦酋长，以一半解司充饷"。[3]有的银厂位于土司地区，朝廷实在鞭长莫及，就让土司负责管理，每年缴纳定额税银即可，如云南悉宜、募乃二银厂。[4]

金虽非战略物资，却是最贵重的金属。乌鲁木齐金厂有"妥员专司其事"，每挖金民人五十名设立课长一名，经管约束客民，以及每月交纳金课等事宜。[5]贵州中峰岭金厂于乾隆四十一年（1776）开采，设一名佐杂官为厂员，负责督率稽查，并有课书、课长、巡拦、水火夫等辅助。[6]贵州另一金厂天庆寺厂，原设厂官一员，课长、课书各一名，巡拦四名，水火夫二名，并额给盘食工费。乾隆三十五年因该厂出金衰微，议定设厂官一员，课长、课书各一名，巡拦二名，水火夫一名，每月给薪水与办公费。这个方案也为甘肃哈布塔海哈拉山等处金矿变通后采用。[7]

1　光绪《庆远府河池州志书》卷一〇《经政志下·税课》，第50页。

2　乾隆《蒙自县志》卷三《厂务》，收入《中国西南文献丛书·西南稀见方志文献》第26卷，第269页；民国《顺宁县志》卷八《矿物》，收入《中国地方志集成·云南府县志辑》第37册，凤凰出版社，2009，第167~168页。

3　云贵总督书麟：《奏为滇省茂隆银厂矿砂衰竭无课抽收封闭事》（嘉庆五年五月二十四日），朱批奏折，04-01-36-0095-008。

4　云贵总督富纲、云南巡抚刘秉恬：《奏为滇省试采银砂有效酌定课额事》（乾隆四十九年九月二十日），朱批奏折，04-01-36-0093-010；光绪《永昌府志》卷二二《食货志·矿厂》，收入《中国西南文献丛书·西南稀见方志文献》第30卷，第108页。

5　中国人民大学清史研究所等编《清代的矿业》，第523~524页。

6　贵州巡抚裴宗锡：《奏为天柱县中峰岭金厂试采有效事》（乾隆四十一年十月二十日），朱批奏折，04-01-36-0092-009。

7　陕甘总督勒尔谨：《奏为筹议开采哈布塔海哈拉山金砂事宜事》（乾隆三十八年六月十四日），朱批奏折，04-01-36-0091-011。

　　清代锡、水银等是官方所需，虽然出产较为有限，但官方同样设有厂员与辅助人员，以便监管。如云南蒙自县个旧锡厂原系"厂委"管理，后改归地方官兼理，设书记二名、巡役六名。[1]湖南郴州柿竹园、葛藤坪等锡厂，有佐贰官一员专司其事，此外设有家丁一名、跟役三名、书办一名、水火夫一名。[2]贵州水银厂所抽实物税，俱令厂员解赴司库收贮发卖，造册题销。[3]

　　不论何矿种，严密的监管体系，通常只针对一定规模之厂。对于小厂，严密监管，成本高昂，官方得不偿失，故往往听之任之。乾隆四十年（1775），王太岳称云南矿政的弊病之一就是"小厂之收买涣散莫纪也"。例如青龙山、日见汛、凤凰坡、红日岩、大风岭等厂皆处僻远之地，"矿硐深窅，常在丛山乱箐之间"；大屯、白凹、人老、箭竹、金沙、小岩诸厂则"界连黔蜀，径路杂出，奸顽无借、贪利细民往往潜伏其间"，官府难以稽查。加上小厂的厂民许多不领官本，"无所统一"，所以"官厂者见其然也，故常莫可谁何，而惟一二客长、锡头是倚"。[4]又如贵州清平县属凯里县永兴厂，出铅不旺，每年仅产黑铅四五万斤，任由附近"苗民"零星开采，炼出铅斤"携赴城市易换盐米"，官方仅"向承买之各商铺就近抽收"，每年获税铅八九千至一万斤。[5]还有一些厂，因规模不大，虽有管理，但未专设厂员，只是地方官兼管，如前文所述之贵州大定

1　乾隆《蒙自县志》卷三《厂务》，收入《中国西南文献丛书·西南稀见方志文献》第 26 卷，第 269 页。

2　嘉庆《湖南通志》卷四二《矿厂》，第 15~16 页。

3　中国人民大学清史研究所等编《清代的矿业》，第 659~661 页。

4　王太岳：《铜政议》，贺长龄辑《皇朝经世文编》卷五二，收入《近代中国史料丛刊》第 731 册，第 1883~1884 页。

5　贵州巡抚福庆：《奏为查明黔省铅厂情形事》（嘉庆八年九月十六日），录副奏折，03-2141-025。

府兴发铅厂。又如云南有卑浙、块泽二铅厂，前者在罗平州境，后者在平彝境，"均平彝县知县理之"，[1] 该二厂虽分属不同政区，但其实地理毗邻，且距平彝县城较近。[2]

此外，一些矿种乃百姓日用之物，稀缺性不高，并非政府眼中的战略物资，百姓相对具有更多的自由开采权，官方可能只是适当征收定额税，不问其产量，甚至也不设立管理机构。这在许多煤矿中体现得特别明显。当时的文献一般称煤矿为煤窑，称厂的时候不多，[3] 这可能并非偶然。例如云南历来产煤处所均听民自行开采，"各照管业地界，视为土产花息，日用相安，并无设厂聚众采挖滋扰事，亦无抽收税银之条"。[4] 乾隆三十二年（1767），广东巡抚王检疏称，花县中洞煤山，商民呈报开采后，只是"将工丁编立保甲"，该地方文武各员"按季查察结报"，并未设立厂员、课书、巡役等，每年输银 60 两，至于产量、产品分配等，官府并不过问；[5] 该省曲江县有煤山三处，每年固定征税银 3100 两。[6] 在湖南，巡抚高其倬于乾隆二年奏请让湘乡、安化二县之百姓开挖煤山，所得"听其自用"，但若挖得磺矿，"即行查收，按酌所值，给以银两"。[7]

铁矿的管理往往也很松散，官方旨在课税，对产量与产品分配并无兴趣。四川铁厂一般按 20% 的税率征收实物，然后"变价拨充

1　吴其濬：《滇南矿厂图略》卷二《金锡铅铁厂》，《续修四库全书》第 880 册，第 184 页。

2　光绪《平彝县志》卷四《食货志·物产》，民国抄本，无页码。

3　从中国人民大学清史研究所等编《清代的矿业》第 401~492 页搜集的诸多清代煤矿业史料中，笔者得出这一判断。

4　中国人民大学清史研究所等编《清代的矿业》，第 485~486 页。

5　《清高宗实录》卷七八〇，乾隆三十二年三月戊寅。

6　道光《广东通志》卷一六七《经政略十·榷税一》，同治三年重刻本，第 21 页。

7　湖南巡抚高其倬：《奏请开湘乡安化二县煤山查收磺矿事》（乾隆二年二月初三日），朱批奏折，04-01-36-0083-004。

兵饷"，税后所余听商人自由支配。[1] 又如乾隆十五年（1750）五月，署湖广总督鄂弥达咨请湖北宜都县之横碛、汉洋二铁矿，应听民刨挖，二八抽课即可，获得批准。[2] 因为官府没有垄断铁的意图，所以全国大多数地区的铁厂是直接征银以省变卖之烦，与铜、锌、铅等矿厂截然不同。广东许多铁炉缴纳税银之后，产品运至佛山加工为各种器具，官府并不干涉。[3] 事实上，因为缺乏监管机构与专管人员，很难根据产量征税，所以征取定额税比较普遍，云南的情况就是如此。该省铁厂具体的采炼及产量，"并无官、私文书可以查考"。[4] 浙江温州、处州二府的铁矿，百姓们农闲季节自由采挖铁砂，卖给炉户煎炼，开始连税则都没有制定，只有处州所属之云和县，每年额定定额税银50两。[5] 在广东嘉应州，商人卜绍基、黄鼎丰、王长兴、李世业、李鸿逵、张际盛、李鸿纶等曾开设冶铁炉六座，每座每年输税银50两；[6] 而英德县一度有铁炉5座，每座每年缴税53两；[7] 曲江县铁炉的税率与此相同。[8] 在广西，乾隆七年桂林等府、州有铁矿54座，"每座岁输银十两"。[9] 在陕西，略阳县于道光二十二年（1842）开采铁矿二处，每处每年税银10两，宁厂厅有铁厂三座，每座每年税银30两。[10] 有的铁矿连厂名都没有，如四川冕宁县的孤栖屯铁矿，

1　嘉庆《四川通志》卷七〇《食货·钱法》，收入《中国西南文献丛书·西南稀见方志文献》第4卷，第194~195页。

2　《清高宗实录》卷二四〇，乾隆十年五月辛巳。

3　道光《广东通志》卷一六七《经政略十·榷税一》，第12页。

4　民国《新纂云南通志》卷一四五《矿业考一》，第122~124页。

5　闽浙总督喀尔吉善、署理浙江巡抚永贵：《奏请驰〔弛〕浙省采铁之禁以便民生事》（乾隆十四年十二月十二日），朱批奏折，04-01-36-0086-026。

6　光绪《嘉应州志》卷一三《食货》，光绪二十七年刻本，第36~37页。

7　道光《英德县志》卷七《经政略·杂税》，道光二十三年刻本，第27页。

8　道光《广东通志》卷一六七《经政略十·榷税一》，第21页。

9　嘉庆《广西通志》卷一六一《经政·榷税》，第4501页。

10　民国《续修陕西通志稿》卷三四《征榷一》，1934年铅印本，第19页。

"并无厂名，开采何时无稽"，只是每年缴纳定额铁课2300斤，[1]而湖南的一些铁矿甚至根本不征税。[2]

三 保甲制

清代矿厂的管理制度还混杂了保甲制，其中包含了三个最基本的要素：登记矿工、保证赋税征收、建立一个层级性的体系协助维持秩序——如七长制之类。[3]七长制与保甲制是相互配合的。

清代保甲制度的核心是登记并监管人口，对行业性流动人口，其原则是，按生产组织建立保甲，并责成雇主、业主约束工人，矿区的保甲制也不例外。[4]任以都指出，乾隆年间对矿工的规定主要有两个方面：首先，本地人开采本地之矿，外县外省人不得参与；其次，矿工姓名、年貌都要登记报官，并取得地邻等保结。[5]比较详细的规定，见于乾隆三年（1738）两广总督鄂弥达所定《（粤东）开采矿山规条》，该规条类似于驻厂员役、七长制与保甲制的混合体。除规定驻厂员役的设置及薪水外，还要求"一山设立山总一人，稽查全山；每垄设立垄长一人，约束全垄；每工丁十人，设甲长一人管领"，投资的商人负责招募山总，山总负责招募垅长，垅长负责

1　咸丰《冕宁县志》卷五《建置志四·厂务》，第19页。

2　嘉庆《湖南通志》卷四二《矿厂》，第14页；嘉庆《直隶郴州总志》卷一九《矿厂》，收入《中国地方志集成·湖南府县志辑》第21册，第584页。

3　David G. Atwill, *The Chinese Sultanate: Islam, Ethnicity, and the Panthay Rebellion in Southwest China, 1856–1873*, p.22.

4　华立：《清代保甲制度简论》，载中国人民大学清史研究所编《清史研究集》第1辑，光明日报出版社，1988。

5　任以都：《清代矿厂工人》，《香港中文大学中国文化研究所学报》第3卷第1期，1970年9月；E-Tu Zen Sun, "Ch'ing Government and the Mineral Industries Before 1800," *The Journal of Asian Studies*, Vol. 27, No. 4 (1968), pp. 835–845。

招募甲长，并由垅长、甲长共同招募工丁。工丁各给腰牌一面，"填写花名、住址，充某厂、某垄、某项执役字样，以便稽查"。司职冶炼的炉头"非附近工人所能谙习"，由商人自行雇募，"照工丁之例，编立炉甲"。[1] 鄂弥达对广东矿业的规划包含了尽量利用本地人开采本地矿藏的理想，这一理想在当时很有市场，但却难以实现。更普遍的情形是，专业的矿工们不管政区界限到处寻找工作，[2] 矿业发达的滇黔二省更是聚集了来自全国各地的采冶者。

　　不过，鄂弥达规条中所定登记人口以利监管的保甲原则，同样实行于云贵矿厂。任以都就指出整个矿区的人户都要报入当地户册，编入保甲。[3] 在整个清代最著名的白铅厂——妈姑厂，乾隆十六年（1751）贵州巡抚开泰就奏请"于炉民中酌量多寡，遴选股实良善者一二十人，派委分司各炉，凡每炉若干人，是否安分营生，每月人数增减如何，责令挨次清查，出具保结备案"。[4]

　　因为矿工大多来自外州县甚至外省，且四处流动，保甲原则能够在多大程度上得到贯彻是值得怀疑的，[5] 而且今年在此厂保甲册上登记之人，明年就可能到他厂另谋生路。清代云南学者王崧就曾感慨：

1　两广总督鄂弥达：《题为遵旨议复广东惠潮韶肇等筹开铜矿相关事宜事》（乾隆三年二月十六日），户科题本，02-01-04-13108-020。关于鄂弥达所定矿山管理规条，陈海连亦有论述，见 Hailian Chen, *Zinc for Coin and Brass: Bureaucrats, Merchants, Artisans, and Mining Laborers in Qing China, ca.1680s–1830s*, pp.233–235。

2　Sun E-du Zen, "Mining Labor in the Ch'ing period," in Albert Feuerwerker, Rhoads Murphey, and Mary C. Wright, eds., *Approaches to Modern Chinese History*, pp.45–67.

3　任以都：《清代矿厂工人》，《香港中文大学中国文化研究所学报》第 3 卷第 1 期，1970 年 9 月，第 21 页。

4　贵州巡抚开泰：《奏为查明黔省妈姑矿事厂炉民滋事厂龚宪臣并无违例克扣情形事》（乾隆十六年闰五月十九日），朱批奏折，04-01-36-0087-011。

5　对此陈海连亦有论述，见 Hailian Chen, *Zinc for Coin and Brass: Bureaucrats, Merchants, Artisans, and Mining Laborers in Qing China, ca.1680s–1830s*, pp.236, 239–240。

游其地者，谓之厂民。厂之大者，其人以数万计；小者以数千计。……（厂民）无城郭以域之，无版籍以记之，其来也集于一方，其去也散之四海。[1]

四　自我管理与逐级监管

层层叠叠的矿政体系，如何运作及配合呢？其要有二：自我管理、逐级监管。质言之，由于矿业生产以及矿厂社区的复杂，厂员加上各类吏胥，仍然无法应付，这就需要厂民精英参与管理，一些在官方看来不那么重要的事务，甚至就由他们来决定并担责，因此矿区社会在一定程度上是在官方监视之下自我管理的。这些厂民精英，也是分层的，这个层级与参与矿厂管理的国家行政体系结合起来，形成了更为复杂的层级，上级监管下级，下级监管更下一级，使管理体系环环相扣，严丝合缝。

乾隆三年（1738），两广总督鄂弥达所定矿山规条，充分体现了自我管理与逐级监管的原则，其层级如下：巡抚、布政使→总理（由相关道员担任）→兼辖（委廉能厅员担任）、州县官→专管（相当于厂员，由佐贰杂职官担任）→总商1人（承包某县所有矿山，须持资本1万两以上者才有资格充任）→副商（由总商招募）→山总（由承采该山商人招募，稽查全山）→垅长（由山总招募，约束全垅）→甲长（由垅长招募，管理工丁10人）→工丁（由垅长、甲长招募，由附近矿山之人充当，挂腰牌一枚，注明姓名、住址以及充某厂、某垅的何种工种）。[2]

1　王崧：《矿厂采炼篇》，载吴其濬《滇南矿厂图略》卷二，《续修四库全书》第880册，第150页。
2　两广总督鄂弥达：《题为遵旨议复广东惠潮韶肇等筹开铜矿相关事宜事》（乾隆三年二月十六日），户科题本，02-01-04-13108-020。

　　鄂弥达设计的这种逐级监管体系，如何防止走私偷漏与社会失序呢？总理衙门发给委官（即专管、厂员）循环流水印簿3本，含五联串票100张。每有铜材产出，委官将所出铜斤数目，填注于流水簿的各联串票中，然后分裁串票，票根保存于流水簿，其余四联，分别给总理衙门、兼辖、委官、商人保存查核。每隔十日，委官要向总督、巡抚、布政使、总理、兼辖各衙门汇报一次；每个月委官将采炼铜斤数目、支销经费情况造册，连同串根流水簿一起，报总理衙门查核。如串票将用完，委官即向总理衙门请发新的串票；每一季度，汇总造册给布政使、巡抚衙门查核。如有走私偷挖，商人、丁夫、委官均要依情形治罪。因为厂民的粮食、盐布等必需品均有赖外界，所以矿区不得不容许市场存在及商贩来往，为防止歹人进入、走私偷漏，又印发循环簿交给街长，填写入厂商贩的姓名、住址，每日送厂员查察。又令矿商在要隘处安设司事一名、厂工二名，凡有入山贸易者，协同营汛盘查挂号，发给照票，交给街长查照并登载于循环簿中，照票同循环簿最后都要给厂员比对，以防假冒。贸易商贩出山之时，报明厂员，检查无夹带后，予以放行，并赴原挂号处销号。入山时，如未携带货物，又没有山总、垄长、甲长的保结证明其系矿工，立即拦回，不许进山。所有矿工与店铺人等，一律不准私藏武器，进山商贩如带有防身武器，经过隘口营汛，即将武器上缴，出山之时归还。厂员负有禁止矿区各色人等携带武器的责任，总理、兼辖、州县官会遣人密查，一旦发现厂员失职，即以"徇隐失察参处"。[1]

　　鄂弥达设计的上述制度，除总商制因缺乏有实力的商人承充而无法实行，商人→山总→垄长→甲长→工丁自上而下逐级招募制也

1　两广总督鄂弥达：《题为遵旨议复广东惠潮韶肇等筹开铜矿相关事宜事》（乾隆三年二月十六日），户科题本，02-01-04-13108-020。

因过于僵化而难以开展，改为统一由商人自行招募外，其他规定大体上均付诸实践。[1]

他省之矿厂，同样允许矿区社会在一定程度上自我管理，从各级行政部门一直到不同层次的厂民精英，自上而下逐级监管。在四川铜厂，当商民报采某处矿厂，地方官须查验其工本，确认符合要求后，"取具保结"，上报布政司查核，然后发给执照。之后开采商民就交由厂员监管了。厂员要确认各商认采的地名、界址，"庶无广占混开之弊"。如果商民认采之后，出现"工本不继、隐漏税课及争占混开情弊"，即将各商分别究治，保送之地方官"交部议处"。某位承采商人对名下的伙计、伙房、洞头、矿夫等，须"取具互结"，造报详细名单给厂员，如有变更，还要"随时禀明"。每匠夫十人，择"老成勤慎"者一名为头目，其众各发给腰牌以标明姓名身份。如匠夫间有纷争，由头目调解，头目无法解决则告知硐头申饬，不听硐头者告知本商，"轻则遣去，重则鸣官"，本商处置不了，最后才报官解决。但"窝娼、养贼、赌博、私铸、私宰、假银、行凶"等，硐头与本商须直接禀官，如隐蔽不报，一旦被厂员查出，硐头与本商均要连坐。厂民屯扎之处，每位报采商人各占一区，不许彼此掺杂。又从各报采商人中选择干练者一二人，立为商总，稽查各商一切走私偷税行为，如纵容包庇，"一并究革"。近厂的集场市镇，地方官须建立严格的保甲体系，互相盘诘；出入的交通要道与隘口，则"设卡巡防"。厂员任期为一年，一年期满，即由县官报明，另委能员接管。各委员职名须按年开列上报户部。厂

1　两广总督马尔泰、署理广东巡抚策楞：《奏为查明广东开采矿山情形及酌办事宜请议复事》（乾隆九年四月二十七日），朱批奏折，04-01-36-0085-005；两广总督策楞、广东巡抚准泰：《奏为敬陈广东省矿山开采情形暨酌筹调剂事》（乾隆十一年九月初十日），朱批奏折，04-01-36-0086-004。

员期满，还要造册交代，如有"约束不严，以多报少，侵那盗卖"等弊，知县立即上报查处，如若县官包庇容隐，一并查究。这就需要该管知府不时稽查。如知府失职，则由巡抚"指明题参"。[1]

为了防止私煎偷漏，厂员责成巡役，在安设炉灶之时，就要积极稽查。冶炼之前一日，本商与巡役一起赴官领票，票上填明"某月日某人扯炉一次，差役某人稽查"。当一炉煎炼完毕，用官秤称量产铜数额，填写于官方印簿，然后算出应缴税若干、应按官价卖给官府余铜若干，令商人将铜运赴厂员公仓，厂员即按官价向商人支付余铜价银。如有不报私煎，将本商、炉头以及相关巡役责革治罪。所有厂民采获铜斤、抽课（包括耗铜等附加）、支付的价银等数目，厂员须按月通报，每一季度末造册汇报给户部，每年年末要以题本形式上报朝廷核销。[2]

第二节　中央集权的难题

矿厂管理链条环环相扣，最终操持于朝廷之手；表面上严丝合缝，其实漏洞明显，其中最大的难题在于如何监管监管者。假定矿

1　大学士兼管户部事务傅恒、户部尚书海望：《题为遵旨察核川省乐山县属老洞沟等铜厂乾隆十四年抽收课耗铜斤支给厂费各项银两事》（乾隆十七年七月十一日），户科题本，02-01-04-14646-001。

2　大学士兼管户部事务傅恒、户部尚书海望：《题为遵旨察核川省乐山县属老洞沟等铜厂乾隆十四年抽收课耗铜斤支给厂费各项银两事》（乾隆十七年七月十一日），户科题本，02-01-04-14646-001。

政体系自上而下分为 A、B、C、D、E 五层，其中 A 代表中央。这一体系中，因为交通、通信、人手等方面的限制，上一层级要监管下一层级存在相当难度，在某些情况下，下面甚至会联合起来欺骗上级，让监管形同虚设。例如 C 对 D、E 有很大权力，当 C 要求 D、E 配合欺骗 A、B 时，D、E 可能难以拒绝，特别是当 C、D、E 均能从欺骗中获利时，A、B 就更不容易知道实情了。康熙年间云南矿厂长期控制在总督、巡抚、司道等高官的手中，就是典型的情况。清王朝通过奏折制度，让地方高官同皇帝单线秘密联系，使地方官之间因相互猜疑、相互监视而不敢轻易欺骗朝廷，皇帝由此可以更切实地了解地方情况并贯彻自己的意志。这一设计可谓巧妙，也使皇帝掌控大局的能力有了更好的制度保证。但在大量题本、奏折中我们看到，地方各级很容易形成一致意见。例如，当某省布政使向朝廷提出某项建议，户部往往要求该省的督抚查明具题，而督抚的回复通常会说该布政使的建议确系出于实情；而在督抚的建议中，往往也会说明仔细询问过相关官员（如布政使等），或已委知府详细调查。我们其实很难知道，这些一致意见，是大家秉公办事的结果还是另有隐情。

　　对于与整个官方相对的厂民而言，严苛的税费政策，大大压缩了自己的获利空间，形成了偷税走私的强大驱动力量，他们会积极捕捉监管上的任何疏漏。尤为复杂的是，官员中也存在纵容厂民的可能，一方面他们可以从中牟利，另一方面也有利于减轻自己的责任。

　　我们以四川省乐山县老洞沟铜厂为例，来分析上述问题的复杂性。乾隆八年（1743），纪山出任四川巡抚，[1] 两年后，他向朝廷题请

1　《清高宗实录》卷一九三，乾隆八年五月丙午。

开采乐山县老洞沟、宜宾县梅子坳二铜厂并抽课，他建议的税费规则如下。（1）照川省建昌铜厂之例，按 20% 税率抽课，又按 4.5% 抽收耗铜，对此户部无异议。（2）按川省现行铜、铅矿厂之例，税后余铜，官方尽数收买。但官价与市场价差别过大，厂民无利可图，严重影响生产积极性，此前四川布政使李如兰已经奏请税后产品官买一半，厂民自由销售一半。户部要求纪山会同川陕总督庆复确查李如兰的建议是否可行，然后再题报讨论。有讨论结果之前，二厂余铜仍然尽数官收。（3）余铜价格，纪山讲了两个事例，其中一个是建昌铜厂的余铜官价银 9 两 / 百斤，但这个价格实在不敷厂民工本，因此建议采纳川省"采买滇铜之例"，每百斤给银 11 两。户部认为，应与建昌铜厂事同一例，仍照每百斤 9 两之价给发，如果实在不敷，再将实情题报讨论。

仅仅过了四个多月，乾隆十年（1745）八月二十四日，纪山再次重申李如兰的建议，题请四川铜、铅矿厂税后产品允许厂民自卖一半。他强调，川省矿区俱在崇山峻岭中，人工食物价格昂贵，又无富商巨贾，开采艰难，余铜余铅全数官买，不敷成本，严重影响厂民的积极性。李如兰的建议势在必行。这次户部接受了纪山的说法，指令川省试行一半余铜余铅通商之策，为期一年，如产量因此增长并带动税费增加，则继续实施。

解决了余铜处置问题后，第二年，纪山又开始着手解决余铜价格过低问题。他称二厂僻处深山，"一切食物均需搬运"，将二厂的采炼工本费用逐项开列后，算出每百斤需工本费 9 两多，加上各种税费、耗费，现在的 9 两 / 百斤的余铜价格，不敷厂民工本，必须加价。不过，纪山也做了让步，不再请按 11 两 / 百斤之价给发商人，而是自减 1 两，请求按 10 两 / 百斤之价给发。乾隆十一年八月户部回复称，川省其他铜厂给价 9 两，如果老洞沟、梅子坳给价 10

两，"本部不便据咨遽议"，要求纪山再次"确核"后具题，然后再议。乾隆十三年八月初八日，纪山再次题称，二厂僻处深山，开挖艰难，食物昂贵，若不宽裕给价，商人必然畏缩不前。户部这才同意暂照 10 两给价，乾隆十四年开始执行，但保留了重新减价的可能，"俟矿厂旺盛，工费稍省，即行据实核减"。[1] 其实，矿厂成本只会越来越高，不可能较前减省。

　　到此为止，一切风平浪静，虽然四川方面与户部就矿业有过多次公文交锋，但尚属正常讨论。乾隆十三年（1748）八月，纪山因金川之役中的过失被革职。[2] 此时，正值四川、陕甘分设总督，于是以刚被任命为川陕甘总督的策楞为四川总督管巡抚事，以尹继善为陕甘总督。[3] 而过去三年间布政使亦从李如兰变为仓德，再变为高越，再变为宋厚。[4] 老洞沟铜厂厂员也经历了刘大麓、沈国实、张巨川等好几位。官员的频繁变动看上去并未给老洞沟铜厂带来什么影响，直到乾隆十五年，四川布政使宋厚因"苍滑性成，牢不可破，瞻徇之事不一而足"被总督策楞题参，由驿传盐茶道觉罗齐格（亦作"齐克"）署理布政使之职。[5] 老洞沟铜厂从开采之初就被遮蔽且愈演愈烈的种种不法行径才逐渐揭开面纱。

　　齐格于乾隆十五年（1750）九月上任，仅仅两个月后，他就发现了老洞沟铜厂的若干不法情弊，于是一面密禀总督策楞，一面向

1　以上本案情况见大学士兼管户部事务傅恒、户部尚书海望《题为遵旨察核川省乐山县属老洞沟等铜厂乾隆十四年抽收课耗铜斤支给厂费各项银两事》（乾隆十七年七月十一日），户科题本，02-01-04-14646-001。

2　《清高宗实录》卷三二三，乾隆十三年八月丁未。

3　《清史稿》卷一一《高宗本纪二》，第 402 页。

4　嘉庆《四川通志》卷一○三《职官志五》，收入《中国西南文献丛书·西南稀见方志文献》第 5 卷，第 329 页。

5　《清高宗实录》卷三七三，乾隆十五年九月癸亥。

皇帝上了一份奏折。[1] 很快，总督策楞也声称自己"访闻"老洞沟厂的种种违法舞弊情形，派了署嘉定府知府王裕疆彻底清查。就在此时，因西藏发生了珠尔默特那木扎勒叛乱，策楞奉命统兵进藏，陕甘总督尹继善前往成都行川陕总督事。[2] 大约四个月后（乾隆十六年四月），尹继善向皇帝上了一份奏折，详述老洞沟厂的各种不法情状及整改建议。

　　第一，开采之初，荣县县丞刘大麓任厂员，因扣除各项税费后，矿商所获不敷工本。刘大麓议以每产 100 斤铜，"让三十斤不抽课耗"，实际计税铜额为 70 斤。接办厂员沈国实又因"厂上食物昂贵，议让四十斤"，续办厂员张巨川又因"矿质渐薄，炭山日远"，办矿成本加增，"议让五十斤不抽课耗"，每产铜 100 斤，实际计税额仅为 50 斤，后来的厂员均照此办理。户部对几次让税措施一无所知，四川高官亦称不知情。虽然不合法，但尹继善的结论是，这些免税确实是"顾恤商本，因时通融"，不存在厂员"串商渔利情弊"，但"无报明私让，究系违例"。为了让此结论具有说服力，四川方面还算了一笔账报告户部：老洞沟厂收买余铜，原定每百斤给价银 9 两，乾隆十四年后加价至 10 两 / 百斤，但因成本递增，厂民每炼铜 100 斤，"较之原定章程之时，矿质之厚薄悬殊，炭工之多寡迥异"，需工本为 13 两零，如果按照 20% 税率抽收课铜 20 斤、耗铜 4 斤 8 两，剩下官买一半即 37 斤零，商人只可自由贩卖 30 余斤，总计起来，商人炼铜 100 斤，仅可获银 9 两，亏损过多，无法持续。矿商们之所以还在支撑，全因有让铜 50 斤不收税之政策。税率既然不能更改，尹继善建议今后每百斤

1　署理四川布政使齐格：《奏为查明乾隆十四年前川省乐山铜厂铜价未经足发无庸找给事》（乾隆十五年十一月二十九日），朱批奏折，04-01-36-0087-004。

2　王先谦：《东华续录·乾隆三十二》，收入《续修四库全书》第 372 册，第 361 页。

让 30 斤免税。

第二，崖关地方，系经过铜厂之要道，厂员拨书办、巡役数名在此查验。凡准许厂民自卖之铜，经过此处，每铜百斤，"量送饭食银二三分不等"，以为书办、巡役之工食银。这一项违规举措，系"陋习相沿"，所得亦非谋私，属于"以公济公"。今后应禁革这一陋习，同时正式添委佐杂 1 员、书记 1 名、巡役 5 名，专门负责崖关等处查察。

第三，厂务需要不少吏胥，如各冶炉"拨役押煽"、"差查矿硐"、"看守铜库"、"拨运铜斤"以及书写"照票"、对记"号簿"等，在在需人，原设书巡 12 名不敷用，请添加 8 名书巡。

第四，根据上述第二、第三项，崖关与厂上，共添关员（佐杂官）1 名、职役 14 名。崖关陋规既已禁革，新增书巡的经费如何解决？尹继善的建议是，老洞沟铜厂的总理已改委嘉定府知府王裕疆担任，原有总理的月费银 15 两，不给王裕疆，而给崖关关员。其余书巡等，仍按书记月给工食银 2 两、巡役每名月给工食银 1.5 两的标准支付，在所收耗铜变价中按季发给。

第五，商人新开一硐，得矿后试炼一炉，或数十斤，或百余斤，名为"彩铜"，送给厂员。厂员所收彩铜，实际上为数无几，不过并不合规，已下令"严行禁革"。

第六，厂上收铜，每铜百斤，外加秤头 6 斤，以为水气折耗添包之需，而实际的折耗，其实才 2 斤多，剩下约 4 斤，厂员们或上报充公，或"所报不尽"，甚至有"全未报出者"，以为私利。尹继善建议将这一违规合法化，今后改为收官铜时每百斤加收秤头 2 斤，收厂民可自由贩卖的商铜时仍加收 6 斤，"以示鼓舞（厂员）"。

第七，乾隆十四年（1749）抽耗铜 22000 余斤，乐山知县叶铭竟然照市价卖给商人，侵蚀银 1090 两。

　　第八，老洞沟铜厂收买余铜，每百斤给价 9 两，乾隆十三年因商人"工本不敷"，川省地方题请，经户部批准，增为 10 两。但据布政使齐格的禀报，发给商人价银时，每 10 两扣银 1 两，商人得到的仍然是 9 两。对此，尹继善的解释是，增价是自乾隆十四年起执行，之前的余铜仍然是按 9 两给价，但前任司道高越等向朝廷题请核销乾隆十一年、十二年的鼓铸经费时，误将 9 两之铜价以 10 两开报，遂让户部误以为四川发价给老洞沟铜厂厂民时以少报多（实际上并没有），两年下来应产生非法存银 8000余两。尹继善强调，此事全属道员高越等开报错误，"并无别项情弊"。

　　我们看到，尹继善的基本态度是，除了知县叶铭侵贪银两一事，其余虽系违规，但情有可原，并请求朝廷考虑实际情形，给予更多的经费，设置更多的管理人员，将过去不得已的违规行为合法化或部分合法化。

　　皇帝接到奏折后，批示云："军机大臣会同该部议奏。"[1]

　　于是，大学士傅恒、大学士来保、兵部尚书舒赫德、理藩院尚书纳延泰、户部尚书海望等一众官员遵旨议奏，他们的结论如下。

　　第一，应令尹继善将该厂历年透漏课耗、崖关地方从前收过饭银、厂员得过彩铜与加收秤头铜斤、扣留平余银两、盗卖耗铜侵蚀铜价等事，严加审查并追回相关银两。

　　第二，关于尹继善以不敷工本为由，请求每百斤让铜 30 斤免税费一事，傅恒等认为，开采一切矿厂，应照定例抽课，而且收

1　陕甘总督行川陕总督事尹继善：《奏为清厘川省铜厂积弊敬陈调剂章程事》（乾隆十六年四月二十日），朱批奏折，04-01-36-0087-006。

买余铜时，已经从每百斤9两增为10两，但该铜厂仍然只发9两（笔者按：这显然是不相信尹继善所称之系司道高越开报错误的解释），说明商人炼铜并无亏折工本。驳回了每百斤让铜30斤免税费的请求。

第三，关于收铜时每百斤多收6斤之事，傅恒等认为，矿厂出铜，应尽数开报并抽收课耗。若允许每百斤加收秤头6斤，则多除一分秤头，即少抽一分课耗，于厂课有亏，"且启侵隐透漏情弊"，而且无"例"可循，加收秤头之请毋庸再议。

第四，所有添设员役请求悉数驳回。老洞沟铜厂开采之初，已议定员役数量，"已足敷用"，不必增加。而崖关添设巡役等，亦无必要，因为商铜出厂之际，铜斤确数已经核明，过关时无非"照票验放铜斤"，只要出厂之际厂员实心稽查，就不会有偷漏之弊。再于崖关添设员役，只是浪费经费，而且员役可能会勒索过关商民，徒增滋扰。

第五，关于收买余铜定价10两却实给厂商9两一事，现在辩称是高越等开报错误，要尹继善将从前蒙混之该司道官高越等据实严查报参，并将草率向户部提交这两年铜本核销题本的总督等官职名"一并送部察议"；户部的相关堂、司官亦属失职，同样"交部察议"。同时，将私自扣存的银8000余两（上述尹继善奏折中强调实际上并无此项存银）造册报户部，并且乾隆十三年（1748）以后收买老洞沟厂余铜，仍按每百斤9两之价给发商人。[1]

可以看到，军机大臣与户部的议复，基本上与四川方面针锋相对，不但悉数拒绝尹继善的请求，甚至连已经争取到的10两/百斤

1　大学士傅恒、大学士来保等：《奏为清厘川省铜厂积弊事》（乾隆十六年五月二十五日），朱批奏折，04-01-36-0087-009。

的余铜收购价格，也要退回到过去的 9 两 / 百斤。从前后各相关公文的内容可知，尹继善接到户部的回复后继续申辩，数度讨论交锋之后，乾隆十七年（1752）二月，皇帝终于就此下谕，一锤定音结束争论："该厂让铜既已革除，工费不无拮据。着照该督所请，乾隆十四年以后抽买余铜，准以十两之价给发，其从前已领价银，免其追缴，以示恤商之意。"[1]

　　皇帝总体上同意了户部意见，只是否定了将余铜价格减回 9 两 / 百斤的建议，且过去违规让利给厂商的银两也不用追回。皇帝此谕未涉及尹继善所提的增加员役问题，但从乾隆十七年户部的一份题本分析，这一提议并未获批准。[2]

　　以上已经有点冗长的叙述，只是朝廷与四川方面围绕老洞沟铜厂的诸多讨论的一部分，双方就厂费、运费等问题同样有复杂的交锋，但为避免枝蔓过多，我们回避了这些问题。我们考察此案，也不在于弄清各方的是非曲直，而是从中揭示清代矿政中无法解决的漏洞与缺陷以及其中所体现的国家治理问题。我们可以得出如下结论。

　　最重要的是监管体系失灵。层层设防的监管体系，并不能真正遏制各种违规与透漏。而且这些违规，很多就是监管者主动造成的。如何监管监管者？老洞沟铜厂自开采之日起，就未曾真正遵循厂规，私让铜斤不抽税、私添吏胥、私增附加费（加秤头收铜）、

1　中国第一历史档案馆编《乾隆朝上谕档》第 2 册，广西师范大学出版社，2008，第 594 页；大学士兼管户部事务傅恒、户部尚书海望：《题为遵旨察核川省乐山县属老洞沟等铜厂乾隆十四年抽收课耗铜斤支给厂费各项银两事》（乾隆十七年七月十一日），户科题本，02-01-04-14646-001。

2　大学士兼管户部事务傅恒、户部尚书海望：《题为遵旨察核川省乐山县属老洞沟等铜厂乾隆十四年抽收课耗铜斤支给厂费各项银两事》（乾隆十七年七月十一日），户科题本，02-01-04-14646-001。

索贿（彩铜、崖关收陋规）、贪污（叶铭侵蚀银 1090 两）、给发厂民价银不清等，不一而足。这些违法违规行为，有的责在厂员，有的由更高级别官员造成。犹耐人寻味的是，数年来，这些行为愈演愈烈，不见厂民申诉，而整个四川官方，上至总督，下至厂员，不但未对这些行为进行纠正，高级别官员甚至表现出不知情状。官员换了好几茬，无一人挺身揭穿，朝廷也一直蒙在鼓中。这充分说明，层层设防，其实形同虚设。

监管体系的失灵，原因复杂，从国家治理的角度，以下几点值得注意。

第一，中央全面决定机制。在矿厂管理方面，哪怕是一笔微不足道的经费收支，哪怕是增加一个吏胥之类的琐事，各级地方政府都没有决定权，必须经与中央讨论后形成由皇帝批准的规定，地方才能执行。在此过程中，决策上居于主动的一方是中央。矿政中的中央，实际主要是户部，虽然形式上是皇帝最终决定，但全国事务繁杂，皇帝无法事无巨细宸衷独断，所以大多是采纳或倾向于户部建议。有时皇帝也让军机大臣参与议奏，但结果与户部议奏并无本质区别。

第二，中央倾向于寻找乃至猜测地方诉求的不合理性。在本案中，中央总是在质疑、反驳、否决地方的诉求，有的质疑甚至非常武断或出于猜测。不只在矿政中如此，在整个清代社会经济领域中均是如此。在这样的机制下，即便是地方的正当诉求，也要经过反复、冗长的往来讨论，才可能得到解决或部分解决。

第三，地方官员存在较强的违规动机。这种动机，一方面可能源于谋私企图，如老洞沟铜厂中的索贿、贪污等，就史料所述而论，本案中这个方面的情况尚不严重，我们可以用其他地区的情况作为参照。在云南铜矿管理中，总理衙门领银造册有规费，每次自数两至数十两不等，这样，厂员所领之银已不足额，而厂员领银到手，亦图分润，发放工本给厂民时设法克扣。层层剥削之后，炉户到手之银，已不敷雇募砂丁之用，只得走私偷税或拖欠贷款。这是一种系统性的营私腐败。[1]我们想强调的还有另外一种违规动机，即减轻行政责任。这些责任，有的是极为沉重甚至是无法承担的。例如朝廷罔顾实际情形，规定了极低的余铜收购价格，地方官员就会陷入困境：如果严格遵照执行，厂民只有关门歇业，税收与收购任务随之无法完成，官员会受到惩罚乃至被迫赔补。官员们当然可以申请矿厂倒闭，但朝廷不会轻易同意，即便矿厂事实上已经倒闭，也得耗时数年或更长时间展开公文辩论以使朝廷同意关闭矿厂；获得同意之前，地方官员仍然得承担相应的课税责任。在左右为难的情况下，官员们就有强烈的动机纵容厂民走私（如广西铜矿业个案中的私铜），或者事实上给予厂民很多优惠（如本案中大量免予收税的让铜）。

　　第四，地方抱团应对中央。地方各级官员对老洞沟铜厂的种种不法情弊并非真不知情，而是形成了一种共谋。齐格甫一上任就能发现诸多不法行径，说明老洞沟铜厂的种种违规，隐藏并不深，历任各级官员的放任纵容才是问题所在。就像齐格在揭发给发厂民价银不清时所称"历任前司并不严催造报"，"又不将十四年以前止发九两之价买铜实情详报立案，扶同延混，其心俱不可问"。对齐格这句"诛心之论"，皇帝审慎地表达了怀疑："有作弊实据者否？"[2]由此看来，中央应该尚未发现老洞沟铜厂的不法端倪，齐格的揭发

1　署理云南巡抚李湖：《奏为敬陈滇省铜厂事宜事》（乾隆三十七年四月），朱批奏折，04-01-36-0090-013。

2　署理四川布政使齐格：《奏为查明乾隆十四年前川省乐山铜厂铜价未经足发无庸找给事》（乾隆十五年十一月二十九日），朱批奏折，04-01-36-0087-004。

可能并非源于事情即将败露赶紧自保。那他的目的是什么呢？是出于个人的为官洁癖，还是出于宦海倾轧，抑或是为了踩一踩刚刚被题参免职的前任布政使宋厚？这些问题尚须结合更多材料才能回答。

还要看到，诸事败露之后，四川高层尽管不得不进行严查，但除了知县叶铭贪污一事，其余诸项，他们都回护了下级并为他们申辩：或强调下属虽系违规，但情有可原，有不得已之苦衷，如私让铜斤不抽税、私添吏胥、私增附加费（加秤头收铜）等；或企图小事化无，如对厂员私受"彩铜"一事，辩称实际上为数无几，已经"严行禁革"，甚至也没提及退回赃款。整个回复也没提及惩罚相关责任人。这让我们看到，在某个层面上，各级地方政府似乎在抱团应对中央。

我们还看到，虽说矿政纳入国家行政体系，但一旦矿厂未能完成既定任务，或因贪腐出现较大损失时，中央官员是无须为此担责的；而地方官员，从总督到厂员都有责任，如须赔补，他们往往都得分担——即便他们没有参与腐败或谋求私利。对中央而言，连带责任能督促地方做好层层监管，但却促使地方各级官员在一定程度上有了合作的动力。因此，在矿政管理中，诸如争取更多经费额度、更低税费标准、更充足的管理人数等方面，地方各级官员总是一致的，因为这些有助于矿厂更好完成任务，于大家均有利。

第五，中央集权的难题。地方政府的这类反应，并非个案，而是清代普遍存在的现象，有着深刻的原因，反映出当时国家治理的逻辑。以矿政而论，事无巨细，中央在决策上占据着主动，但远在北京的皇帝与朝廷官员们，在当时的交通、通信条件制约下，并不清楚数千里之外矿厂的实际运作情形，他们甚至也很难确定官员们的工作态度与清廉状况。因此，朝廷只有尽可能怀疑、发现地方诉求中的不合理性，为此吹毛求疵乃至猜测臆断也在所不惜。不能说中央的这一倾向没有道理，康熙年间云南高官长期私占矿厂、盐井的行为，足以说明他们有多么大胆。但中央的这一倾向，却也导致地方的许多合理诉求无法实现。我们再补充一个老洞沟铜厂厂费的例子，乾隆十年（1745）老洞沟铜厂开采之时，巡抚纪山疏请按中厂之例，给厂员月费银 20 两，家人、书记、总书每名月给银 2 两，客课每名每月给工伙银 1 两，巡役、水火夫等每名给银 1.5 两，纸笔杂费月给银 2 两。户部议复称，雍正年间川省开采矿厂时，只有议给厂员月费一项，并未另开客课、书记、书巡饭食银两，只同意每月给厂员月费 20 两。在这个案例中，户部根本没有考虑一个矿厂仅凭厂员一人是无法管理的。[1]地方官员相对而言更为清楚实际的生产状况，而且他们在整个矿政中都负有责任，一损俱损，因此，他们有动力合作应对来自中央的僵化指示，其中就包括了对违规违法行为的共谋、纵容或佯作不知。

上述中央集权的难题，从根本上讲是因为这种集权合理运行的基础，是要能够实时掌握、评估、监管各级官员以及矿厂厂民的工作与生产情况，在传统时期的交通、通信条件下，在这么庞大的一个国家中，这种基础的实现成本大到不可想象，从而也就失去了可行性。中央集权的难题，也因之丧失了任何解决的可能。

1　大学士兼管户部事务傅恒、户部尚书海望：《题为遵旨察核川省乐山县属老洞沟等铜厂乾隆十四年抽收课耗铜斤支给厂费各项银两事》（乾隆十七年七月十一日），户科题本，02-01-04-14646-001。

第三节　定额与变通：清代矿厂的性质

中央集权的难题，使朝廷难以根据实际情形来监管矿业，但又必须有所约束，于是产生了一些非常僵化的管理原则与办法。笔者将其核心总结为两点：定额原则与事例原则。本节只讨论定额原则。所谓定额，即将原本变动不居的矿业产量及相应的税收定额化并要求相关官员必须完成，即便定额远离实情，也难以削减，于是产生了制度化的变通办法以使定额能够维持。本节将围绕清代矿厂的性质，对此予以说明。

一　硐——矿业生产的单位

在清代的文献中，矿厂的规模相当可观，"每厂少者数千人，多者二三万人"。[1] 乾隆三十七年（1772），署理云贵总督彰宝奏称："（云南汤丹、大碌等厂）所用炉户、砂丁共计数万余人。"[2] 在贵州的铜、铅厂，"每厂约聚万人、数千人不等"。[3] 全汉昇也曾总结说："云南经常有数十家铜厂采矿冶炼，其中规模大的，一家雇工数万人，

1　贵州提督王无党：《奏为谨陈开设银锡等矿厂利弊事》（乾隆二年二月二十一日），朱批奏折，04-01-35-0083-005。

2　署理云贵总督彰宝：《奏为滇省铜厂欠项请准豁免事》（乾隆三十七年正月二十二日），朱批奏折，04-01-36-0090-008。

3　《清高宗实录》卷三一一，乾隆十三年三月癸丑。

有些甚至多达十余万人。"[1]

传统时期的矿厂能达到如此规模，令人惊讶！这么庞大的矿厂怎么可能存在？这个大问题可分解为如下三个小问题：（1）生产上有这种必要性与可能性吗？（2）资本上有这种必要性与可能性吗？意即，是否数万矿工都受雇于同一资本？（3）组织上有这种必要性与可能性吗？意即，几万矿工是有内在联系的一个整体吗？

以上问题，只要有一个能得到肯定答案，我们就可以说这种庞大的矿厂是必要的。然而，笔者仔细研读各种材料之后，对三个问题都只能给出否定答案，既然如此，为何"厂"在清代文献中有大量记载？"厂"的意义是什么呢？

细究史料可以发现，清代矿业中的厂大多由若干相互独立的硐组成，并非一个有内在联系的统一的企业。所谓"硐"，即礃、礄硐，其实就是一个采掘矿石的矿井，"厂民穴山而入，曰礃、曰硐"；在两广、两湖又普遍称"垅口""垅"；贵州的朱砂、水银矿中则常以"壁"或"井"名之；如果是煤矿之硐，则往往呼之为"窑"，称"硐"的情况反而较少。一个厂通常有若干矿硐，少则二三十，多则四五十乃至更多。[2]

同一厂的不同硐之间是什么关系呢？咸丰《冕宁县志》谈到本县矿厂时云：

> 其进山孔道，谓之礃子，又名窝路。……硐即礃硐之名，如赵姓之礃，取名宝兴硐，钱姓之礃，取名丰裕硐是也。各有各人礃硐，不能一齐攻采。每礃一口，用厢头二人，带领砂丁

1　全汉昇：《清代云南铜矿工业》，《中国文化研究所学报》第 7 卷第 1 期，1974 年 12 月。十余万人之说，可能有夸张。

2　温春来：《清代矿业中的"子厂"》，《学术研究》2017 年第 2 期。

□人，分作昼夜两班，或用锤手四名、砂丁十六名，分为昼夜
四班，议定班期，或十日或半月，轮流转班。[1]

这段叙述表明：（1）一个厂的硐分属不同个人或群体；（2）每个硐
的作业均有组织，有分工，因此硐是一个独立的生产单位；（3）不
同的"硐"之间，没有生产程序以及技术上的配合，也不一定有组
织上的合作，"不能一齐攻采"。

《冕宁县志》所反映的并非地区特例，而是当时全国的普遍情
形。例如在云南大理府的白羊银、铜厂，汉人、回人都分别开了若
干矿硐，而且不管是汉人还是回人的矿硐，均分属于不同的所有
者。[2]乾隆八年（1743）贵州总督张广泗在描述贵州铜川河铜厂状况
时，也称"各炉户因工本不敷，停炉甚众"，[3]矿硐分别拥有的情况甚
明。在湖南桂阳州大凑山银厂，乾隆年间至少有邓希全、何植苔两
位资金雄厚的开采者。[4]

综上可知，清人所称的厂，大多不能按今天的习惯，理解为是
一个具有统一的资方和管理者以及在生产上有内部关联的企业。同
一厂内不同矿硐的组织者、经营者、劳动者之间可能毫无关系，按
今天的标准视之，它们完全就是一些相互独立的企业，所谓某厂数
万人云云，一般并不意味着数万矿工受雇于同一资本，更不意味着
数万矿工有组织地分工合作。厂，并非一个生产的实体。

正因为"厂"往往是由若干个资本相互独立的"硐"构成，所

1　咸丰《冕宁县志》卷五《建置志四·厂务》，第16~17、19页。
2　《白羊厂汉回械斗案》，云南大学图书馆藏映雪堂抄录本，收入荆德新编《云南回民起义史
　　料》，云南民族出版社，1986，第1~61页。
3　中国人民大学清史研究所等编《清代的矿业》，第205~206页。
4　同治《桂阳直隶州志》卷二〇《货殖》，第430页。

以在同一厂中，往往会出现争夺矿藏的情况。各硐在理论上"各寻其脉"，并且在开办新硐时，必须在官府的监督下勘明与其他硐有相当距离，"并不干碍"，但仍难免会出现两硐相遇、相交乃至恶意截夺矿路等情况，为此需要确立若干规条与禁令。[1]"常有东西异线打入，共得一矿（矿）者，必争，经客长下视，定其左右，两比遵约释竞，名曰争尖子、品尖子。"[2]尚有一些奇怪的纠纷，如甲硐较为封闭，需借乙硐以通风，于是写明合同。但日后甲硐收获大矿，乙硐硐主进行勒索，不遂己意就阻碍通风，彼此诘告争讼。其他种种，不一而足。[3]

质言之，清代矿业的基本生产单位是硐而不是厂，若干相邻或相距不远的硐，往往就用一个厂名来统称，"厂惟一名，而附庸之礁不胜记，盈则私为之名，虚则朝凿而夕委耳"。这样，厂的范围也就没有固定原则及定数，有时这些不同的硐还可能相距较远，已经属于不同的矿山。如云南镇雄州属长发坡铜厂东有林口、红岩、五墩坡、响水、白木坝、阿塔林，南有花桥、发绿河、山羊拉巴、大鱼井，北有木冲沟、二道林、铜厂沟、麻姑箐、巴茅坡数矿，"长发坡其总名也"。又如乾隆年间云南布政使王太岳提到滇省的许多小铜厂，一处矿路断绝，又另觅他硐，"一处不获，又易他处，往来纷藉，莫知定方"，这样就造成"一厂之所，而采者动有数十区，地之相去，近者数里，远者一二十里或数十里"。[4]

1　吴其濬：《滇南矿厂图略》卷一，《续修四库全书》第 880 册，第 137、145、146 页；《公议厂规碑记》，转引自吴晓煜《矿业史事杂俎》，齐鲁书社，2003，第 351~353 页。

2　张弘：《滇南新语·象羊厂》，收入《中国西南文献丛书·西南民俗文献》第 4 卷，兰州大学出版社，2003，第 347 页。

3　乾隆《蒙自县志》卷三《厂务》，收入《中国西南文献丛书·西南稀见方志文献》第 26 卷，第 267 页。

4　温春来：《清代矿业中的"子厂"》，《学术研究》2017 年第 2 期。

　　名为一厂，实则由诸多相互独立的企业构成，这与矿业资本薄弱不无关系。官方其实希望富商巨贾投资某个地域的所有矿山，这样就只需同数位大商人打交道，管理方便且成本较低。这正是乾隆三年（1738）两广总督鄂弥达规划广东矿厂时的意图。[1] 然而，不要说投资整片矿山，大多数矿商连投资一个矿硐的资本都不足，合伙办一硐或若干硐的情况比较普遍。正如云南布政使孙士毅称："滇民多系瘠贫，当其开采之时，需用饭食油炭，或一二十家，或三四十家，攒凑出资，始能开一礃硐。"[2] 其他地区也大率如此，例如在四川冕宁，炉户不但"多与砂丁人等分股为之"，还出现"工本欠阙、油米不济"，只得将硐"放与别人采办"，自己"抽收硐分"的情况。[3]

　　清代当然也有实力雄厚者独自投资、组织开发几个矿硐甚至整个矿山的情况。银矿投资回报较高，当不乏这种现象，云贵总督吴其濬就曾提到银厂开办者中有"千金一掷如博枭"者。[4] 铜矿业中也有类似情况。康熙年间，滇铜尚未兴盛，在全国限制矿业的背景下，承办京师钱局铜材的王纲明、范毓馪等大商人，被朝廷特许在山西、湖南等地开矿。[5] 又如乾隆初年，湖南衡州府常宁县龙旺山铜厂，商人邓益茂聚集上万人，开硐 800 余口，设炉 100 余座。[6] 在这些例子中，虽然硐仍然是独立生产单位，但整个厂由同一资本开办，因此在人员调配、资金利用、生产组织方面，"厂"具有了统一

1　两广总督鄂弥达：《题为遵旨议复广东惠潮韶肇等筹开铜矿相关事宜事》（乾隆三年二月十六日），户科题本，02-01-04-13108-020。

2　孙士毅：《陈滇铜事宜疏》，《皇清奏议》卷六二，收入《续修四库全书》第473册，第524页。

3　咸丰《冕宁县志》卷五《建置志四·厂务》，第19页。

4　吴其濬：《滇南矿厂图略》卷二《帑》，《续修四库全书》第880册，第186页。

5　内务府：《奏请将制钱节省银等减办完纳折》（康熙五十二年八月二十八日），中国第一历史档案馆编《康熙朝满文朱批奏折全译》，第905~906页；《清圣祖实录》卷二五五，康熙五十二年五月辛巳；中国人民大学清史研究所等编《清代的矿业》，第225~226页。

6　中国人民大学清史研究所等编《清代的矿业》，第230~231页。

经营的意义，这是清代矿业中的例外，其出现均有着特殊的背景。

　　类似例外也发生在官办矿业上，上文曾提到的广西芋荚山金矿短暂官办，又如伊犁铜、铅矿山采冶者主要为犯人，这样的矿厂，从生产到产品分配，均由官方负责，甚至还安排一部分犯人屯田以供给矿工粮食。[1] 乾隆五十四年（1789），乌鲁木齐都统尚安奏称当地开设铁厂，按照惯例，挖矿事宜从流放犯人内选择 150 人担任，另选 50 名犯人种地，"供挖铁人犯口粮"，此外还有各种杂费以及行政费用，由有财力的犯人每年捐银 30 两来解决。官府派员专门管理厂务，如果犯人捐资不够开销，"责令该员捐垫"。[2] 当时还规定，凡在铜、铅等厂工作或捐钱帮助矿厂经营之犯人，满五年后即可恢复为民，十年后可以申请回到原籍。[3] 这是《新疆回部志》的记载，乾隆四十九年伊犁将军伊勒图则称，伊犁铅厂劳作或捐资犯人为民后，再继续劳作或捐资 8 年即可回籍。[4] 新疆还有金矿，主要在于阗，同治、光绪年间的战乱之后，生产衰退，课额不足，巡抚刘锦棠下令设金课局，择富户 49 名为厂头，每厂头领金夫 50 名，每金夫一人又派帮夫二人协助，每三夫月纳课金三分，凡采金之户，官府给予免除徭役的待遇。这样，通过一定强制手段，于阗金厂也带有相当的官方经营性质，后因扰民太甚，效果不佳，于光绪十三年（1887）改为"听民自采"。[5]

1　伊犁将军伊勒图：《奏为伊犁铅厂耕凿帮捐及船工纤夫水手期满请免罪事》（乾隆四十六年三月二十七日），朱批奏折，04-01-36-0092-033；伊犁将军松筠：《奏请酌筹铜铅厂夫口食并移拨遣屯地亩缘由事》（嘉庆九年七月初二日），朱批奏折，04-01-35-1385-042。

2　《清高宗实录》卷一三三〇，乾隆五十四年闰五月丁亥。

3　《新疆回部志》，收入《中国方志丛书》西部地方第 10 号，成文出版社，1968，第 17 页。

4　伊犁将军伊勒图：《奏为铅厂耕凿帮捐遣犯潘善长等续行期满请循例回籍事》（乾隆四十九年二月二十六日），朱批奏折，04-01-01-0409-020。

5　民国《新疆志稿》卷二《实业志·矿产》，收入《中国方志丛书》西部地方第 20 号，成文出版社，1968，第 107~109 页。

以上特例，除云南银矿笔者尚不了解其详情外，其余或昙花一现（如广西芋莱山、新疆金矿官办），或收效甚微且为时亦不甚长（如皇商王纲明、范毓馪的开矿），或性质特殊（如新疆的犯人开矿），并不影响总体而言清代矿厂在资本、生产、经营方面均非统一体的判断。

二　厂——矿业管理的单位

厂无论在生产上、资本上还是组织上均非有意义的单位，但从矿业管理的角度，厂却不只是一个简单名称。特别是铜、铅、银、金等厂是官方竭力想控制甚至垄断的，管理非常严密，厂因之具有丰富的内涵。

虽然硐是实际的生产实体，但产量与税额的确定、核算却是以厂为单位。从朝廷到州县的各级公文中，很难看到每个硐的产量，但每个厂的产量却常常有记载。矿业生产总是起伏不定，[1]"衰旺有无，难以胶柱"，[2]但奇怪的是，朝廷却常常将许多矿厂的年产量固定下来，乾隆四十三年（1778），滇省铜厂就普遍进行过定额。[3]对该管官员，要根据定额之完成情况"分别议叙"，当本厂无法如额办

---

[1]　有的矿厂产量波动极其惊人。例如，陕西华阴县华阳川铅厂，开采于乾隆十三年，"每年获铅十一二万至八九万、五六万及一二万以至七八千、三四千、七八百斤不等"，乾隆三十年因"洞老砂绝"封闭。乾隆《华阴县志》卷四《建置·税课》，收入《中国地方志集成·陕西府县志辑》第24册，第107~108页。

[2]　同治《会理州志》卷九《赋役志·铜政》，收入《中国方志丛书》华中地方第367号，成文出版社，1976，第980页。

[3]　署理云贵总督孙玉庭：《奏为滇省开采封闭鼎新绿矿硐铜厂事》（嘉庆十九年二月十九日），朱批奏折，04-01-36-0097-025；《铜政便览》卷一至卷二《厂地》，收入《续修四库全书》第880册，第250~267页。

纳时，甚至得向邻厂购买商铜充数。[1]随着矿硐加深，燃料产地日远，采冶成本越来越大，而矿藏枯竭的情况也时常出现，这些无疑都会导致产量下降。但有意思的是，既定的产量却不能轻易削减，任务不能完成，相关官员甚至需要赔补。[2]如嘉庆十五年（1810）规定，湖南省郴州三元冲上坪铅厂每年额办黑铅8300余斤，如不能办缴足数，即令厂员"照额赔课"。[3]赔补之外，还有降级、削职等惩罚。[4]即便某厂事实上已经破产，地方官员申请封闭，但程序复杂，公文往返，旷日持久，在此期间，税课与税余产品收买仍得如额完成。如雍正初年贵州大定州丧失生产能力的猴子银厂、落龙硐银厂几经周折才获准封闭。[5]又如嘉庆年间，云南临安府普马白铅厂矿砂衰竭，砂丁星散，无从办理额铅，却不能申请关闭铅厂，只得"贴赔价脚购买别厂商铅添补运供"。至嘉庆八年，藩司百龄查明普马厂每年只能办铅五万斤，不敷之数在会泽县经管之者海厂代办供铸，要求减额，但"旋经部驳，仍令照额采办"。嘉庆九年厂势益衰，所产甚至不足五万斤之数，俱系购买别厂商铅添凑运局，此后两年连买商铅交局都有短缺，相关官员"俱经参赔铸息有案"。嘉庆十二年该厂矿砂断绝，炉民、砂丁俱各星散，"其应办铅五万斤全系购买商铅凑运"，但户部仍然驳回了封闭铅厂之请求，直到伯麟等再次奏

1　云南巡抚初彭龄：《奏为滇省各厂店存铜数多旧存铜价银两请毋庸买补收归银款下收贮事》（嘉庆六年六月初一日），朱批奏折，04-01-36-0095-018。

2　云贵总督伯麟、云南巡抚孙玉庭：《奏为马龙等银厂矿砂衰薄征课不足请尽收尽解并封闭事》（嘉庆十六年十月初三日），朱批奏折，04-01-36-0097-006。

3　光绪《钦定大清会典事例》卷二一六《户部·钱法·办铅锡》，收入《续修四库全书》第801册，第525页。

4　Anna See Ping Leon Shulman, Copper, Copper Cash and Government Controls in Ch'ing China (1644−1795), p.66.

5　贵州巡抚毛文铨：《奏猴子厂落龙硐矿砂衰微将尽续采有弊无益折》（雍正三年五月初一日），中国第一历史档案馆编《雍正朝汉文朱批奏折汇编》第4册，第871页。

请之后，皇帝才最终同意关闭。[1]

生产官方重要物资且具备一定规模之厂，没有定额者非常少见，偶尔出现，大多源于开采之初产量就不大或波动厉害，官方于是免于定额。如广西河池州金厂矿砂衰旺不常，官方"视所采数征解，课额无定"。[2]云南永昌府的冷水箐、金龙箐、魁甸三金厂于嘉庆六年（1801）开采，"未定额，尽收尽解"，虽然我们不清楚三厂的具体情况，但产量肯定很小且不稳定，因为它们在开采后二年至五年之间相继封闭。[3]也有产量尚属可观但亦未定额的矿厂，如四川乐山县老洞沟铜厂，开采于乾隆十年（1745），[4]产量不详，乾隆十六年经过清理整顿，[5]每年可获铜六七十万斤。[6]但该厂的生产似乎不稳定，也没有定额，方志载该厂"岁无常额，尽收尽解"，乾隆五十年以产铜无多，撤销厂员，由乐山县就近兼管。[7]又如贵州遵义县新寨厂、绥阳县属月亮岩厂产白铅，无岁课定额。其原因可能是矿藏比较薄，属"草皮浮矿"，产量极不稳定。该二厂乾隆四十二年题准开采，当年共出铅一百多万斤，但到第二年，出铅即减为二三十万斤，而且每年递减，到乾隆六十年遵义知府即以硐老山空、矿砂无出请求封闭，并于嘉庆元年（1796）获得朝廷批准。[8]事

1 云贵总督伯麟、云南巡抚孙玉庭：《奏请封闭临安府经管普马白铅厂事》（嘉庆十六年二月二十四日），朱批奏折，04-01-36-0097-001。

2 光绪《庆远府河池州志书》卷一〇《经政志下·税课》，第49页。

3 光绪《永昌府志》卷二二《食货志·矿厂》，收入《中国西南文献丛书·西南稀见方志文献》第30卷，第108页。

4 《清高宗实录》卷二四四，乾隆十年七月庚辰。

5 大学士傅恒、大学士来保等：《奏为清厘川省铜厂积弊事》（乾隆十六年五月二十五日），朱批奏折，04-01-36-0087-009。

6 中国人民大学清史研究所等编《清代的矿业》，第215~216页。

7 同治《嘉定府志》卷一九《赋役志·铜政》，收入《中国地方志集成·四川府县志辑》第37册，第165页。

8 道光《遵义府志》卷一九《坑冶》，收入《续修四库全书》第715册，第600~601页。

实上，定额是需要观察一定时间的，[1]如果开采之初产量就极不稳定，定额就不具备多大可行性与必要性。

鉴于矿厂生产的波动性太大，朝廷有时会采用一种折中的办法，即对某省的某个矿种实行定额，而不规定某厂的具体产量。例如嘉庆十六年就规定，云南十六个银厂，抽收课税的总额为银26550两多，"准以此厂有余补彼厂不足，不必分厂合算，务期总额无亏"，如果所产超出定额，则"尽数报解"，一旦征不足额，相关官员必须赔补。[2]

定额且不能轻易变动的僵化矿税政策，与当时整个财政赋役的定额特征相吻合。同时，在信息交通落后、监管技术缺乏而又广土众民的传统中国，这也是防止地方官员懒政懈怠甚至以多报少谋取私利的一种策略。除了这种消极预防外，朝廷也采取了一些积极措施，对那些超额完成任务的厂员，视超额数量给予不同的奖励乃至升迁。乾隆二十六年（1761）规定，多办铜八十万斤以上"奏请升用"；道光八年（1828），宁台厂厂员丁锡群即因此升任为东川府知府，继任厂员、景东厅同知陈桐生又多办铜100万余斤，云贵总督阮元奏请为其加知府衔。[3]惩罚与奖励结合，形成相关官员的政绩衡量标准，是为"办铜考成"。[4]总之，定额的存在，使官员要设法促进各硐生产能力以完成乃至超出定额，以使考成合格。此硐

1　从开采到定额，通常需要一年左右。笔者所见花费时间最长的是云南镇雄州铜厂坡银厂，乾隆五十九年（1794）开采，嘉庆五年（1800）才"详报定额"，因材料所限，尚不清楚原因何在。参见光绪《镇雄州志》卷三《课程·厂课》，收入《中国地方志集成·云南府县志辑》第8册，第85页。

2　《清朝续文献通考》卷四三《征榷考十五·坑冶》，考7978页。

3　云贵总督阮元：《奏为滇省厂员额外多办铜斤请准鼓励事》（道光九年六月二十八日），朱批奏折，04-01-35-1362-035。

4　《铜政便览》卷二《办铜考成》，收入《续修四库全书》第880册，第269页。

衰落，须设法使他硐增产，或者寻觅新硐以完成任务，此即"广觅新硐"。[1]

产量落实到厂，这只是一个方面，对许多矿产品，官方还要主导其分配，这主要由课税与税余产品处理来实现，通常也是落实到厂。一般要确定如下几个方面。（1）税率。战略物资与贵金属通常征实物，其他往往折银缴纳。（2）附加税税率。（3）官买比例与官价。（4）分配与运销。上述几个方面，往往都不是以硐而是以厂为单位。某厂的税率、通商率、附加税费率、分配与运销何处等都是统一的，但即便同一省的同一矿种的厂之间，上述几个方面也只是大体相近，却未必相同。[2]此外，每年各官役薪水、行政花费、产量、税收、资本借贷等的汇报与核销，同样以厂为单位。

综上可知，硐虽然是独立的生产实体，但官方的管理却是以厂为单位。这显然是因为：（1）硐的规模太小，以其为管理单位在成本上很不合算，事实上，一位厂员加上若干辅助人员，确实已足以监管若干个乃至数十个硐；（2）因蕴藏量与开采难易程度不同，各硐的产量高低悬殊，存在周期也长短不一，长则开采多年，短则朝开夕弃，这些也使以硐为管理单位缺乏可行性。

我们也看到，官方的管理主要在于保证产量的稳定、课税的如额征取、防止走私偷漏、维持矿厂社会治安，但并不介入具体的生产过程。每个硐的生产如何组织，是投资办矿者自己的事情，只有各硐发生矛盾时，官方才会介入。[3]

清代所有矿种中，官方控制最严者是硝、磺，此二者是火药

1　《清高宗实录》卷五五三，乾隆二十二年十二月。

2　参见《铜政便览》卷一至卷二《厂地》（收入《续修四库全书》第880册，第229~267页）对各厂的记载，此外还可参见嘉庆《广西通志》卷一六一《经政·榷税》，第4500~4517页。

3　咸丰《冕宁县志》卷五《建置志四·厂务》，第19页。

的原料，是军事上的必需品，掌握在百姓手中则被统治者视为潜在威胁。因此，磺、硝厂开不开、开多长时间、生产多少，都视军需情况而定。但磺、硝又是日用所需，政府不能完全漠视民间需求，于是力图在严格监管之中予以满足。其详可见本书第三章第二节。

总之，厂仅仅在官方管理、控制矿产品的层面上才体现出实际意义，是否设厂、如何设厂均充斥着强烈的官方色彩。乾隆五十五年（1790），署理四川总督的孙士毅题称，该省马边厅有铜大铜厂，雷波厅有分水岭铜厂，二厂距离相近，"若分两厂办理，一切费用不无浩繁"，建议合并为一厂。[1] 这个例子充分表明厂是官方管理的产物。

许多矿种乃百姓日用之物，并非政府眼中的战略物资，官方在很大程度上听任百姓开采，不问其产量，仅适当征收定额税，甚至也不设立管理机构，厂因之缺乏实际意义。这在许多煤矿中体现得特别明显。事实上，当时文献上一般将煤矿称为煤窑，称厂的时候不多，这与没有相应的管理机构是密切相关的。铁矿的管理一般也很松散，官方旨在课税，对产量与产品分配并无兴趣。四川铁厂一般按 20% 的税率征收实物，然后"变价拨充兵饷"，剩下的由商人自由支配。[2] 有的铁矿连厂名都没有，如冕宁县的孤栖屯铁矿，"并无厂名，开采何时无稽"，只是每年缴纳定额铁课 2300 斤，[3] 而湖南

1　署理四川总督孙士毅：《题请开采马边雷波所属铜大（分）水岭等厂铜矿事》（乾隆五十五年三月初四日），户科题本，02-01-04-17617-016。

2　嘉庆《四川通志》卷七〇《食货·钱法》，收入《中国西南文献丛书·西南稀见方志文献》第 4 卷，第 194~195 页。

3　咸丰《冕宁县志》卷五《建置志四·厂务》，第 19 页。

的一些铁矿甚至根本不征税。[1]

也有的矿种虽属贵金属或战略物资，但如果蕴藏量太少且不集中，设一套严密的管理组织体系得不偿失，官方可能会稍加放纵。如贵州清平县属永兴厂，每年出产黑铅四五万斤，因该厂出铅不旺，所以只是附近"苗民"零星开采，"携赴城市易换盐米"，官府也不直接向开采者征税，而是"向承买之各商铺就近抽收"，每年约计抽获课铅八九千斤或一万斤不等。[2]

三　子厂——以厂的延展性化解定额的僵化性

厂在管理上具有实际意义，各厂的产量、税率大体上均有规定，如果超额完成，"尽收尽解"，如果未能如额，相关官员需要赔补乃至受到惩罚。矿业生产具有较大的波动性，成本随时间而递增，任务无法完成势必成为常态，如此，定额制度在理论上应该很快崩溃，然而，这一制度在实践中却保持着相当的韧性，其原因在于，厂的范围不是固定的，官员们可以通过寻觅更多矿硐来扩大厂的范围，以厂的延展性来化解定额的僵化性。

（一）子厂的性质

为了完成定额，相关官员大力鼓励厂民寻找、开发其他矿硐来协助，厂的范围因之越来越广，其范围可扩展至数十里。很多时候新开矿硐距离太远，不再被视为本厂的新硐，而是成为帮助本厂完

1　嘉庆《湖南通志》卷四二《矿厂》，第14页；嘉庆《直隶郴州总志》卷一九《矿厂》，收入《中国地方志集成·湖南府县志辑》第21册，第584页。

2　贵州巡抚福庆：《奏为查明黔省铅厂情形事》（嘉庆八年九月十六日），录副奏折，03-2141-025。

成产量与税课任务[1]的一个"子厂"。如清代最大的铅厂妈姑厂，原设炉房百座，烧出白铅除抽课外，余铅每月收买 30 万斤，合计每月应采办毛铅 40 万斤。后来厂势渐衰，每月所出毛铅不过二十七八万斤，不敷年额，在猓布戛地方采获一个较大的铅矿后，贵州巡抚李湖遂题请将该矿作为妈姑厂的子厂，按妈姑厂之例管理。[2]也有的新开矿硐，官员们认为产量很不稳定且产量日渐减少的趋势很明显，不宜定额，就主动要求将其作为某厂之子厂。[3]不管怎样，子厂与正厂的本质区别，是前者帮助后者完成产量与税课任务，自己本身没有额定要求。子厂要将其产品运至正厂，并且实施正厂的管理制度，二者在上述意义上形成一个共同体。

　　学界关于子厂的研究非常薄弱，笔者仅见到只言片语的涉及性论述。子厂制度大约形成于何时？有学者认为，乾隆中叶以后，为了保持交铜定额，滇省官员费尽心思开辟新铜源，后来，遂发展成"子厂"。[4]这一看法似不正确。早在康熙年间，"子厂"就已经在云贵地区产生了。[5]

1　许多矿种的厂，官方征收定额税，这些厂只有税课任务而无产量任务。但铜、锌、铅等战略物资，清代官方不仅仅是要征税，更重要的是要监督产量。因为某一厂的税率总是长期固定的，所以从表面上看完成税课任务就等于完成产量任务，因此强调税课任务就等于强调了产量任务。不过，官方在征收实物课税之后，还要将课余产品全部或大部分用官定价格收买，以保证国家的需求。因此，产量任务与课税任务我们都必须予以强调。

2　贵州巡抚李湖：《题报猓布戛地方新设铅厂抽买事宜》（乾隆三十六年九月二十八日），张伟仁主编《明清档案》，A213-16，B119091~119095。

3　云南巡抚永保：《奏为勘明滇省尖山铜厂衰竭情形事》（嘉庆十年二月十三日），朱批奏折，04-01-36-0096-004。

4　韦庆远、鲁素：《清代前期的商办矿业及其资本主义萌芽》，载韦庆远《档房论史文编》，第 163 页；E-Tu Zen Sun, "Ch'ing Government and the Mineral Industries Before 1800," *The Journal of Asian Studies*, Vol. 27, No. 4 (1968), pp. 835–845。

5　贵州巡抚毛文铨：《奏猴子厂落龙硐矿砂衰微将尽续采有弊无益折》（雍正三年五月初一日），中国第一历史档案馆编《雍正朝汉文朱批奏折汇编》第 4 册，第 871 页。

　　在笔者看来，"子厂"的产生，是朝廷与地方之间矛盾与妥协的结果。根据清代的奏销制度，矿厂要按月或按季将产量、课税、销售等情况编册上报地方官员，地方官员年终汇总后上报户部审核，[1]如果低于定额，相关官员必须解释、赔补，甚至可能受到惩罚，从巡抚到厂员都难脱干系。如云南白羊银厂就明确规定以嘉庆五年（1800）产量为定额，"如有不敷，着落经管各员及巡抚、藩司等分别赔补"。[2]滑稽的是，即便矿厂生产衰竭甚至事实上已经倒闭，相应的课税也不容轻易削减。对此前文已有所交代，在此再稍加补充。清人卢文弨称"滇地多产银，官收其课，久之矿衰，而课如故，司事者以缺额罢官究追，多视为畏途"。[3]又如贵州兴义府产水银和雄黄，课有定数，开采年久产量减少之后，朝廷却仍然"取盈定额，官民病之"。[4]再如云南永北府的金厂课税定额为金 19 两 5 钱，后产金不旺，"从前淘金人户久已散亡"，后间有来淘金者，"俱系四方穷民"，来去无常，官方督责"课头"按额征缴，淘金人即溃散，地方官员不得已，将"（金沙）江东西两岸之彝猓按户催征，以完国课，间有逃亡一户，又将一户之课摊入一村"，但"二村夷猓并不淘金，乃至卖妻鬻子，赔纳金课"。[5]

　　因为定额制度的存在，所以各级官员必须努力督促生产，并积极开发新矿，采获新矿后，许多也不上报户部。这样有两个好处，

────────────

1　关于矿厂奏销制度的研究，可参见马琦《国家资源：清代滇铜黔铅开发研究》，第99~106 页。

2　云贵总督伯麟、云南巡抚孙玉庭：《奏为马龙等银厂矿砂衰薄征课不足请尽收尽解并封闭事》（嘉庆十六年十月初三日），朱批奏折，04-01-36-0097-006。

3　卢文弨：《抱经堂文集》卷二六《杨文定公家传》，收入《续修四库全书》第 1433 册，第15 页。

4　咸丰《兴义府志》卷二〇七《赋役志·税课》，第 1 页；卷四三《物产志》，第 25 页。

5　刘恺：《奏免金课疏》，载师范《滇系》卷八之十二，收入《丛书集成续编》第 238 册，第269~270 页。

于公，一旦旧厂无法完成任务，可以用新矿的产品来抵补；于私，如果顺利完成任务，则易于将新矿所出据为己有。后一好处甚至是公开的秘密，雍正二年（1724）云贵总督高其倬就公开称，从前云南银厂矿旺，"尚敷课额，督抚或微有羡余"。[1]如果上报户部，不但上述两个好处尽失，而且户部要为新厂定下产量与税课额度，从而加重地方官员的责任。本书第一章第三节曾提到，康熙五十七年（1718）奉文开采的贵州大定猴子银厂矿脉衰微，无法完课，于康熙六十年申请封闭，未获批准，于是管厂官员向云贵总督高其倬、贵州巡抚金世扬请示后，在落龙硐开采新矿，弥补猴子厂所缺额课，并未向户部题报。补木、发戛、八甲山三处矿山与落龙接近，有的出有矿砂，已抽课帮补落龙，有的尚未出矿，所以没有抽课。这样就形成落龙帮补猴子厂，补木等三厂又帮补落龙的局面，其中只有猴子一厂上报户部。这虽有在僵化定额重压之下不得已而为之之苦衷，但亦难洗假公济私之嫌疑。

　　有意思的是，大定镇总兵丁士杰将秘密揭开后，相关官员并未受到任何惩处，显示出皇帝多少理解地方官员面对僵化定额的难处。这类并不上报户部审定产量、税额的矿厂，地方官员一般就将其称为子厂，并逐渐得到朝廷的认可，形成制度。子厂虽然赋予僵化定额制度一定的弹性，使其更加符合实际的生产情况，却在一定程度上开了假公济私之门，这正是雍正四年（1726）皇帝最欣赏的三位大臣之一[2]、奉命在滇省清查铜盐的云贵总督鄂尔泰的愤慨之处：

1　云贵总督高其倬：《奏谢圣训并报地方事宜折》（雍正二年二月十八日），中国第一历史档案
　　馆编《雍正朝汉文朱批奏折汇编》第 2 册，第 615 页。
2　《清史稿》卷二九三《列传八十》："田文镜与鄂尔泰、李卫同为世宗所激赏。"（第 10331 页）

窃查滇省铜厂额课九千六百余两，经管司道按年照数办纳，而青龙等老厂外，如有新开之厂，恐衰旺无定，俱不题报，只就附近老厂作为子厂，隐匿抽减，弊窦百出。[1]

弊端虽不能根除，但子厂制度仍然在全国广泛存在，显示出朝廷对地方官员的妥协。嘉庆年间，路南州新开尖山硐厂，云南藩司陈孝升隐瞒不报，将该厂铜斤私行拨补大兴、凤凰、红石岩、红坡、发古等五正厂完成任务。署理云南巡抚初彭龄将此揭发，后来处理此事的滇抚永保一面为陈孝升辩护，一面建议将尖山硐厂固定作为大兴厂的子厂，[2]户部要求永保再行履勘之后再奏。永保称据调查，该厂实系"矿薄砂微"，"断难作为正厂报额，自应仍作为大兴子厂"。[3]在这个例子中，陈孝升亦未受到惩罚，还获得了巡抚的庇护。

郴州直隶州的锡矿业直观地表明了定额与子厂的关系。该州锡厂系"随抽随报"，并无定额，也未出现子厂。但该州所辖之宜章县，有猫儿坑、旱窝岭、羊牯炮三处锡厂，有额定的税课，也有岭脚坪子厂。[4]

子厂是朝廷企图控制矿产品，使矿厂产量与课税定额化的产物，而这些控制主要与战略物资或贵金属相关，这一特点可以帮助

1　云南巡抚鄂尔泰：《奏报铜厂一季获铜斤余息银两数目折》（雍正四年四月初九日），中国第一历史档案馆编《雍正朝汉文朱批奏折汇编》第7册，第117页。

2　云南巡抚永保：《奏为滇省尖山铜厂出铜日渐短绌不能作为正厂定额事》（嘉庆八年五月二十七日），朱批奏折，04-01-36-0095-023。

3　云南巡抚永保：《奏为勘明滇省尖山铜厂衰竭情形事》（嘉庆十年二月十三日），朱批奏折，04-01-36-0096-004。

4　嘉庆《直隶郴州总志》卷一九《矿厂志》，收入《中国地方志集成·湖南府县志辑》第21册，第584页。

我们理解子厂容易在哪些矿种中出现。铜、银矿中子厂是广泛存在的，民国《新纂云南通志》称该省在清乾嘉最盛时，"有额课之银厂十九处，随附子厂七处"。[1] 又如四川屏山县的龙门溪、细沙溪二铜厂，开自乾隆二十五年（1760），乾隆二十八年，又开采铜匠沟、大奔坎二处子厂。[2] 除银、铜外，白铅、黑铅、金、锡等矿业都常常有子厂的记载。如嘉庆十五年（1810），贵州巡抚鄂云布称本省积存之铅俱已拨运，而现产之铅"不敷额需"，于是"严饬各属上紧踩觅矿苗，广开子厂，以期腋凑"。[3] 嘉庆四年，全国最重要的锌厂妈姑厂出现生产困难，于是将新开的猓纳、兴发、三家湾、黑泥、马街、白岩等作为妈姑子厂。[4] 云南重要锡厂有六十处之多，"子厂且有加无已焉"。[5] 那些不大被官方重视的矿厂，如煤厂、铁厂等，产量不敷即关闭，出现子厂的情况比较罕见。如嘉庆十九年，陕甘总督长龄等奏请商人在陕西铁矿山开采，给以执照，如矿砂不旺，商人自愿歇业，"听其缴照停止"。[6]

因为子厂制度的存在，所以当某个有定额的矿厂硐老山空，矿砂无出，向朝廷申请封闭并请相应减除产量与课税定额时，必须向户部说明两点：（1）正厂以及既有子厂矿尽丁散；（2）四周无处寻觅矿源以作子厂。例如顺宁府阿发银厂于雍正十年（1732）开采，后"矿砂日微"，到乾隆十二年（1747）"硐民散尽"，附近地方亦

1　民国《新纂云南通志》卷一四五《矿业考一》，第119页。

2　乾隆《屏山县志》卷二《赋役志》，第797页。

3　贵州巡抚鄂云布：《奏请裁减妈姑福集二厂铅额事》（嘉庆十五年八月二十四日），录副奏折，03-2142-015。

4　大学士管理户部事务托津等：《奏为遵旨议奏减领贵州铅厂运脚银两并酌筹调剂事》（嘉庆二十一年十一月初七日），录副奏折，03-1859-046。

5　民国《新纂云南通志》卷一四六《矿业考二》，第139页。

6　陕甘总督长龄、陕西巡抚朱勋：《奏为酌拟官为经理铁厂章程事》（嘉庆十九年四月十九日），朱批奏折，04-01-36-0097-027。

无子厂可以勘挖，地方官请求封闭。[1]

子厂中也有特殊例子，四川盐源县甲子夸铜厂"矿砂坚硬"，需用铅搭配冶炼。乾隆十九年，四川的官员们提出，甲子夸之月花楼地方产有铅矿，但开采成本高，可以给予一定的税费优惠，开采后作为甲子夸铜厂之子厂。[2]如果此建议得到实施，则月花楼子厂与正厂矿种不同，且不是帮其完税，性质与其他子厂有较大差别。不知这一建议是否得到朝廷的批准。

（二）正厂与子厂间未必有地理上的邻近关系

全汉昇与韦庆远、鲁素均认为，云南铜矿业中的子厂在正厂附近。[3]这从情理上考虑是正确的，因为正厂矿藏渐形衰竭时，应该是在周边寻找子厂。事实上，我们也看到大量二者相近的例子。不过，子厂协助正厂完成生产任务与承担税负这一根本性质，决定了二者不必有地理上的近邻关系。下面我们以云南铜厂为例来进行说明。

清代后期全国最大的铜厂为顺宁府宁台厂。该厂有不少子厂，其中，底马库子厂、水泄子厂距宁台厂均为三站，钱麻岭子厂距宁台厂九站半，罗汉山子厂距宁台厂七站。[4]

两站之间的距离是我们了解正厂与子厂相距多远的关键。乾隆十九年（1754），四川总督黄廷桂称，按运铜脚价章程，陆路以 80

1　大学士兼管户部事务傅恒等：《题为遵旨会议滇省阿发银厂铜〔硐〕老山空厂民散尽课项无收准其封闭事》（乾隆十四年五月初十日），户科题本，02-01-04-14394-015。

2　四川总督黄廷桂：《题为核明盐源县本年开采铜厂用过价脚等支用各项银两数目事》（乾隆十九年七月初四日），户科题本，02-01-04-14811-020。

3　全汉昇：《清代云南铜矿工业》，《中国文化研究所学报》第 7 卷第 1 期，1974 年 12 月；韦庆远、鲁素：《清代前期的商办矿业及其资本主义萌芽》，载韦庆远《档房论史文编》，第163~164 页。

4　《铜政便览》卷一《厂地上·宁台厂》，收入《续修四库全书》第 880 册，第 230~231 页。

里为一站，如果道路崎岖，驮马难行，需用背夫，则以 50 里为一
站，但回程时不用背负重物，仍以 80 里为一站。[1] 这个数据不能理
解为是通行全国的硬性规定，但其中体现出了关于站程设计的指导
思想，大致就是运货人（畜）一日所行路程为一站。正如《滇南矿
厂图略》所云："马运者日行一站，牛运者日行半站。"[2] 各厂道路险
易不同，站程因之而异。例如汤丹厂，《铜政便览》记载距（东川）
府城 2 站，《滇南矿厂图略》记载该厂距府城 160 里，由此可知每站
为 80 里。而碌碌厂距东川府城 3 站半，为 160 里，每站 50 多里。
碌碌厂站程较汤丹厂为近，是因为该厂在落雪山，"山极高，气极
寒"，运输不易。再如，《铜政便览》载宁台厂距大理府下关店 12 站
半，据《滇南矿厂图略》，宁台厂至下关店计程 730 里，平均每站
58.4 里。[3]

　　黔省铅厂在站程上与云南铜厂相似，乾隆九年（1744），贵州
总督张广泗讨论黔铅京运道路时明确说明：

> 今委员前勘威宁至永宁，共程五百余里，中分十三站。顿
> 子坎至普市六站，间有坦坡，一日可行五六十里为一站。其由
> 威宁历顿子坎至大湾七站，鸟道崎岖，尽一日之力，止行四十
> 里，即为一站。[4]

　　总之，两站间的距离大致视运货人（畜）一日的行程而定，并

1　四川总督黄廷桂：《题为核明盐源县本年开采铜厂用过价脚等支用各项银两数目事》（乾隆
　　十九年七月初四日），户科题本，02-01-04-14811-020。
2　吴其濬：《滇南矿厂图略》卷二《采》，《续修四库全书》第 880 册，第 209 页。
3　吴其濬：《滇南矿厂图略》卷二《铜厂·东川府属》《程》，《续修四库全书》第 880 册，第
　　175、194 页；《铜政便览》卷一《厂地上》，收入《续修四库全书》第 880 册，第 230 页。
4　《清高宗实录》卷二二五，乾隆九年九月壬辰。

不固定，但五六十里比较普遍。[1]以此为标准，宁台厂各子厂近则距正厂数十里，远则五六百里，要差不多 10 天才能到达。不独宁台厂，其他厂的子厂同样有距正厂遥远者，如丽江府回龙厂有两个子厂，其中扎朱厂在西南 150 里，来龙厂在东南 120 里。[2]因为子厂距离过远，所以有时必须超越行政地域限制才具备可行性。一方面，有的子厂靠近其他州县，本州县管理不便，就要委托其他州县代管。例如，四川屏山县的龙门溪、细沙溪二铜厂，在乾隆二十八年（1763）开了铜匠沟、大奔坎二处子厂，设书记一名、课长一名、巡役八名，"委马边厅照磨就近照管，龙、细厂员按季造册报销"。[3]另一方面，不少子厂同正厂分属不同政区，宁台厂的子厂有的就不在顺宁府，"其各子厂又有远在永昌府龙陵厅属者"。[4]

　　子厂的远近分布，与采获时间不无关系。随着开采时日年久，正厂日衰，子厂采冶成本也逐渐递增，甚或硐老山空，无法帮助完成定额，而距正厂较近的矿源也开发殆尽，这时就往往需到更远的地方寻觅子厂。宁台厂子厂情况已如前述。又如汤丹厂有九龙箐、聚宝山、观音山、岔河、大硔五个子厂，分别开采于乾隆十五年、十八年、二十年、六十年，嘉庆二年（1797），距正厂的距离分别为 1 站半、1 站、1 站、5 站、5 站半。大致说来，后采的子厂距正厂较远，但并不存在严格的比例关系，因为传统时期的矿藏开

1　我们可以再举一个其他省的例子。广西苍梧县自金鸡山铜厂运铜至沙头墟，计程 75 里，以 50 为一站，共 1 站半。同治《苍梧县志》卷一〇《食货志下·杂税》，第 7 页。

2　吴其濬：《滇南矿厂图略》卷二《铜厂·丽江府属》，《续修四库全书》第 880 册，第 179 页。

3　乾隆《屏山县志》卷二《赋役志》，收入《中国地方志集成·四川府县志辑》第 36 册，第 797 页。

4　云贵总督伯麟、云南巡抚李尧栋：《奏请王杖专办宁台厂务并委令雷文枚署理云龙州知州事》（嘉庆二十三年十月二十日），朱批奏折，04-01-36-0098-023。

采并不建立在全面地质勘探的基础上，开采时间间隔较短的两个子厂，不一定存在后开采者距离较远的特点，但时间间隔较长的两个子厂间，地理远近通常就比较明显了。子厂之铜要运回老厂，这也大幅提高了成本。其他矿种同样如此，例如嘉庆年间，贵州妈姑锌厂有五六个子厂，每年凑办铅 420 多万斤，因为子厂较为偏远，所以为此每年多付出运费银数千两。[1]

（三）子厂变为正厂

子厂虽为辅助性质，但一些子厂开采后生产日旺，远超正厂，正厂反而变得无关紧要。如宁台厂自乾隆六年（1741）开采，很快就陷入衰落，乾隆十三年开芦塘厂，十九年开水泄厂，"俱为宁台之子厂，子实母虚，全归于芦塘，而宁台之名，卒不易"。[2]大兴厂子厂在乾隆二十四年后，产量也很快超越正厂碌碌厂，"实为最旺之厂"。[3]

个别兴旺的子厂另有任务，呈现出较大独立性。例如临安府属金钗厂有一子厂名老硐坪，据记载，金钗铜厂于康熙四十四年（1705）开采，乾隆四十三年（1778）定额铜 90 万斤，遇闰年加办 7 万斤，不抽课铜及附加税费，因"硐有银气"，所以每产铜百斤，抽"小课银"一钱。铜产品之 10% 允许炉户自由贩卖，90% 专供各省采买。到道光年间，该厂生产衰减，每年实办铜 45 万斤。与此同时，位于建水县猛喇掌寨地的子厂老硐坪厂于道光十三年（1833）开采，抽课通商外，余铜运供京城钱局鼓铸，实办课余京铜 40 万

1　大学士管理户部事务托津等：《奏为遵旨议奏减领贵州铅厂运脚银两并酌筹调剂事》（嘉庆二十一年十一月初七日），录副奏折，03-1859-046。

2　檀萃：《厂记》，载师范《滇系》卷八之四，收入《丛书集成续编》第 237 册，第 752 页。

3　云贵总督爱必达：《奏报滇省大兴厂出铜旺盛就近拨供京运事》（乾隆二十四年四月二十二日），朱批奏折，04-01-35-1255-022。

斤。[1]金钗正厂较之老硐坪子厂，前者供各省采买，后者供京运；前者不抽课铜，后者要纳课，二者所出产品的用途与税率均不相同，子厂显然不是帮助正厂完成任务，而是已经独立成厂，只是还保留名不副实的子厂之名而已。

也有的子厂最后在实质上与名义上都独立成厂。如清代东川府四大铜厂之一的茂麓厂，原为大水沟厂子厂，乾隆三十三年（1768）才成为一个正厂。[2]又如碌碌厂原本是汤丹厂子厂，后来出铜日旺，产量超过汤丹，不但独立成厂，[3]而且有了自己的子厂大兴厂。有意思的是，约开采于乾隆二十三年的大兴厂，产量增加迅猛，后来每年可办铜四五百万斤，成为最旺之厂。[4]嘉庆十年（1805）的一份奏折表明，大兴厂已经成为正厂，并且官员们一再要求将尖山厂作为其子厂。[5]

四　定额的削减

矿产资源是有限的，矿厂的延展性因之也是有边界的。随着生产成本的递增以及富矿开发殆尽，厂的范围也就扩展到了尽头。此时，厂的产量与税收定额就无法维持了。云南银矿较早进入了这一

1　吴其濬：《滇南矿厂图略》卷二《铜厂·临安府属》，《续修四库全书》第880册，第179页；《铜政便览》卷二《厂地下·金钗厂》，《续修四库全书》第880册，第266~267页。

2　云南巡抚李湖：《奏复汤丹等厂经费情形事》（乾隆三十九年八月二十五日），录副奏折，03–1098–027。

3　乾隆《东川府志》卷一一《厂课》，收入《中国西南文献丛书·西南稀见方志文献》第26卷，第97页。

4　云贵总督爱必达：《奏报滇省大兴厂出铜旺盛就近拨供京运事》（乾隆二十四年四月二十二日），朱批奏折，04–01–35–1255–022。

5　云南巡抚永保：《奏为勘明滇省尖山铜厂衰竭情形事》（嘉庆十年二月十三日），朱批奏折，04–01–36–0096–004。

陷阱。通省银厂额课共 6 万多两，但缺额现象频繁且严重。雍正三年（1725）各银厂共短课银 13500 余两，经过著名能臣云贵总督鄂尔泰的整顿，雍正四年仍缺 5000 两。[1]因为云南银矿"时有时无"，又不像铜厂那样"有子厂堪觅者可比"，给维持定额造成了巨大困难，朝廷不得不做出一些让步，在一定程度上放弃定额。其具体时间我们已难以知悉，但据嘉庆十六年（1811）云贵总督伯麟的叙述，嘉庆四年以前，已经只有安南等九厂有定额，其他如石羊厂等"俱系尽收尽解"，"总系责成地方各官实心经理"，如敢"征多报少"，即"据实参办"。[2]

朝廷显然并不相信官员们的"实心经理"。嘉庆五年，白羊银厂突然丰旺，全省银税较前陡增，共征 63500 余两。滇抚初彭龄建议，此后还是"尽收尽解"，不用定额。户部明确予以拒绝，指示即以嘉庆五年实收课银数为标准，年年照此办理。如不能足额，"着落经管各员及抚藩等分别赔补"，如有盈余，则尽收尽解。结果，嘉庆六年，即缺额 4500 余两，地方官员辩称，嘉庆五年是闰年，共 13 个月，所以产量较多，剔除这一因素，嘉庆六年并无缺额，户部拒绝接受这一解释，要求仍照既定额数报解。到嘉庆七年，更缺额至 22500 余两，[3]嘉庆八年进一步扩大至 33300 多两。皇帝豁免了回龙、红坡、白羊三厂的缺额 2 万余两，其余各厂之短缺，总计 11000 余两，以十股分赔。其中厂员赔六股，专管道府分赔二股，巡抚赔一股，藩司赔一股。[4]但分赔也阻挡不住年年缺额，一些厂矿

1　云贵总督鄂尔泰：《奏报厂务情形折》（雍正五年闰三月二十六日），中国第一历史档案馆编《雍正朝汉文朱批奏折汇编》第 9 册，第 525 页。

2　中国人民大学清史研究所等编《清代的矿业》，第 578~580 页。

3　中国人民大学清史研究所等编《清代的矿业》，第 575~576 页。

4　中国人民大学清史研究所等编《清代的矿业》，第 576~578 页。

砂已竭，无课可收，"又无子厂可开"，缺课在所难免。嘉庆七年至十三年间，共缺额银 114600 余两，朝廷仍令官员们分赔。十四年、十五年两年又短银 18700 余两，各厂员苦不堪言，纷纷声称"实难再赔"，于是云贵总督伯麟、云南巡抚孙玉庭奏请豁免这两年缺额，并废除定额，尽收尽解，如果系矿砂全无的矿厂，准许封闭。[1] 户部最终做出了两个让步：第一，削减云南银税定额至 26550 两零；第二，各厂之间可以调剂，不用分厂核算，只要总额不亏即可。[2]

第四节 "事例"定税：清代矿业税费政策的
实践机制

中央对矿业实行全面决定机制，但又无法解决相应的集权难题，必然带来一个结果，即决定都很难根据各地情形实时做出。在对地方情况不了解又无法信任地方官员的情况下，朝廷倾向于根据某个既定的案例来约束地方的行为——尽管该案例与某地的实际情况可能有较大背离。我将此定义为"事例原则"。这一原则，体现在矿业管理中，也体现于清代社会经济中的许多方面。下面将通过清代矿业税费政策的实践，对此予以说明。

1　中国人民大学清史研究所等编《清代的矿业》，第 578~580 页。
2　林则徐：《查勘矿厂情形试行开采疏》，载葛士濬辑《皇朝经世文续编》卷 26，收入《近代中国史料丛刊》第 741 册，第 697 页。

清代矿业税费的征收，并非根据一套自上而下制定并推行于全国的法规。它以平衡国家最低成本控制产品与维持矿业发展为原则，具体的标准与税目因矿种、地点、时间而变化。种种变化之间，又呈现出继承与关联性，因为变化并不是任意的，必须有"例"可循或调整既有成例。这样，"例"就成为理解矿税变化的关键。

一　"例"的含义

传统中国的"例"，在法制史领域已有较多讨论。研究表明，"例"的一个基本含义是规则、条例，其内容除法律条文外，还有诸多行政法规乃至部门章程，补充了律典、会典之不足。[1] 如清代的法规，除最基本的典（如会典）、律（如大清律）外，还有则例、事例、条例、条款等，[2] 当时西南新开辟的一些非汉人群聚居区域，适用当地传统的习惯法，又称为"苗例"。[3] 清代的各种"例"日益丰富和完善，出现了邓之诚所言的"清以例治天下"。[4]

"例"的另一基本含义是判例、案例。张晋藩指出，"中国古代除国家制定法作为中华法系的主干以外，也适用判例以弥补律文的不足"。个别的案例经过加工，也可成为一般的法律规范，再指导

1　苏亦工：《明清律典与条例》，中国政法大学出版社，1999，第42~46页；马凤春：《传统中国法"例"说》，《河北法学》2011年第2期；陈一容：《清"例"简论》，《福建论坛》（人文社会科学版）2007年第7期。

2　任启珊：《番例考》，《社会科学论丛季刊》第3卷第1期，1937年。

3　苏钦：《"苗例"考释》，《民族研究》1993年第6期；Donald S. Sutton, "Violence and Ethnicity on a Qing Colonial Frontier: Customary and Statutory Law in the Eighteenth-Century Miao Pale," *Modern Asian Studies*, Vol.37, No.1(2003)；黄国信：《"苗例"：清王朝湖南新开苗疆地区的法律制度安排与运作实践》，《清史研究》2011年第3期。

4　邓之诚：《中华二千年史》卷五下，中华书局，1958，第531页。

司法实践，此即"从案到例""法生于例"。[1] 可见，"例"的两个基本含义之间存在着一种辩证关系。有学者将官方判案实践中形成的一个个具体案例称为"原生例"，它们仅仅是某次具体司法活动的产物，往往不能再次适用；官方也有可能抽取"原生例"中所蕴含的规则，经由抽象立法而成为具有普遍约束力的规范性法律条文，此即"派生例"。[2]

本书所探讨的"例"，并非司法活动而是经济活动的产物。它们不是具有普遍约束力的行政法规，但也不能被视为仅具个体性意义的案例。大体上，先开的矿厂，经由地方与朝廷讨论并制定了抽税方式后，就会形成一个例，这个例，虽然没有上升为形诸文字的普遍性规定，但后开的矿厂，不论地域，都要比照此例。如果无法遵照，相关地方官员得做出详细说明，提出变通办法，朝廷主管部门通常要批驳、诘问或修改地方官的方案，地方官员再陈述和解释，经过反复讨论与讨价还价，可能会出台由皇帝批准的方案，新方案又会成为可供后开矿厂援引的一个"例"。本书所言之"例"，主要就是这个意义上的，本质上是一种"事例"。

二 矿业税费政策中的"事例"

本书第三章提出了清代矿税征收的一个模型：正税＋隐性税＋附加税费＝实际税负。这是一个较为普遍的模式，但并非每个矿厂每个时期的税负都由该公式所指出的三类构成，因时、因地、因矿种会出现变异。如有的厂就没有征收附加税费，也有的矿种（如铁

---

1 张晋藩：《中国法律的传统与近代转型》，法律出版社，1997，第 228~229、234~235 页；张晋藩、林乾：《〈户部则例〉与清代民事法律探源》，《比较法研究》2001 年第 1 期。

2 马凤春：《传统中国法"例"说》，《河北法学》2011 年第 2 期。

矿、煤矿等）并非官方要需，官府通常就不收买税后产品，这就等于没有了隐性税。更重要的是，上述公式中的每一个项目，正税也好，隐性税也好，附加税费也好，都不存在一个固定的比值，而是在实践中形成了各种各样的比例。正如雍正六年（1728）云贵总督鄂尔泰所言："（云南）各处各厂大小不一，条例各别。"[1]这就导致任何一个新开的矿厂，都不能套用一个固定的公式来征收税费，而是要以此前所开的某个矿厂来作为参照——尽管该矿厂的税费征收规则并未上升为一个普遍性法规。所以，清代矿业税费，是靠一个个的"例"来落地实施的。对这种并未上升为普遍性法规但却可以为后来者提供一种参照的"例"，我们沿用文献的说法，称之为"事例"。例如康熙五十八年（1719）规定，云南建水州之华祝箐厂与云南县属水木支山金龙厂，"照惠隆厂事例收税"。[2]

我们来看正税。清王朝最初出台矿业政策时，想制定一个全国普遍遵循的税率，此即康熙十八年出台的 20% 抽收。这个统一的规定，显然没有得到普遍遵循，出现了 10%、15%、20%、30%、40%、45% 等多种情况。因此，即便是正税，在很大程度上也是通过援引事例来落地的。例如，雍正九年（1731），贵州巡抚张广泗称天柱县黄花厂产金，每金一两抽课三钱，[3]这一事例后来被该省天柱县相公塘、东海洞二金厂采行。[4]

我们看 10% 这个税率是如何冲击 20% 税率这个规定的。10%

1　《世宗宪皇帝朱批谕旨》卷一二五之七《朱批鄂尔泰奏折》，收入《景印文渊阁四库全书》第420 册，第 465 页。

2　光绪《钦定大清会典事例》卷二四三《户部·杂赋·金银矿课》，收入《续修四库全书》第801 册，第 873 页。

3　中国人民大学清史研究所等编《清代的矿业》，第 560~561 页。

4　中国人民大学清史研究所等编《清代的矿业》，第 561~562 页。

税率主要出现在滇黔二省的铜矿业中。康熙二十一年（1682）云贵总督蔡毓荣奏请云南开矿时，规定"十分抽税二分"。雍正四年（1726）东川划归云南，次年巡抚朱纲奏准按 10% 税率抽课，余铜按 6 两 / 百斤之价收买，乾隆五年后又规定要征收公廉捐耗等附加税费，[1] 此即"旧例"。与"旧例"相对的是"新例"，即二八抽课，余铜每百斤给价银 5 两。[2] 乾隆五年（1740），滇省顺宁府宁台厂开采，按照"新例"，每百斤抽课二十斤，乾隆二十三年，云南巡抚刘藻以厂民成本不敷为由，请求采纳东川府汤丹厂的事例（"旧例"），一九抽课。[3] 乾隆九年，开采丽江日见汛铜厂，说明是按"新例"，每百斤抽课二十斤，[4] 因官方所给铜价不敷，数年后改行汤丹厂的"旧例"。[5] 这样不断援引旧例的结果，是后来滇省铜厂普遍实行 10% 税率政策。

汤丹厂的事例也被贵州省的铜厂所援引。雍正八年（1730），贵州巡抚张广泗称威宁州属猓木果铜厂，原本二八抽课，但该厂"远处僻隅，一切煤炭盐米腾贵，请照滇省汤丹厂之例，每百斤抽课十斤"。[6] 这一要求得到了批准，[7] 并很快被贵州诸多铜厂所援引。一年多后，护理贵州巡抚常安要求格得、八地二铜厂亦照猓木果厂

1　乾隆《东川府志》卷一一《厂课》，第 97 页。

2　20% 税率的规定早于 10% 税率，但 20% 税率结合 5 两 / 百斤余铜价格的规定，应晚于上述汤丹厂之税例，所以被称为"新例"。

3　云南巡抚刘藻：《题为宁台山铜厂开采年久人工食费较倍请旨循例加价事》（乾隆二十三年十二月十六日），户科题本，02-01-04-15138-004；云南巡抚刘藻：《奏报宁台山厂民自愿贴补耗铜事》（乾隆二十五年十月十九日），朱批奏折，04-01-35-1259-029。

4　云南巡抚爱必达：《题为滇省铜厂收买余铜等价银不敷请添调剂事》（乾隆十七年八月二十一日），户科题本，02-01-04-14611-003。

5　云南巡抚刘藻：《题为宁台山铜厂开采年久人工食费较倍请旨循例加价事》（乾隆二十三年十二月十六日），户科题本，02-01-04-15138-004。

6　中国人民大学清史研究所等编《清代的矿业》，第 202 页。

7　中国人民大学清史研究所等编《清代的矿业》，第 202~203 页。

之例，按 10% 税率课征。[1]铜川河厂同样如此，[2]大定府陈家沟铜厂也是按 10% 税率抽课。[3]乾隆十六年（1751），定贵州威宁州新开的勺录铜厂照格得厂之例，一九抽课。[4]

　　汤丹厂的事例，甚至也被非铜厂采行。雍正元年（1723），云南罗平州、平彝县之卑浙、块泽二座铅厂，地处深山，米粮器物价格昂贵，按照 20% 税率抽收，厂民每产百斤铅，亏折银一钱九分，于是改照"每百斤收课十斤"，但如矿厂兴旺，就要恢复原有税率。[5]

　　即便是 20% 税率这个普遍规定，很多也是通过事例的方式来落地的。如乾隆七年（1742），四川巡抚硕色疏称本省建昌铜厂，每百斤抽课三十斤，负担过于沉重，而云南铜厂税率有 20%、10%、9%、免于抽收等各种事例，要求建昌铜厂"酌中定额"，暂按 10% 税率抽收实物，采办一年之后再行决定。户部称矿厂课税"例应二八抽收"（即 20% 税率），而四川省于雍正七年（1729）由巡抚宪德题请开采建昌迤北、兴隆等处矿厂时，定下的税率是 30%，硕色应该从上面两个事例（20% 与 30% 税率）中选择其一，考虑到矿厂初开不易，就定为"二八抽收"。[6]之后乾隆十年四川开采乐山县老

1　中国人民大学清史研究所等编《清代的矿业》，第 203~204 页。

2　贵州巡抚张广泗：《奏报查明铜厂井盐事》（乾隆七年四月十八日），录副奏折，03-0769-046。

3　道光《大定府志》卷四二《经政志·厂政》，收入《中国地方志集成·贵州府县志辑》第 48 册，第 620 页。

4　贵州巡抚开泰：《题请报销威宁州属勺录铜厂开采抽课及收买余铜等项用过银两事》（乾隆十八年三月十七日），户科题本，02-01-04-14693-006。

5　道光《云南通志稿》卷七四《食货志八之二·矿厂·铅厂》，第 9~10 页。

6　保和殿大学士兼管户部事务傅恒等：《题为查核川省各铜厂支给厂员书吏课长月费饭食等项银两事》（乾隆十四年十一月十七日），户科题本，02-01-04-14396-002。

洞沟铜矿，亦按此例缴税，"庶归划一"。[1]

几种定例的存在，使新开之厂有了一定选择空间。这样就会出现同一省份的相同矿种之厂，可能会遵循几个"例"。例如乾隆七年（1741），户部议定云南省新开铜厂税率时规定，旧有之青龙、惠隆、太和、马龙等厂，照初开例，每铜百斤抽课二十斤，余铜以5两/百斤收买；金钗厂，每铜百斤例给银四两外，增价六钱；初开之者囊、大水、碌碌、虐姑等厂，照汤丹、普毛两厂例，每铜百斤抽课十斤，余铜以6两/百斤给价。省级以下行政单位（如府、县）内的矿厂，遵照相同事例的要求似乎更为严格。同样是在乾隆七年，滇抚张允随奏报本省几家新开铜矿时，请求根据具体情况，实行不同的税费政策，其中特别提到，有的厂地位于东川府，"不能与（东川府）汤丹两例"。[2]

三　新事例的产生

当地方官员认为某厂现行之例与实际情形不符时，便会请求采用他例，如果既有之例均不适合，便力图向朝廷要求实行新办法。如果得到批准，就会产生一个新事例，后开的矿厂也由此多了一个可以援引的"例"。

我们来看看撒散这个附加税的产生与援引情况。撒散始于云南的银厂、锡厂，康熙四十四年（1705），云贵总督贝和诺题报滇省铜厂时称，石羊银厂每出银一两抽课二钱、撒散二分，撒散附加

1　大学士兼管户部事务傅恒、户部尚书海望：《题为遵旨察核川省乐山县属老洞沟等铜厂乾隆十四年抽收课耗铜斤支给厂费各项银两事》（乾隆十七年七月十一日），户科题本，02-01-04-14646-001。

2　《清高宗实录》卷一六四，乾隆七年四月戊戌。

税税率为2%。两年后，规定个旧银厂每银一两抽课一钱五分、撒散三分。可见，石羊银厂之撒散例被个旧银厂援引并变通，税率从2%增为3%，形成了一个新例。这一新例很快被当时滇省很多银厂援引。[1] 雍正九年（1731），撒散之例又被广西南丹厂援引并变通，规定每出银一两，抽课二钱、撒散四分；每炼出锡百斤，抽课二十斤、撒散四斤。[2] 撒散税率为4%，形成了又一个新的撒散事例。此例于乾隆十一年（1746）被湖南郴州的锡矿完全采行，该州柿竹园、葛藤坪等处锡砂，每百斤抽税20斤，再抽撒散4斤。[3] 乾隆三十一年，甚至连广西融县新开的白铅厂也收撒散。[4]

　　撒散税目在不断被援引的过程中，为何出现这些税率上的变化？这应是地方与朝廷讨价还价的结果。甘肃、青海、新疆的金厂征税事例可以为此提供旁证。撒散这一始于云南银厂之例，后来逐渐被全国的金厂采纳，结果就是，即便在开采工艺上并无撒散的矿厂，也必须援"例"办理，显示出"例"在矿业税费实践中的指导意义。乾隆三十八年（1773），陕甘总督勒尔谨奏请开采甘肃哈布塔海哈拉山金矿，称贵州省思南府天庆寺金矿抽收课金，每出金一两抽课四钱，外抽撒散金三分，"自应仿照办理"，但哈布塔海哈拉山情况特殊，应采用新的征税方式。首先，厂地宽广，漫山四散，难于稽查，如按产量抽课，偷漏在所难免，因此建议按票收课，每五十名金夫给票一张，每票每日征收定额税。其次，并非开井凿洞采金，不存在撒散金，所以不应该征收撒散。再次，本处金厂地处

1　雍正《云南通志》卷一一《课程·厂课》，收入《景印文渊阁四库全书》第569册，第369~370页。

2　光绪《钦定大清会典事例》卷二四三《户部·杂赋·金银矿课》，收入《续修四库全书》第801册，第873页。

3　光绪《湖南通志》卷五八《食货四·矿厂》，第1372页。

4　《清朝文献通考》卷三〇《征榷五·坑冶》，考5133页。

偏远，日用品需从内地运送，成本较高，因此应该相应减轻税负。综上，勒尔谨建议的税收方式为：每五十名金夫给票一张，每票一张每日交课金二钱五分（如果比照贵州天庆寺金厂收税，则每票一张应日收课金二钱八分、撒散金二分一厘）。[1] 从勒尔谨奏报乾隆四十年、四十一年哈布塔海哈拉山金矿情形的材料来看，朝廷同意按票收课，但拒绝了不收撒散金的建议，不过减为每抽正课金一两（不是出金一两），抽撒散金三分，[2] 较贵州出金一两抽撒散三分的税率，显然低了不少。哈布塔海哈拉山金矿就此确立了一个新例。乾隆四十年，当青海西宁府大通县开采金矿时，就"照依哈布塔海哈拉山之例抽收课金"。[3] 到嘉庆七年（1802），大通县金厂仍然维持了这个例。[4]

乾隆四十七年（1782），迪化金矿开采时，援引了哈布塔海哈拉山金矿之例，但又进行了变通。每五十名金夫设为一组，发给照票之例相同，但每夫每日仅缴金三厘（哈布塔海哈拉山金矿每五十名金夫为一组，日交课金二钱五分，相当于每夫每日缴金五厘），且无撒散金之名，[5] 就此又确立了一个新例，这个例显然是对极边地区的照顾。此例于乾隆五十一年被福康安援引，当时甘肃沙州地方开采金矿，福康安称此地系"口外"，应该援迪化金厂之例，而非甘肃其他金厂之例。[6]

也有个别新例，朝廷规定只能作为特定的个例，不能推广。例如，乾隆十九年（1754），云南巡抚爱必达以办铜成本剧增为

1　中国人民大学清史研究所等编《清代的矿业》，第545~547页。

2　中国人民大学清史研究所等编《清代的矿业》，第548~549页。

3　中国人民大学清史研究所等编《清代的矿业》，第548页。

4　中国人民大学清史研究所等编《清代的矿业》，第552页。

5　中国人民大学清史研究所等编《清代的矿业》，第523~524页。

6　中国人民大学清史研究所等编《清代的矿业》，第549~550页。

由，奏请汤丹、碌碌二铜厂税后余铜每百斤增银 9 钱，户部予以拒绝。皇帝折中双方意见，下令每百斤增银 4.5 钱，但 "余厂不得援以为例"。[1]

四　僵化的机制

相对于全国规定一个统一的矿业税目与税率，以事例的方式确定某个矿厂的税费规则，无疑更为灵活，也更能适应一个广土众民国家的实际情形。但事例定税仍然是一个僵化的机制。首先，中国幅员辽阔，各地情形迥异，他处的例，未必适合此处之厂。其次，同一个厂，开采成本会逐渐增加，采冶所需的油、炭以及食物的市场价格也会变动，所以过去之例，也未必贴合当下之情。尽管如此，户部却倾向于坚持既有之例，官员们提出新的征税原则，即便符合实际情形，但如果无例可循，或与既有之例冲突，朝廷就会批驳。即便地方官员的意见最后得到采纳，也得经过冗长的讨论，而且往往是一个对所提方案打折后的采纳。上文提到即便在工艺上并无 "撒散" 存在的矿厂也得征收撒散，就是一个鲜明的例子。

我们再来看几个例子。乾隆八年（1743）广东布政使讬庸称，粤省铜矿奉旨开采之时，"商人采铜百斤，照例抽课二十斤，又另收公费、耗折等铜四斤十二两八钱，余铜七十五斤三两二钱，每斤照定价一钱，全数交官收买，是商人采办百斤之铜，止领七两五钱之价，不特毫无余利，且致亏折工本"。[2] 他建议将税后余铜的收购价

1　《清朝文献通考》卷一七《钱币五》，考 5010 页。
2　中国人民大学清史研究所等编《清代的矿业》，第 261~264 页。

格涨至市场价格，即每百斤十七两五钱。而户部以滇铜价格每百斤定价九两二钱，洋铜价格每百斤十四两五钱，托庸所建议之价高于这两个例为由，拒绝了这一请求。[1] 最后妥协的结果，是每百斤定价银十二两。[2] 同样是在广东，乾隆初年，该省锡厂二八抽课，余锡官方低价收买，厂民实际相当于将全部产品的 2/3 以上无偿上交官府，负担十分沉重，广东官员请求免除二八抽收，但被认为"与定例有违"，遭到拒绝。[3] 又如嘉庆十一年（1806），四川总督勒保声称该省铜厂生产衰减，需购买商铜，商铜市价每百斤十六七两，而户部规定的购买价格一直是十二两，他请求价格增加一两，但户部以"格于定例，议驳不准"。他又称西昌县拖角山、白菓山二处新发现矿苗，照当前的税费政策，商人无利可图，不肯开采，因此建议官方直接经营，但"究与定例不符"。不过，他最终找到了一个可以援引的例，即乾隆五十九年（1794）前督臣孙士毅奏准将宁远府属夷门铅厂由地方官自行采办，于是请求照此例办理。[4]

五　户部与地方官员的博弈

朝廷与地方的分歧，源于所面临的情况不同。地方官肩负着如额完成生产与征税的任务，如果税费定额过高，不但征收艰难，而且厂民负担过重，势必影响生产任务完成，拖累地方官考成。因此地方官在很大程度上有着降低税费的动机，从而在一定程度上与厂

1　中国人民大学清史研究所等编《清代的矿业》，第 134~135 页。

2　《清高宗实录》卷二二〇，乾隆九年七月乙酉。

3　中国人民大学清史研究所等编《清代的矿业》，第 610~618 页。

4　四川总督勒保：《奏报筹办铜厂鼓铸铜钱文事宜事》（嘉庆十一年七月二十五日），朱批奏折，04-01-35-1354-010。

民存在共同利益。

户部官员的情况则非常不同。首先，厂民完成不了生产与税收任务，不会对他们形成压力。其次，他们远离采冶现场，并不清楚生产的实际状况。再次，中国幅员辽阔，传统时期又缺乏有效监管所必需的技术手段，如果不从程序上尽可能质疑，就很难对地方官的利己行为进行有效约束，防止他们懒政懈怠甚至以多报少谋取私利。户部的这些策略不能说没有事实基础，例如，从康熙二十一年（1682）到康熙四十四年，云南地方官员私占了大量矿山，向朝廷制造了本省矿业一片萧条的假象。雍正皇帝的上谕中亦提到贵州矿厂"各处开闭不常，所收赋税多有隐此补彼者"。[1]

总之，户部通常倾向于假定地方官不愿承担责任，有意夸大难度以减轻行政责任或谋取私利。当地方官员们提出改变既有之例（即便不是创造新例，而是从一个例转向另一个例）以降低税费，或封闭已经"硐老山空"之厂时，户部官员总要进行批驳，指出种种不合理之处。毫无疑问，因为户部官员远离生产实践，他们指出的许多所谓不合理之处可能是臆测或胶柱鼓瑟之见（即根据其他地方的情况来推断）。例如，雍正十三年（1735），徽州商人查复兴以每年缴固定税 3000 两为条件，获得了广东省曲江县的煤矿开采权，这一税额过高，他无力完税，地方官员请求减额，但户部"慎重钱粮，议驳未准"，而查复兴也失去了采煤之权。尽管这一税额在盛产煤炭的曲江已属过高，但乾隆十六年（1751），当彭奕才等五名商人欲承开煤炭资源并不那么丰富的南海等县煤山时，户部却要求援引曲江县的事例，五商各输税三千两，"以致彭奕才等无力输将，

1　中国第一历史档案馆编《雍正朝汉文谕旨汇编》第 7 册《上谕内阁》，广西师范大学出版社，1999，雍正五年三月初六日谕，第 49 页。

五商悉行告退，饷多悬宕"，而其他商人也迁延观望，不敢认采。[1]
当年地方官实际查勘后，声称南海县的煤山每年仅堪输银 120 两，
花县可输 100 两，河源县可输 80 两。[2] 户部拒绝了地方官所声称的
税额标准，定下南海、河源煤山各承税 400 两。结果虽有人承办，
但所开各山"垅小煤瘠"，各商资本亏折，难以完税，旋即退出开
采，所欠税款"不惟难照三千两之例按数勒追，即派认每年四百两
未完之饷尾，终难填办"。[3] 又如前文提到云南永北府的金厂课税定
额为金 19 两 5 钱，后产金不旺，官方督责"课头"按额征缴，结果
导致并不淘金的"彝倮""卖妻鬻子，赔纳金课"。

　　僵化且跟不上实际生产情形变动的事例，有时会让矿民无利可
图乃至亏损，这就成为矿民们偷漏走私的诱因之一。例如乾隆十六
年（1751），湖南巡抚杨锡绂的奏折中两次提到，郴州、桂阳州铜
矿每炼铜 100 斤，须费工本银 12 两，按照 20% 税率抽收后，余铜
按 12 两 / 百斤的价格卖给官府，这样，每产铜 100 斤，矿民亏损银
2.4 两多，而当时铜的市场价格为每百斤价银 20 多两，所以"偷漏
之弊，种种百出"，"终难尽绝"。他曾奏请免于抽税，每百斤给价
银 12 两，未获准许，后又奏请每百斤抽税 20 斤后，剩余 80 斤给价
11.28 两，亦被户部驳回。[4]

　　官员们甚至对走私持一种消极态度，因为他们知道如果矿民无
利可图乃至亏损，必然导致矿厂倒闭，进而影响到自己的考成。前
文所述广西铜矿业个案中，官员们明知厂民利用"渣铜""客铜"

1　中国人民大学清史研究所等编《清代的矿业》，第 475~476 页。

2　中国人民大学清史研究所等编《清代的矿业》，第 476 页。

3　中国人民大学清史研究所等编《清代的矿业》，第 476~477 页。

4　杨锡绂：《四知堂文集》卷七《恭陈清厘郴桂二州矿厂疏》、卷一一《奏明铜铅价值不敷实难
　　核减疏》，收入《清代诗文集汇编》第 295 册，第 187~192、250~251 页。

名目走私，却睁一只眼闭一只眼，暗地纵容，因为他们明白，现行的税费政策，完全榨干了厂民的获利空间。如果严格执法，结果就是厂民星散，矿厂倒闭，自己也牵连受累。这一番道理，他们甚至也敢于在皇帝面前坦白。[1]

为了更深入地揭示清代社会经济的运作，我们可以从"事例定税"中概括出一种原则——事例原则，即某地某个时间某个事务的管理办法，必须参照本地之前的类似事务或他地类似事务的管理办法来确定，而不去细究因地域不同、时间不同而产生的诸多差异，也不会深入考虑该项事务的实际需求。凭借这种僵化的办法，朝廷就可以在无法了解地方实情并有效掌握吏治的情况下，找到一种对地方官员的约束之道。

事例原则，并非矿税中独有的现象，而是贯穿于整个矿业管理中。如乾隆十年（1745）开采四川乐山县老洞沟铜厂，川抚纪山疏请五事：第一，需要建造厂房，照建昌矿厂之例，从"盐羡"内动支银 100 两发给厂员修建，竣工后据实报销；第二，按中厂之例，每月给厂员月费银 20 两；第三，家人、书记、总书每名每月给银 2 两，客课每名每月给工伙银 1 两，巡役、水火夫等每名每月给银 1.5 两，纸笔杂费月给银 2 两；第四，矿厂附近的两个县，负有"就近稽查"之责，须经常到各厂巡查，需要盘餐等费，请酌给月费银 20 两；第五，厂费于布政司库中的"盐茶耗羡银内动支"。户部议复称，第一条，先行拨给 100 两银建厂，既有建昌厂之例，可遵照办理；第二、第三条，雍正年间川省开采矿厂时，只有议给厂员月费一项，并未另开客课、书巡等役饭食银两，"事同一例"，自应"照

1　广西布政使唐绥祖：《奏请变通收买商铜价值事》（乾隆九年七月初九日），朱批奏折，04-01-35-1234-029；署理广西巡抚讬庸：《奏请酌定收买余铜价值事》（乾隆十一年三月十三日），朱批奏折，04-01-35-1237-006。

旧例办理"，因此厂员月费 20 两可"照旧例支给"，其他人员费用
不予批准；第四条，建昌等处铜厂设有总理，每月给月费银 20 两，
老洞沟铜厂初开，未设总理，所以由附近两县稽查，但"并非总理
专司"，每月给月费银 20 两未免过多，应另行讨论酌减；第五条，
建昌铜厂的厂费是在耗铜变价内动支，老洞沟铜厂亦应如此。在这
个案例中，户部着眼点在于是否有例可凭，以此尽量削减老洞沟铜
厂的经费，根本没有考虑老洞沟铜厂的实际需求。[1]

　　关于事例原则在清代其他社会经济领域中的普遍应用及其所反
映的国家治理模式，我们将在本书结语中进行深入讨论。

第五节　财权中央集中体制的破坏与矿业衰落

　　上文详述了清代国家的中央全面决定机制，尽管存在种种不合
理性，但它却是清代矿业兴盛的一大关键。在这种机制下，朝廷拥
有对全国财政监管与控制的巨大权力，能够指令各省的财力去支持
最为重要的滇铜、黔铅生产，并按自己的意志主导产品分配。我们
看到，在中央与地方关于矿业管理的博弈中，中央始终占据主动，
其决定虽往往不尽合理，但地方并不敢拒不执行，只是在执行过程
中添加新的内容。然而，这一央地关系的结构被太平天国运动所破

---

[1]　大学士兼管户部事务傅恒、户部尚书海望：《题为遵旨察核川省乐山县属老洞沟等铜厂乾隆
　　十四年抽收课耗铜斤支给厂费各项银两事》（乾隆十七年七月十一日），户科题本，02-01-
　　04-14646-001。

坏。太平天国运动不但直接引发矿业的衰落，还导致地方相对于中央的自主性的增强，使矿业再也不可能得到恢复。

太平天国起事对清代央地关系的影响，学界已有丰富成果。早期的学者大多认为太平天国运动导致中央在军权、政权乃至财权等方面的控制能力衰退，地方督抚遂成专政之局。1960 年代末期以后，论者更多相信中央并未如前人所称的那样大权旁落，督抚亦未有想象中的那种专擅之权。更有学者提醒，对于晚清央地财政关系，不能简单视为一种非此即彼的"零和"游戏。[1] 不过，不管对清季央地关系之认识有何分歧，朝廷确实已不能像过去那样了解、监控、支配全国各地财政，太平天国之后各省不再积极协济云南铜本，导致朝廷恢复云南矿业的努力失败，就是关于此的一个有力案例。

一　太平天国起事对西南铜、铅矿业的摧毁

关于各省不再积极协济云南铜本，严中平认为是始于道光十九年（1839），当时鸦片战争即将爆发，各省忙于筹措军费，"协济云南铜运经费多停止协解"。[2] 这一观点是对戴望《清故兵部侍郎兼都察院右副都御史江苏巡抚徐公行状》的误读，[3] 夸大了鸦片战争对中

1　何汉威：《从清末刚毅、铁良南巡看中央和地方的财政关系》，《中央研究院历史语言研究所集刊》第 68 本第 1 分，1997 年；何汉威：《清季中央与各省财政关系的反思》，《中央研究院历史语言研究所集刊》第 72 本第 3 分，2001 年。

2　严中平：《清代云南铜政考》，第 43 页。

3　从严氏著作的注释来看，他的这一观点来自戴望《谪麐堂遗集》中的《徐有壬行状》（即《清故兵部侍郎兼都察院右副都御史江苏巡抚徐公行状》），该行状记载："(道光皇帝去世，咸丰皇帝继位，是年，徐有壬）擢云南布政使。云南运铜经费，军兴以后，他省无复津贴，京铜不起运。厂丁坐困，谋作乱。公请大府就厂制钱以苏民困，乱始息。咸丰元年，以曾孙生……"据此，徐有壬道光三十年（1850）任云南布政使，这一年正好太平天国起事，所以"军兴以后，他省无复津贴"当指太平天国的影响。严氏将徐有壬任云南布政使的时间误为道光二十九年，他可能因此将"军兴以后，他省无复津贴"系于 1849 年之前，认为所论为鸦片战争。

国的影响。事实上，当时相关省份有财力而且也服从中央的指令协
济云南办铜。

笔者查阅过中国第一历史档案馆所藏 1840~1850 年的相关朱批
奏折与录副奏折，并未看到各省推脱协济云南铜本之事，相反，倒
是积极遵从、配合中央命令。当时云南铜本略有不足，但并非因为
各省未将协济银如数解到，而是当时铜本总额已经不敷支出（这应
与办铜成本增加有关）。这种不足也并不始于 1840 年，至迟从嘉庆
二十年（1815）就已经开始。该年，朝廷将云南铜本每年减拨 4 万
两，为 96 万两。这样的结果是，本来已经紧张的办铜经费，"更形
支绌"，于是云南官方禀明户部，每年挪用其他款项办铜。从 1815
年至 1834 年 20 年间，共挪借银 107 万两，平均每年约挪 5.35 万
两。朝廷不得已，自道光十九年起下令将每年铜本额恢复至 100 万
两，但仍然不敷开销。虽然自该年起，至鸦片战争结束的 1842 年
共 4 年间，每年 100 万两铜本从未缺额，但仅 1839~1841 年三年间，
就不敷银 109300 余两，只有继续靠挪借其他款项解决。[1] 如果像过
去一样每年拨铜本 96 万两，这三年间的不敷银总数将高达 109300+
（1000000−960000）× 3 ＝ 229300 两，平均每年约差 7.64 万两，远
高于 1815~1834 年平均每年所差之 5.35 万两，这进一步证明了办铜
成本递增以及官方收益递减的事实。

太平天国起事之初，相关省份仍积极遵从朝廷命令协济云南铜
本。[2]例如，道光三十年户部指令广西拨 "封贮银" 25000 两赴滇办铜，
此前因 "堵剿楚匪"，经朝廷批准，桂省搭银 2000 两，所以 "封贮

1　云贵总督桂良：《奏为办铜经费不敷请准筹款借垫癸卯年铜本银两事》（道光二十三年三月
　　二十九日），录副奏折，678-1299（缩微）。

2　云贵总督林则徐：《奏请协拨滇省铜本银两事》（道光二十八年四月二十日），朱批奏折，04-
　　01-35-1368-023；大学士管理户部事务卓秉恬等：《奏为遵旨议请饬浙江江西各抚迅委委员
　　解滇壬子铜本事》（道光三十年六月十三日），录副奏折，03-3381-007。

银"仅剩 23000 两，广西巡抚郑祖琛表示，将于"捐监正项银两"中拨 2000 两，凑足 25000 两之数解滇。[1] 咸丰元年（1851），安徽省奉拨滇省铜本银 10 万两，安徽巡抚蒋文庆称"委实无银动放"，但铜本重要，唯有设法先行筹集 3 万两解滇，余剩 7 万两，等地丁等银征到，立即优先将余款解赴滇省。[2]

但太平天国起事很快就重击了西南铜、铅矿业以及全国的铸钱业。绵延的烽火阻断了诸多交通要道，铜材铅斤难以运出，铜本铅本亦难以运到。咸丰二年，皇帝对滇铜久候不至大发雷霆，对云贵总督、云南巡抚都发出了惩办威胁。[3] 此时，皇帝想到的可能是上一年地方大员抱怨矿业生产艰难，无法及时生产出足额且合格的产品，所以耽误难免，[4] 他无法再容忍这一理由，故而震怒。他没想到的是，此番延误比过去更为棘手，已非其怒火所能解决。一段时间之后他才获悉，长江航道已经被战事所阻塞，湖北省城积压了大量铜材，四川巴县卸载了大批铅斤。[5] 与此同时，浙江应解滇 26 万两铜本、19.1 万两兵饷，亦因道路阻塞，"未起解者停解，已起解者折回"。而应解铜本 31 万余两的江西则只解银 5 万两，剩余 26 万两，赣省两次向朝廷申请将该项银两截留为"防堵"经费，不能解滇。[6]

咸丰三年（1853），应拨云南铜本银 81.7 万余两（100 万两铜本中，运费部分不解滇），加上兵饷，共应解银 140 余万两至滇，

1　广西巡抚郑祖琛：《奏报凑拨委解云南咸丰元年铜本银数事》（道光三十年九月初二日），录副奏片，03-3359-047。

2　安徽巡抚蒋文庆：《奏为委解滇省铜本银两等款事》（咸丰元年八月二十一日），录副奏折，03-4463-013。

3　《清朝续文献通考》卷二〇《钱币二》，考 7695 页。

4　《清朝续文献通考》卷四三《征榷考十五·坑冶》，考 7980 页。

5　《清朝续文献通考》卷二〇《钱币二》，考 7696 页。

6　云贵总督吴文镕、云南巡抚吴振棫：《奏为滇省兵饷铜本待用孔亟请饬部迅速筹拨银两事》（咸丰三年二月十六日），录副奏折，678-2035（缩微）。

但滇省仅仅收到银 59000 余两，而户部也没有提供任何解决方案。云南官员们不得不纷纷捐款，并将藩库、道库、府仓库、县仓库等所藏之银尽数挪用，共得银 165500 余两，留为"动放夏季兵饷及酌给紧要大厂铜本之用"。云南高官们很清楚，这种困境暂时难以缓解，大规模的战争之下，"各省均非充裕"，难以足额协济滇省，而且相对于迫在眉睫、生死存亡的战事，铜本、矿业之类已算不上要务了。[1] 直到咸丰四年十月，咸丰三年的铜本尚缺额 33 万多两，[2] 而按照规定，该年的铜本本应于咸丰二年解到。

滇铜京运，原本每年正运四起，加运二起，眼见铜本严重不敷，咸丰三年五月，户部指令自咸丰四年起，削减正运一起、加运二起，共减额一半，铜本因之减为每年 50 万两。[3] 不过，咸丰三年九月，户部又改口称仍按原额办解滇铜。对此，云贵总督罗绕典等回复称，本年的铜本尚缺 331090 余两，如果咸丰四年要按原额办解，需铜本银 80 余万两，恳请皇帝饬户部设法将铜本银 119 万余两解滇。[4] 但皇帝对此同样无能为力，到咸丰四年四月，该年的铜本及次年的铜本（按规定应于咸丰四年解到）缺额 180 余万两，[5] 咸丰五年三月，上一年、当年及次年的铜本缺额达 250 余万两。[6]

1　云贵总督吴文镕、云南巡抚吴振棫：《奏为滇省兵饷铜本待用孔亟请饬部迅速筹拨银两事》（咸丰三年二月十六日），录副奏折，678-2035（缩微）。

2　云贵总督罗绕典、云南巡抚吴振棫：《奏为铜本支绌甲寅年京运铜斤难以照旧额办理事》（咸丰三年十月二十一日），录副奏折，678-2476（缩微）。

3　云贵总督吴文镕、云南巡抚吴振棫：《奏请循例拨乙卯年协滇铜本银两事》（咸丰三年五月二十八日），录副奏折，678-2202（缩微）。

4　云贵总督罗绕典、云南巡抚吴振棫：《奏为铜本支绌甲寅年京运铜斤难以照旧额办理事》（咸丰三年十月二十一日），录副奏折，678-2476（缩微）。

5　云贵总督罗绕典：《奏报滇省铜本支绌借动盐课银两事》（咸丰四年四月二十日），朱批奏折，04-01-35-0964-060（缩微）。

6　兼署云贵总督吴振棫：《奏为滇省铜本借动盐课捐输银两事》（咸丰五年三月二十八日），录副奏折，679-0256（缩微）。

表6-3　咸丰年间滇省铜本缺额情况

单位：两

年份	缺额
1853（咸丰三年）	205000
1854	826484
1855	803632
1856	654287
1857	673906

资料来源：云南巡抚舒兴阿《奏请旨饬部飞拨滇省应需铜本银两事》（咸丰六年八月初六日），录副奏片，679—0741（缩微）。

表6-3是一个不完整的统计，但已可见滇省铜本之匮乏。在军书旁午之际，这一难题完全没有解决希望。咸丰五年（1855），"节年奉拨兵饷铜本不到"，早已"筹垫艰难"的云南，居然被户部要求拨解20万两兵饷至贵州，[1]次年又凑垫7万两至黔，滇省各银库，"搜罗一空"。[2]足见此时全国财政之困窘。

不但铜本亏欠严重，而且因军务吃紧，各省协济滇省的军饷也未能解到，云南官方不得已，将本已严重缺额的到滇铜本挪用为军饷。光绪元年（1875）以前，陆续"借作军用"的铜本银达634175两。[3]

太平天国起事后贵州铅本的状况，笔者尚未发现系统记载。但滇铜、黔铅事同一例，且滇铜重要性更甚于黔铅，从云南铜本之情形，大体上已可推知各省是难以遵户部之令协济黔省铅本的。不但

1　云南巡抚舒兴阿：《奏请饬催各省协滇兵饷铜本事》（咸丰六年三月二十六日），录副奏折，03-4274-022。

2　云南巡抚舒兴阿：《奏请旨饬部飞拨滇省应需铜本银两事》（咸丰六年八月初六日），录副奏片，679-0741（缩微）。

3　署理云贵总督岑毓英等：《奏请饬部酌拨筹还借动铜本事》（光绪八年十二月十二日），录副奏片，03-6550-026。

如此，连贵州运售铅斤所获之大笔银两也不翼而飞。除办解京局铅斤外，贵州还将铅材运赴汉口，供各省采买，所得之银寄存湖北藩库，适时解回贵州。同治元年（1862），湖北巡抚严树森咨请黔省办解铅斤至汉口，以便楚省鼓铸。署理贵州巡抚韩超接咨后，心中极为不快，向朝廷申诉，前几年贵州在汉口售铅之银被湖北挪用，数额累计达 50 余万两，以致黔省"额拨正款无项支发"。现在贵州"库藏告竭"，已无经费办铅，恳请皇帝饬令湖北将历年积欠银两以及此次所需铅材之铅本一并解黔。[1]

朝廷知悉后，认为贵州所言"自系实在情形"，谕令湖北方面将银两一并解黔，"毋得迟延"。湖广总督官文、湖北巡抚严树森婉拒了这一谕令，辩称咸丰二年至五年间，湖北省城三次沦陷，汉阳、汉口"四遭焚躏"，湖北所储铅斤悉被抢夺，库藏银两也被劫掠一空，案卷文档烧毁殆尽，所有银两、铅斤之损失"无案可稽"，也并非鄂省挪用，而且现在湖北师旅相继，"本省防剿之师与外省协济之饷积欠过多，库款愈绌"，"实有岌岌不可终日之势"，恳请免除拨还贵州的铅价银两，并暂停湖北鼓铸，不再需要黔铅。[2]

二　财权中央集中体制的破坏与战后西南矿业

军兴所导致的经费匮乏，使西南矿业急剧衰败，"厂地久废"，"砂丁遂散而为匪"，造成较为严重的社会问题。[3]值得注意的是，太

1　署理贵州巡抚韩超：《奏为请旨饬令湖北巡抚从前借欠铅价及此次请拨铅斤合计成本运费一律解黔以拨运供铸事》（同治元年十月初五日），录副奏片，679-3318（缩微）。

2　湖广总督官文：《奏请免湖北拨还黔省铅价并暂停宝武局鼓铸新钱事》（同治元年十二月二十八日），朱批奏折，04-01-35-1372-006。

3　云南巡抚林鸿年：《奏为滇省东川所属各铜厂暂时指商垫办并派员督查新出之铜等事》（同治四年九月初七日），录副奏片，679-3384（缩微）。

平天国平定，清王朝迎来所谓"中兴"，然而，大难不死的清王朝，却再也无法足额筹集到西南矿业的经费。

清入关之后，逐步通过奏销、解款协款等方法建立起一套高度中央集中的财政体制，掌控着各省的财税收支。各省按朝廷之令，征收各项赋税，存入公库，同时按朝廷之令，从公库中开销各项经费。开销之外，所有余剩银两，按朝廷指示运解至邻省或户部。地方开销的部分，先将款项预存，是为"存留"，运解部分，名曰"起运"。运解至其他省份使用者，称为"协饷"，解送户部的，称为"解饷"。"存留""起运"之数额多寡、运解至何处，均须经过户部批准，每年分春秋两季执行，故名"春秋拨"。云南、贵州等贫困省份，不独不解京饷，且须他省协济。[1] 所以滇铜铜本、黔铅铅本，实质上均为一种协饷。

清嘉庆以后，地丁钱粮逋负逐渐增多，各地盐政开始瓦解，关税收入也从乾隆三十一年（1766）的540余万两减少至嘉庆十七年（1812）的460余万两，而各省纷纷提出增加开支的请求。道光十年（1830）至十二年，因各省军需、赈恤、河工等支出，已产生2000余万两赤字。与此同时，户部支配全国财政的权威也开始受到挑战，出现了不执行户部酌拨指示的省份。不过，户部对正额钱粮的支配虽有所减弱，但并未丧失。[2] 而铜本与铅本的解运也大致正常。

但太平天国起事之后，央地关系发生深刻变化。有论者认为晚清督抚专权，布政使、按察使等失去了相对于督抚的独立性以及对后者的牵制作用，降为其属员。督抚各专其兵，各私其财，"唯知自固疆圉，而不知有国家"，中央再难像过去那样统摄四方。[3] 而督抚

1　彭雨新：《清末中央与各省财政关系》，《社会科学杂志》第9卷第1期，1937年。

2　岩井茂树：《中国近代财政史研究》，第96~97页。

3　罗尔纲：《湘军新志》，上海书店，1989，第232~245页。

一面筹措对内对外的军需，一面应付巨额赔款债款，更促成各省财政独立局面。[1]这些论点或有偏激之处，事实上，中央在财政方面对各省仍具相当的影响力与限制之权，一些省份改革财税的收益大多导引至中央，或为国内现代化规划之用。[2]不过，财权的中央集中体制确实遭到了重大破坏，朝廷不再能够了解、监控、调拨各省财政，铜本、铅本告匮遂成为西南矿业发展的巨大障碍。

云南铜务因战争停顿十余年之后，同治四年（1865），云南巡抚林鸿年奏请招商垫资，恢复东川府属铜厂，朝廷又以京局铸钱"需铜孔亟"，饬令滇省每年速办解360余万斤京铜，但彼时云南正处"回乱"之中，无力处理铜务。同治十年，省城附近及东南一带"军务肃清"，官方立即"招商试办"东川铜矿，但两年过去，并无成效。滇抚岑毓英的解释是，过去是朝廷筹措"国帑"办矿，现在只能靠民间资本，而滇省迭遭兵燹，商民困穷，不能多垫工本深开远入，只能在山体表层寻矿，靠运气来收获。现在全省军务即将告竣，应恢复旧制，由户部筹拨工本，复兴滇铜生产。[3]

朝廷同意了岑毓英的建议，于同治十二年指定江西、湖北、四川、广东、湖南、浙江等省筹集铜本100万两，务必于同治十三年夏季之前，将银两悉数解滇。[4]然而，不管户部如何指令、催促，受令协济滇铜工本的各省，却总是推卸搪塞，以各种理由拒拨、少拨、缓拨滇铜铜本。表6-4是笔者从中国第一历史档案馆所藏档案

1　彭雨新：《清末中央与各省财政关系》，《社会科学杂志》第9卷第1期，1937年。

2　何汉威：《清季中央与各省财政关系的反思》，《中央研究院历史语言研究所集刊》第72本第3分，2001年。

3　云南巡抚岑毓英：《奏报查明云南各铜厂情形请饬部筹拨工本采办事》（同治十二年三月初三日），录副奏折，03-4978-036。

4　户部尚书景廉：《奏为续拨滇省铜本银两请饬各省关起解事》（光绪四年六月十二日），录副奏折，680-0185（缩微）。

中整理出的同治、光绪年间若干省份拨解同治十二年（1873）滇省铜本的数据。

表6-4　各省拨解1873年滇铜铜本情况

单位：万两

省份	应拨铜本	拨解情形		资料来源
		年份	数额	
江西	8	1873	2	朱批奏片，04-01-35-0975-025
		1873	2	朱批奏片，04-01-35-0976-026
		1874	2	朱批奏片，04-01-35-0978-030
		1874	2	朱批奏片，04-01-35-0978-048
湖北	16	1874	3	朱批奏片，04-01-35-0977-004
		1874	3	朱批奏片，04-01-01-0924-099
		1874	3	朱批奏片，04-01-35-0978-020
		1875	2	朱批奏片，04-01-35-0981-094
		1875	2	朱批奏片，04-01-35-0979-034
		1875	3	录副奏折，03-6683-005
四川	19	1874	3	朱批奏折，04-01-35-0977-017
		1875	2	录副奏折，03-6683-011
		1875	2	录副奏折，03-6683-012
		1875	3	录副奏折，03-6593-114
		1876	3	录副奏折，03-6594-011
		1876	3	录副奏折，03-6594-063
		1876	3	录副奏折，03-6683-016
广东	10	1874	2	录副奏折，03-6054-050
		1874	1	录副奏折，03-6054-051
		1875	2	录副奏折，03-6683-008
		1875	1	录副奏折，03-6683-013
		1875	1	录副奏折，03-6059-018
		1876	3	录副奏折，03-6683-014

续表

省份	应拨铜本	拨解情形		资料来源
		年份	数额	
湖南	8	1874	2	录副奏折，03-6592-043
		1875	2	
浙江	22	未知	16	录副奏片，03-6683-007
		1875	3	
		1875	3	录副奏片，03-6593-043
未知省份	17			

必须说明，表6-4中的应拨铜本，本非该年应拨滇省之铜本，而是从历年积欠滇省的饷银中，拨一部分于该年解滇作为铜本。例如，同治八年（1869）四川奉旨协济滇省兵饷，但因种种原因并未如额解滇，到同治十三年，共解银45.7万两，欠银95万余两。朝廷要求四川从欠银中，拨19万两，于1874年解到云南作为铜本。[1] 这充分说明，朝廷已非常清楚，各省已不可能如数补回所欠滇省兵饷，也不指望各省能够在补还欠饷的同时另外筹集铜本。

户部要求同治十三年（1874）夏季将铜本全数解滇，江西分四笔拨解，最后一笔为十三年四月十八日交付，算是恪遵朝廷之命。[2] 其他各省均出现了不同程度的拖延。湖南省奉拨8万两，第一笔银2万两解于同治十三年十一月，[3] 广东奉拨银10万两，第一笔银2万

1　四川总督吴棠：《奏报拨解滇饷铜本银两日期事》（同治十三年七月初四日），朱批奏折，04-01-35-0977-017。

2　江西巡抚刘坤一：《奏报拨解云南铜本银两事》（同治十三年），朱批奏片，04-01-35-0978-048。

3　湖南巡抚王文韶：《奏报湖南筹解云南铜本银两数目起解日期事》（光绪元年三月二十二日），录副奏片，03-6592-043。

两解于同治十三年十二月，[1] 意味着湘粤二省在期限之内分文未解。四川省拖欠也非常严重，奉拨银 19 万两，期限到时，仅解过 3 万两，欠 16 万两。朝廷命令川省务必于光绪元年四月将欠数全部解清，但四川在此限内分文未解。拖到该年七月才再次拨解 2 万两。[2]

　　光绪元年（1875），浙江、湖北滇铜铜本解清，逾期一年；光绪二年，四川、广东铜本解清，逾期二年，大部分铜本此时已经到滇。但到光绪四年，已过期限四年之际，粤海关仍有 2 万两未解到。[3] 不过，朝廷与云南可能都没有意识到，更为严重的铜本拖延，尚在后面。

　　光绪三年六月，朝廷再次筹拨滇铜铜本 100 万两，要求相关省、关接到命令后一年之内将款悉数解滇。各省、关拨解情况见表 6-5。

表 6-5　各省拨解 1877 年滇铜铜本情况

单位：万两

省份、海关	应拨铜本	拨解情形		资料来源
		年份	数额	
广西	2	1877	1	录副奏片，03-6683-026
湖南	2	1877	1	录副奏片，03-6597-162
		未知	1	录副奏折，03-6683-045

1　两广总督英翰、广东巡抚张兆栋：《奏报广东太平关拨解云南铜本银两数目日期等事》（光绪元年四月十一日），录副奏折，03-6683-006。

2　四川总督吴棠：《奏报委解滇省铜本银两数目日期事》（光绪元年七月初五日），录副奏片，03-6683-011。

3　云贵总督刘长佑、署理云南巡抚杜瑞联：《奏为滇省协饷铜本批解日绌请敕下各省速解欠饷事》（光绪四年五月十九日），录副奏折，03-6598-089。因笔者未发现相关史料，粤海关拨解铜本情况未体现在表 6-5 中。

续表

省份、海关	应拨铜本	拨解情形		资料来源
		年份	数额	
江西	20	1878	1	录副奏片，03-6070-062
		1878	1	录副奏片，03-6071-027
		1878	1	录副奏片，03-6546-034
		1879	1	录副奏片，03-6600-010
		1879	1	录副奏片，03-6075-066
		1879	1	录副奏片，03-6690-032
		1879	1	录副奏片，03-6077-045
		1880	1	录副奏片，03-6602-070
		1880	1	录副奏片，03-6082-003
		1880	1	录副奏片，03-6683-035
		1881	1	录副奏片，03-6605-088
		1881	1	录副奏片，03-6606-019
		未知	1	录副奏片，03-6683-047
		未知	1	
		未知	1	
		1883	1	
		1883	1	录副奏片，03-6683-053
		1883	1	录副奏片，03-6608-126
		1883	1	录副奏片，03-6683-059
浙江	25	1878	1	录副奏片，03-6600-014
		1878	2	
		1879	1	
		1879	2	录副奏片，03-6690-028
		1880	1	录副奏片，03-6602-100
		1881	1	录副奏片，03-6085-025
		1882	1	录副奏片，03-6683-040
		未知	1	
		1883	2	录副奏片，03-6683-049

续表

省份、海关	应拨铜本	拨解情形		资料来源
		年份	数额	
四川	22	1878	2	录副奏片，03-6546-014
		未知	8	录副奏片，03-6601-013
		1879	4	
广东	10	1880	2	录副奏片，03-6602-095
河南	1	1878	1	录副奏片，03-5584-015
太平关	10	1878	1	录副奏片，03-6545-066
		1878	1	录副奏片，03-6683-027
		1879	1	录副奏片，03-6683-031
		1879	2	录副奏片，03-6683-033
		1879	2	录副奏片，03-6683-034
		1880	1	录副奏片，03-6602-081
粤海关	8	未知	8	录副奏片，03-6683-045

　　有鉴于过去铜本的拖延，为督促各省及时解银，户部特地"由五百里行文飞催"。但一年之后，光绪四年六月，限期到时，仅有湖南、广西、江西各解银1万两，粤海关报解2万两，不过总数之5%。[1]

　　光绪四年五月二十日，期限将至之时，朝廷谕令各省所欠解的铜本，户部马上查明催促，"令迅速筹解，毋稍延缓"。户部知道要各省关按期提解已不可能，遂提出展期至当年内全数解清。如展期

---

[1] 云贵总督刘长佑、署理云南巡抚杜瑞联:《奏为滇省协饷铜本批解日绌请敕下各省速解欠饷事》(光绪四年五月十九日)，录副奏折，03-6598-089。

后尚不能解到，贻误京局铸钱，将"该藩司监督等指名严参"，并且还要追究总督、巡抚督催不力之过。[1] 户部的这一惩罚建议，获谕旨批准。[2]

然而，挟带严惩威胁的督催，并未取得预期效果。光绪四年过去，奉拨银 25 万两的浙江，仅解银 3 万两。朝廷对此无可奈何，下令再给浙江一个月期限，届时务必解清。但浙江巡抚梅启照声称实在"无款可筹"，只再解银 1 万两了事，余款继续拖延。[3]

见各省如此忽视号令，光绪五年四月，户部重申惩罚办法并获得圣旨批准，其法是：再给各省、关六个月时间，"分札惩劝，勒限补解"，如再迟误，即行惩处；江西省应解 20 万两，但仅解到 4 万两，拖欠极为严重，应请将江西布政使"交部察议"，以儆效尤，并将"欠解铜本银两限于六个月以内扫数解清"。如果还不能依此期限完缴，定将江西布政使"指名严参"，并且追究江西巡抚"督催不力之咎"。

赣抚李文敏回复称，现在江西已拨银 5 万两，尚剩 15 万两，但江西实在是库藏竭蹶，一定要六个月内解清，只有在本省光绪五年（1879）应征漕粮内借米 10 万石，合价银 13 万两，另设法筹 2 万两，共 15 万两解滇。所欠漕粮"俟地丁厘税旺收，即便分年筹还"。[4] 借解京漕粮作为铜本，其实是将难题踢回给朝廷。朝廷对此当然无法

1　户部尚书景廉：《奏为续拨滇省铜本银两请饬各省关起解事》（光绪四年六月十二日），录副奏折，680-0185（缩微）。

2　江西巡抚刘秉璋：《奏报本省拨解协滇军饷及铜本银数日期事》（光绪四年六月二十四日），录副奏片，03-6071-027。

3　浙江巡抚梅启照：《奏报筹解滇省铜本银两数目事》（光绪五年二月二十日），录副奏片，03-6600-014。

4　江西巡抚李文敏：《奏报借本年冬漕银两奉拨云南铜本银两数目事》（光绪五年五月二十二日），录副奏折，03-6683-032。

接受，此事遂不了了之。江西省如同过去一样，每隔几月，从地丁银中拨银 1 万两作为铜本解滇。[1]

面对朝廷的强硬态度，浙江的回应较江西更为轻慢。浙抚梅启照奏称"奉拨愈巨，奉催愈紧"，委婉表达了不满，又称浙江"司局各库，支绌情形较往年尤甚"，无法于六个月内补清滇铜铜本，只能勉为其难，再拨银 2 万两。[2]

光绪六年十二月，时间已过去三年半，光绪三年铜本仍然有过半未解，户部再次取得圣旨，要求各省半年内解清。这一命令同样被各省忽视，例如命令发出时，江西已解过 10 万两，正好是额度的一半。然而，到光绪七年五月十四日，朝廷再次勒限解清日期已过，赣省仅仅再拨银 1 万两。[3]

又过了一年，光绪八年十一月，署理云贵总督岑毓英、云南巡抚杜瑞联向朝廷申诉，光绪三年的铜本，到现在仅汇到 60%，而且所用汇费还是从铜本中扣除，已有圣旨令各省补解汇费，但不见各省行动。其中，四川欠解铜本 2 万余两，广东欠解铜本并汇费共银 81282 两，太平关欠解铜本及汇费 24701 两，粤海关欠解汇费 5676 两，浙江欠解铜本并汇费 152089 两，江西欠解铜本并汇费 64050 两，广西欠解汇费银 1113 两，总计欠解银 349067 两。[4] 同年十二月，

1　江西巡抚李文敏：《奏为动拨地丁项银续解云南铜本事》（光绪五年九月二十四日），录副奏片，03-6690-032；江西巡抚李文敏：《奏报本省续解云南铜本及协滇新饷银数日期事》（光绪五年十一月二十九日），录副奏片，03-6077-045。

2　浙江巡抚梅启照：《奏为筹动地丁项下银两转解云南铜本事》（光绪五年八月初一日），录副奏片，03-6690-028。

3　江西巡抚李文敏：《奏报续解云南铜本银两数目日期事》（光绪七年五月十四日），录副奏片，03-6605-088。

4　署理云贵总督岑毓英、云南巡抚杜瑞联：《奏请各关续拨欠解铜本银两解滇济需事》（光绪八年十一月二十日），录副奏折，03-6683-045。

岑毓英等再次呼吁朝廷速催相关省份拨解铜本。[1]军机大臣议奏之后，请旨要求"各省、关赶紧筹拨"。[2]

光绪九年（1883）正月，户部终于忍无可忍，取得圣旨要对"各省、关欠解云南铜本银两分别议处"。不过，命令再次形同具文。例如，应额解铜本 25 万两的浙江，仅解银 9 万两，"未解及半"，被特别指明要将布政使德馨"交部议处"，并且所余 16 万两必须于本年六月内解清。浙江巡抚刘秉璋辩解称：现在浙省已解过银 10 万两，并且正在筹解另一笔 2 万余两，只欠银 123050 两，本省奉拨京饷、协饷任务"较他省为多"，连年所入不敷所出，积年欠解各省协饷"或数万或数十万或数百万"，连本省兵饷都只能寅吃卯粮，上年遇水灾，钱粮蠲免，收入更少。要求对德馨免予处罚。[3]

结果，德馨安然过关。次年左宗棠遵旨保荐人才，德馨还与曾纪泽等官员一起"交军机处存记"，[4]同年九月，德馨更升为江西巡抚。[5]而所谓浙江必须在光绪九年六月解清铜本的通牒，再次成为具文。直到光绪十一年，光绪三年铜本尚有 21.3 万余两未解到，其中，浙江欠解 113050 两，江西欠解 1 万两，太平关欠解 2 万两，广东欠解 7 万两。[6]

1　署理云贵总督岑毓英等：《奏请饬部酌筹还借动铜本事》（光绪八年十二月十二日），录副奏片，03-6550-026。

2　军机大臣：《奏为拟缮请催续拨铜本银两等折谕旨事》（光绪八年），录副奏片，03-5671-076。

3　浙江巡抚刘秉璋：《奏报本省库款支绌欠解云南铜本银两请免议处事》（光绪九年四月十五日），录副奏折，03-6683-050。

4　《清朝续文献通考》卷九七《选举考七》，考 8506 页。

5　朱寿朋编《光绪朝东华录》，中华书局，1958，第 1825 页。

6　大学士管理户部事务额勒和布：《呈指拨各省关铜本并协滇常饷月饷银已未解数目清单》（光绪十一年八月十八日），单，03-7124-022。

　　铜本拨解的艰难过程，折射出中央权威的相对衰减。这不能简单归咎于地方有意挑战朝廷，地方自身确实也面临财政压力。太平天国军兴以后，从中央到各省，各种开销剧增。许多省在自身已经焦头烂额之际，还要不断奉朝廷之命拨款协济他省。例如光绪五年七月，四川总督丁宝桢奏称，本年已解两次京饷24万两、西征新饷18万两、伊犁将军金顺军饷15万两，历年来分34次解淮军月饷113万两，历年来解过滇省新饷27万两，两年来解过滇省铜本10万两，马上又要拨第三批京饷14万两、固本兵饷2万两、第四批西征新饷6万两、金顺军营月饷4万两、淮军月饷3万两、协滇新饷2.6万两、滇省铜本4万两。[1] 朝廷下达的协饷任务，已让许多省份难以承受乃至确实无力完全遵办。

　　我们不用纠结于地方所称的困难全系实情抑或有夸饰之处，而是应注意到在这种新形势下，地方有了逃避、变通中央指令的更大空间。不管是客观上确实无力遵循还是主观上企图减轻责任，地方大吏均可以将拖延、变通、婉拒执行朝廷命令的原因归结为各种各样的巨大开销，而且这些开销亦非说辞，而是实有其事。例如，同治十二年江西奉拨铜本银8万两时，就声称赣省每年解送京饷及协济各省军饷较多，"力难兼顾"，而且连年水旱等灾害，未能如额征收地丁钱粮，入少出多，"已极支绌"，但铜本关系京师钱法，不得不于"无可筹画之中"，设法匀出2万两先行解滇。[2] 湖南奉拨同治十二年（1873）铜本银两，期限到时尚分文未解，理由也是湖南"素非财赋之区，岁入只有此数"，支应本省薪饷，加以奉拨京饷及

1　四川总督丁宝桢：《奏报委解第三批京饷及各省协饷铜本起程日期事》（光绪五年七月初五日），录副奏折，03-6601-013。

2　江西巡抚刘坤一：《奏报拨解云南铜本银两事》（同治十二年闰六月），朱批奏片，04-01-35-0975-025。

协济各省军饷，"支绌情形近日尤甚"云云。[1]这些协饷，户部均有案可查，并非虚构。

另一个关键之处在于，此时的中央，已不可能像过去那样大体掌握地方的岁入情况，因此难以确认地方在财政上是否欺骗或在多大程度上欺骗朝廷。正如彭雨新指出的，各项报销之如何编造，以督抚意志为转移，而一些新增的大额税源如厘金等，户部根本无法切实稽核。[2]凡此种种，都为地方不全遵中央财政指令提供了空间。

当朝廷的经费划拨命令在全国普遍遭受挑战，中央就不得不接受现实，所以地方屡次拖延、少解乃至不解铜本，朝廷也难以真正实施惩罚。对地方而言，只要全国大量出现不严遵朝廷之命的情形且大多未受惩办，那么以后就可以效法，甚至在本可以严格遵命的情况下也找原因敷衍。

因云南矿业资本薄弱，过去铜本是提前一年解滇以便放贷，现在则延后数年才陆续解到，而且最终难以如数解到，这对滇铜生产的打击是致命的。更为严重的是，这些不足额且拖延的解滇铜本，大部分还难以用到铜矿业中去。滇省经费困难，每年需各省协济饷银60万两，太平天国军兴以后，各省自顾不暇，积欠滇省协银甚多，至同治十三年（1874），积至千万两之巨。这样大规模的欠款，无论是朝廷还是云南官方都清楚，完全没有令各省补交的可能。朝廷于是退而求其次，于光绪二年（1876）七月谕令，自该年九月为始，四川省每月提银1.3万两，湖北省每月提银0.6万两，苏、粤、湘、赣四省每月提银0.2万两，作为"协滇新饷"。另由浙江省、湖

1　湖南巡抚王文韶：《奏报湖南筹解云南铜本银两数目起解日期事》（光绪元年三月二十二日），录副奏片，03-6592-043。

2　彭雨新：《清末中央与各省财政关系》，《社会科学杂志》第9卷第1期，1937年。

南省、东海关、镇江关等负责滇省的"常年兵饷"。然而，截至光绪四年三月底，各省、关欠解云南常年兵饷122万两，而"新饷"所解到者亦不及总额的1/3。[1]滇省饷银困难，"遂不能不挪用铜本"。[2]根据光绪四年云贵总督刘长佑等的叙述，同治十二年各省应解滇的铜本银100万两，五年之后，粤海关尚有2万两未解到，已解到之铜本，共计挪用63万余两，仅有30余万两用于办铜。[3]

在各省协饷难至的情况下，朝廷曾指令各省设局开捐，支援云南，是为"滇捐"。但很快山西、河南遭受天灾，各省开捐所得，"先其所急，竭力救助"，滇捐"顿形减消"。刘长佑等感叹"各省协拨既不足恃，各局捐输亦恐徒劳"，再加本省连年歉收，"钱粮多所捐免，税厘收不如前"，而各地又频发叛乱警报，他呼吁朝廷饬令各省务必速解滇省之协饷与铜本。[4]

鉴于官方经费不济，同治四年（1865），云南官员提出寻觅商人出资。[5]同治十三年，历时十八年的回民起事平定，滇省铜矿业采行"官督商办"之法，由绅商经手，不归道府管辖，每年认解京铜200万斤，这仅为过去京铜额度的1/3，但已经大量缩水的任务仍然难以完成，经办数年，收效甚微。光绪五年（1879）又改归官办，四年后又创设招商局，希望吸纳民间资本，却只筹集到商本7万余

1　云贵总督刘长佑、署理云南巡抚杜瑞联：《奏为滇省协饷铜本批解日绌请敕下各省速解欠饷事》（光绪四年五月十九日），录副奏折，03-6598-089。
2　云南巡抚潘鼎新：《奏为滇省饷项缺乏请饬部每遇各省报解滇饷即查照原拨协饷铜本多寡数目分别匀摊等事》（光绪三年七月十六日），录副奏片，03-6067-014。
3　云贵总督刘长佑、署理云南巡抚杜瑞联：《奏为滇省协饷铜本批解日绌请敕下各省速解欠饷事》（光绪四年五月十九日），录副奏折，03-6598-089。
4　云贵总督刘长佑、署理云南巡抚杜瑞联：《奏为滇省协饷铜本批解日绌请敕下各省速解欠饷事》（光绪四年五月十九日），录副奏折，03-6598-089。
5　云南巡抚林鸿年：《奏为滇省东川所属各铜厂暂时指商垫办并派员督查新出之铜等事》（同治四年九月初七日），录副奏片，679-3384（缩微）。

两，实属杯水车薪。铜矿业因此再也无法振起。自同治十三年至光
绪十五年共 16 年，云南铜矿业领用公款 1130000 余两，陆运运费
407226 两，水运运费 274748 两零，共计 1854141 两零，解运京铜
8 批，共 837 万斤，另存铜店 75140 斤，这和从前每年领款百万两，
得京铜 600 余万斤相较，不啻霄壤，[1] 而且也可见办铜成本较从前又
大为增加了。

　　矿业的衰落，直接影响了全国铸钱。太平天国战事初起，清
王朝"费用浩繁"，"急筹变通之法"，改铸面值远大于实值的
"当十""当五十"大钱，[2] 乃至"当百""当二百""当三百""当
四百""当五百""当千"大钱，甚至将铁也用作币材。太平天国失
败之后，西南铜、铅矿业未能重现昔日辉煌，清代的铸钱业，因之
再也无法恢复旧制。[3]

1　严中平：《清代云南铜政考》，第 45 页；署理云贵总督岑毓英：《奏为札饬广西补用知府张
　　家齐等招商集股来滇承办顺宁等处铜厂事》（光绪九年四月初七日），录副奏片，03-7126-
　　012。
2　前任国子监祭酒彦昌：《奏为广收铜斤严防私铸事》（咸丰三年十一月二十七日），录副奏折，
　　03-4463-055；钟琦：《皇朝琐屑录》卷三二《钱法附矿务二十二则》，第 1141 页。
3　彭信威：《中国货币史》，第 526~529 页。

结　语　清代国家治理的逻辑与困境

　　在导言中，我们指出了国家汲取资源的五种可能方式：奴役、雇募、税收、差役、市场。不同方式之间的渗透组合，形成了国家在某个时期对某种资源的汲取模式。国家采取何种模式，会受到重要性、稀缺性、交易费用、国家议价能力、贴现率、社会效果、国家的多主体性等变量的影响。其中，清代矿业开发的大部分时期，王朝的统治较为稳定，统治者从总体上致力于矿业的长期发展，就此而言贴现率是大体恒定的，所以本书主要从重要性、稀缺性、交易费用、社会效果、国家的议价能力与多主体性六大方面入手，结合矿业风险性高、成本随时间递增的两大特点，讨论清王朝如何汲取矿产资源，在揭示清代矿政之模式与内在缺陷的同时，论述了与彼时国家治理相关的诸多史实和细节，揭示了当时国家治理的若干重要原则与面向。以上述经验事实为基础，下面将在 15~18 世纪国家转型的大背景中，展现清代国家治理的逻辑与困境。

国家治理模式有两个主要线索：一是中央权威与地方权力间的关系，一是国家与民众间的关系。[1] 我们拟围绕这两个线索来展开。我们将看到，一个广土众民的大一统编户国家，在传统时期交通与信息手段的制约下，施行怎样的治理逻辑以及存在哪些无法突破的结构性困境。

一　15~18 世纪国家转型

近年来，明清史的研究越来越凸显出一个深具理论性意义的历史过程，明代宣德、正统年间开始的一条鞭法改革，开启了国家在经济、社会方面的深刻转型，[2] 继起的清王朝没有打断这一转型过程而是持续予以推进。从时限上看，这一转型大约在 15 世纪中叶初现端倪，到 18 世纪前期大致告一段落。这至少可从如下三个方面显示出来。

（一）百姓对国家的依附关系减弱

明王朝立国之初的岁入设计，大体上是一种以差役为核心的实物汲取模式。国家所需之物资或力役，均相应强制一部分人进行生产或提供，由此形成了形形色色的户籍，每种户籍都为国家生产特定的物资、承担相应的劳役。按王毓铨的不完全统计，明朝的户役至少有民户（粮户）、灶户（盐户）、匠户、军户、米户、油户、面户、羊户、厨户、柴炭户、瓜户、藕户等 80 余种。王先生据此认

1　周雪光：《权威体制与有效治理——当代中国国家治理的制度逻辑》，《开放时代》2011 年 10 月。

2　刘志伟：《贡赋体制与市场：明清社会经济史论稿》，第 1~32 页。

为"大明皇帝的财富全部出自徭役，大明帝国统治机构的运转全依赖徭役"。[1] 所谓"田赋"，也绝不能视为土地税，它在本质上就是编户对国家承担的"正役"，其中充斥着强烈的力役色彩，"纳粮也是当差"。当差制之下，国家为了保证需要物资与力役时能找到相应的承担人群，必须对百姓进行严格的人身管束，不能让他们随意变换职业以及在空间上自由流动，由此强化了百姓对国家的依附关系。严格僵化且职业身份世袭的户籍制度，正是这种超经济强制的反映。[2]

这样一种僵化制度，与社会实际的流动性之间，自然从一开始就存在着矛盾，随着时间推移，冲突愈显频繁与剧烈，制度与现实之间的脱节愈发明显。到了明中叶，国家逐渐承认并认可了现实的变化，以一条鞭法的推行为标志，开启了明清国家的深刻转型过程，直到清代雍正年间的"摊丁入地"，大体上告一段落。业师刘志伟教授对此有精到分析：明朝赋役转变的总趋势是"差役课税化"，意即"基于编户对王朝的人身隶属关系的当差转变为以国家权力为依据向个人财产的课税，并以定期征收定额的比例赋税取代根据编户的负担能力因事随时摊派的方式"。在此过程中，白银的大量流入与广泛使用是一大关键，白银货币的价值尺度功能，使国家所征派的林林总总的实物与力役都可以比较、量化与计算，这样，赋役才可以定额化，编制预算才得以成为可能，国家的资源调拨才能够从不定时、难计量的劳役征发转变为征收定额白银。百姓大体上不再亲身应役，而是定期向国家缴纳比例化的财产税，由此在人身上获得了更大的自由度。随着国家对百姓直接的人身支配减

1　王毓铨：《明朝的配户当差制》，《中国史研究》1991 年第 1 期。
2　王毓铨：《纳粮也是当差》，《史学史研究》1989 年第 1 期。

弱，宗族、士绅等国家与百姓之间的中介，获得了发展的空间。[1] 与这种基层社会的"自治化"相应，地方政府的行政职能逐渐趋于萎缩。[2]

（二）国家行为的市场化趋向

与百姓对国家依附关系弱化相应的，是社会经济领域中，国家行为的市场化取向显著增强。

明中叶以降，中国逐渐卷入欧洲人主导的世界贸易体系，大量白银输入中国，因应着王朝赋税货币化的需求。政府的财赋分配推动着白银的流通，引起了国内的商业繁荣。[3] 而崛起于白山黑水之间的建州女真，有着极其深厚的商业传统，很早就加入以白银为主要媒介的全球贸易圈，在东北亚区域贸易中扮演着重要角色。入关之后，他们承袭并拓展了明中叶以降的商业发展趋势。[4] 相比之前的朝代，清王朝放松了对国内商业经济的管控，赋予了商人和工匠更大的自主权，促进了市场的扩张。[5]

与这一宏大的变迁过程相应，明代中叶以降，国家在处理社会

1　刘志伟：《在国家与社会之间：明清广东里甲赋役制度研究》，中山大学出版社，1997；刘志伟、申斌：《从"纳粮当差"到"完纳钱粮"——明清王朝国家转型之一大关键》，《史学月刊》2014年第7期。

2　郑振满：《明后期福建地方行政的演变——兼论明中叶的财政改革》，《中国史研究》1998年第1期；郑振满：《清代福建地方财政与政府职能的演变——〈福建省例〉研究》，《清史研究》2002年第2期。

3　刘志伟、陈春声：《贡赋、市场与物质生活——试论十八世纪美洲白银输入与中国社会变迁之关系》，《清华大学学报》（哲学社会科学版）2010年第5期。

4　Nicola Di Cosmo, "The Manchu Conquest in World-Historical Perspective: A Note on Trade and Silver," *Journal of Central Eurasian Studies*, Vol.1 (2009), pp.43~60；黄国信：《清代食盐贸易制度市场化倾向及其因缘》，《盐业史研究》2019年第3期；刘己齐：《明清易代之际的皮岛贸易与东北亚》，载李庆新主编《海洋史研究》第14辑，社会科学文献出版社，2020，第101~116页。

5　万志英：《剑桥中国经济史》，崔传刚译，中国人民大学出版社，2018，第269、272页。

经济方面的问题时呈现出日渐增强的市场化趋向。诸如以包税人和总商制来征收田赋、徭役和盐课等，说明国家逐渐适应了以更具商业色彩的模式来处理财政问题。[1] 许多看似行政专断的经济行为，其实不无相当的市场基础，近年来，黄国信教授多次与我讨论过这一问题。根据他的研究，清代盐政在新开疆域的推行，有相当的市场导向性，甚至清代整个盐政设计都有一定的市场化倾向。[2] 清代食盐贸易制度看似垄断专卖，但盐引分配与人口分布呈现明显的正相关关系，食盐销售额度的分配与实际的市场容量有着较高的匹配度。这与过去一些朝代存在着较大差异。[3] 清政府在商业事务中并不能为所欲为，尽管也不乏低能和笨拙，但清政府在很多场合也显示出了较好的商业组织与管理能力。[4] 此外，政府在很多经济领域中不再直接控制，而是交由商人处理。这一点，下文会有涉及。

简言之，明初，国家的岁入主要是实物，如有物资与人力需求，则直接佥派相应的人户服役，这样的国家，对市场与商业的依赖程度相对较低。但是，等到岁入中白银货币占了相当大的比重，国家直接控制百姓应役的手段逐渐弱化，当需要物资与人力时，必得借重于市场，并反过来推动着市场的繁荣。

（三）财权的中央集中化

百姓对国家的人身依附减弱以及国家行为市场化取向增强，伴随着税赋管理权向中央集中的过程。

1　黄国信：《国家与市场：明清食盐贸易研究》，中华书局，2019，第 317~334 页。

2　黄国信：《清代食盐贸易制度市场化倾向及其因缘》，《盐业史研究》2019 年第 3 期。

3　黄国信：《清代盐政的市场化倾向——兼论数据史料的文本解读》，《中国经济史研究》2017 年第 4 期。

4　Thomas A. Metzger, "The Organizational Capabilities of Ch'ing State in the Field of Commerce: The Liang-huai Salt Monopoly, 1740–1840," in W.E.Willmott, ed., *Economic Organization in Chinese Society*, Stanford University Press, 1972, pp.9–45.

明王朝的财政管理相当分散。第一，没有统一的国库。存放国家岁入的机构众多，皇帝有内府库，户部有太仓库，兵部有常盈库，工部有节慎库，礼部有光禄寺库，南京的户部、工部也分别有自己的仓库。[1] 第二，没有统一的管理与核算。各库均由相应的部门自己管理，各项开支的结余也均由各部门自己控制。户部绝不可以被理解为财政部——它只起到解运银两的簿记功能，不能通过预算来控制拨款；审核各项支出以及编制仓库财物文册的职责也是归属于监察官员而不是户部；户部也没有显著的财赋实力与控制权，16世纪晚期，户部太仓库岁入约400万两，只占全国税收的12%，而且太仓库的大部分收入，立即运往北部军镇，余下的收入用来支付朝官的薪俸、京营的军饷和几个宫廷机构的维持费用。第三，各财政管理机构之间相互竞争，争夺税源，矛盾重重。遇到需集中财力处理的事务，各机构间相互推诿，甚至连皇帝下令在各库之间划拨银两，也有诸多阻碍，有关部门常常要求重新审议、延期执行，不断讨价还价。在各种反对手段均告无效之后，才不得不"忍痛割爱"。第四，省级财政管理同样缺乏统一性。除京师之外的钞关由户部各司派员管理外，户部在各省并无分支机构。布政使司分管一省财政，但是按察使司同样有自己的银库和收入来源，并且有权检查治水计划、漕粮、屯田、盐务、驿传。第五，州县一级倒是权力集中于地方长官，但工作人员严重不足，衙门中充斥着数量众多、地位低下的胥吏，他们被分成六个部门以对应中央的六部。州县只要完成各种起运任务，本地的财政收支状况，朝廷是不大关心也不了解的。[2] 第六，各级地方政府所需的人力、

1　李义琼：《明王朝的国库——以京师银库为中心》，博士学位论文，中山大学，2014，第12、17页。

2　黄仁宇：《十六世纪明代中国之财政与税收》，阿风等译，三联书店，2001，第14~29、355~357、367页。

物力与财力，基本上来自林林总总的差役征派，这是无法计量的，自然也难以纳入财政预算并受上级监管。[1]

明代中叶的一条鞭法，启动了税收定额化、税则简单化、税种单一化的改革过程，经过清代的摊丁入地，各级政府的正项赋税归并为形式上单一的土地税，而折银化使包括差役在内的各项赋役有了统一的计量标准，这些使对全部赋役项目集中编制预算与核查成为可能，更为集权化的财政管理体制因之得以建立，其最突出的体现就是户部职权的扩大。[2]除了皇室财政由内务府主管外，户部综核全国各项收入，掌握全国各项支出，成为全国财政的总枢纽，[3]从地方到中央的财政均在其掌控之中。

清代中央各部门的主要经费收支由户部统一管理，明代与户部财政竞争最为激烈的工部，到了清代只有杀虎口木税等微不足道的收入，其银库节慎库的库银数量从明后期的 100 万两减至 10 万两、20 万两不等，而且是来自户部拨款。在支出方面，工部的权限也大为缩减，只能决定京师工程事务所需的物料银、脚价银等小额支出，限额为 1000 两，超过 1000 两便要请户部核准。[4]

地方财政方面，顺治时期就通过赋役全书的编纂，形成户部对内外衙门经费的全面掌控，构成了清朝财政管理中央集中的预算基础。[5]地方财政的收入要上报户部并由户部核定各项开销。各省每年

1　刘志伟：《略论清初税收中央集权体制的形成》，载中山大学历史系编《中山大学史学集刊》第 1 辑，广东人民出版社，1992，第 115~129 页。

2　刘志伟：《略论清初税收中央集权体制的形成》，载中山大学历史系编《中山大学史学集刊》第 1 辑，第 115~129 页。

3　汤象龙：《鸦片战争前夕中国的财政制度》，《财经科学》1957 年第 1 期；户部：《声明内府外库定制疏》，载盛康辑《皇朝经世文编续编》卷三一，文海出版社，1972，第 3263 页。

4　丁书云：《清代节慎库收支研究》，博士学位论文，中山大学，2018，第 10 页。

5　申斌：《赋役全书的形成——明清中央集权财政体制的预算基础》，博士学位论文，北京大学，2018，第 189~220 页；申斌：《清初田赋科则中本色复归米的新解释——兼论明清赋役全书性质的转变》，《中国经济史研究》2019 年第 1 期。

要向户部造报本省当年的实存银数和第二年的主要开支估算，由户部加以审核。用于本省开支的，称为"存留"，如有节余，不归本省所有，要解送户部，或者按户部的指令运往他省使用，是为解款协款制度。这样，入不敷出的省份，也能够获得相当补助。为了落实对各省财政收支的监管，清王朝还建立了一套严密的奏销办法，令各省向户部逐款报告年度开支详情，如有不符规定的开销，各省高官必须查明并在四个月内答复，户部对答复不满可以驳回，责令各省再造清册送呈审查。在某种意义上，奏销带有决算的性质。[1] 当然，户部并不独掌制定国家财政政策的权力，户部更主要的还是承担中央国库的功能并扮演会计、监督与审核的角色，所有事项的最终决定权还是在皇帝手中。[2]

有学者总结了现代预算的两大特点：第一是财政上的集中统一，即在财政收支管理方面实行权力集中；第二是预算监督，即在代议机构的监督下，依财政年度制定公开透明的、清楚的、事先批准的、事后有约束力的预算。[3] 如此看来，清王朝似乎具有若干预算国家的特点，但我们更要看到其迥异于此的面相。第一，清代的财权集中以及"预算""决算"，目的是保证中央对全国资源的掌控，而非将政府开销的效率、合理性、合法性置于监管之中，这从根本上决定了清王朝不可能是现代意义上的预算国家。第二，预算的可

1　彭雨新：《清末中央与各省财政关系》，《社会科学杂志》第 9 卷第 1 期，1947 年。按，彭氏所论述的这套体系，确立于雍正二年，在此之前清王朝的财政制度，可参见岩井茂树《中国近代财政史研究》，第 73~89 页。

2　E-Tu Zen Sun, "The Board of Revenue in Nineteenth-Century China," *Harvard Journal of Asiatic Studies*, Vol. 24 (1962–1963), pp.175–228; 王业键：《清代田赋刍论》，高风等译，高王凌、黄莹珏审校，人民出版社，2008，第 17~20 页。

3　王绍光：《从税收国家到预算国家》，载马骏等主编《国家治理与公共预算》，中国财政经济出版社，2007，第 13~24 页。

行性往往不强。许多预算不是建立在详细考察与合理分析的基础上，而是一味追求节省，导致预算不敷实际开销，在执行过程中遂生出种种违规操作与制度外苛索，预算在很大程度上徒有其名——如四川老洞沟铜厂的种种不法情弊。第三，没有省级政府的预算。因为税收行政系统比较混乱，并非全部由各省代管，所以各省无法预估本级单位下年的收入总额，而且如有财政结余，通常要奉命解送户部或他省，解送多少有弹性，无法预料。[1] 第四，州县政府非但没有本级预算决算，而且其收入极其混乱，上级机关难以知悉，无法监管（详后）。第五，现代国家通常是将各种税收汇总后通过预算决定用途，但清代的许多税项，通常直接规定了用途，许多税项就此成为针对某个具体事务的专款——如康熙年间定下云南矿税中的定额税银用作兵饷。在实际运作中，专款常常会出现不敷某项应用的状况，于是拆东补西，专款间的相互挪用极其普遍。

二 贡赋体制运作的两个变量

经过 15~18 世纪的深刻转型，国家似乎呈现出一些现代特征，但我们并不能将其简单置于传统向现代过渡的线性过程中去理解。一方面，明清之前的中国历史中也有类似变化；[2] 另一方面，15~18世纪国家转型并未消除自身"贡赋体制"的性质。"贡赋体制"是业师刘志伟教授基于传统中国经济体系运作的经验事实而提出来的

1 　彭雨新:《清末中央与各省财政关系》,《社会科学杂志》第 9 卷第 1 期, 1947 年。
2 　例如大约自公元 750 年之后, 中国的商业与市场也曾进入一个逐渐扩张的阶段, 到 11 世纪末, 这一扩张达到了顶峰, 之后在元代与明前期持续陷入衰退。参见 William Guanglin Liu（刘光临）, *The Chinese Market Economy (1000–1500)*, Albany: State University of New York Press, 2015。

一个解释模型，该模型指出，主导传统中国国民经济体系的是"食货"观念而非"经济"观念，现代经济学从资源稀缺与欲望无穷的矛盾出发，试图通过专业化分工合理配置资源以实现财富增加；"食货"的出发点则非资源稀缺，而是天地生财的自然财富观，因此其旨在解决的问题，不是财富增长，而是如何获取、占有、分配既有的自然财富。这样，与基于"生产—流通—分配"的一般经济史范式不同，"贡赋体制"模型致力于解释王朝获取、占有、分配资源的模式，从而揭示传统中国经济体系的性质。刘志伟教授指出，在贡赋体制下，尽管土地与人都很重要，但核心还是对人的控制（到宋代以后，控制土地才逐渐重要起来），让臣民根据自己所在区域的自然特征提供相应的实物与劳役，成为国家汲取资源的一种重要方式，此即"赋入贡棐"。但在一个领土辽阔且自然禀赋多样的国家，完全的实物与力役无法做到对资源的有效汲取，产出的自然形态与消费的使用价值之间也存在着不一致（如臣民贡献的实物不一定刚好是统治者所需），由此而产生出"懋迁有无"的方式，即借助市场来获取资源（例如让臣民将实物或力役折算成货币缴纳，统治者可以用货币去购买所需，臣民也需要卖出实物或体力获得货币以应赋役）。可见，贡赋体制内在地蕴含着对市场的需求并推动着市场的发展。中国古代"市场经济"的繁荣，并不是从生产的分工和交换出发形成的，不能孤立于贡赋体制去理解。反之，离开了市场，也无法理解贡赋体制，"赋入贡棐"与"懋迁有无"构成贡赋体制的一体两面。[1]

沿着刘志伟教授的思路，本书想进一步讨论，在贡赋体制实践中，传统王朝在汲取资源时，有时偏向于直接征取实物与力役，有

1　刘志伟：《贡赋体制与市场：明清社会经济史论稿》，第1~32页。

时则呈现出较多市场色彩。制约王朝这种偏好的因素是什么？比较明清国家对不同资源汲取模式的演变，笔者认为，在考虑贡赋体制运作中市场偏好所受到的约束时，重要性与稀缺性是两个重要变量。本书导言中指出，如果统治者认为某种物资在价值与使用价值上均无足轻重，就不会有多大汲取的兴趣，更不会去垄断它们。同为重要资源，在稀缺性上却存在着程度之别，重要而稀缺的物资，国家可能就有直接占有的动机与行为，此时留给市场的空间就会比较狭小；重要而稀缺性较弱，国家就不会大动干戈垄断并主导其分配，此时市场就会在其中扮演着相对重要的角色。清代国家对铜、铅的特殊控制模式（相较于食盐、丝绸、瓷器等物资），深刻地体现出这一特点。

明清国家的资源汲取模式，无论如何演变，均可置于"食货"的范畴去理解，不过，因应着当时的国家转型，也体现出从差役获取到市场化色彩逐渐增强以及人身控制逐渐放松的过程。这一时期的贡赋体制运作，相对而言比较重视市场并推动着市场的繁荣。

以食盐专卖为例，明初国家严格划定一群人为灶户从事盐业生产，并通过"团煎"法等管控他们的生产活动。明代中叶商业资本发展迅猛，盐商进入盐场，通过高利贷等方式控制了灶户，只要盐商能完成既定的税收与销售任务，官方也乐得让他们介入生产过程。万历四十五年（1617），袁世振废除"团煎"制度，完成了盐课货币化过程，"盐不复入官仓"，由商人"自行买补"，盐场控制权由政府转移到商人手中，唐代后期以后的食盐官专卖制度就此变为了商专卖制度。[1] 清王朝沿袭这一办法，并通过"盐斤入垣""火伏法"等措施制度化了商人管理盐场、监视盐场生产、防止盐场走私

---

[1]　徐泓：《明代后期的盐政改革与商专卖制度的建立》，《台大历史学报》第 4 期，1977 年。

的权力。[1] 许多盐商变成盐场实质的拥有者，成为"盐业生产背后真正在变动的灵魂"。[2] 在运销领域，清王朝继承明代的专商引岸制并予以发展，通过采取通融销售等方式，使"盐商对行盐销盐有较多自行营运的主动性"。[3]

又如为了获得充足稳定的丝绸供应，明初在全国设了很多织染局，籍一部分百姓为"匠户"，用派徭役的方式强制匠户生产，其中中央官局系统有 4 处，地方官局系统有 22 处，仅南京的内织染局就额设织机 300 余张，军民人匠 3000 余名。从 15 世纪前半期开始，官方逐渐"转而利用当时日趋发达着的商品经济关系使其为自己服务"，发展起机户领织的方式，即官府通过中间包揽人，利用民机进行加工订货。在这种方式下，官府不再需要直接控制每位机户，只要找领揽人负责即可。[4] 到了清顺治二年（1645），干脆废除了匠户制度，江南织造由此采用雇募工匠制，工匠每月除了可以支领口粮外，还按日计、月计和件计等方式领取以银两付给的工价，制造局所需的原料——丝斤，也是按时价在市场上采购。这与明代工料"取之南工部""皆用所属府州县人民税丝"等情况已截然不同。凡此种种，虽然细究之下仍不乏差徭色彩，但与明代特别是明初已有根本差异。[5]

明清王朝获取丝绸方式的演变原则，也体现于瓷器制造业中。

1　李晓龙、徐靖捷：《清代盐政的"节源开流"与盐场管理制度演变》，《清史研究》2019 年第 4 期。

2　何炳棣：《扬州盐商：十八世纪中国商业资本的研究》，《中国社会经济史研究》1999 年第 2 期。

3　彭雨新：《序》，陈锋：《清代盐政与盐税》，武汉大学出版社，2013。

4　彭泽益：《从明代官营织造的经营方式看江南丝织业生产的性质》，《历史研究》1963 年第 2 期。

5　彭泽益：《清代前期江南织造的研究》，《历史研究》1963 年第 4 期。

明初，朝廷在景德镇、南京、处州等地设了御器厂，籍一部分百姓
为匠户，是为班匠，"遇蒙烧造"，班匠须轮流到厂生产劳作，甚至
毫无报酬。班匠之外，明正德以后，出现"编役匠"，其境遇较班
匠更糟。明代中期之后，前期已经出现的雇募工匠制度逐渐流行，
受雇劳动的工匠，不但有较大自由度，而且还按日计件得到工钱。
御器厂甚至开始了一些经营活动，将次品在市场上发卖。清王朝继
承这一变化趋势并向前推进，御窑厂按价采买、计工给值，全面、
长期地实行雇役经济的管理模式，并销售次色御器，虽然仍有"封
建官手工业的性质"，但市场化的色彩已经相当浓厚。[1]

　　明清时期国家对矿产资源的汲取，也体现出类似过程，但因矿
产的稀缺性而在某些方面呈现出不同面貌。本书导言指出，盐、丝
绸、瓷器等物资很容易满足官方的需求，对于盐，国家很多时候甚
至是限制其产量而非激发其生产潜力，丝绸与瓷器，朝廷虽设有织
造局和御窑厂，但也任由民间生产而不加干涉。然而清代国家所重
视的铜、铅等矿产，很难同时满足官方与民间所需，职此之故，清
代的矿业虽然在很多方面呼应着 15~18 世纪的国家转型过程，但也
表现出"逆市场化"的特点。

　　明初以籍特定人户服役的方式来获取所需矿产，如济南、青
州、莱州三府每年役民 2660 户，采铅 323400 余斤。江西之德兴、
铅山二县有铜场，应役生产的丁夫工具与燃料均要自备，而且"差
徭科征皆不免"，宣德三年（1428）才免去其杂役，并享有税粮于
附近上缴而不用远距离输纳的优惠，且所需铁炭也由广信、饶州、
徽州的相关人户提供，炭户之家"免杂役之半"。云南的银矿则大

1　梁淼泰：《明清景德镇城市经济研究》增订版，江西人民出版社，2004，第 28~66、93~
　112 页。

量役使卫所军户充当矿夫。[1] 又如铁矿业，明初就有烧炭匠户，负责供办炼铁柴炭，淘沙匠户供办铁沙，冶户炼铁，铸铁匠户炼生熟铁。[2] 为了集中这些人户统一生产并进行管理，官方建立了十多处冶铁所，役使大量人户生产。此外还有生产囚犯，身份类似奴隶，终年艰辛，每日只有维持生存的口粮供给，"日支粟米一升"。[3] 官营铁厂根据需要决定产量，量出为入，一旦官方需求得以满足，就会考虑暂停生产。[4]

明初的矿业管理与经营方式，逐渐呈现出三个方面的变化。一是民办矿业的兴起。明初曾一度严格限制民间开矿，但总体上趋于放松。相对于官方需求而言，大部分矿种稀缺性不高，开放民办矿业，并不会挤占官矿原料，[5] 同时还可解决百姓的生产生活需求，并产生税收以充裕财政。后来官方还意识到，即便需要矿产品，与其通过效率低下的官矿业获取，还不如从民矿业中抽收实物税，或者折银抽收后到市场上购买。因此自宣德十年（1435）后，除金、银矿外，民矿业逐渐形成了对官矿业的压倒性优势，其中民营铁冶的成绩尤为显著，官矿业的产量则大不如前。[6] 二是官矿业的管理办法与劳动力性质也在发生变化，体现出较强的雇佣劳动色彩。金、银是贵金属，且这两种金属在明代中国藏量都不丰富，其稀缺性较为

1　白寿彝：《明代矿业的发展》，《北京师范大学学报》1956 年第 1 期；《明宣宗实录》卷四七，宣德三年九月丁亥。

2　王毓铨：《明朝的配户当差制》，《中国史研究》1991 年第 1 期。

3　黄启臣：《十四～十七世纪中国钢铁生产史》，中州古籍出版社，1989，第 2、74~81 页。

4　唐立宗：《坑冶竞利：明代矿政、矿盗与地方社会》，第 61~64 页。

5　事实上，早在洪武年间，就因为官方需求已获满足而两次停办官营铁厂。白寿彝：《明代矿业的发展》，《北京师范大学学报》1956 年第 1 期。

6　白寿彝：《明代矿业的发展》，《北京师范大学学报》1956 年第 1 期；黄启臣：《十四～十七世纪中国钢铁生产史》，第 82~99 页；唐立宗：《坑冶竞利：明代矿政、矿盗与地方社会》，第 189~195 页。

突出，所以有明一代合法的金、银矿还是以官办为主。但官矿中的劳动者，有许多已不是匠户，而是农村无产者，他们领有口粮，工具与燃料也由矿上供给而非自备。[1] 三是矿课的折银化趋势。官营铁厂最初是缴纳本色，即把所产钢铁直接交给工部，明中叶以后，某些官营铁冶的铁课开始折银征收，到万历年间，这种方式已经相当普遍。正德以前，民营铁冶的铁课同样是缴纳本色，到了正德元年（1506），开始在浙江改征折色。嘉靖以后，民营铁冶铁课折银更为普遍。[2] 连官办铁厂的矿课均折银征收，说明官方更倾向于通过市场购买来满足矿产品需求。显然，征解笨重的实物矿税，运输成本高昂，远不如征银购买合算，而且如所征超出所需，相应的余剩税银可改作他用，其灵活性远非实物税所能比拟。这些变化与当时的市场发展相配合，卖矿缴税与买矿供用因之均能顺利进行。

明代民办矿业的兴起，绝不等于百姓只要按规定纳税就可以自由办矿。一方面是众多矿工聚集会导致社会失序的看法始终很有市场，另一方面是担心矿民偷税贩私，因此即便开放民办，仍设置诸多限制，甚至随时可能以各种理由而予以取缔。嘉靖年间，武定侯郭勋在开银矿奏疏中提出的限制条件，具有相当的代表性：（1）让"日前已得矿利"的殷实之家出钱，负责各种生产工具、物料与薪酬；（2）金充"素有身家"、旧时曾做矿徒之首者为矿甲；（3）由矿甲介绍有采冶技术且有户籍之人为矿夫；（4）官方选定地址为炉场，矿夫挖取矿砂，官方差人押送至炉场验收，并监视冶炼成银；（5）所得产品，以十分为率，三分缴税，五分给出资者，二分为人

1　白寿彝：《明代矿业的发展》，《北京师范大学学报》1956 年第 1 期。
2　黄启臣：《十四~十七世纪中国钢铁生产史》，第 132~139 页。

工薪酬。郭勋的建议得到了户部的认可。[1] 此后华北各地开采银矿似有成效，但仅仅几年后，就因皇室营建工程结束以及"各处矿场所得不偿所费且为盗窟"，陆续予以封闭。过了十余年，朝廷又开始在山东、四川等处开取银矿。[2]

郭勋提到的是民人如何参办银矿，银是贵金属且相对稀缺，管控自然非常严格，但其他矿产同样没有任意开采的自由。例如广东于嘉靖三十四年（1555）规定，铁矿山场必须以山主为炉首，每处只许设一炉，不许超过 50 人，而且须是"同都或别都有籍之人"。[3]开工时间亦有限制，每年十月初开炉，次年二月歇工，而且禁止"越境集众"。[4]

明万历年间矿监税使四出之后，还出现了一种看似给予矿民较大自由度的"包采制"，即承采人与官方议定好每年的定额矿课后，即可自行督理矿务。但问题在于，即便承采人得不偿失甚至一无所获，税也不能免除。[5] 承采人并无中止开矿的自由。

在矿业管理方面，明代并未形成统一集中的机制。明代矿业管理机构有工部、户部以及由宦官执掌的内府。这些机构在矿冶物料等财政管理中，常常会产生竞争与矛盾。以福建的矿业为例，其管理架构就包括：（1）中央特别官员，包括户部官员、内臣、锦衣卫特使、巡按监察御史；（2）地方省级行政专官，如提刑按察使专官、布政使右参议专官；（3）军事官兵调遣派驻者，如都指挥佥事专官、卫所与地方民兵派驻者。叠床架屋的管理机构，可以有彼此督责之

1　梁材：《梁端肃公奏议》卷二《驳议差官采矿疏》，收入《明代基本史料丛刊·奏折卷》第 70　册，线装书局，2005，第 187~188 页。
2　唐立宗：《坑冶竞利：明代矿政、矿盗与地方社会》，第 195~198 页。
3　黄启臣：《十四～十七世纪中国钢铁生产史》，第 91~92 页。
4　嘉靖《惠州府志》卷七上《赋役志上》，上海古籍书店，1961，第 36 页上。
5　唐立宗：《坑冶竞利：明代矿政、矿盗与地方社会》，第 224~226 页。

效，但权责模糊，有利则相争，无利则推诿，地方不胜其扰，弊窦丛生。嘉靖三十六年福建置巡抚，五年后地方矿政一并归由巡抚统筹。[1]

明代矿业的演变趋势在清代得到进一步的推进。清代矿业的发展并非一个自发的经济过程，政府在其中扮演了主导角色。首先，政府的货币政策创造了对铜、铅的巨大需求；其次，政府对铜、铅矿业提供了长期的、大规模的资本借贷与补助；再次，政府动用了大量经费进行道路等基础设施建设与维护，结果不但方便了铜铅的流动，也促进了商业的繁荣。这类投入巨大且无法独占其效用的工程，很难想象能由私人来策划和实施。

尽管清王朝致力于推动矿业发展，但却放弃了官办矿业的模式，朝野上下对此均有充分认识。在可以动员大量力役的时期，役使匠户、民夫从事矿业生产，一定程度上可以掩盖效率低下的事实，开矿失败的恶果也不会直接显现。但在百姓对国家的依附关系大为减弱的清代，官方如要开办矿业，只能自己购办生产资料并雇工生产，投资失败或低效生产导致的亏损会立即让公帑付诸东流，从而使官矿业难以为继。因此，清代除了新疆犯人开矿等极端情况，全国大体上没有官营矿厂。而且经过清初几十年的辩论后，对民人办矿的限制也大大减弱了。矿业大体上成为一个向全社会开放的领域，不存在特许经营以及垄断性的准入限制，只要发现可能有相当蕴藏量的矿硐，报官验明登记后即可开办。

不同于明代的是，清王朝致力于铜钱的供给，这在强化铜、铅重要性的同时，也助推了其稀缺性。官方于是通过一系列复杂的税

---

1 唐立宗：《坑冶竞利：明代矿政、矿盗与地方社会》，第50~57、423~439页。

费政策，控制了绝大部分铜、铅，厂民手中所余无几，自由市场因此受到极大压制。从表面上看官方掌控的铜、铅也有买卖，但其实质是铜、铅在官方内部的分配与调拨，并不具备商品交易的一般性质。以铜、铅售供京师铸局为例，相关省份齐心协力，按照朝廷的指令，在规定的时间，前往云贵特定的矿厂，按远低于市价的规定价格购买铜、铅，并在规定的时间内将铜、铅解运至京。又如各省铸局铸钱大多需要向云南购铜，但并无随意赴滇采买的自由，必须获得朝廷批准，经费来源、购买数量、购买时间、铜材品位、购买价格、运输线路、运输时间以及相应的奖惩措施等，朝廷都有严密规定。[1] 例如，广西派员赴滇购铜，由桂林省城领银至云南省城，定限 105 日，在滇雇运牛马并由昆明至各厂领铜，运至滇、桂交界处的剥隘上船，共限 406 日，由剥隘运至百色，定限 35 日，自百色至南宁换船，定限 10 日，自百色运回桂林，定限 58 日。[2] 甚至连云南官方也没有购买本省铜材的自由，滇铜能否售供云南铸局、出售什么品质的铜、出售多少、价格多少，均由朝廷决定。

在汉口的铅材交易，是由贵州官方将强迫厂民低价所售之铅解运至汉，按朝廷规定的价格，卖给他省官方，同样不属自由买卖。而黔铅售供本省铸局，其价与向厂民的官方收购价相等，与滇铜售供本省铸局情形迥异，这些都是源于朝廷指令而非市场选择。

总而言之，在理念上和原则上，不管是向厂民收购税后铜、铅之价款，抑或解送京师铸局与各省铸局之运费，虽系各省筹解，但均属朝廷公帑，通过课税与低价强制收购所获之铜铅，亦是朝廷财

1　Anna See Ping Leon Shulman, Copper, Copper Cash and Government Controls in Ch'ing China (1644—1795), pp.125—137.

2　广西巡抚祁𡎴：《奏报广西委员采办滇铜回省日期事》（道光十一年五月二十日），朱批奏折，04-01-35-1363-026。

产。同时，交易的价格以及运销的各个环节，皆由朝廷决定，所产生的收益，即便存于各省藩库，也须奉朝廷之命处置。职此之故，铜材铅斤的买卖，虽有价格的外观，但实质上是朝廷指令的内部物资调拨而非市场交易。较之盐、丝绸、瓷器等稀缺性相对较低的物资，清王朝对铜、铅资源的汲取方式，更少前文所述之"国家行为的市场化趋向增强"的色彩。因为铜的稀缺性较铅更高，所以清王朝更加难以容忍铜材流向市场，对税后余铜力图悉数官收，迫不得已之际才允许厂民将产品的 10% 自由贩卖，而当铅斤出现大量剩余之时，黔铅甚至可以 30% 通商。广西也曾实行铅、锡等矿厂除抽课之外"听民自便"、铜厂则给价收买的政策。对于稀缺性更低的铁，官府几乎从未干预过税后产品的自由销售，甚至连税收也往往不取实物而折收银两。

三　行政造"息"

与明初不同，经过深刻的国家转型之后，清王朝的资源汲取中"役"的色彩大为弱化，市场的外观显著增强，有着用白银货币表达的量化的经济核算，所以，尽管铜、铅等矿产品的调拨在实质上并非市场行为，却采用了买卖的形式，披着价格的外观，并有着相应的严格成本收益与利润观念，即用银两数目表示的"息"，如"铜息""铅息""铸息"等。本书第四章对息的产生机制与过程的论述表明，这类"息"是一种不考虑真实市场要素，通过行政力量严格限定各种原料、产品、运费、人工、管理的价格后所制造出的盈余，这种盈余并不反映真实的经济运作甚至与之严重背离，对此我称为"行政造'息'"（与之相对者或许可称为"市场生'息'"），它反映出贡赋体制核算的一个重要特征。

　　真实的利润，通常比相应的"息"的数量要少，甚至可能是负数（即亏损）。例如，康熙九年（1670），给事中姚文然指出，广东铸出新钱72万1000文，根据朝廷所定1两银＝1000文钱的比价，值银721两；按朝廷规定的成本标准，应开销铸本银593两，由此获息银721–593＝128两。但按照地方市场上的价格，各种成本实际用银1043两，这样相关官员不得不包赔铸本银1043－593＝450两。[1]如果将此垫赔算入成本，则息银不是128两，而是128–450＝–322两，亏损非常严重。又如雍正四年云南布政使常德寿奏称，滇省用铜六铅四配铸制钱，铜每百斤价银9.2两，铅每百斤价银4.5两，每炉每卯用600斤铜配400斤铅，共用银73.2两，可铸钱104串，除去铸钱的人工物料等项18.2串，实得钱85.8串，按1串钱（1000文）＝1两银的官定比价，值银85.8两，这样除去材料与人工所花银两，每炉每卯可获息银85.8–73.2＝12.6两。但这是按照官方所定价格核算出的结果，而市场价格是1两银＝1.35串钱，因此，每炉每卯实亏银9.64两多。[2]每炉每卯的息与实际利润之间的差为12.6–（–9.64）＝22.24两。还必须注意的是，9.2两银/百斤铜、4.5两银/百斤铅的价格，是官方向厂民的强制收购价而非市场价，如果按市场价购买铜铅，铸钱的亏损就更显著了。

　　当面临这类实际利润小于息甚或亏本时，朝廷往往不肯承担损失，而且还要求按纸面上的息核销，所以地方政府得设法解决。其中一法是由官员赔补，如上面姚文然给出的广东铸钱的例子。地方官员当然不愿承担，所以更通常的情况是，用各种方式转嫁亏损，创造息

1　姚文然：《请停鼓铸事宜疏》，载贺长龄辑《皇朝经世文编》卷五三《户政二十八》，收入《近代中国史料丛刊》第731册，第1957页。此疏上于康熙九年。

2　云南布政使常德寿：《奏筹划钱文流通以利鼓铸折》（雍正四年三月初八日），中国第一历史档案馆编《雍正朝汉文朱批奏折汇编》第6册，第893页。

银以便销账。顺治与康熙初年，国内矿业尚未兴盛，地方官府负责购运铜材到相应的铸局铸钱，户部规定的铜价是银 0.065 两 / 斤，此价远低于市场价格，官员们于是向百姓强行低价购买乃至摊派给里甲承办。[1]康熙二十五年（1686），皇帝承认了铜价"已久不敷"的事实，决定每斤铜加价银 0.035 两，[2]但这仍然不够，有办铜任务的北新关称每斤铜还要另贴补运费银 0.05 两。[3]当国内矿业兴起之后，官府更是通过铜本不足额给发、以远低于市场的价格向厂民收买铜铅、耗铜余铜不给价、压低运费[4]等方式来创造息银，其详可见本书第四章。

　　根据市场银钱比价的变动灵活决定薪饷、工程付款中的钱银比例，或者擅自改动银钱兑换率发放工本与薪水，也是维持息的一个常用办法。本书第一章曾提到，康熙年间云南市场上的铜钱价格较贱，1000 文钱只能兑换银三四钱乃至二钱四五分，不到官定比价的一半，而兵丁的薪水虽然用银计算，但其中的 30% 不是支银而是支钱（按照钱 1000 文＝银 1 两的法定标准将银换算成钱），合省营伍苦不堪言。又如江南钱局设于乾隆六年，当时每费银 1 两，实际铸出钱 896 文，按照 1 两银＝1000 文钱的官定兑换率，非但无息，且还亏损。为了能核销，于是规定发放兵饷时，有一部分饷银按 1 两银 =880 文钱折算成铜钱来发放，这样不但不亏本，每费银一两铸钱，还可产生 896-880=16 文钱的息。皇帝后来也觉得太过苛刻，

1　河南巡抚亢得时：《题查河南怀庆铸局赔累里甲事本》（顺治十三年四月二十九日），中国第一历史档案馆编《清代档案史料丛编》第 7 辑，第 202~204 页；湖广湖南巡按上官铉：《揭报委官敛铜资贼迟误鼓铸事犯赦前请旨定夺》（顺治六年八月），张伟仁主编《明清档案》，A10~120，B5517~5518。

2　《清朝文献通考》卷一四《钱币二》，考 4975 页。

3　雍正《浙江通志》卷八六《榷税·国朝税额》，第 290 页。

4　参见《铜政便览》卷四《陆运·各店搭运》，收入《续修四库全书》第 880 册。

决定自乾隆九年开始，仍然按 1 两银 =1000 文钱的比价发饷。[1] 再如乾隆二十四年，规定甘肃用钱搭放兵饷时，按 1 两银 =800 文钱的比价执行，这是为了省出从四川将钱运至甘肃的运费。[2] 利用工程付款来完成既定息银任务的例子也很普遍，如乾隆三十九年（1774），因为官定钱价高于湖南市场上的价格（即 1 两银在市场上能兑换的制钱超过 1000 文），所以商民不愿意承买钱局制钱，导致湖南官方积压铜钱 174400 余串，造成"余息无归"。正好巴陵县在修城，前来借款，湘抚敦福于是建议降低钱价，将积贮的铜钱兑换为银两，再把银两借给巴陵。户部拒绝，要求将巴陵所需银两按官定价格换算成铜钱，然后用铜钱支付相关费用。这样既可解决钱文滞销问题，而且"余息亦无亏短之虑"。这一建议得到了皇帝的支持。[3]

当官价与市价严重背离以致难以维持时，官方有时也不得不在息银上做出一定让步或采取其他措施（详见本书第五章）。又如乾隆五十九年（1794），当全国各省特别是滇、黔、川及湖广市场上充斥着各种重量不足的小钱以致钱价大跌时，[4] 皇帝不得不下令各省督抚酌情将薪饷中"应行搭放钱文之处，改放银两"，"以期银两流通，钱价自平"，同时强行收缴百姓手中的小钱，改铸官方标准的大钱。[5] 因为担心无偿强取小钱会遭到百姓的各种抵制而难以成功，很快又改行低价收购小钱与严惩私藏小钱相结合的政策。同一年，又下令停止各省铸钱，[6] 以便减少铜钱数量，提升钱价。

总之，行政造"息"以强制手段，通过压榨各环节的相关当事

1　《清朝文献通考》卷一六《钱币四》，考 5000 页。

2　《清高宗实录》卷五八〇，乾隆二十四年二月戊午。

3　《清朝文献通考》卷一六《钱币四》，考 5020 页。

4　《清高宗实录》卷一四五四，乾隆五十九年六月丙寅。

5　《清高宗实录》卷一四六〇，乾隆五十九年九月戊子。

6　《清朝续文献通考》卷一九《钱币一》，考 7686 页。

群体创造出"利润"，在一定程度上掩饰了经济运作的低效率，但却无法消除其中的结构性矛盾。当矛盾积累到一定阶段，通过行政方式计算出来的"利润"越来越难以实现，滇省铜息与铸息的不断下降，可以从这个视角予以理解。

四　中央全面决定机制

贡赋体制下的矿业开发展示了清代中央强大的资源动员与汲取能力，与中世纪遍布世界的那些领地国家形成鲜明对比。这些国家的君主"财政自理"，英法等国的岁入主要来自王室土地与司法管理的收入，即便是代表整个国家筹措一场战争的军费，君主也必须获得同意后才能以某种形式开征临时税。13~14 世纪，因为战争等压力，当英国、法国的统治者扩展自己的岁入汲取能力，向领地之外去寻求额外收入时，为了取得纳税人的合作，国家被迫在政治上让步，建立起代议制机构同纳税人讨价还价。较之法国国王，英国国王相对于民众的议价能力更弱，而且更加依赖于税基能够移动、逃税更为容易的间接税，所以不得不做出更多妥协，议会的发展因之更为顺利。[1]清王朝虽然进一步减弱了百姓对国家的依附关系，但国家对民众仍然有极其强大的议价能力，所以在汲取岁入方面虽然不会全然置民众的生存于不顾，但并未建立起与他们协商、征求他们同意的制度安排。在拥有对民众的超级权威的情况下，朝廷想汲取并支配更多岁入，最重要的考量不是如何与人民协商并讨价还价，而是如何更有效地利用官僚系统去达成目标。由此，我们看到

1　玛格利特·利瓦伊：《统治与岁入》，第 101~127 页；马骏：《收入生产、交易费用与宪政体制》，《开放时代》2003 年第 4 期。

了清代央地关系的一大特点，即存在于诸多领域中的"中央全面决定机制"。不管是大事还是琐事，各级地方政府都没有决定权，必须与朝廷讨论后形成由皇帝批准的规定，地方才能执行。与此相应，财权也是高度中央集中。下面我们围绕矿政来看看中央全面决定机制的运作情形。

（一）决策中的各方博弈

清代官方对于有较大价值的矿种，建立了一整套错综复杂、层层设防的管理体系，上自皇帝，下至吏员，均在其中扮演一定角色。但清王朝官僚系统的规模不足以深入控制基层社会，即便我们把受薪吏胥也视作这套系统的一部分，他们加上官员，仍不敷繁杂的矿务所需，于是又从厂民精英中遴选一些人，给予一定身份，约束管理厂民。所以整个矿业管理体系的末端，是非官僚的，矿区社会在一定程度上是在官方监视之下进行自我管理。

层层叠叠的矿政体系，靠逐级监管而运作，上级监管下级，下级监管更下一级，看上去环环相扣，严丝合缝，千头万绪的复杂事务，哪怕是一笔微不足道的开支，即便是聘用一两位薪俸微薄的吏员，均要经过朝廷批准。这种高度中央集权体制有效运行的前提，是要能够实时掌握、评估、监管厂民的生产情况以及各级官员的为政情形，但在传统时期的交通、通信条件下，在这么庞大的一个国家中，实现这种前提的交易成本大到不可想象，从而也就失去了可行性。中央集权的这一难题，也因之丧失了解决的可能。层层设防，其实形同虚设。

我们看这套体制是如何运作的。皇帝位居体制顶端，乾纲独断，不管是矿业、盐业还是其他政治、经济、社会领域中的最终指示与命令，通常由皇帝发出。但深宫中的皇帝不可能知晓各地情形，必须依赖中央有关部门讨论后给出参考方案。熟悉清代各种奏折、题本者均知道，地方大吏们通过秘密奏折给皇帝汇报情况或提出建议，许多时候皇帝不会直接做出决定，而是批示"该部议奏""该部速议具奏"之类，要求中央的相关部门拟定意见。在矿业事务中，"该部"大多指户部，有时皇帝就直接批示"户部议奏"。笔者很少看到皇帝就矿业事务直接给出命令的例子。事实上，那些堆积如山、每份动辄数千字乃至数万字的公文，皇帝也难有精力细看推敲。即便以勤政著称的雍正皇帝，虽有时会自行决断，但遇到复杂点的问题，往往也是指示臣下议奏。有时皇帝也让军机大臣参与议奏，但性质与各部议奏并无本质区别。

　　中央机构审阅地方政府的公文后，就会提出处理建议，上呈皇帝。然而，朝廷官员同样无法知悉实情，信息来源于地方，又担心信息不实，所以他们对地方秉持着警惕与怀疑态度，担心地方官为减轻责任、谋取私利而夸大难处或有所隐瞒。此外，简单同意地方的建议，不但显示不出自身的权威与存在感，而且也可能给皇帝留下不够尽职的印象。所以，质疑、挑剔地方的奏请就成为一种常态。就矿务而言，如果地方的方案是增加产量与税收的，就比较容易赢得户部肯定并通过。但除非是突然发现大量富矿，否则地方很少提出这类请求，因为这等于是自我加压、自找苦头。地方通常是申请使用某项经费、增加厂民自卖矿产的比例、按更低税率收税、矿厂经营困难应予关闭等，户部往往会以国帑不可亏、维护既有事例等为由，予以质疑，甚至直接就否决地方意见，或要求补充更详细信息后再予讨论。如果是布政使的奏请，户部往往就要求总督、巡抚进一步调查并回应。而布政使提出的意见，很多可能事先就是与督抚讨论过的，所以我们往往看到，督抚通常会回应说经过下属官员（如州县官）的调查，自己也已详细询问，布政使所说系实在情形，似应采纳其建议。户部可能会继续质疑，地方可能就被迫接受户部的意见。或者双方继续公文往来讨论，讨价还价，形成妥协方案。又或者地方不得已暂时接受户部方案，但过了一两年或数年之后又重新提出要求，接着又是一番冗长的往来辩论，这时获得户部同意的可能性就增加了。户部做出决定后，即声称"未敢擅便"云云，提交皇帝决定，而皇帝一般会简短地批示"依议"，以示同意，也有可能就此发布上谕。[1]皇帝否定特别是彻底否定户部建议，是很罕见的。这体现出中央部门在决策中的重要性。

当然不只是户部与矿政如此，所有中央机构与地方关系的逻辑均与此相同。例如，军营马匹有倒毙情况，如果是因对敌作战或追捕盗贼而倒毙，官兵可以免责。问题是，朝廷不可能清楚马匹的死因，怀疑地方官员所报不实成为一种自然反应。康熙年间，浙江总督李之芳反复奏称，本省各营官兵在增援福建的战事中，分别于康熙十七年（1678）、十八年、十九年倒毙战马87匹、253匹、21匹，"难照承平倒马之例追赔"，请求豁除。但不管李之芳如何解释，兵部只同意免除康熙十八年的倒马，认为其余两年的倒马均非"对阵、追贼倒毙"，要求地方赔补。[2]

能给皇帝上奏的，一般都是省级高官。亲临矿业一线的厂员（州县官或佐贰官员）的意见只能通过地方大吏上达。事实上，地方高官上达的矿业意见，很多就是来自下层官员。厂员如果深感某些政策与现实脱节造成管理困难，或者无法完成生产任务，就会将情形反映给上司上达朝廷。值得注意的是，各级地方官员对矿业均负有连带责任，如需赔补，无论他们有无谋私情形，都得分担。对中央而言，

1　大学士兼管户部事务傅恒、户部尚书海望：《题为遵旨察核川省乐山县属老洞沟等铜厂乾隆十四年抽收课耗铜斤支给厂费各项银两事》（乾隆十七年七月十一日），户科题本，02-01-04-14646-001。

2　张楠林：《财政支出与"风险管理"：清代营驿马匹资源的供应和调配方式》，第80页。

这固然是督促地方尽责尽职、做好层层监管的一种手段，但却使地方各级官员在一定程度上有了合作的动力，他们之间比较容易取得一致意见，特别是需要应付来自中央的僵化指示时，他们甚至会对某些违规违法行为参与共谋或佯作不知，形成"地方抱团应对中央"的局面。如四川老洞沟铜厂的种种弊端，有的由厂员造成，有的由更高级别官员造成。这些行为愈演愈烈，不见厂民申诉，而整个四川官方，上至总督下至厂员，不但未对这些行为进行纠正，高级别官员甚至做不知情状。上到总督，下到厂员，换了好几茬，无人揭穿。

　　清代皇帝深悉地方官员欺上瞒下乃至勾结共谋的可能性。康熙、雍正年间发展起来的奏折制度，试图通过皇帝与每位高官的单线秘密联系，让官员们均处于不知不觉间就被同僚检举揭发的可能性中，相互猜疑，从而不得不"奉公守法"。这样一种监察体系，有时确有作用，如雍正年间大定总兵丁士杰对黔抚毛文铨隐瞒矿厂的揭露。但总体而言，相互揭发的制度设计，最终未能阻止官员们的抱团合谋。乾隆皇帝即位之初，曾指示督抚秘密奏报属下的优劣，但后来却成为具文，地方大吏们在考评属下时会碰头协商达成共识。[1] 此外，皇帝有时也困惑，某位官员对同僚的检举，究竟是出于公心、吹毛求疵还是打击报复？它们在多大程度上是真实的呢？例如当接到举报地方官员通过各种手段从矿业中牟利的奏折时，雍正皇帝称："年来似此等语达于朕听者不止数处，亦不止数人，虽出于怨怼之口不足尽信，然亦未必皆全无影响之谈，尔文武各员自思之。"[2]

　　就厂民而言，面对着强大的国家，他们缺乏议价能力，被迫

1　孔飞力：《叫魂：1768 年中国妖术大恐慌》，陈兼、刘昶译，上海三联书店，1999，第264~266 页。

2　《世宗宪皇帝上谕内阁》卷九八，雍正八年九月初二日谕，收入《景印文渊阁四库全书》第415 册，第 500 页。

接受严苛的税费政策，却时时寻觅管理的漏洞，特别是在成本递增大大压缩获利空间乃至出现亏本的情况下，进行走私、骗贷等不法行为的冲动尤为强烈。而州县官以及驻厂厂员，面对着动辄数千人乃至上万人的矿厂，根本不可能适时掌握所有厂民的动向与生产情况，难以禁绝他们的各种违法行为。更不用说，地方官员因面临考成压力，在很大程度上与厂民有着共同利益。如果生产任务定额过高，或者税费政策太过苛刻以致厂民无利可图影响生产积极性，就会导致矿厂无法完成任务，从而影响官员政绩。就此而言，厂民与官员不无共谋的可能。例如广西官方纵容厂民利用渣铜、客铜名目走私，就是明显的例子。

（二）行政发包制？

必须指出，清代的国家行政规模与财政规模，无法彻底贯彻中央全面决定机制。这一机制针对的主要是央地关系，体现了中央深入控制地方官僚机构的意图。至于基层社会的诸多事务，不要说中央，即便地方官府也常常不直接干预，甚至鼓励地方精英自我管理，学者们将之概括为"基层社会自治化"，[1]或称为"集权的简约治理"（centralized minimalism），即在中央集权的清代中国，国家将地方社会的大部分事务，包括非刑事类的纠纷，认定为"细事"而不直接介入。[2]即便在监控地方政府方面，中央全面决定机制也存在重大盲点，其突出表现是州县作为行政体制的末端，反而拥有更多的自由裁量权。州县的钱粮等固然是在中央的监管之中，但很多收入

1　郑振满：《明后期福建地方行政的演变——兼论明中叶的财政改革》，《中国史研究》1998 年第 1 期；郑振满：《清代福建地方财政与政府职能的演变——〈福建省例〉研究》，《清史研究》2002 年第 2 期。

2　Huang, Philip C.C., "Centralized Minimalism: Semiformal Governance by Quasi Officials and Dispute Resolution in China," *Modern China*, Vol.34（2008），pp.9–35.

却是州县官筹措并决定其用途的。治明清史者均深悉，清王朝每年分配给地方政府的财政支出额度，远低于维持地方国家机器运转所需，同时，官员的薪水也远不够养家糊口，地方政府只能通过附加税费（耗羡）等方式来谋取更多经费与官员收入。这类经费自然在户部监管之外。这种存在支出缺口、不得不额外索取的财政安排，学者们或称为"不完全财政体制"[1]，或用"双重结构"[2]、"非正式经费体系"[3]、"正额财政"与"正额外财政"[4]等来形容。

雍正皇帝试图改变这一状况。他发动"火耗归公"改革，承认税外耗羡的合理性与合法性并对之进行制度化与规范化，按照他的设计，耗羡征收须有定数，但如何支配则不必严格监管，应赋予地方相当的自主性。[5]后来对耗羡的监管逐渐趋严，嘉庆五年（1800）规定各省动用耗羡数在300两以下，须咨报户部查明，500两以上，则须奏请皇帝批准。[6]更为重要的是，火耗归公的改革也未能彻底解决地方财政不足的问题，特别是雍正皇帝去世之后，改革逐渐失败，多渠道乃至不合法地寻求财源继续成为地方政府的常态。[7]这类收入，上级是无法监管的。[8]冯友兰基于他父亲的知县经历，认为县官实际上等于一个封君，承包了某个县，每年把规定的定额财富上

1　何平：《论不完全财政体制对清代社会的破坏机制》，《学术研究》2004 年第 6 期。

2　王业键：《清代田赋刍论》，第 63~67 页。

3　Madeleine Zelin, *The Magistrate's Tael: Rationalizing Fiscal Reform in Eighteenth-Century Ch'ing China*, pp.25–72.

4　岩井茂树：《中国近代财政史研究》，第 14、21~34 页。

5　Madeleine Zelin, *The Magistrate's Tael: Rationalizing Fiscal Reform in Eighteenth-Century Ch'ing China*, pp.185–186.

6　彭雨新：《清末中央与各省财政关系》，《社会科学杂志》第 9 卷第 1 期，1947 年。

7　Madeleine Zelin, *The Magistrate's Tael: Rationalizing Fiscal Reform in Eighteenth-Century Ch'ing China*, pp.264–303.

8　周健：《维正之供：清代田赋与国家财政（1730~1911）》，北京师范大学出版社，2020，第 402~407 页。

缴国库，剩下的就归自己支配。[1]关于州县官如何筹集经费以满足行政运作、地方事务与个人生活所需，学界已有一些深入的研究，如钟莉通过县衙档案，详细呈现了清代四川南部县知县的"理财"方式，包括各种陋规、官产租入、生息银两、浮收、摊派、劝捐、契税盈余、行用抽收等。[2]

明清州县的一些经费收支及诸多事务，地方享有较大的自由裁量权，中央并不过问。周黎安据此认为明清中央和地方财政具有类似于当代中国的"行政发包制"的特征，意指基层政府向中央上缴大致固定的税赋，剩下的部分则留作地方官员的薪俸和行政费用，具体留多少取决于官员的汲取能力，如此，上级（发包方）将任务发包给下级（承包方），下级负责完成任务，在此过程中享有具体的执行权和决策权，并支配完成任务之后的余剩经费。[3]周黎安将他的观点延伸到古代时，谨慎地将所述限定于明清基层政府，这不无其合理性，但有学者却将其在时间与范围上均加以扩大，认为："中国古代的统治者选择将行政管理事务从中央层面层层下放，在保留人事任免等重要权力的前提下，让地方政府充分享有政策执行层面的自由裁量权，并以结果而非过程作为监督考核的主要依据。"[4]这种所谓的"层层发包"，是有悖于史实的，特别是在财政权力中央集中的清代，除了州县政府的那些自筹的收入外，所有财政经费，在观念上都是朝廷的，在实践上，地方政府也根本不可能"交够上级的，剩下就是自己的"。当年雍正皇帝目睹地方官员的薪俸微薄与

---

1   冯友兰：《三松堂全集》第 1 卷，河南人民出版社，2001，第 19~20 页。

2   钟莉：《晚清"州县财政"的近代化——以四川南部县为例》，博士学位论文，中山大学，2019。

3   周黎安：《行政发包制》，《社会》2014 年第 6 期。

4   李芮：《再论行政发包：历史溯源、演化逻辑和现实矛盾——基于组织学视角的解释》，《公共管理评论》第 18 卷，清华大学出版社，2015。

财政困难，通过火耗归公的改革，除给地方官员发放远超薪资的养廉银外，还留给各省一笔有自由使用权的"公费"，但继位的乾隆皇帝很快就让中央提取、调拨各省公费，并把公费纳入奏销体系，使公费与其他经费一样，哪怕是一笔微不足道的支出，都要经朝廷批准。

在清代矿业中，也不存在行政发包制。产量与课税有定额，相关官员不能如数完成任务，必须赔补甚至可能面临惩罚，如超额完成，则尽收尽解，并非"剩下的就是自己的"。简言之，在矿政中，朝廷并未"量出为入"，而是企图以定额为底线，尽量多收。同时，官员们也没有自由裁量权，甚至连某个矿厂每年支出 10 余两银子雇用一名吏员这样的琐事，也必须上报朝廷决定。

进而言之，清代矿业是"中央全面决定机制"的高度体现。清代矿业兴盛的前提是，朝廷通过奏销、解款拨款等制度，掌控着各省的财政，监控着各省的详细开销，并根据需要，将财政经费在各省之间灵活调配。各省库藏与其说是地方财政，还不如理解为中央设在各地的银库。因此朝廷可以指令各省的财力去支持滇铜黔铅生产，而所有矿产品及其收益，同样属于朝廷所有，由朝廷主导其分配。云贵官方每年所办获铜、铅，全部要根据朝廷命令解送京局、本省铸局以及运售各省。在此过程中产生的铜息、铅息、铸息，地方无权动支，哪怕是非常细微的支出，都必须向朝廷申请，获得户部同意，最后由皇帝批准。每年还要将开销情况详细陈明，呈请户部审核，其中有任何不清晰之处，户部都要一一驳回，地方督抚必须详细解释。如果解释不清或解释不被接受，地方官员就得赔补。在用途上，铜息、铅息、铸息大多也不是用于本省事务，而是用在与中央相关的各种公事上，如发放兵饷、添加铜本等。

正因为铜息、铸息的性质如此，所以一点也不奇怪，当地方官员看到藩库中日渐增加的息银时，居然会站在朝廷的角度，设法减少息银的数量。例如滇省铜息银，乾隆初年议定的用途是"协拨黔省各官养廉"以及留存滇省"公事之用"，但每年都会有节余，到乾隆二十年（1755），经过多年累积，铜息银达到1049096两零。云贵总督爱必达奏称，滇省兵饷每年的缺口是30余万两。历来都是由邻省协拨解决，现在既然铜息银有余剩，请将其中的70万两拨充两年兵饷，只留349096两零"以备公用"。[1] 户部同意后，皇帝觉得滇省"地处边徼，备公银两务宜宽裕"，决定将50万两拨充兵饷，其余"留充该省公用"。这里所谓的"公用"，固然有云南本省的事务，如修理仓库等，但也包括了中央在云南的事务。到乾隆二十七年二月底，藩库所存铜息银又达757371两零，布政使顾济美于是奏请除留备"一切公事之用"外，将铜息银257371两零作为下年办铜工本之用。相应的，各省解滇铜本减少257371两零，这样也解除了各省"运解之繁"。[2] 这类地方官员主动削减息银的行为，一方面说明我们很难用中央—地方财政的概念去理解当时的官方经费，另一方面也说明中央对全国财政的掌控能力之强，户部可以清楚知道各省的经费状况，并指令若干省份每年解送百万银两办解京铜，产生铜息后，可以命令滇省将铜息银协助贵州官员养廉，也可以让云南主动上缴息银。这与明代天启年间铜本被各种名目挪用且不归还户部、"各处买铜十不完一"、户工二部为铜材与铸钱之事矛盾重重、铸息使用混乱不清的状况何啻霄壤。[3]

1　大学士管户部傅恒：《奏复滇省办存铜息银两应准拨充兵饷》（乾隆二十年十一月初四日），张伟仁主编《明清档案》，A191-95，B106817-106819。

2　云南布政使顾济美：《奏陈铜息余银就款扣抵铜本银两事》（乾隆二十七年三月十六日），朱批奏折，04-01-35-1262-041。

3　陈于廷：《宝泉新牍》卷一《酌议补偏救弊疏》，收入《续修四库全书》第838册，第475~478页。

　　有学者将财政政策与税收水平视为国家能力（state capacity）的表征，认为自宋至清国家能力下降的总体趋势非常明显，其突出表现就是财政汲取能力显著降低。据此，明、清两朝都属于国家能力的低落时期。[1]然而，这一结论严重背离经验事实。从清代的矿业开发及其所反映的"中央全面决定机制"来看，从清王朝前期不断发动大规模战争并取得胜利来看，彼时的国家能力极为强大，远非明朝可比。上述分析为何出现这么大偏差呢？其根本原因在于，即便我们接受将财税能力作为衡量国家能力的指标，也不能只考虑财政汲取能力，财税使用水平同样重要。[2]明王朝的财权极为分散，缺乏统一的管理与核算，谁也不清楚能够动用的总岁入究竟有多少；各相关机构与部门之间争夺税源，矛盾重重，遇到需集中财力的状况，则相互推诿，使财政资源难以有效利用。清王朝通过财权中央集中与中央全面决定机制，极大改善了前代的困境，虽然也有僵化之处，但相对明代而言，财政使用水平提升明显，国家能力因之也更上一层楼。[3]

五　猜忌型决策

　　清代中央全面决定机制的运作实践，呈现了中央与地方之间

1　Yuhua Wang, *The Rise and Fall of Imperial China:The Social Origins of State Development*, Princeton and Oxford: Princeton University Press, 2022, pp.46-48.

2　王绍光、马骏：《走向"预算国家"——财政转型与国家建设》，《公共行政评论》2008 年第 1 期，第 2~4 页。

3　除王裕华外，海外还有学者注意到明清中国的国家能力与财税汲取能力间的关系，但他们同样忽略了非常重要的财政使用水平，如张泰苏。参见 Taisu Zhang, *The Ideological Foundations of Qing Taxation: Belief Systems, Politics, and Institutions*, Cambridge University Press, 2022。

的复杂博弈。从中我们看到前者倾向于怀疑、质疑后者，双方总体上处于一种不信任的状态。如果以当代中国政府的决策过程作为参照，可以清楚看出清代政府决策的性质及其内在缺陷。

当代中国的巨大发展成就，使海内外学界不得不正视中国政治体制的优长方面并予以解释。甚至连福山这样曾经宣告历史终结于西方自由主义的学者，也承认至少在经济政策领域中，中国的政治体制能够迅速做出重大而复杂的决策并有效实施，这正是中国能成功应对金融危机的基础。

中国政府如何合理做出重大而复杂的决策呢？有学者提出了"共识型决策"的概念，意指中国中央政府已由过去的"个人决策""集体决策"转向民主化、科学化水平更高的"公共决策"。它有两个关键特征：一是参与机构方面的"开门"，即通过"请进来""闯进来"等方式，广泛搜集社情民意，并不断与各种外部机构、组织乃至海内外政策研究机构合作，同时决策者还"走出去"，积极到一线、基层调研；二是沟通机制方面的磨合，即下层协商、上层协调、顶层协议，达到"求大同存小异"的效果。[1]

在清代矿业管理政策的出台过程中，也有朝廷与地方大员的讨论与协商。皇帝乾纲独断，但并非为所欲为，须靠中央机构帮助决策，同时也听取地方大吏的意见。但掌握着主导权的朝廷官员以及享有最终决定权的皇帝，大体上既没有"走出去"调查研究，也没有通过"请进来"广泛听取社情民意。他们既不清楚数千里之外矿厂的实际运作情形（在当时的交通、通信条件下，这也是无法完成的任务），也不清楚地方官员们的工作态度与清廉状况。他们唯一

1　王绍光、樊鹏：《中国式共识型决策："开门"与"磨合"》，中国人民大学出版社，2013。

可以确定的是，不管是为了牟取私利还是减轻行政责任，地方官员中普遍存在着隐瞒事实与违法违规的可能。康熙年间云南高官长期私占矿厂与盐井，雍正年间贵州官员以帮补正厂税课的名义隐瞒诸多矿厂，两淮盐务相关官员"视（盐）为利薮，照引分肥"，[1] 乾隆年间四川老洞沟铜厂的种种弊端，广西铜厂的藏铜，等等，无不证明这一点。因此，中央只好尽可能怀疑、发现地方诉求中的不合理性，吹毛求疵乃至猜测臆断也在所不惜。中央经常武断地质疑、反驳、否决地方的诉求，不只在矿政，在整个清代社会经济领域中大多如此。即便是地方的正当诉求，也要经过反复、冗长的往来讨论，才可能得到解决或部分解决。

最终我们看到，当中央决定之后，不管是否合理，地方都只得接受。或者先接受，之后继续提出异议，说明难处，以图更改。这样，决策往往并非根据地方实际情况适时做出，尽管中央也会调整，但远远滞后于实际情况的变化。尤其是事无巨细皆取决于中央的机制，更是加剧了政策与决定的僵化性与不合理性。这样就造成了一种恶性循环，规定不合理，地方官员难以完成任务，就很容易导致违规行为，这反过来又加深了中央对地方的不信任，更加倾向于怀疑地方诉求的合理性。

总之，尽管有中央与地方之间的反复协商以及讨价还价，但清代远未形成所谓的"共识型决策"。在央地关系上，它更像是中央防范地方的"猜忌型决策"，反映出中央全面决定机制运作的内在困境。太平天国军兴之后，中央全面决定机制受到挑战，朝廷再难调拨全国资源支持滇铜黔铅生产，矿业就此一蹶不振。

1　光绪《两淮盐法志》卷一《王制门》，收入《续修四库全书》第 842 册，第 622 页。

六　事例原则

中央全面决定机制与猜忌型决策反映了在传统时期的交通与信息手段制约下，一个广土众民、各地情形迥异的大一统中央集权国家实现有效治理的困难。不得已之下，清代中国的国家治理中，贯穿了一个非常重要的"事例原则"。

（一）遵例而行之

中央全面决定矿政，但又无法解决相应的集权难题，必然带来一个结果，即决定很难根据各地实情实时做出。在不了解地方情形又无法信任当地官员的情况下，朝廷倾向于根据某个既定的事例来约束地方的行为，让此地遵彼地之例，此时遵彼时之例，以图在不用付出太多监管成本的前提下就能督促地方官员勉力尽责，我将此定义为"事例原则"。中央参照事例来做决定，地方选择有利于自己的事例来辩护，事例原则因之是中央全面决定机制与猜忌型决策的重要支柱，它贯穿在矿业管理中，也体现于清代社会经济中的诸多方面。

以矿税为例，清王朝深知在一个庞大而充满内部差异的国家中，自上而下制定一套统一的矿业税目与税率施行于全国，势必扞格难行，但又无法适时追踪各矿厂的实际生产情形以及官员们的为政状况。为了对他们的利己行为进行约束，防止他们拖沓懈怠乃至假公济私，于是以此前某个厂的税费规则（包括正税税率、税后产品的官方收购比例与收购价格、附加税名称与税率等）为例，要求后开之厂遵照执行。地方官员当然可以讨价还价，但如朝廷坚持，地方就得遵办。如讨价还价成功或部分成功，就等于确立了一个新例。之后所开矿厂之税费政策，地方可以建议在此前的若干事例中选择一个进行参照，但最终适用哪一个例，仍由朝廷决定，是为此地遵彼地之例。同一个矿厂，世易时移，采冶成本随时间而增加，但税费规定很难因之而更改，是为此时遵彼时之例。

事例原则并非只体现于矿税，而是贯穿在整个矿业管理中。如乾隆十年开采四川乐山县老洞沟铜厂时，川抚纪山请求动支银100两修建厂房，因有建昌厂事例在先，所以户部认为可遵照办理。但纪山要求除厂员外，还应给客课、书记等杂役发放每年不过10多两白银的薪酬时，户部却认为雍正年间议定川省开矿办法时，只有议给厂员月费一项，并未另开杂役饭食银两，"事同一例"，自应"照旧例办理"，拒绝了纪山的请求。又如乾隆年间云南能够创设"平市银"来抵扣厂欠，其重要依据就是云贵总督彰宝等找到了两个事例：一是云南支放军需银两时，"每百两扣平市银一两"；二是各省办理工程，均"酌量扣留以备报销核减"。

事例原则，也并非矿业所独有，清代其他社会经济领域中，普遍存在着类似逻辑。例如钱粮奏销时，"旧案"是重要依据之一，清会典称，"有循例支给请销者，有旧案相符准销者，有应俟本案核结之后准销者，有应立专案造册核销者"。[1] 此处之"循例"是遵照条例还是事例姑不置论，"与旧案相符"无疑是事例原则的体现。同书又称："凡钱粮，入有额征，动有额支，解有额拨，存有额贮，无额则有案。征无额者，令尽征尽解，支无额者，令实用实销，拨无额、贮无额者，令随时报拨报贮，皆据案入销。及奏销则稽其额与其案而议之。"[2] 无法定额的征解与支出，都必须依旧案而行。

盐税在清代是仅次于钱粮的第二大岁入来源，在盐政管理中，

1　嘉庆《钦定大清会典》卷一二《户部》，收入《近代中国史料丛刊三编》第631册，文海出版社，1991，第626页。

2　嘉庆《钦定大清会典》卷一三《户部》，收入《近代中国史料丛刊三编》第631册，第647页。

事例同样具有指导意义。顺治初年，两淮盐区的宁国、和州、含山没有确立纲引制，而是行食引制。后来江都、甘泉搞食引，就是援引了宁国和含山之例；继而江浦等六县又援引宁国、含山、江都、甘泉之例行食引之制；再到后来，高邮、宝应继续援引。所以某州县要搞食引，就得援引此前不断累加形成的"事例"。[1] 又如河东运盐向无押运之人，"止将部引散给车户、驴夫，沿途照验"。乾隆四十二年（1777）盐政瑞龄奏请仿照"两淮之例"，实行非常严密的运票制度。[2]

　　我们再来看盐价。乾隆四年，太仆寺卿蒋涟奏称，两淮盐区内的南昌、汉口公共口岸之盐价过高，百姓受累，请求"仿照酌定长芦盐价之例"，由官方根据运道远近与成本多寡来定价。[3] 户部指示相关督抚讨论，湖北巡抚崔纪回应称，价低病商，价高病民，从前督抚与盐政各有偏向，各执己见，不相商量，各自奏报朝廷，结果非但"不惟无益于地方，而反有所不便"，因此最好是由户部"折中以为一定之价"，然后照长芦、河东、两浙之例，"丝毫不许增减"。户部议复称，督抚与盐政熟知地方情形，应由他们秉公讨论出"既不病民又不病商"的方案上报，再做决定。[4] 于是湖北巡抚与两淮盐政酌定贵、贱两价，经大学士鄂尔泰呈户部核议批准，由此形成了"两淮楚盐价案"，是为一个新例。到乾隆八年（1743）讨论河东盐价时，户部要求遵照此例，由行销河东盐的山西、陕西、

1　光绪《两淮盐法志》卷四〇《转运门·引目上》，收入《续修四库全书》第 843 册，第 410~412 页。

2　《河东盐法备览》卷六《运商门》，乾隆五十五年刻本，第 62 页。

3　光绪《重修两淮盐法志》卷九九《征榷门·成本上》，收入《续修四库全书》第 844 册，第 617 页。

4　于浩主编《稀见明清经济史料丛刊》第 1 辑第 5 册，国家图书馆出版社，2008，第 552~580 页。

河南三省巡抚会同河东盐政，"将各州县现行价值，秉公确查，各按道里之远近，通计年岁之丰歉"，核定出贵、贱两价，报户部讨论决定。乾隆十年，河东盐政众神保会同三省巡抚等官员讨论之后，认为河东现在的盐价系"酌中核定，商民相安"，如定贵、贱两价，"势必于现行贱价之外另定贵价"，转为民累，因此不宜援引"两淮楚盐价案"事例。这一建议得到了朝廷批准。[1]

我们还可以发现事例原则在其他领域中的运用。如第一次金川之役期间，贵州官兵雇用人夫，向朝廷报销脚价，户部认为花销浮多，且"无例可循"，要求贵州巡抚核减。[2]再如，清代在伊犁屯田，所役使牲畜有倒毙情形，如果是工作中的正常死亡，不用担责，如果系因使用不当或疏于照料而死，相关人员就得赔补。朝廷当然无法监控、评估牲畜的身体与劳作情况。乾隆二十八年（1763）五月，伊犁将军明瑞就此上奏，认为伊犁与乌鲁木齐均有屯田，应援照后者之例，每年牲畜倒毙之数，马、骡、驴的限额为30%，牛的限额为15%，超过此数者，则应赔补。皇帝接奏后，令军机大臣议奏。军机大臣查阅了乌鲁木齐屯田牲畜的核销事例，认为明瑞所奏与此相符，应予通过。皇帝同意了议奏结论，最终定案。[3]类似的例子，举不胜举，熟悉清代公文者，相信都会对数不清的"照

1　署理河东盐政众神保：《题为河东三省行盐定价等请饬部议复事》（乾隆十年五月十三日），户科题本，02-01-04-13854-013；《河东盐法备览》卷六《运商门》，第4~5页。笔者曾向中山大学黄国信教授、广东省社会科学院申斌博士、南昌大学黄凯凯博士、中山大学博士生陈海立、中山大学博士后韩燕仪请教：清代其他社会经济领域中是否存在着事例原则？他们的回应增加了笔者论述事例原则的信心，谨此致谢！本节所述之钱粮奏销材料，系申斌博士提供，两淮盐区食引制与"河东盐价案"的材料，系黄凯凯博士提供，"两淮楚盐价案"的材料，系韩燕仪博士提供。
2　大学士管户部傅恒：《奏复黔省乾隆十九年运铅捞费各案开销事》（乾隆二十年六月十六日），张伟仁主编《明清档案》，A190-18，B105945~105948。
3　《平定准噶尔方略续编》卷二一，收入《景印文渊阁四库全书》第359册，第798~799页。

例”“事同一例，应遵照划一办理”之类的表述印象深刻。

　　我们分析清代矿厂的性质时，还揭示了定额原则，即将矿厂产量及相应的税收固定化并要求相关官员必须完成这一额定任务；当任务不可能完成时，定额通常也不会削减。相对于变动不居的矿业产量，定额无疑是不合理的，但朝廷无力监测、评估实际生产情形，因此不得已而采用定额来约束相关官员。这个额，原本是某个矿厂某个时期的产量，是一个事例，当它成为标准之后，每年都必须照此执行，甚至矿厂事实上已经倒闭，额仍难以豁除。定额原则，其实就是此时遵彼时之例，可归属于事例原则。

　　定额型事例原则，同样体现在矿业之外的诸多社会经济领域中。如四川产井盐，“每开一井眼，即报纳课银”，每年均要造册题报，完成税额。即便因“泉脉干断”或灶户贫乏而“无力开淘”，课税仍不能免，“井虽废弃而课额难除，不无包赔之累”。[1] 又如在物资采购经费、马匹饲养费、“衙役”的额定补贴等的单价方面，均是采用固定制的，不会随着物价的变动而做相应的调整。[2]

　　治明清史者均熟知的“原额主义”，也是定额型事例原则的体现吗？所谓“原额主义”，即以某个时期的赋税额作为标准并予以固定化的倾向。不是说租税收入一成不变，而是较之实际的经济变动与政府真实的财政需求，其变化极其缓慢、细微，呈现出僵化稳定的结构。这就导致国家名义上的岁入不敷实际所需，只得在正额之外去摊派与苛索。[3] 就此来看，“原额主义”似乎具有定额型事例

1　康熙《四川总志》卷三〇《盐法》，康熙十二年刻本，第22~23页。

2　岩井茂树：《中国近代财政史研究》，第39页。

3　何炳棣：《中国古今土地数字的考释和评价》，中国社会科学出版社，1988，第61~65页；岩井茂树：《中国近代财政史研究》，第21~69页；何平：《论不完全财政体制对清代社会的破坏机制》，《学术研究》2004年第6期。

原则的若干特征。不过，对"原额主义"，学界通常从儒家仁政爱民意识形态以及善政的角度予以解释，并注意到表面上的坚持原额与实际上的横征暴敛所带来的问题，[1] 近年来也有学者通过对省级财政预算形成过程的论述，揭示了明清时期赋税"原额"的形成及其内涵变化。[2] 而本书所讨论之事例原则，是基于大一统国家如何解决治理难题的视角，"原额主义"是否也可以从这个角度予以解释呢？笔者认为，"原额主义"固然是儒家仁政意识形态的体现，但同时亦可理解为一种定额型事例原则，它反映出朝廷无力调查、了解当时全国的经济实态进而以此为基础征收赋税，于是以某个时期的税额作为参照事例。

综上可知，本书所讨论的"例"，并非规则、条例——这是"例"在中国古代的一大基本含义，但也不能理解为只是一个单纯的案例——这是"例"在中国古代的另一大基本含义。它原本只是一个个案，从未上升为文字性的普遍性规定，但却跨越空间和时间，成为后继者的标准，此地遵彼地之例，此时遵彼时之例。

（二）悖情与低效

事例原则意味着朝廷已经认识到，无法自上而下制定一套办法行诸四海。对难以掌握、评估地方情况的中央，事例提供了一种参照标准，决策不至于无的放矢，但却带来了两大问题，首先是与实情不符。彼处之例，未必适合本地之情，此时之例，亦恐扞格于他日之事。例如同一个厂，随着采冶成本的增加，宽松的税率很快就会变为严苛的酷政。然而，朝廷却倾向于坚持既有的例，官员们提

1　何炳棣：《中国古今土地数字的考释和评价》，第 61~65 页；岩井茂树：《中国近代财政史研究》，第 21~69 页。

2　申斌：《赋役全书的形成——明清中央集权财政体制的预算基础》，第 64~72、77~78、220~221 页。

出新的征税原则，即便符合实际情形，但如果无例可循，或与既有之例冲突，朝廷就会批驳。即便地方官员的意见最终被采纳，也得经历冗长的讨论过程，而且往往是一个对所提方案打折后的采纳。例如乾隆十六年（1751），湖南巡抚杨锡绂的奏折中两次提到，郴州、桂阳州铜矿每炼铜 100 斤，须费工本银 12 两，依 20% 税率抽收后，余铜按 12 两 / 百斤的价格卖给官府，这样，每铜 100 斤，矿民亏损银 2.4 两多，而当时铜的市场价格为每百斤银 20 多两，所以"偷漏之弊，种种百出"，"终难尽绝"。他曾经奏请免于抽税，且每百斤给价银 12 两，未获准许。此后他又提出妥协方案，请求每百斤抽税 20 斤后，剩余 80 斤给价 11.28 两，亦被户部驳回。[1] 又如，红铜、黄熟铜、黑铅、高锡均可作为颜料，乾隆四十五年、四十六年，福建官员金印、王景耀办解高锡 16500 斤至工部，从福建额定的颜料存留款中领支了路费银 600 两（按办解黄熟铜 3000 余斤就可报销路费银 300 两之例，金、王所领银两已经偏少），福建布政司认为照原来采购其他颜料之例，报销运解高锡盘缠是合规的，但工部却认为"采办锡斤盘缠一项例无开载，是以从前各员解领锡斤而无开销，未便核准"，要求追回所领路费银。[2] 在此案中，工部完全不考虑运送高锡是需要路费的。

其次是可能导致行政效率低下。中央与地方往来讨论，过程冗长，议而难决，正确的决策不易及时落地。许多报销，一拖再拖，数年间仍未结案，旧案累累，堆积难结。乾隆十九年（1754）正月十七日，皇帝就此发布上谕，指出各省的钱粮及工程报销，"应驳

1　杨锡绂：《四知堂文集》卷七《恭陈清厘郴桂二州矿厂疏》、卷一一《奏明铜铅价值不敷实难核减疏》，收入《清代诗文集汇编》第 295 册，第 187~192、250~251 页。

2　郑振满：《清代福建地方财政与政府职能的演变——〈福建省例〉研究》，《清史研究》2002 年第 2 期。

应准，俱有定例"，但督抚的申请报销材料被户部驳回后，"辗转行查"，拖延耽搁，或者根据属员的意见，不断上文请求核销，户部则迭次批驳，公文来来回回，"以致尘案累积"，时间越拖越久，官员换了好几茬之后，更加难以完结，如江南兴修水利工程，"有历十余年至二十余年未结之案"。皇帝要求，此类案件，如果地方官员有蒙混之处，应立即据实查明，"催追完款"。如果与例相符，户部"不得漫行驳诘"。如果有悖于例，应予以驳查者，与地方公文来往三次后，即应上奏皇帝，提出最终方案，或者根据既有之例核减浮冒之数，让督抚查明，令经手官员照数赔补；或者根据实情，豁免一部分，然后销案，"务令克期速结"。[1]

（三）实践即变通

　　事例原则既不可废，与地方实情的矛盾又意味着难以真正贯彻，于是在实践中产生出了变通。一类变通是朝廷对地方官员的变通，如允许扩展厂的范围。清代矿业中的厂大多由若干独立的"硐"组成，并非一个有内在联系的统一的企业。所谓硐，其实就是一个采掘矿石的矿井，每个硐的作业均有组织、有分工，因此硐是一个独立的生产单位。若干相邻或相距不远的硐，往往就用一个厂名来统称，同一厂内不同矿硐的组织者、经营者、管理者、劳动者之间可能毫无关系，按今天的眼光视之，它们完全就是一些相互独立的企业。虽然硐是实际的矿业生产单位，但产量的确定、核算却是以厂为单位。厂的产量与税收有一定之额，即便办矿成本递增乃至矿藏枯竭，定额亦不能轻易削减，任务不能完成，相关官员甚至需要赔补，并且可能会受到降级、削职等惩罚。在定额的压力

---

[1]　大学士管户部傅恒：《奏复黔省乾隆十九年运铅捞费各案开销事》（乾隆二十年六月十六日），张伟仁主编《明清档案》，A190-18，B105945~105948。

下，官员们不得不认真促进各硐的生产能力以完成乃至超出定额，以使考成合格。此硐衰落，须设法使它硐增产，或者寻觅新硐以完成任务，这样就导致厂的范围不断扩大。这些新开矿硐，很多已经远离旧硐，但仍被视为同一个厂。如果是距离过于遥远，且为具有较大规模的矿硐，就不好再目为本厂的新硐。这时地方就有两个选择：一是向朝廷申请新设一厂，相应就有新的生产和税收任务；二是将之作为旧厂的子厂，帮助旧厂完成产量与税课任务。从不断寻觅新硐到设立子厂，厂的范围不断扩大，子厂到正厂的距离甚至可以远达数百里。

通过矿厂范围的延展性，缓解了事例原则的僵化性，但在一定程度上却开了假公济私之门。雍正年间，奉命在滇省清查铜盐弊端的鄂尔泰就指出，云南许多新开之厂，官员们担心其"衰旺不定"，如报作正厂，难以保证完成任务，于是"俱不题报，只就附近老厂作为子厂，隐匿抽减"。弊端虽不能根除，但子厂仍然在全国广泛存在，显示出朝廷亦深悉定额制度的问题，于是对地方做出一定妥协，甚至对相关官员借子厂名义掩饰实际产量的行为也未加深究。此外，如若老厂衰落，但又不能发现有效的新矿硐或子厂来协助，官员们就面临着巨大的压力乃至赔补责任。

类似情形也发生在四川井盐业中。盐井报采之后，即有不能轻易削减的定额盐课。盐井有"枯涸废坏"，需要修复，修复期间生产停止，按理应暂停纳课。然而，雍正十二年（1734）四川总督黄廷桂以此请求时，户部却认为"渗漏修淘之井，总系随修随煎，毫无妨碍"，如果"修时报除，修后报增"，不但"反多辗转"，而且会带来"隐漏之弊"，以此否决了黄廷桂之请，于是"旧井或有须淘补者，盐未即出，课如故"。这显示出事例原则的僵化性。后来朝廷允许灶户另开新井，作为帮补原井纳课的子井，"听民穿井，永不加课"，以此使盐课定额能够维持。[1]

　　同一个厂名，不断包含进新的矿山，维持着某个厂的产量。但矿产资源是有限的，矿厂的延展性因之也是有边界的，随着生产成本的递增以及富矿开发殆尽，厂的范围扩展也就走到了尽头。此时，厂的产量与税收定额就无法维持了。如云南银矿，从雍正年间就开始缺额，当缺额现象频繁且严重时，朝廷不得不持续豁免，而相关官员也赔不胜赔，维持定额变得无比艰难。经过云南官方与户部的长期讨价还价，朝廷最终做出一些让步，放弃了一些银厂的定额，实行"尽收尽解"，同时警告地方，如果不"实心经理"，"征多报少"，即"据实参办"。但朝廷显然对这一警告的效力并无信心，所以嘉庆五年（1800），当白羊银厂突然丰旺，全省银税陡增至 63500 余两时，户部拒绝了滇抚初彭龄继续实行"尽收尽解"的建议，而以 63500 余两作为定额，要求年年照此办理。如不能足额，"着落经管各员及抚藩等分别赔补"，如有盈余，则尽收尽解。朝廷的态度是坚决的，经过地方官与户部十余年的讨价还价，朝廷才做出了一定让步（详见第六章第三节）。

　　上文以定额型事例原则来解释"原额主义"，因为"原额"不敷政府实际的支出，真正征收的税额，往往也是大过"原额"的，这成了朝廷上下均知的公开秘密，其实也是一种朝廷对地方官员的变通。

　　还有一类变通，是地方官员对厂民的变通。朝廷无法监控矿厂的实际生产情形，这就为官员的违规操作提供了空间。如四川老洞沟铜厂，按照既定的税费规则，厂民会因亏损而歇业，连带会造成官员考成不合格，于是刘大麓任厂员时允许厂民每产铜 100 斤，让

1　鲁子健：《试论林儁的盐务改革》，《盐业史研究》1994 年第 3 期。

"三十斤不抽课耗"，实际计税额为 70 斤；随着办铜成本加增，后来的厂员甚至允许每 100 斤铜免税 50 斤。[1] 又如广西官员默许铜厂厂民用"渣铜"的名目走私，因为他们知道如果严格执法，结果就是厂民星散，矿厂倒闭。这些变通，为朝廷所禁止，但曝光之后，只是被勒令改正，相关官员并未遭受严惩。[2]

四川与广西铜矿业的例子提示我们，朝廷严格监控并试图垄断产品的举措，可能会催生出较为普遍的走私现象。一些走私甚至是相关官员与厂民的共谋。官员可以由此减轻行政责任或肥私利己，而被严苛税费政策所压榨的厂民则借此免于亏损乃至盈利，矿厂由此得以正常运作而不至于倒闭。走私偷漏的铜铅，连同交完正税、隐性税、附加税之后的通商铜铅，形成了一个相对自由的市场。这个市场供给民间铜器、铅器材料，当某些矿厂不能完成生产任务时，官员们有时不得不在这个市场上购买产品以应付考成。[3]

实践中的变通，往往都是违规的，却具有相当大的合理性。其显然的负面作用是，变通不只是满足了政府的实际需求以及制度执行的可行性需要，而且为相关官员的中饱私囊提供了可能，使吏治腐败成为一种必然。以今人的视角，正确的做法应该是将因公变通合法化，进行"费改税"之类的改革并杜绝因私变通。然而，传统王朝无法准确分辨因公变通与因私变通之间的界限，将因公变通予以合法化因之面临着巨大的实践困难，雍正皇帝的"火耗归公"改

1　陕甘总督行川陕总督事尹继善：《奏为清厘川省铜厂积弊敬陈调剂章程事》（乾隆十六年四月二十日），朱批奏折，04-01-36-0087-006；大学士傅恒、大学士来保：《奏为清厘川省铜厂积弊事》（乾隆十六年五月二十五日），朱批奏折，04-01-36-0087-009。

2　广西布政使唐绥祖：《奏请变通收买商铜价值事》（乾隆九年七月初九日），朱批奏折，04-01-35-1234-029。

3　大学士管理户部事务托津等：《奏为遵旨议奏减领贵州铅厂运脚银两并酌筹调剂事》（嘉庆二十一年十一月初七日），录副奏折，03-1859-046。

革，试图挑战这一困难，最终仍以失败告终。

总之，清王朝始终未能解决高度中央集权与适时准确监测、评估地方实情间的矛盾，在传统时期的交通、信息技术制约下，这是无法解决的难题。职此之故，朝廷基于事例原则而对地方事务做出的各种详细规定，在运作中不得不产生出种种变通。这其实就是中国历史上的各种制度在地方的实践机制，形诸条文的制度只是一种理想，它在实践中一定会有变通，制度不变通就不可以落地——正如思想不诠释就不可以传播。制度变通的过程就是它落地的过程。

附录一　滇铜取代洋铜的过程

　　清入关之初，币材主要依赖国内既有的铜器，康熙二十二年（1683）开海以后，铜材大部分取于日本，自康熙五十四年起，随着日本对铜出口的限制趋于严厉，清王朝逐渐面临铜的短缺问题，压制国内矿业的政策逐渐被放弃。滇铜在雍正年间产量激增，最终在乾隆初年成为全国最主要的铜材来源。学界对此早有明确认识，但滇铜取代洋铜的具体过程，仍然有诸多值得探究之处。

　　必须明确，并不存在日本严厉铜禁之后滇铜立即取而代之的简单因果关系，造成这种复杂局面的因素至少有以下三点。第一，日本的铜禁并非一种越来越严厉的线性过程，只是在总体趋势上如此。例如日本于康熙五十四年颁布正德新令，将出口至中国的铜额削减一半，并限制贸易资格，[1]康熙六十年又向中国商船额外需索金片，致使中国办铜更加困难，但到雍正九年（1731）前后，办洋铜又变得相对容易，以至朝廷决定多办一百万斤。[2]第二，云南铜矿业虽然早在清政府大量商船赴日之前的康熙二十一年就已开始发展，但直到雍正中期之后才引人注目，此时距日本严行铜禁（即康熙五十四年）已有十多年。滇铜到此时才显得兴旺，既与矿业本身发展的实际情形相关，也与地方官员的长期隐瞒相关。第三，就质地而言，滇铜无法与洋铜竞争，就运输而言，沿海省份办运洋铜不但快捷，而且运费相对便宜。在以上因素的制约下，铸钱主要靠洋铜成为清代长期的主流认识。到了雍正十三年，皇帝还认为："总之办铜之难不止一端，除令日本不致留难、不抬价值之外，实别无良策。"[3]

康熙四十四年（1705）贝和诺总督滇黔，一下子题报了云南十八家铜厂，并且设立官铜店收铜。而当时滇省铸局全数停铸，这些铜斤一方面卖给本省百姓，一方面运至本省的剥隘、沾益、平彝等几处交通要道，供湖南、广东商贩承买。[4]购滇铜商贩的身份记载很少，但其中相当一部分应是承办京局额铜的商人，或者办铜省份所派出的差官。例如，因进口洋铜艰难，承办京师铸局铜材的内务府商人无力办铜导致亏欠，遂于康熙五十四年改为江苏、安徽、江

1　住友修史室編『近世前期に於けゐ銅貿易と住友』70~99 頁；赵兰坪:《日本对华商业》，第 13~14 页；John Hall, "Notes on the Early Ch'ing Copper Trade with Japan," *Harvard Journal of Asiatic Studies*, Vol. 12, No.3/4 (1949)。

2　直隶总督李卫:《奏复交办额外铜斤完半缘由并陈铜务铜弊事宜折》（雍正十三年六月初四日），中国第一历史档案馆编《雍正朝汉文朱批奏折汇编》第 28 册，第 519~523 页。

3　《世宗宪皇帝朱批谕旨》卷一七四之十七《朱批李卫奏折》（雍正十三年六月初四日奏），收入《景印文渊阁四库全书》第 423 册，第 465 页。

4　云贵总督高其倬等:《奏遵查铜斤利弊情形折》（雍正元年十二月二十日），中国第一历史档案馆编《雍正朝汉文朱批奏折汇编》第 2 册，第 432~436 页。

西、浙江、福建、湖北、湖南、广东八省办铜；八省中，至少赣、豫、粤、闽等四省不再单纯依靠洋铜，而是差官往江南、浙江、云南等处采买。[1] 康熙五十五年九月，江西巡抚佟国勷在谈到承办京铜的困难时，亦云“铜产云南，聚于湖广、江苏”。[2] 云南布政使金世扬也明确称八省办铜后，各官为了考成，“官商多赴云省购买”。[3] 严中平等学者认为滇铜供给京运始于雍正初年，[4] 显然是不大准确的。

随着滇铜铜产的丰旺，铜斤无法售完，康熙五十九年（1720）十一月由贵州布政使升任云南巡抚的杨名时[5] 奏请每年从云南解铜一百万斤到京，以供铸钱之需。王大臣会同户部讨论后认为，为节省运费起见，不如将此项铜斤留滇铸钱，康熙六十一年十二月得到皇帝批准后，云南于雍正元年（1723）在省城、临安府、大理府、沾益州开铸局，分别设炉二十一座、六座、五座、十五座，按照铜六铅四配铸，每年开铸三十六卯，遇闰加三卯，每年共用铜、铅1692000斤，按铜六铅四的标准，用铜1015200斤、铅676800斤。铜的来源有二，一是按二八抽课抽收的税铜，二是按官价收买的铜斤，铅则向贵州购买。[6]

1　中国第一历史档案馆整理《康熙起居注》，第2288页。

2　江西巡抚佟国勷：《奏报赣省素不产铜请敕聚产省会承办》，张伟仁主编《明清档案》，A39-213，B22291~22292。

3　云贵总督高其倬等：《奏遵查铜斤利弊情形折》（雍正元年十二月二十日），中国第一历史档案馆编《雍正朝汉文朱批奏折汇编》第2册，第432~436页。

4　严中平认为滇铜供应京局始于雍正二年（严中平：《清代云南铜政考》，第11~12页）。杨斌亦认为雍正年间滇铜运至汉口销售，这些铜最终到了北京，这是清代滇铜京运之始。Bin Yang, *Between Winds and Clouds: The Making of Yunnan (Second Century BCE to Twentieth Century CE)*, p.221。

5　《清圣祖实录》卷二九〇，康熙五十九年十一月壬午。

6　道光《云南通志稿》卷七七《食货志八之五》，第10~11页。

　　大量铸钱很快就导致钱价下跌。雍正三年（1725）五月，云贵总督高其倬称滇省市场上每银 1 两可换钱一千一百五六十文，远高于法定的 1000 文。为谋流通之法并提升钱价，他与抚臣杨名时商议，将制钱运往湖广销售。[1]但外销数量有限，效果并不理想，云南钱价继续下跌。次年三月初八日，布政使常德寿称银每两可换钱 1350 文，铸钱不但无利可图，而且还亏损。他访得广西钱价较贵，每银 1 两换大钱 400 文，因此建议将滇钱运至与广西交界的剥隘，上船水运至广西，还可再达广东，在此二省销售钱文。皇帝认可扩大滇钱销路的措施，让常德寿与新任总督鄂尔泰商议。[2]常德寿上奏之后仅仅十余天，三月二十日，总督鄂尔泰也奏称滇省现在每银 1 两已换钱 1400 文，要求为日渐壅滞的制钱谋一流通之法，并暂停鼓铸。皇帝不同意停铸，要求考虑减铸之法，并另商流通之策。[3]鄂尔泰回复称，抚臣杨名时申请于滇省四大钱局共 47 炉之内减去 11 炉，已获户部同意，但减炉不如减局，建议裁去大理、沾益二局，因为前者离省城太远，制钱除搭放兵饷外别无流通之处，后者虽然运销黔楚较为方便，但"驮脚必由省雇，往返反致多费"，不如将二局裁去，省城钱局则加 4 炉至 25 座，临安钱局加炉 5 座至 11 座，这样算下来实际上也等于减炉 11 座。省局铸出之钱不但易于在本地流通，而且可以运至贵州、湖广乃至江南。临安局临近广西，所铸之钱可由剥隘船运至两广，两局每

1　云贵总督高其倬：《奏报滇省鼓铸钱文运楚销售折》（雍正三年五月二十六日），中国第一历史档案馆编《雍正朝汉文朱批奏折汇编》第 5 册，第 158 页。

2　云南布政使常德寿：《奏筹划钱文流通以利鼓铸折》（雍正四年三月初八日），中国第一历史档案馆编《雍正朝汉文朱批奏折汇编》第 6 册，第 893~894 页。

3　《世宗宪皇帝朱批谕旨》卷一二五之一《朱批鄂尔泰奏折》，收入《景印文渊阁四库全书》第 420 册，第 255~256 页。

年总共外销制钱四万串。[1] 显然，常德寿将钱运至两广的建议得到了总督的赞同。

综上可知，云南官方通过课铜与低价收铜，将铜材聚集于官铜店之内，先是直接销售，无法售完，遂开局铸钱。最初设炉 47 座，耗铜 1015200 斤、铅 676800 斤，因钱贱减 11 炉为 36 座之后，每年共用铜、铅 1296000 斤，其中铜 777600 斤，铅 518400 斤。[2] 减炉意味着每年铜的需求少了 237600 斤，铜斤销售的困难随之增加。但比减少需求更为麻烦的是，云南的铜厂产能突然大增。雍正四年的东川归滇与矿厂的整顿，使滇铜很快迎来一个产量高峰（详见第一章第二节），铜斤销售的压力迅速增大，云南官方甚至难以筹集低价购买税后余铜的银两。以前云南每年鼓铸需铜 100 余万斤，满足此项用途后，滇省每年余铜不过二三十万斤，但据鄂尔泰雍正五年五月初十日的估计，该年铜产大旺，鼓铸之外，可余铜 200 余万斤，官方无力收购，因此建议动用盐务盈余银两收铜，转运汉口、镇江，供承办京局铜材的江、浙、湖广诸省采买。[3]

1　云南巡抚鄂尔泰：《奏请裁减钱局以流通钱法折》（雍正四年六月二十日），《雍正朝汉文朱批奏折汇编》第 7 册，第 495~496 页；《清朝文献通考》卷一五《钱币三》，考 4986 页。在该奏折中，云南计划每年外销制钱 40 万串，而《清朝文献通考》所载为 4 万串。鄂尔泰奏折中提到每串钱的运费为银 2 钱多，总运费近 1 万两。据此可知，正确的外运滇钱数字应为 4 万串，鄂尔泰的奏折中出现了笔误。

2　每座每年铸 36 卯，每卯用铜、铅 1000 斤，36 座年耗铜、铅 129.6 万斤，根据铜六铅四的配铸标准就可算出消耗铜铅数。

3　云南总督鄂尔泰：《奏报铜矿工本不敷恳恩通那以资调剂折》（雍正五年五月初十日），中国第一历史档案馆《雍正朝汉文朱批奏折汇编》第 9 册，第 767~768 页。按：此奏折亦收于《世宗宪皇帝朱批谕旨》卷一二五之四以及《鄂尔泰奏稿》，但《鄂尔泰奏稿》将此奏折的时间系于雍正五年闰三月二十六日，误。又，雍正四年减炉之后，云南铸钱岁需铜 70 多万斤，鄂尔泰奏折中的 100 余万斤，应是减铸之前的数字，而非严中平所认为的本省削减消费之后的数字（严中平：《清代云南铜政考》，第 11 页）。

就在云南急觅铜斤销路之时，全国钱局正陷于新一轮铜荒之中。因为日本的铜禁，办铜之内务府商人无法完成任务，康熙五十四年（1715）遂将京局铜材改交江苏、安徽、江西、浙江、福建、湖北、湖南、广东八省承办，而内务府商人则于康熙五十五年办旧器废铜 133 万斤，协助八省；因铜价昂贵，康熙五十七年，不得不增加办铜的价格。[1]康熙五十八年，因为收买旧铜而导致京城的投机活动，清廷中止了废铜收买政策。[2]康熙六十年，朝廷想当然地认为，铸钱用洋铜，江苏、浙江二省有地利之便，于是将八省之铜归并二省承办，[3]其结果可想而知。雍正二年（1724）清查的结果，康熙六十一年有 84 万斤铜根本没有运送，而雍正元年更欠铜 200 余万斤，[4]而且地方官员公开宣称这些欠额很难补上，因为商人"完旧不能办新，办新不能完旧"。[5]与此同时，因为江、浙二省出洋购铜而不赴滇，云南铜斤大量积压。[6]

可以说，如果不依靠正好供远大于求的滇铜，清王朝的铸钱将无以为继，我们用一个直观的数据来说明这一论点。雍正二年十一月，署江宁巡抚何天培奏称，因为日本的限制，每年仅可进口洋铜一百三四十万斤，[7]而朝廷分配给江、浙二省承办的京铜总数为

1　光绪《钦定大清会典事例》卷二一四《户部·钱法·办铜一》，收入《续修四库全书》第801 册，第 503~504 页。

2　《清圣祖实录》卷二八三，康熙五十八年三月壬辰。

3　《清朝文献通考》卷一四《钱币二》，考 4980 页。

4　《清朝文献通考》卷一五《钱币三》，考 4982 页。

5　署江宁巡抚何天培：《奏请缓发铜价以清积欠折》（雍正二年十一月二十五日），中国第一历史档案馆编《雍正朝汉文朱批奏折汇编》第 4 册，第 81 页。

6　云贵总督高其倬等：《奏遵查铜斤利弊情形折》（雍正元年十二月二十日），中国第一历史档案馆编《雍正朝汉文朱批奏折汇编》第 2 册，第 432~436 页。

7　署江宁巡抚何天培：《奏请缓发铜价以清积欠折》（雍正二年十一月二十五日），中国第一历史档案馆编《雍正朝汉文朱批奏折汇编》第 4 册，第 81 页。

4435200 斤，其中江苏承担 2772000 斤，[1] 江苏仅完成额定任务的约一半，浙江巡抚吴叔琳也直言所办洋铜不敷京运之数。[2] 朝廷不得不承认失败，推出了五项措施：（1）减江苏办铜额数，所减令福建、广东承办；（2）减浙江办铜额数，所减令湖北、湖南购买滇铜补缺；（3）鉴于办铜省份不能如期办铜，重新允许收买旧铜；（4）鼓励商人自备资本收买废铜交纳；（5）预将银两发至钱局，钱局随时采买交与户部。[3] 在这些措施中，开辟滇铜作为京局币材来源不但重要，而且具备较强可持续性。

在铸钱因铜荒而陷入困境之际，鄂尔泰建议收买 200 万斤余铜发卖的奏折一上达就引起了朝廷重视，经部议决定滇省动用盐务银 6 万两收买余铜，将 100 万斤运至汉口，供湘、鄂两省采办，100 万斤运至镇江，供江苏采办。[4] 皇帝的欣喜之情溢于言表。同年，他命令在京陛见的云南按察使张允随专门带话给鄂尔泰："鄂尔泰奏称铜厂甚旺，请将铜运到湖广、江南卖与各省采买的官员，狠〔很〕好！再着他将铸的钱多运些到湖广行销，只要国宝行销流通，即费些运脚亦属有限，即每串几分亦不妨开销。"接到加大钱文销售量的指示后，鄂尔泰于雍正五年十月初八日向皇帝算了一笔账，全省 36 炉共铸钱 134780 串，发给兵饷、匠役工食等用去71955 串，已运销外省 4 万串，尚余 22000 余串，可设法继续运销

1　《清朝文献通考》卷一四《钱币二》，考 4980 页。江苏拖欠铜斤的状况，还可参见《世宗宪皇帝朱批谕旨》卷一一上《朱批陈时夏奏折》（雍正五年正月二十八日奏），收入《景印文渊阁四库全书》第 416 册，第 609~610 页。

2　严中平：《清代云南铜政考》，第 11 页。

3　中国第一历史档案馆编《雍正朝起居注册》，第 235~236 页；光绪《钦定大清会典事例》卷二一四《户部·钱法·办铜一》，收入《续修四库全书》第 801 册，第 504~505 页；《清朝文献通考》卷一五《钱币三》，考 4982 页。

4　严中平：《清代云南铜政考》，第 11~12 页。

外省。[1] 就在君臣二人规划滇钱外销之际，赣抚布兰泰奏称江西制钱钱质低劣，不敷用，请每年往汉口买滇钱 1 万贯，[2] 皇帝欣然同意，指示于鄂尔泰奏准外销的 4 万串钱内，拨 1 万串专供江西。[3] 但鄂尔泰认为 4 万串是专供其他省的，建议滇省另外多运 1 万串供赣省采买。[4]

滇省雍正五年（1727）铜产的实际情况比鄂尔泰估计的还要好。当年全省办铜 400 万斤零，比鄂尔泰的预估数多了近 100 万斤，这样，最终运赴湖广 110 万斤、镇江 160 万斤，又因广东办洋铜困难，又卖给 20 万斤。如此大规模的外运，引起了雇觅驮脚方面的困难。[5] 雍正六年，因为夏秋之间厂地"时气盛行"，厂丁"难以存住"，只办铜 270 余万斤；雍正七年，环境一恢复正常，产量立即又上升至 400 余万斤。承办京铜的鄂、湘、粤三省对滇铜表现出了更大兴趣，湖北派员到四川永宁接运滇省运来之铜，湖南、广东直接派员入滇采购，[6] 而广西则要求多购云南制钱，从 2 万串增至 62000 串。[7]

1　《世宗宪皇帝朱批谕旨》卷一二五之五《朱批鄂尔泰奏折》（雍正五年十月初八日），收入《景印文渊阁四库全书》第 420 册，第 392~393 页。

2　《世宗宪皇帝朱批谕旨》卷一二下《朱批布兰泰奏折》（雍正五年十一月十八日），收入《景印文渊阁四库全书》第 416 册，第 706 页。

3　《世宗宪皇帝上谕内阁》卷六三，雍正五年十一月十二日谕，收入《景印文渊阁四库全书》第 414 册，第 730 页。

4　《世宗宪皇帝朱批谕旨》卷一二五之六《朱批鄂尔泰奏折》（雍正六年二月初十日奏），收入《景印文渊阁四库全书》第 420 册，第 427~428 页。

5　云南总督鄂尔泰：《奏报办理铜斤鼓铸情形折》（雍正六年四月二十六日），中国第一历史档案馆编《雍正朝汉文朱批奏折汇编》第 12 册，第 310~311 页。

6　《世宗宪皇帝朱批谕旨》卷一二五之一二《朱批鄂尔泰奏折》（雍正七年十一月初七日奏），收入《景印文渊阁四库全书》第 420 册，第 659~660 页。

7　《清朝文献通考》卷一五《钱币三》，考 4987 页。前文提到，鄂尔泰雍正五年奏准运钱 4 万串供四川、湖广、广西购买，其中广西购 2 万串。现在广西急需制钱，而湖广已开局，四川钱价平减，于是 4 万串尽数售给广西，且又增售 2 万余串。

鄂、湘、粤赴滇购铜进京在雍正八年被批准为定制，[1]这反映了滇铜地位的崛起与洋铜地位的进一步衰落。广东购滇铜的直接原因就是东洋"并无片铜至粤"，[2]江苏尽管在雍正二年由福建、广东分担了部分办运京铜的任务，但专办洋铜的江苏仍然感到困难，在规定广东等三省办滇铜的同一年，清廷又令安徽、江西分担江苏办铜任务，俱赴江南海关募商出洋购铜，[3]这样又形成了八省办铜的局面。其中，买洋铜者浙、苏、皖、赣、闽，额共2772300斤，买滇铜者鄂、湘、粤，额共1663200斤。[4]但滇铜外售的数字实际上远过于此，至少有两个事实需要考虑进来。首先，雍正十年，因陕西钱价昂贵，皇帝指示云南多铸钱文，每年运售10万串至陕，[5]这一指示于雍正十一年开始执行，[6]加上广西购买的6.2万串，云南每年销售制钱多达16.2万串，含铜85.05万斤，[7]这样，云南每年向外运售的铜数（包括制钱含铜数），已多达2513700斤。其次，雍正九年，令江、浙二省兼办滇铜。可以说，滇铜的外售数量已与洋铜数量相当甚至略有过之。

就质地和办铜成本而论，滇铜远不能与洋铜竞争，滇铜成色相对较差，像金钗厂的产品完全不能解赴京局，只能招商发卖，[8]后

---

1 《清朝文献通考》卷一五《钱币三》，考4988页。
2 《世宗宪皇帝朱批谕旨》卷二一四之三《朱批郝玉麟奏折》（雍正八年三月十一日奏），收入《景印文渊阁四库全书》第425册，第261页。
3 《清朝文献通考》卷一五《钱币三》，考4988页。
4 严中平：《清代云南铜政考》，第12页。
5 《世宗宪皇帝上谕内阁》卷一一九，雍正十年闰五月二十九日谕，收入《景印文渊阁四库全书》第415册，第614页。
6 《清朝文献通考》卷一五《钱币三》，考4989页。
7 每串含钱1000文，每文重1钱4分，铜六铅四，据此即可计算出云南外销制钱的含铜量为850500斤（1斤=16两），雍正十一年制钱重量改为每文重1钱2分后，数量较此略低。
8 《清朝文献通考》卷一六《钱币四》，考4994页。

来各省大开鼓铸，在不得不使用金钗厂铜的情况下，一些省（如湖北）只能设法在市场上购铜掺用从而降低金钗厂铜的比例，并且在全国改铸加黑铅的青钱时请求仍然只用白铅，因为金钗厂铜品质欠佳，加黑铅后恐"钱文黑暗"。[1] 汤丹厂的铜斤品质在滇省首屈一指，但同样"铜质浇薄"，[2] 办滇铜的省份常常需要将从云南所购毛铜重新熔铸成纯铜才能解京供铸。[3] 而且云南僻居西南一隅，崇山峻岭，日本虽属异国，却水路快捷，优势巨大，特别是对滨海省份更是如此。例如浙江沿海到日本长崎，顺风只需五六日，遇风阻也不过一个月。[4] 这样，办滇铜的成本远超洋铜。按户部规定，江、浙办铜每百斤给银 14.5 两，而办洋铜每百斤只需支付 13 两，算下来节省了 1.5 两（节省银）。节省银存入省司库，在办铜时预先扣除，所以办铜的价格就变为每百斤只能支出 13 两。而办滇铜则每百斤需 13.2 两（滇铜官价 9.2 两，加上由滇运到镇江的脚费 4 两），还是成色不足需重新加工的毛铜，且"平秤稍轻"。江苏办滇铜，只能参照办洋铜之例，按 13 两/百斤向户部核销，办铜官员就唯有赔补一途。所以鄂尔泰奏准将铜 100 万斤运镇江供江苏采买后，江苏官员宁愿顶着不能如期办洋铜而受处分的风险，也不愿遵行。为了解决这一问题，雍正九年，户部命令江、浙督抚除采买洋铜外，再预发银两往云南购铜，如果有成色不足及"平秤短少"，即用节省银补算，布政司发价时，不得预扣节省银，但每百斤铜的价格也不能超

1　《清高宗实录》卷二一四，乾隆九年四月戊午。

2　光绪《钦定大清会典事例》卷二一五《户部·钱法·办铜二》，收入《续修四库全书》第801 册，第 507 页。

3　广东总督郝玉麟等：《奏陈委员赴滇采办铜斤情由请旨遵行折》（雍正八年三月十一日），中国第一历史档案馆编《雍正朝汉文朱批奏折汇编》第 18 册，第 142~145 页。

4　《世宗宪皇帝朱批谕旨》卷一七四之十七《朱批李卫奏折》（雍正十三年六月初四日奏），收入《景印文渊阁四库全书》第 423 册，第 465 页。

过户部规定的 14.5 两 / 百斤之数。[1] 这 14.5 两，其实仍然不足。值得
注意的是，尽管江苏通过滇洋兼办缓解了办洋铜的压力，但仍然不
能完成洋铜方面的任务，于乾隆元年（1736）奏准将洋铜额再减少
数十万斤，这进一步证明了不得不办滇铜的苦衷。严中平指出，滇
铜实不能同洋铜竞争，如果不是进口洋铜不断减少，云南铜矿业能
否大大发展起来是很值得怀疑的。[2]

乾隆皇帝继位后，滇铜与洋铜地位逆转的趋势进一步强化。乾
隆元年，因为日本铜出口至中国的数量更少，"洋商亏空甚多"，朝
廷不得不采取鼓励措施，令商民可以自行出洋采铜。[3] 又以制钱重
量已经从每文重一钱四分改为一钱二分为由，议减京局办铜额数至
400 万斤，其中滇、洋各 200 万斤。[4] 较之雍正八年（1730）的规定，
洋铜额减少了近 80 万斤，而滇铜额增加了近 40 万斤，滇铜在数额
上已经取得了与洋铜平等的地位。仅仅过了一年，滇铜又以更迅猛
的势头彻底将洋铜从京局币材中驱逐出去。这一年，云南总督尹继
善奏称，洋铜积欠太多，即使停办一年，也不能全清旧欠，而云南
铜厂大旺，仅汤丹等厂就可年产铜六七百万斤，需设法招商销售，
不如令江、浙二省额办的洋铜 200 万斤，从乾隆三年起悉数入滇办

1　光绪《钦定大清会典事例》卷二一四《户部·钱法·办铜一》，收入《续修四库全书》第
　　801 册，第 506 页；《清朝文献通考》卷一五《钱币三》，考 4989 页。严中平与杨斌认为，朝
　　廷规定办洋铜每百斤价银十四两五钱，而实际花十三两，剩余一两五钱是商人的利润［严
　　中平：《清代云南铜政考》，第 12 页；Bin Yang, *Between Winds and Clouds: The Making of
　　Yunnan (Second Century BCE to Twentieth Century CE)*, p.221］，误。一两五钱实际上是官方
　　的节省银，存入官方银库。

2　严中平：《清代云南铜政考》，第 11~12 页。

3　光绪《钦定大清会典事例》卷二一五《户部·钱法·办铜二》，收入《续修四库全书》第
　　801 册，第 506~507 页。

4　光绪《钦定大清会典事例》卷二一五《户部·钱法·办铜二》，收入《续修四库全书》第
　　801 册，第 506 页；《清朝文献通考》卷一六《钱币四》，考 4993 页。

解。如果滇铜产量偶有不敷，则令海关采洋铜补足。[1]乾隆二年，云南巡抚张允随奏称，现在京师钱局及滇、黔、川三省铸局铜材已由滇铜供给，而苏、皖、浙、闽等省应办铜斤亦系赴滇采买，应设法接济厂民工本，"以备各省每年额办之数，并可以停办洋铜"。[2]

乾隆三年（1738）还同时出台了两项重大政策。[3]第一，雍正十二年（1734）确定将鄂、湘、粤三省解京额铜留在云南，由滇省开广西府局鼓铸成钱后解运北京。因广西百色一段运输有不少困难，决定停广西局铸钱，相应的铜材也不经广西，而是直运四川永宁，沿长江至汉口，北上解京。第二，就像办滇铜的鄂、湘、粤三省因种种不便，最后将所承担京铜任务全数归滇省直接负责一样，在直隶总督李卫的奏请下，江、浙两省也将所承担之京局额铜改归云南办解。乾隆三年不仅大体确立了京局鼓铸全用滇铜，而且规定京铜全由滇省派员办解，这一局面此后维持了一百多年。在清代铜矿史与铸钱史上，乾隆三年均是具有标志性意义的一年。

除京局外，各省铸局也大多依赖滇铜。按乾隆十二年张允随的计算，云南每年解京局铜 633 万余斤，此外，本省、川、黔、浙、闽、赣、湘、鄂、桂、粤等省俱赴滇买铜供铸，滇省每年需要提供铜 900 余万斤才能满足所需。[4]随着各地铸钱量增加等原因，需铜量不断上升，乾隆二十二年，滇抚刘藻声称，全国每岁需铜约一千一二百万斤，而云南各厂所出在八九百万至 1000 万斤，因此京

1　《清朝文献通考》卷一六《钱币四》，考 4994 页；光绪《钦定大清会典事例》卷二一五《户部·钱法·办铜二》，收入《续修四库全书》第 801 册，第 507 页。

2　云南巡抚张允随：《奏请敕拨银两接济铜厂工本事》（乾隆二年十一月十六日），朱批奏折，04-01-35-1227-020。

3　《清朝文献通考》卷一六《钱币四》，考 4994 页。

4　云南总督张允随：《奏陈滇省铜厂情形预筹开采接济京局事》（乾隆十二年三月初十日），朱批奏折，04-01-35-1238-005。

铜虽有保障，各省却常面临不足。[1]乾隆三十一年，云贵总督杨应琚则称滇省每年已可办铜一千二三百万斤，供应全国之后所余不过数十万斤，奏请今后各省采买滇铜应按乾隆二十九年以前规定的额数执行，有多买者概不准行。[2]但仅仅两年后，巡抚明德就奏称云南出铜渐少，不敷全国之用。[3]

总之，滇铜即使在最旺的年代，满足全国所需都是很勉强的，这样，洋铜仍然是一个重要补充，并且在一些省如江、浙的铸钱中依然具有关键地位。[4]陕西铸局也通过官商，每年采买洋铜五万斤供铸。[5]事实上，当时许多官员认为国内铜产难以同时满足铸钱与铸器之用，导致民间偷偷毁钱为器，因此仍然鼓励商人出洋购铜以增加铜斤供给。[6]

1　云南巡抚刘藻：《奏为敬陈滇省铜厂情形事》（乾隆二十二年十二月十一日），朱批奏折，04-01-36-0088-008。

2　云贵总督杨应琚：《奏请酌剂滇省铜厂事务节其耗米之流以裕民食事》（乾隆三十一年六月初四日），朱批奏折，04-01-36-0089-012。

3　云南巡抚明德：《奏陈铜厂情形事》（乾隆三十三年六月十五日），录副奏折，03-1098-005。

4　Helen Dunstan, "Safely Supping with the Devil: The Qing State and Its Merchant Suppliers of Copper," *Late Imperial China*, Vol.13, No.2 (1992), pp. 42–81；《清朝文献通考》卷一六《钱币四》，考5000页；《清高宗实录》卷二一四，乾隆九年四月戊午。

5　陕西巡抚文绶：《奏报接收铜斤日期事》（乾隆三十六年三月二十八日），朱批奏折，04-01-35-1279-022。

6　江西巡抚陈弘谋：《奏请推广铜厂之利杜绝销毁青钱之源事》（乾隆七年二月二十一日），朱批奏折，04-01-35-1232-017。

附录二　冶炉与矿硐之关系

　　官方的管理，不但使厂具有了实质性意义，而且在一定程度上影响了冶炉与矿硐的位置关系。在现代经济中，矿山开采与矿石冶炼通常由不同的企业经营，二者在地理位置上可能相距甚远，甚至分属不同国家。但在传统时期，正如任以都指出的，冶炼炉往往就设在矿硐附近，因此人们在观念上并未将采矿业与冶金业清楚区分。清代的矿厂，通常融开采与冶炼为一体，文献在论述"厂"的规模时，也是把矿工与冶炼工人一并计算的。[1]任氏并未分析这一状况何以产生，而实际的情况也要比她的概括复杂许多。

1　Sun E-du Zen, "Mining Labor in the Ch'ing Period," in Albert Feuerwerker, Rhoads Murphey, and Mary C. Wright, eds., *Approaches to Modern Chinese History.*

一　炉、硐毗邻

传统时期，冶炉常常毗邻矿硐。这似乎理所当然，学者们对此也疏于深入分析，但细究之下，其中大有文章。对于炉、硐相邻，我们很容易想到的一个解释是炉户与硐户身份的重合。这当然不无道理，但情况远不止此。更具说服力的解释是，炉、硐相邻，可以省去将沉重的矿石运送至冶炼地的麻烦。确实，开采之初，出于节约运输成本的考虑，炉户有充足的动力就硐设炉，但开采日久之后，这种炉、硐相邻的模式就会受到挑战，这主要是由燃料供给引起的，那些长期开采的大厂受此影响尤大。下面以云南铜厂为例，对此进行说明。

炭、煤、薪是清代矿冶的主要燃料。云南铜矿冶炼以炭为主，以薪为辅，煤的使用极少，炭、薪的消耗极为惊人。[1]随着时间推移，矿山附近的木材被砍伐殆尽，炭山越来越远，炭薪价格越来越高。[2]道光年间，滇省产量最大的顺宁府宁台铜厂，[3]所需薪炭需到一二百里之外购买，成本大为增加。[4]其实不仅云南，这是当时全国矿厂普遍面临的难题。乾隆八年（1743），广西布政使唐绥祖描述了炭

1　Hans Ulrich Vogel, "Copper Smelting and Fuel Consumption in Yunnan, Eighteenth to Nineteenth Century," in Hirzel, Tomas and Nanny Kim, eds., *Metals, Monies, and Markets in Early Modern Societies: East Asian and Global Perspective.*

2　全汉昇：《清代云南铜矿工业》，《中国文化研究所学报》第 7 卷第 1 期，1974 年 12 月，第 175~176 页。

3　清代滇省最大铜产地原在东川府，乾隆中期后，顺宁府宁台铜厂逐渐取代东川成为最大铜产地。杨煜达：《政府干预与清代滇西铜业的兴盛——以宁台厂为中心》，载杨伟兵主编《明清以来云贵高原的环境与社会》，第 60~82 页。

4　云贵总督伊里布、云南巡抚何煊：《奏为遵旨查明铜厂积弊逐款核议事》（道光十六年十二月初十日），录副奏折，03-9498-062。

山与铜厂间的距离迅速增大的情形，广西回头山铜矿于乾隆二年初开，仅仅过了六年，已必须到十余里之外去砍伐树木。[1]

炭山日远，必然引起炭薪运输成本的剧增，相应带来一个选择：是仍然坚持炉、硐毗连的模式还是移炉就炭？答案看起来并不复杂，后者省去了炭薪运输的成本，却增加了从厂将矿石运到炭山冶炼的麻烦，因此是否更改取决于矿石重量与薪炭重量的比较，实际情况却并非如此简单。

根据矿石的品位以及对铜斤纯度要求的差异，云南各铜厂的冶炼工艺不尽相同。总体而言，在大炉中煎熔是铜矿冶炼的主要程序，但在此前或此后，往往要在锻窑中经过次数不等的锻炼，如果所出铜斤的纯度太低，还要在特定的炉中进行再加工。[2] 矿石与相应燃料的数量，《滇南矿厂图略》给出了一个大体的比较，"铜厂每炉每矿一千斤，用炭一千斤外不等；每锻窑每次如矿一万斤，用炭二三千斤不等"。[3] 照此看来，仅大炉中所需之炭已略重于矿，如果再加上次数不等的锻炼与再加工，则二者间的差距更大。我们来看具体的例子，据云龙州知州许学范的描述，该州大功厂炼铜，经三个步骤。首先，入煨窑锻炼二次（许学范未给出此环节中的矿、炭数量）；其次，入大炉，每大炉受矿 20 余桶（约 2000 斤），[4] 用松炭2000 余斤；再次，所成铜为品相较低的黑板铜，须再入蟹壳炉中再加工，每炉受黑板铜 400 余斤，需炭 500 余斤。因数据不完整，无

1　广西布政使唐绥祖：《奏请开采桂省铜厂以资鼓铸事》（乾隆八年十一月），录副奏折，03-0769-070。

2　Anna See Ping Leon Shulman, Copper, Copper Cash and Government Controls in Ch'ing China (1644–1795), pp.44–47.

3　吴其濬：《滇南矿厂图略》卷一《用》，《续修四库全书》第 880 册，第 142 页。

4　1 桶大约为 100 斤，见 Hans Ulrich Vogel, "Copper Smelting and Fuel Consumption in Yunnan, Eighteenth to Nineteenth Century," in Hirzel, Tomas and Nanny Kim, eds., *Metals, Monies, and Markets in Early Modern Societies: East Asian and Global Perspective*。

法进行精确比较，但总体看来，前后所用之炭加起来，远重于矿。在文山县者囊、龙邑二厂，1万斤矿炼出铜六七百斤，经过煎、锻等程序，每产铜100斤共需炭1400~1500斤，矿炭重量约略相等。戛达厂每矿1万斤煎出铜五六百斤，每产铜百斤用炭一千四五百斤，柴头200余斤，矿与燃料也是约略相等。[1]者囊、龙邑、戛达三厂所费燃料虽然较少，但所出产品为纯度较低的紫板铜，不能满足北京宝泉、宝源铸钱局的材料要求。[2]如要改煎精炼，尚需大量燃料。

综上所述，矿厂用炭量通常远大于相应的矿石量，应该移炉就炭。而那些炭量大致与矿石量相当的厂，维持炉、硐毗邻是比较经济的，因为在重量相当的情况下，矿石体积较小，运输相对便利。即便如此，在将粗铜改煎的环节，也应将铜运到炭山煎炼以省成本（因为改煎时的铜数量远少于相应的燃料数量）。然而，奇怪的是，当乾隆五十一年（1786）就任云南布政使的王昶向各铜厂征询是否移炉就炭时，各厂均坚持原有模式。[3]这就说明，是否改变炉、硐毗邻模式，并非简单的矿、炭重量比较可以回答。在笔者看来，还有以下两个重要因素需要考虑。

首先，冶炉位置选择与当时的道路建设状况密切相关。铜厂一般远在山区，为了方便运铜，官方主导修筑了连接各厂硐的道路，既方便外省官员前来采买，同时经由这些道路可达东川、威宁、永

1　吴其濬《滇南矿厂图略》卷一《〈铜政全书〉咨询各厂对》，《续修四库全书》第880册，第155~161页。

2　据《铜政便览》卷一《厂地上》（收入《续修四库全书》第880册，第233页），大功厂的铜纯度为90%，同书卷二《厂地下》（收入《续修四库全书》第880册，第264、266页），龙邑厂、者囊厂的铁纯度为80%。

3　吴其濬：《滇南矿厂图略》卷一《〈铜政全书〉咨询各厂对》，《续修四库全书》第880册，第155~161页。

宁、泸州等重要的铜材中转站，进而将铜材运至北京。[1] 但炭山的道路一般不甚理想，所以，在炉、硐毗邻的模式下，只需将炭运至厂，所出铜斤在本厂即方便起运。但如果移炉就炭，既要将矿由厂运至炭山，炼出铜后，又要将铜从炭山运回厂或运至其他交通便利之处，再转运出去。如图附 -1、图附 -2。[2]

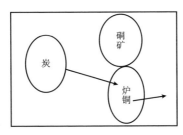

图附 -1　炉、硐毗邻的运输

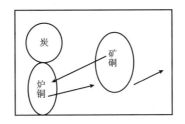

图附 -2　移炉就炭的运输

炉、硐毗邻模式在成本上的节省，显而易见。只有在炭山靠近铜道或其他交通要道的情况下，移炉就炭才有利可图，但这样的情形是不多见的。即便炭山本来靠近驿路，很快也会被砍伐殆尽，只能到更远处寻觅炭山。

其次，管厂官员不愿改变原有模式，这同厂的性质有关。厂虽

1　严中平：《清代云南铜政考》，第 85 页。
2　大功厂、白羊厂厂员，云龙州知州许学范的禀复启发我得出了这个认识，见王昶《咨询各厂对》。

然在生产上无甚实际意义，但在管理上却有着丰富的内涵。清王朝
让民间自办矿业，但并非让百姓自由经营。政府必须确保三点：首
先，垄断金、银等贵金属以及铜、铅、锌等币材；其次，从矿业
中获得稳定的税源并防止走私偷漏；再次，维持矿区社会秩序。这
样，官方自然要委派官员和各种辅助人员进厂监管，并让各级官员
承担相应的责任，由此形成一套复杂的管理体制（详见第六章第三
节）。如果硐、炉分离，矿石与铜斤分属两地，相距数十里、上百
里，管理难度与成本剧增，厂员分身乏术，难负此重任。炉、硐毗
邻，可以避免跨地管理的麻烦。云南铜厂如此，其他官方想控制的
矿种如银、铅、锌等也往往如此。

二　炉硐与冶炉分离状况的产生

　　总体上看，炉硐与冶炉分离的情形相对较少，主要在两种情况下
出现。首先，矿山附近有交通便利的繁华市镇，冶炉设在市镇上，采
办各种生产生活用品以及运销产品都非常方便。如云南个旧系著名商
业市镇，"户皆编甲，居皆瓦舍，商贡贸易者十有八九，土著无几"。[1]
个旧本身并无矿厂矿硐，却会集了诸多银、锡炉房，"各厂矿砂于此煎
炼，一切柴炭油米会萃于斯，为矿厂采炼总括机关"。[2] 又如陕西华阴
县于乾隆十三年（1748）开华阳川铅厂，所出铅砂运到敷水镇冶炼，
该镇为华阴县重要集镇，"西北诸里村民所需一切，贸易于此"。[3]

1　乾隆《蒙自县志》卷三《厂务》，收入《中国西南文献丛书·西南稀见方志文献》第26卷，
　　第267页。
2　宣统《续修蒙自县志》卷二《物产·矿物》，收入《中国地方志集成·云南府县志辑》第49
　　册，第225页。
3　乾隆《华阴县志》卷四《建置·税课》，收入《中国地方志集成·陕西府县志辑》第24册，
　　第107~108、111页。

其次，既非战略物资也非贵金属的产品容易产生炉、硐分离的情况。一方面，官方没有垄断这些产品的意愿，就不用担心炉、硐分离带来的管理不便与偷漏走私；另一方面，官府也不会为这类矿山修筑便捷的道路，冶炉毗邻矿硐不一定有交通运输上的便利。因此，获得更多主动权的炉户就会更加灵活地衡量矿石与燃料间的运输成本来决定炉、硐的位置，冶炉就有可能一开始就设于交通便利处，或靠近柴炭的地方，与矿硐分属两地。如陕西山区的铁厂通常就开在老林之旁，炭薪便利，如老林渐次砍光，矿厂就得歇业。[1] 湖南郴州兴宁县的情况也与此相似。[2] 又如湖南辰溪县，上千百姓以挖铁矿砂为生，矿贩前来收买后，运送到靠近河边交通便利处，开炉冶炼。[3] 当然，铁厂中也不乏炉、硐毗邻的例子，相信这也是成本考量的结果。如四川邻水县，铁商何文斌、雷凤冈、甘士尚等于乾隆二十年（1755）在县属碑碑口、陈家林、蓝家沟三处采挖铁矿，设炉三座，每年抽收税铁 2916 斤，变价银 58 两多。[4] 此外，煤矿无须冶炼，自然也没有炉、硐位置的权衡。

下面再列举两种并不多见的炉、硐分离状况，均是关于战略性矿产的。广西融县四顶铅厂矿砂较为丰富，于是罗城县冷峝、长安二铅厂前来"采运"，这样，这两个铅厂的冶炉与矿硐就分属两地。这种情形一直维持到乾隆五十六年（1791）四顶厂"砂薄"之后。[5] 还有一种从炉、硐毗邻变为移炉就炭的状况，更为少见。云南东川府

1 严如熤:《三省边防备览》卷九《山货》，收入《续修四库全书》第 732 册，第 266 页。

2 嘉庆《直隶郴州总志》卷九《矿厂志》，收入《中国地方志集成·湖南府县志辑》第 21 册，第 585 页。

3 刘家传:《矿厂利弊说》，道光《辰溪县志》卷二一，道光二年刻本，第 5 页。

4 中国人民大学清史研究所等编《清代的矿业》，第 505 页。

5 嘉庆《广西通志》卷一六一《经政·榷税》，第 4505 页。

汤丹、大水沟、碌碌等厂产铜旺盛，向来供应京局铸钱无误，[1]乾隆
三十一年之后，滇省铜厂普遍减产，尽管朝廷采取许多措施刺激生
产，但承担北京钱局铜材任务的东川府诸铜厂无法重返高峰时期的
产量，于是乐马、大屯、长发、宁台、大功等厂分担部分京局任
务。在普遍减产的背景中，顺宁府宁台厂异军突起，产量大增，成
为关系京师鼓铸的大铜厂。但京局所需的是成色较高的蟹壳铜，宁
台厂产品成色很差，必须熔化改煎为紫板铜（成色七三），再熔化
炼成蟹壳铜（成色九一），方能运京。[2]然而，煎炼蟹壳铜需要松炭，
宁台厂不产松木，于是只得在距厂三站之外的石龙桥地方就炭冶
炼。[3]每站的距离通常为五六十里，这就意味着矿硐与冶房之间的距
离近200里。《顺宁府志》等史料对石龙桥缺乏记载，但笔者怀疑石
龙桥应该靠近铜道，因为只有如此，才不会因移炉就炭而反使运输
成本剧增。不过，管理上的麻烦却是难以避免的，史料称"该厂年
额既重，而采矿、煎铜复须往来兼顾，管办之员苟非历年勤明、能
耐劳瘁者，不可胜任"。[4]

　　总之，矿硐与冶炉的位置，主要取决于管理与交通两个因素，
清代炉、硐毗邻模式的流行，并非完全基于自然的经济过程，在很
大程度上也是官方介入的结果。

1　云南巡抚爱必达:《题报各属铜厂办买乾隆十七年分铜斤分数已未完各官请分别奖惩事》（乾
　　隆十八年十二月初七日），户科题本，02-01-04-14754-017；云南总督张允随:《奏陈滇省
　　铜厂情形预筹开采接济京局事》（乾隆十二年三月初十日），朱批奏折，04-01-35-1238-
　　005。

2　云贵总督富纲:《题为云南白羊厂改煎蟹壳净铜请照例酌价给价银事》（乾隆四十八年八月初六
　　日），户科题本，02-01-04-17365-010。

3　云贵总督富纲、云南巡抚刘秉恬:《奏为遵旨遴选甘士谷管理宁台厂铜务事》（乾隆五十一年
　　四月十二日），朱批奏折，04-01-36-0093-031。

4　云贵总督富纲、云南巡抚刘秉恬:《奏为遵旨遴选甘士谷管理宁台厂铜务事》（乾隆五十一年
　　四月十二日），朱批奏折，04-01-36-0093-031。

征引文献

一　正史、政书

《明实录》，中研院历史语言研究所校印本。

《清实录》，中华书局影印本。

《清史稿》，中华书局标点本。

《清朝文献通考》，万有文库本。

《清朝续文献通考》，万有文库本。

《清朝通典》，万有文库本。

乾隆《钦定大清会典》，收入《景印文渊阁四库全书》第619册，台湾商务印书馆，1983。

乾隆《钦定大清会典则例》，收入《景印文渊阁四库全书》第620~625 册，台湾商务印书馆，1983。

嘉庆《钦定大清会典》，收入《近代中国史料丛刊三编》第631~640 册，文海出版社，1991。

嘉庆《钦定大钦会典事例》，收入《近代中国史料丛刊三编》第641~700 册，文海出版社，1991。

光绪《钦定大清会典事例》，收入《续修四库全书》第798~814 册，上海古籍出版社，2002。

《圣祖仁皇帝圣训》，收入《景印文渊阁四库全书》第411 册，台湾商务印书馆，1983。

中国第一历史档案馆整理《康熙起居注》，中华书局，1984。

中国第一历史档案馆编《雍正朝起居注册》，中华书局，1993。

《世宗宪皇帝朱批谕旨》，收入《景印文渊阁四库全书》第416~425 册，台湾商务印书馆，1983。

《世宗宪皇帝上谕内阁》，收入《景印文渊阁四库全书》第414~415 册，台湾商务印书馆，1983。

《平定准噶尔方略续编》，收入《景印文渊阁四库全书》第359 册，台湾商务印书馆，1983。

《河东盐法备览》，乾隆五十五年刻本。

《湖南省例成案》，嘉庆十八年湖南按察司刻本。

二　档案

宫中档朱批奏折

军机处录副奏折

内阁户科题本

以上中国第一历史档案馆藏

内阁大库档案·题本

以上台湾中研院藏

中国第一历史档案馆编《康熙朝汉文朱批奏折汇编》，档案出版社，1984。

中国第一历史档案馆编《康熙朝满文朱批奏折全译》，中国社会科学出版社，1996。

中国第一历史档案馆编《雍正朝汉文朱批奏折汇编》，江苏古籍出版社，1989。

中国第一历史档案馆编《雍正朝汉文谕旨汇编》，广西师范大学出版社，1999。

中国第一历史档案馆编《清代档案史料丛编》第 7 辑，中华书局，1981。

中国第一历史档案馆编《乾隆朝上谕档》，广西师范大学出版社，2008。

张伟仁主编《明清档案》，联经出版事业公司，1986。

台北"故宫博物院"编印《宫中档雍正朝奏折》，1977。

台北"故宫博物院"编印《宫中档乾隆朝奏折》，1983。

三 方志（包括专志）

嘉靖《惠州府志》，上海古籍书店，1961。

康熙《贵州通志》，近卫本。

康熙《四川总志》，康熙十二年刻本。

雍正《浙江通志》，收入《景印文渊阁四库全书》第 519~526

册，台湾商务印书馆，1983。

雍正《东川府志》，收入《国家图书馆藏地方志珍本丛刊》第789 册，天津古籍出版社，2016。

乾隆《贵州通志》，收入《景印文渊阁四库全书》第 571~572 册，台湾商务印书馆，1983。

乾隆《江南通志》，收入《景印文渊阁四库全书》第 507~512 册，台湾商务印书馆，1983。

乾隆《福建通志》，收入《景印文渊阁四库全书》第 527~530 册，台湾商务印书馆，1983。

乾隆《湖南通志》，收入《四库全书存目丛书》史部第 216~219 册，齐鲁书社，1996。

乾隆《云南通志》，收入《景印文渊阁四库全书》第 569~570 册，台湾商务印书馆，1983。

乾隆《钦定八旗通志》，收入《景印文渊阁四库全书》第 664~671 册，台湾商务印书馆，1983。

乾隆《东川府志》，收入《中国西南文献丛书·西南稀见方志文献》第 26 卷，兰州大学出版社，2003。

乾隆《蒙自县志》，收入《中国西南文献丛书·西南稀见方志文献》第 26 卷，兰州大学出版社，2003。

乾隆《毕节县志》，贵州省图书馆复制油印本，1965。

乾隆《屏山县志》，收入《中国地方志集成·四川府县志辑》第 36 册，巴蜀书社，1992。

乾隆《华阴县志》，收入《中国地方志集成·陕西府县志辑》第 24 册，凤凰出版社，2007。

乾隆《新疆回部志》，收入《中国方志丛书》西部地方第 10 号，成文出版社，1968。

嘉庆《广西通志》，广西师范大学历史系中国历史文献研究室点校本，广西人民出版社，1988。

嘉庆《湖南通志》，道光增刻本。

嘉庆《四川通志》，收入《中国西南文献丛书·西南稀见方志文献》第4~8卷，兰州大学出版社，2003。

嘉庆《直隶郴州总志》，收入《中国地方志集成·湖南府县志辑》第21~22册，江苏古籍出版社，2002。

嘉庆《宁远府志》，西安古旧书店，1960。

道光《云南通志稿》，道光十五年刻本。

道光《广东通志》，同治三年重刻本。

道光《大定府志》，收入《中国地方志集成·贵州府县志辑》第48~49册，巴蜀书社，2006。

道光《遵义府志》，收入《续修四库全书》第715~716册，上海古籍出版社，2002。

道光《广南府志》，收入《中国方志丛书》华南地方第27号，成文出版社，1966。

道光《辰溪县志》，道光二年刻本。

道光《英德县志》，道光二十三年刻本。

咸丰《冕宁县志》，光绪十七年增刻本。

咸丰《兴义府志》，宣统元年铅印本。

同治《桂阳直隶州志》，收入《中国地方志集成·湖南府县志辑》第32册，江苏古籍出版社，2002。

同治《会理州志》，收入《中国方志丛书》华中地方第367号，成文出版社，1976。

同治《嘉定府志》，收入《中国地方志集成·四川府县志辑》第37册，巴蜀书社，1992。

同治《毕节县志稿》，贵州省图书馆复制油印本，1965。

同治《苍梧县志》，同治十三年刻本。

同治《阳城县志》，收入《中国方志丛书》华北地方第 405 号，成文出版社，1976。

光绪《湖南通志》，岳麓书社，2009。

光绪《续云南通志稿》，光绪二十七年刻本。

光绪《水城厅采访册》，贵州省图书馆复制油印本，1965。

光绪《黎平府志》，光绪十八年刻本。

光绪《平彝县志》，民国抄本。

光绪《嘉应州志》，光绪二十七年刻本。

光绪《两淮盐法志》，收入《续修四库全书》第 842~845 册，上海古籍出版社，2002。

光绪《镇雄州志》，收入《中国地方志集成·云南府县志辑》第 8 册，凤凰出版社，2009。

光绪《庆远府河池州志书》，光绪三十三年抄本。

光绪《永昌府志》，收入《中国西南文献丛书·西南稀见方志文献》第 30 卷，兰州大学出版社，2003。

宣统《续修蒙自县志》，收入《中国地方志集成·云南府县志辑》第 49 册，凤凰出版社，2009。

民国《新纂云南通志》，江燕、文明元、王珏点校，云南人民出版社，2007。

民国《湖北通志》，1921 年刻本。

民国《新疆志稿》，收入《中国方志丛书》西部地方第 20 号，成文出版社，1968。

民国《续修陕西通志稿》，1934 年铅印本。

民国《绥远通志稿》，内蒙古人民出版社，2007。

民国《顺宁县志》，收入《中国地方志集成·云南府县志辑》第36~37册，凤凰出版社，2009。

陶正明、梅世彬主编《会泽县文物志》，云南美术出版社，2001。

四　文集、笔记等

包汝楫:《南中纪闻》，收入《丛书集成新编》第94册，新文丰出版公司，1985。

陈于廷:《宝泉新牍》，收入《续修四库全书》第838册，上海古籍出版社，2002。

戴望:《谪麐堂遗集》，风雨楼丛书本。

鄂尔泰:《鄂尔泰奏稿》，清抄本。

李绂:《穆堂初稿》，收入《续修四库全书》第1421~1422册，上海古籍出版社，2002。

林则徐:《林文忠公（则徐）奏稿》，收入《近代中国史料丛刊三编》第163册，文海出版社，1986。

卢文弨:《抱经堂文集》，收入《续修四库全书》第1432~1433册，上海古籍出版社，2002。

刘健:《庭闻录》，收入《近代中国史料丛刊三编》第251册，文海出版社，1987。

梁材:《梁端肃公奏议》，收入《明代基本史料丛刊·奏折卷》第70册，线装书局，2005。

倪蜕辑，李埏校点《滇云历年传》，云南大学出版社，1992。

裴宗锡:《滇黔奏稿录要》，全国图书馆文献缩微复制中心，2007。

邱濬:《大学衍义补》，嘉靖三十八年吉澄刻本。

阮元:《揅经室集》，收入《四部丛刊初编》集部第 1857~1876 册，商务印书馆，1929。

师范:《滇系》，收入《丛书集成续编》第 237~238 册，新文丰出版公司，1989。

檀萃:《滇海虞衡志》，收入《丛书集成新编》第 91 册，新文丰出版公司，2008。

王恽:《秋涧集》，收入《景印文渊阁四库全书》第 1200~1201 册，台湾商务印书馆，1983。

王庆云:《石渠余纪》，北京古籍出版社，1985。

王先谦:《东华录》，收入《续修四库全书》第 369~375 册，上海古籍出版社，2002。

王先谦:《东华续录》，收入《续修四库全书》第 369~382 册，上海古籍出版社，2002。

吴其濬:《滇南矿厂图略》，收入《续修四库全书》第 880 册，上海古籍出版社，2002。

杨锡绂:《四知堂文集》，收入《清代诗文集汇编》第 295 册，上海古籍出版社，2010。

杨雍建:《抚黔奏疏》，收入《近代中国史料丛刊续编》第 323~326 册，文海出版社，1976。

姚莹:《东溟文后集》，收入《清代诗文集汇编》第 549 册，上海古籍出版社，2010。

严如煜:《三省边防备览》，收入《续修四库全书》第 732 册，上海古籍出版社，2002。

佚名:《铜政便览》，收入《续修四库全书》第 880 册，上海古籍出版社，2002。

查继佐:《罪惟录》,收入《续修四库全书》第321~323 册,上海古籍出版社,2002。

张弘:《滇南新语》,收入《中国西南文献丛书·西南民俗文献》第 4 卷,兰州大学出版社,2003。

张寿镛:《清朝掌故汇编》,收入《近代中国史料丛刊三编》第121~137 册,文海出版社,1986。

张允随:《张允随奏稿》,收入方国瑜主编《云南史料丛刊》第8 册,云南大学出版社,1999。

钟琦:《皇朝琐屑录》,收入《近代中国史料丛刊》第 532 册,文海出版社,1970。

朱寿朋编《光绪朝东华录》,中华书局,1958。

五　史料集

《皇朝经世文编》,收入《近代中国史料丛刊》第731 册,文海出版社,1972。

《皇朝经世文续编》,收入《近代中国史料丛刊》第831~850 册,文海出版社,1972。

《皇朝政典类纂》,收入《近代中国史料丛刊续编》第871~920册,文海出版社,1982。

《皇清奏议》,收入《续修四库全书》第 473 册,上海古籍出版社,2002。

荆德新编《云南回民起义史料》,云南民族出版社,1986。

于浩主编《稀见明清经济史料丛刊》第 1 辑,国家图书馆出版社,2008。

中国人民大学清史研究所等编《清代的矿业》,中华书局,1983。

六 中文论著

白寿彝：《明代矿业的发展》，《北京师范大学学报》1956 年第 1 期。

陈一容：《清"例"简论》，《福建论坛》（人文社会科学版）2007 年第 7 期。

陈征平：《清代云南铜矿开发的制度演化及"官治铜政"的特征》，《思想战线》2003 年第 5 期。

邓之诚：《中华二千年史》，中华书局，1958。

邓智成：《清代广西矿产开发研究》，硕士学位论文，云南大学，2018。

丁书云：《清代节慎库收支研究》，博士学位论文，中山大学，2018。

冯友兰：《三松堂全集》，河南人民出版社，2001。

韩燕仪：《清代盐价制定中的地方干预——以康熙年间衡、永、宝三府为中心的考察》，《中国经济史研究》2019 年第 2 期。

何炳棣：《中国古今土地数字的考释和评价》，中国社会科学出版社，1988。

何炳棣：《扬州盐商：十八世纪中国商业资本的研究》，巫仁恕译，《中国社会经济史研究》1999 年第 2 期。

何汉威：《从清末刚毅、铁良南巡看中央和地方的财政关系》，《中央研究院历史语言研究所集刊》第 68 本第 1 分，1997 年。

何汉威：《清季中央与各省财政关系的反思》，《中央研究院历史语言研究所集刊》第 72 本第 3 分，2001 年。

何平：《论不完全财政体制对清代社会的破坏机制》，《学术研究》2004 年第 6 期。

贺喜：《乾隆时期矿政中的寻租角逐——以湘东南为例》，《清史研究》2010 年第 2 期。

贺喜：《明末至清中期湘东南矿区的秩序与采矿者的身份》，《中国社会经济史研究》2012 年第 2 期。

华立：《清代保甲制度简论》，载中国人民大学清史研究所编《清史研究集》第 6 辑，光明日报出版社，1988。

黄国信：《"苗例"：清王朝湖南新开苗疆地区的法律制度安排与运作实践》，《清史研究》2011 年第 3 期。

黄国信：《国家与市场：明清食盐贸易研究》，中华书局，2019。

黄国信：《清代食盐贸易制度市场化倾向及其因缘》，《盐业史研究》2019 年第 3 期。

黄国信：《清代盐政的市场化倾向——兼论数据史料的文本解读》，《中国经济史研究》2017 年第 4 期。

黄启臣：《十四～十七世纪中国钢铁生产史》，中州古籍出版社，1989。

黄仁宇：《十六世纪明代中国之财政与税收》，阿风、许文继、倪玉平、徐卫东译，三联书店，2001。

胡寄窗：《中国经济思想史简编》，立信会计出版社，1997。

强学文、王德泰：《乾隆朝广西宝桂局铸钱利润的考察》，《中国钱币》2009 年第 1 期。

孔飞力：《叫魂：1768 年中国妖术大恐慌》，陈兼、刘昶译，上海三联书店，1999。

蓝勇：《清代滇铜京运路线考释》，《历史研究》2006 年第 3 期。

蓝勇：《清代京运铜铅打捞与水摸研究》，《中国史研究》2016 年第 2 期。

理查德·邦尼主编《欧洲财政国家的兴起（1200~1815）》，沈国华译，上海财经大学出版社，2016。

李明奎：《〈铜政便览〉研究》，《中国经济史研究》2016 年第5 期。

李强：《清代云南广西府铸运京钱始末》，《中国钱币》2003 年第4 期。

李芮：《再论行政发包：历史溯源、演化逻辑和现实矛盾——基于组织学视角的解释》，《公共管理评论》第18 卷，清华大学出版社，2015。

李幸：《生利救弊：清代两浙帮盐运作与地方盐务经略》，硕士学位论文，中山大学，2020。

李晓龙、徐靖捷：《清代盐政的"节源开流"与盐场管理制度演变》，《清史研究》2019 年第4 期。

李义琼：《明王朝的国库——以京师银库为中心》，博士学位论文，中山大学，2014。

李中清：《中国西南边疆的社会经济（1250~1850）》，林文勋、秦树才译，人民出版社，2012。

梁淼泰：《明清景德镇城市经济研究》增订版，江西人民出版社，2004。

林荣琴：《清代湖南的矿业开发》，博士学位论文，复旦大学，2004。

林荃：《谈谈清代的"放本收铜"政策》，云南省历史研究所云南地方史研究室编《云南矿冶史论文集》，1965。

林日举：《宋代盐业弊政及其引发的地方性暴乱》，《史学集刊》2003 年第2 期。

凌惕安：《咸同贵州军事史》，文海出版社，1967。

刘巳齐：《明清易代之际的皮岛贸易与东北亚》，载李庆新主编

《海洋史研究》第 14 辑，社会科学文献出版社，2020。

刘序枫:《清康熙—乾隆年间洋铜的进口与流通问题》，载汤熙勇主编《中国海洋发展史论文集》第 7 辑上册，台北中山研究院中山人文社会科学研究所，1999。

刘果肖:《宝直局初探》，硕士学位论文，河北师范大学，2012。

刘红霞:《清代宝武局研究》，硕士学位论文，河北师范大学，2012。

刘志伟:《贡赋体制与市场：明清社会经济史论稿》，中华书局，2019。

刘志伟:《在国家与社会之间：明清广东里甲赋役制度研究》，中山大学出版社，1997。

刘志伟:《略论清初税收中央集权体制的形成》，载中山大学历史系编《中山大学史学集刊》第 1 辑，广东人民出版社，1992。

刘志伟、陈春声:《贡赋、市场与物质生活——试论十八世纪美洲白银输入与中国社会变迁之关系》，《清华大学学报》（哲学社会科学版）2010 年第 5 期。

刘志伟、申斌:《从"纳粮当差"到"完纳钱粮"——明清国家转型之一大关键》，《史学月刊》2014 年第 7 期。

龙登高:《浅析清代云南的矿业资本》，《经济问题探索》1991 年第 4 期。

鲁子健:《试论林儁的盐务改革》，《盐业史研究》1994 年第 3 期。

罗尔纲:《湘军新志》，上海书店，1989。

吕昭义、吴彦勤、李志农:《清代云南矿厂的帮派组织剖析》，《云南民族大学学报》（哲学社会科学版）2003 年第 4 期。

马超:《宝晋局研究》，硕士学位论文，河北师范大学，2012。

玛格利特·利瓦伊:《统治与岁入》，周军华译，格致出版社、上海人民出版社，2010。

马凤春:《传统中国法"例"说》，《河北法学》2011 年第 2 期。

马骏:《收入生产、交易费用与宪政体制》，《开放时代》2003 年第 4 期。

马琦:《国家资源：清代滇铜黔铅开发研究》，人民出版社，2013。

马琦:《多维视野下的清代黔铅开发》，社会科学文献出版社，2018。

马琦:《铜铅与枪炮：清代矿业开发的军事意义》，《中国矿业大学学报》（社会科学版）2012 年第 2 期。

马琦:《"莲花"与"妈姑"：清代最大矿厂名实考辨》，《贵州文史丛刊》2012 年第 3 期。

木宫泰彦:《日中文化交流史》，胡锡年译，商务印书馆，1980。

潘向明:《清代云南的交通开发》，载马汝珩、马大正主编《清代边疆开发研究》，中国社会科学出版社，1990。

潘向明:《清代云南的矿业开发》，载马汝珩、马大正主编《清代边疆开发研究》，中国社会科学出版社，1990。

彭信威:《中国货币史》，上海人民出版社，1965。

彭雨新:《清末中央与各省财政关系》，《社会科学杂志》第 9 卷第 1 期，1947 年。

彭泽益:《从明代官营织造的经营方式看江南丝织业生产的性质》，《历史研究》1963 年第 2 期。

彭泽益:《清代前期江南织造的研究》，《历史研究》1963 年第 4 期。

彭泽益:《清代采铜铸钱工业的铸息和铜息问题考察》，《中国古代史论丛》1982 年第 1 辑，福建人民出版社，1982。

彭泽益：《清代财政管理体制与收支结构》，《中国社会科学院研究生院学报》1990 年第 2 期。

邱澎生：《十八世纪滇铜市场中的官商关系与利益观念》，《中央研究院历史语言研究所集刊》第 72 本第 1 分，2001 年。

全汉昇：《清代云南铜矿工业》，《中国文化研究所学报》第 7 卷第 1 期，1974 年。

任启珊：《番例考》，《社会科学论丛季刊》第 3 卷第 1 期，1937 年。

任以都：《清代矿厂工人》，《香港中文大学中国文化研究所学报》第 3 卷第 1 期，1970 年。

申斌：《赋役全书的形成——明清中央集权财政体制的预算基础》，博士学位论文，北京大学，2018。

申斌：《清初田赋科则中本色复归米的新解释——兼论明清赋役全书性质的转变》，《中国经济史研究》2019 年第 1 期。

苏钦：《"苗例"考释》，《民族研究》1993 年第 6 期。

苏亦工：《明清律典与条例》，中国政法大学出版社，1999。

唐立宗：《坑冶竞利：明代矿政、矿盗与地方社会》，台湾政治大学历史系，2011。

汤象龙：《鸦片战争前夕中国的财政制度》，《财经科学》1957 年第 1 期。

万志英：《剑桥中国经济史》，崔传刚译，中国人民大学出版社，2018。

王德泰：《乾隆时期的铸钱成本与价钱增昂问题》，《西北民族学院学报》（哲学社会科学版）2003 年第 2 期。

王德泰：《清代云南铜矿垄断经营利润的考察》，《清史研究》

2012 年第 3 期。

王德泰、强文学:《〈铜政便览〉考辨》,《中国经济史研究》2007 年第 2 期。

王德泰、强文学:《清代湖南铜矿垄断利润向铸钱利润的转移》,《中国钱币》2011 年第 4 期。

王德泰、强文学:《清代四川铜矿垄断利润向铸钱利润转移的考察》,《西北师大学报》(社会科学版) 2008 年第 3 期。

王绍光:《从税收国家到预算国家》,载马骏、侯一麟、林尚立主编《国家治理与公共预算》,中国财政经济出版社,2007。

王绍光、樊鹏:《中国式共识型决策:"开门"与"磨合"》,中国人民大学出版社,2013。

王绍光、马骏:《走向"预算国家"——财政转型与国家建设》,《公共行政评论》2008 年第 1 期。

王树槐:《咸同云南回民事变》,中研院近代史研究所专刊 23,1967。

王业键:《清代田赋刍论》,高风等译,高王凌、黄莹珏审校,人民出版社,2008。

王毓铨:《纳粮也是当差》,《史学史研究》1989 年第 1 期。

王毓铨:《明朝的配户当差制》,《中国史研究》1991 年第 1 期。

魏能涛:《明清时期中日长崎商船贸易》,《中国史研究》1986 年第 2 期。

韦庆远:《明清史新析》,中国社会科学出版社,1989。

韦庆远、鲁素:《清代前期的商办矿业及其资本主义萌芽》,载韦庆远《档房论史文编》,人民出版社,1984。

韦庆远、鲁素:《清代前期矿业政策的演变》(上、下),《中国社会经济史研究》1983 年第 3、4 期。

韦庆远、吴奇衍:《清代著名皇商范氏的兴衰》,《历史研究》1981 年第 3 期。

韦庆远、叶显恩主编《清代全史》,辽宁人民出版社,1991。

吴晓煜:《矿业史事杂俎》,齐鲁书社,2003。

温春来:《彝威与汉威——明清黔西北的土司制度与则溪制度》,博士学位论文,中山大学,2002。

温春来:《清代铜铅矿业与西南地区的开发》,国家社科基金结项报告,2012。

温春来:《清前期贵州大定府铅的产量与运销》,《清史研究》2007 年第 2 期。

温春来:《从"异域"到"旧疆":宋至清贵州西北部地区的制度、开发与认同》,三联书店,2008。

温春来:《移民、矿业与商业:清前期云南东川府社会变迁》,《区域史研究》2019 年第 2 辑,社会科学文献出版社,2020。

温春来:《清代矿业中的"子厂"》,《学术研究》2017 年第 4 期。

徐泓:《明代后期的盐政改革与商专卖制度的建立》,《台大历史学报》第 4 期,1977 年。

徐轩:《宝陕局论述》,硕士学位论文,河北师范大学,2011。

岩井茂树:《中国近代财政史研究》,付勇译,社会科学文献出版社,2011。

严中平:《清代云南铜政考》,中华书局,1948。

杨寿川、张永俐:《中外矿业史上的云南白铜》,《思想战线》2011 年第 1 期。

杨余练:《康雍时期矿业政策的演变》,《社会科学辑刊》1983 年第 2 期。

杨煜达:《清代中期(公元 1726~1855 年)滇东北的铜业开发与

环境变迁》,《中国史研究》2004 年第 3 期。

杨煜达、潘威：《政府干预与清代滇西铜业的兴盛——以宁台厂为中心》，载杨伟兵主编《明清以来云贵高原的环境与社会》，东方出版中心，2012。

易惠莉：《清康熙朝后期政治与中日长崎贸易》,《社会科学》2004 年第 1 期。

约翰·希克斯：《经济史理论》，厉以平译，商务印书馆，1987。

张岗：《明代遵化铁冶厂的研究》,《河北学刊》1990 年第 5 期。

张楠林：《财政支出与"风险管理"：清代营驿马匹资源的供应和调配方式》，博士学位论文，中山大学，2019。

张晋藩：《中国法律的传统与近代转型》，法律出版社，1997。

张晋藩、林乾：《〈户部则例〉与清代民事法律探源》,《比较法律研究》2001 年第 1 期。

张煜荣：《清代前期云南矿冶业的兴盛与衰落》，载云南省历史研究所云南地方史研究室编《云南矿冶史论文集》，1965。

赵兰坪：《日本对华商业》，商务印书馆，1932。

郑振满：《明后期福建地方行政的演变——兼论明中叶的财政改革》,《中国史研究》1998 年第 1 期。

郑振满：《清代福建地方财政与政府职能的演变——〈福建省例〉研究》,《清史研究》2002 年第 2 期。

钟莉：《晚清"州县财政"的近代化——以四川南部县为例》，博士学位论文，中山大学，2019。

周伯棣：《中国财政史》，上海人民出版社，1981。

周健：《维正之供：清代田赋与国家财政（1730~1911）》，北京师范大学出版社，2020。

周黎安：《行政发包制》,《社会》2014 年第 6 期。

周雪光：《权威体制与有效治理——当代中国国家治理的制度逻辑》，《开放时代》2011 年 10 月。

七 外文论著

Atwill, David G., *The Chinese Sultanate: Islam, Ethnicity, and the Panthay Rebellion in Southwest China, 1856−1873*, Stanford University Press, 2005.

Atwill, David G., "Blinkered Visions: Islamic Identity, Hui Ethnicity, and the Panthay Rebellion in Southwest China, 1856−1873," *The Journal of Asian Studies*, Vol. 62, No. 4, 2003, pp. 1079−1108.

Atwell, William S., "Some Observations on the 'Seventeenth-Century Crisis' in China and Japan," *The Journal of Asian Studies*, Vol. 45, No. 2, 1986, pp. 223−244.

Bello, David, "The Venomous Course of Southwestern Opium: Qing Prohibition in Yunnan, Guizhou in the Early Nineteenth Century," *The Journal of Asian Studies*, Vol. 62, No. 4, 2003, pp. 1109−1142.

Burger, Werner, "Coin Production during the Qianlong and Jiaqing Reigns (1736−1820): Issues in Cash and Silver Supply," in Hirzel, Tomas and Nanny Kim, eds., *Metals, Monies, and Markets in Early Modern Societies: East Asian and Global Perspectives*, Vol.1, Berlin: Lit verlag Dr. W. Hopf, 2008.

Chen, Hailian, *Zinc for Coin and Brass: Bureaucrats, Merchants, Artisans, and Mining Laborers in Qing China, ca.1680s−1830s,* Leiden, Boston: Brill, 2018.

Cosmo, Nicola Di, "The Manchu Conquest in World-Historical

Perspective: A Note on Trade and Silver," *Journal of Central Eurasian Studies,* Vol.1, 2009, pp.43−60.

Dunstan, Helen, "Safely Supping with the Devil: The Qing State and Its Merchant Suppliers of Copper," *Late Imperial China*, Vol.13, No.2, 1992, pp.42−81.

Dunstan, Helen, "Orders Go Forth in the Morning and are Changed by Nightfall: A Monetary Policy Cycle in Qing China, November 1744−June 1745," *T'oung Pao,* Vol. 82, 1996, pp. 66−136.

Donald S. Sutton, "Violence and Ethnicity on a Qing Colonial Frontier: Customary and Statutory Law in the Eighteenth-Century Miao Pale," *Modern Asian Studies*, Vol.37, No.1, 2003.

Giersch, C. Pat, "'A Motley Throng': Social Change on Southwest China's Early Modern Frontier, 1700−1800," *The Journal of Asian Studies*, Vol. 60, No.1, 2001, pp. 67−94.

Glahn, Richard Von, *Fountain of Fortune: Money and Monetary Policy in China, 1000−1700*, Berkeley: University of California Press, 1996.

Glahn, Richard Von, "Myth and Reality of China's Seventeenth-Century Monetary Crisis," *The Journal of Economic History*, Vol. 56, No. 2, Papers Presented at the Fifty-Fifth Annual Meeting of the Economic History Association (Jun., 1996), pp. 429−454.

Hall, John, "Notes on Early Ch'ing Copper Trade with Japan," *Harvard Journal of Asiatic Studies*, Vol. 12, No. 3/4, 1949.

Ho, Ping-ti, *Studies on the Population of China, 1368−1953,* Harvard University Press, Cambridge, Massachusetts, 1959.

Huang, Fei, Landscape Practices and Representations in Dongchuan,

Southwest Eighteenth-Century China, Ph.D. diss., Leiden University, 2012.

Huang, Philip C.C., "Centralized Minimalism: Semiformal Governance by Quasi Officials and Dispute Resolution in China," *Modern China*, Vol.34, January 2008, pp.9-35.

Kim, Nanny, "Copper Transports out of Yunnan, ca. 1750−1850: Transport Technologies, Natural Difficulties and Environmental Change in a Southwestern Highland Area," in Hirzel, Tomas and Nanny Kim, eds., *Metals, Monies, and Markets in Early Modern Societies: East Asian and Global Perspectives*, Vol.1, Berlin: Lit verlag Dr. W. Hopf , 2008.

Lee, James, "Food Supply and Population Growth in Southwest China, 1250−1850," *The Journal of Asian Studies*, Vol. 41, No.4, 1982, pp. 711−746.

Lin, Man-houng, *China Upside Down: Currency, Society, and Ideologies, 1808−1856*, Published by the Harvard University Asia Center and distributed by Harvard University Press, Cambridge, Massachusetts and London, 2006.

Liu,William Guanglin, *The Chinese Market Economy (1000−1500)*, State University of New York Press, Albany, 2015.

Liu, Kwang-Ching, "Chinese Merchant Guilds: An Historical Inquiry," *Pacific Historical Review*, Vol. 57, No. 1, 1998, pp. 1−23.

Metzger, Thomas A., "The Organizational Capabilities of Ch'ing State in the Field of Commerce: The Liang-huai Salt Monopoly, 1740−1840," in W.E.Willmott, ed., *Economic Organization in Chinese Society*, Stanford University Press, 1972, pp.9−45.

Mio Kishimoto-Nakayama, "The Kangxi Depression and Early Qing Local Markets," *Modern China*, Vol. 10, No. 2, 1984, pp. 227−256.

Naquin, Suan and Rawski, Evelyn S., *Chinese Society in the Eighteenth Century*, Yale University Press, 1987.

Robert, Hartwell, "A Revolution in the Chinese Iron and Coal Industries during the Northern Sung, 960−1126 A. D," *Journal of Asian Studies*, Vol.21, No.2, 1962, pp. 153−162.

Schumpeter, Joseph Alois, "The Crisis of Tax State," in Richard Swedberg, ed., *The Economics and Sociology of Capitalism*, Princeton University Press, 1991, pp.99−140.

Shulman, Anna See Ping Leon, Copper, Copper Cash and Government Controls in Ch'ing China (1644−1795), Ph.D.diss., University of Maryland College Park, 1989.

Smith, Kent Clarke, Ch'ing Policy and the Development of Southwest China: Aspects of Ortai's Governor-Generalship, 1726−1731, Ph.D.diss., Yale University, 1970.

Sun, E-Tu Zen, "The Board of Revenue in Nineteenth-Century China," *Harvard Journal of Asiatic Studies,* Vol. 24, 1962−1963, pp.175−228.

Sun, E-Tu Zen, "The Copper of Yunnan: An Historical Sketch," *Mining Engineering,* Vol. 16, No. 7, 1964, pp.118−124.

Sun, E-Tu Zen, "Wu Ch'i−chuü: Profile of a Chinese Scholar-Technologist," *Technology and Culture*, Vol. 6, No. 3, 1965.

Sun, E-Tu Zen, "Mining labor in the Ch'ing period," in Albert Feuerwerker, Rhoads Murphey, and Mary C. Wright, eds., *Approaches to Modern Chinese History*, University of California Press, 1967.

Sun, E-Tu Zen, "Ch'ing Government and the Mineral Industries Before 1800," *The Journal of Asian Studies*, Vol.27, No.4, 1968.

Sun, E-Tu Zen, "The Transportation of Yunnan Copper to Peking in the Ch'ing Period," *Journal of Oriental Studies,* Vol.9, 1971, pp.132-148.

Vogel, Hans Ulrich, "Chinese Central Monetary Policy, 1644-1800," *Late Imperial China*, Vol.8, No.2, 1987.

Vogel, Hans Ulrich, "Copper Smelting and Fuel Consumption in Yunnan, Eighteenth to Nineteenth Centuries," in Hirzel, Tomas and Nanny Kim, eds., *Metals, Monies, and Markets in Early Modern Societies: East Asian and Global Perspectives, Monies, Markets, and Finance in China and East Asia*, Vol.1, Berlin: Lit verlag Dr. W. Hopf, 2008.

Vogel, Hans Ulrich and Hieronymus, Sabine, "Cowry and Its Role in the Yunnan Economy", Part I, II, *Journal of the Economic and Social History of the Orient*, Vol. 36, No. 3-4, 1993.

Wang,Yuhua, *The Rise and Fall of Imperial China: The Social Origins of State Development*, Princeton and Oxford: Princeton University Press, 2022.

Yang, Bin, "Horses, Silver, and Cowries: Yunnan in Global Perspective," *Journal of World History*, Vol. 15, No. 3, 2004, pp. 281-322.

Yang, Bin, *Between Winds and Clouds: The Making of Yunnan (Second Century BCE to Twentieth Century CE)*, Columbia University Press, 2008.

Yegar, Moshe, "The Panthay (Chinese Muslims) of Burma and

Yunnan," *Journal of Southeast Asian History*, Vol. 7, No. 1, 1966, pp. 73−85.

Zelin, Madeleine, *The Magistrate's Tael: Rationalizing Fiscal Reform in Eighteenth-Century Ch'ing China,* University of California Press, 1984 .

Zhang, Taisu, *The Ideological Foundations of Qing Taxation: Belief Systems, Politics, and Institutions*, Cambridge University Press, 2022.

Zhou Wenli, *The Technology of Large-Scale Zinc Production in Chongqing in Ming and Qing China*, BAR Publishing, Oxford, 2016.

里井彦七郎「清代銅・鉛業の構造」『東洋史研究』1958 年第 1 期。

上田裕之『清朝支配と貨幣政策—清代前期における制錢供給政策の展開』汲古書院、2009。

中嶋敏「清朝の銅政における洋銅と滇銅」『東洋史學論集』汲古書院、1988。

住友修史室編『近世前期に於けゐ銅貿易と住友』1957（初版）、1984（第二次印刷）。

后　记

　　如果我未曾在中山大学读书，我可能不会留意清代矿业；如果我毕业后就离开了中大，我笔下的清代矿业史，可能不会是现在这个面貌。

　　1997 年我从中大历史学系本科毕业，留系读研，学习中国社会经济史。在业师陈春声教授、刘志伟教授的指导下，我系统阅读了该领域的诸多经典论著。这些大著的奥义，彼时我未必能真正把握，但却在潜移默化之中形塑着我的学术成长。浸润在梁方仲先生手创的中山大学社会经济史研究传统中，我的第一个学术梦想就是能在此领域有所贡献，以不负老师之教诲。后来博士学位论文选题，阴差阳错走进了贵州西北部的彝族社会，探索中国大一统体制在西南的展开模式以及在此过程中非汉人群的主体性。看似远离了当初的梦想，但社会经济史的训练，仍然使我与许多既往的民族史研究者有所不同，比如以"编户"为核心去理解古代中国的"版图"与"疆"，以及对赋役的高度重视等。也正是在博士学位论文（即拙著《从"异域"到"旧疆"：宋至清贵州西北部的制度、开发与认同》的前身）中，我用了相当大篇幅去讨论黔西北矿业与农耕的发展，如何因应、促进该区域从"异域"演变为"旧疆"。我的矿业史兴趣，实源于此。那时，我已经在思考如何跳出博论的框架探索清代矿业，让它从博论的附庸变为另一部著作的主体。中大历史学系在米、盐等方面已经有相当出色的研究，我"画蛇添足"来一本矿，也许不错吧。

　　我也曾设想并努力过，按照我已经驾轻就熟的区域社会史研究路数，集中探索清代铜、铅矿业与西南地区的开发，但我最终放弃了这一取向，理由有二。首先，虽然清代矿业的相关史料浩如烟海，但大体集中在官方的介入、管理、支配并运输铜、铅方面，矿区社会的史料则零零星星，大片空白。尽管我也曾翻山越岭，深入到云南、贵州、湖南的一些矿区进行田野调查，但所获远说不上丰富。因为矿工普遍贫困，缺乏读书传统，发了财的矿主则竞趋于交通要道上的城镇，所以矿区很少有碑刻、族谱等民间文献产生与留存，而且矿区人员的流动性很强，因此在田野中也很少发现有多代定居于此的乡民，村落长者所能提供的口述历史，上限大多不会早于晚清时期。这就使我不得不放弃区域社会史的研究模式，将我为完成项目而草就的近30万字书稿置于冷宫，永不出版，只是发表了一篇不成熟的小文《矿业、移民与商业：清前期云南东川府社会变迁》（《区域史研究》2019年第2辑），算是对那段艰辛愉悦的田野经历的一个纪念。其次，尽管我的基本史观与思维方式在读博时期形成后就未曾改变，也从未觉得有变更的需要，但探索不同风格的冲动却从未平息。这也是我的第二本小书《身份、国家与记忆：西南经验》，尽管是《从"异域"到"旧疆"：宋至清贵州西北部的制度、开发与认同》的姊妹篇，问题意识上一脉相承、前后相继，但在呈现上却有着重大差异的原因。现在，就让我以另一种风格，来写一部清代矿业史著作吧，可以不成功，但我必须尝试。

本书面貌如此，还与我留校工作后的经历密切相关，这就不得不说几位学者对我的影响了。

我很感激业师陈春声教授。老师公务烦冗，我面聆教诲的机会不多，但老师一直关心我的学术、事业与生活。老师是具有广阔胸襟与深刻洞察力且总能给人力量和信心的智者，我们每年均有见面机会，或长或短，每每给我学术及人生的启迪。

非常幸运，我毕业后还经常得到业师刘志伟教授的耳提面命。我们一般不会特意去讨论学术问题，但在各种讲座、学术会议、学生答辩以及日常聊天中，常常听到老师的真知灼见。这种面聆謦欬的教诲与讨论，其生动与深入，是读书无法比拟的。老师在论著与交谈中所展现的"贡赋（食货）体制"，很大程度上促成了本书现在的面貌。

清代国家对盐业资源的汲取模式，始终是我探讨矿史问题时的参照对象。这完全源于黄国信教授的影响。国信兄是我本科时的老师，但后来我们成了非常要好的朋友。国信兄在盐业史方面造诣精深，他一方面深入了解西方经济学的发展脉络与思想并将其有机融入自己的思考中，另一方面非常自觉地将明清食盐专卖制度置于古代中国自身的市场与行政逻辑中来分析，在推动盐史研究的同时，促进了学界对中国古代经济运行机制的新认识。他关于盐的系列论著以及我们的多次学术讨论，对本书的问题与框架形成贡献良多。

国信兄还是一流的学术组织者，他非常有方向感地带领一批研究生，通过对盐场社会、销售市场两个领域的开拓与深耕，开辟了明清盐史研究的新境界。我们的学生是联合培养不分彼此的，因此我有幸深入参与了这些学生的成长过程：给他们上课，阅读他们的材料，走进他们的田野，讨论他们的论文。这些学生有叶锦花、李晓龙、徐靖捷、黄凯凯、陈海立、韩燕仪等，大多已成为高校教师，现在还乐于同我分享他们的研究。多年来，与他们的学术交流极大拓展了我对明清社会经济的认识。

基于我们这群人既有的研究成果，我和国信兄曾设想过，将这套丛书的主题定为"古代中国的物资控制与经济运行"，分别就不同时期国家如何汲取盐、茶、矿、马、瓷器、粮食、布匹等资源进行论述。当时我的博士生张楠林已大致完成对清代马匹调配问题的研究，加上我的矿史，以及国信兄的强大盐史团队，可以作为初步的基础。不过相对于我们的主题，成果还是太薄弱了，短时间内也无法求助其他学者写出相应的专著，2019 年 12 月在西樵山的温暖冬日中讨论一下午之后，我们决定放弃，转而推出"新经济史丛书"。

中山大学政治与公共事务管理学院的马骏教授是我的老乡兼师兄，我们都曾就读于贵州省毕节第一中学，他对我有着兄长般的关心。马教授是公共预算、财政管理方面的顶尖学者，而且对历史兴趣浓厚。从他那里，我深刻意识到了国家岁入汲取模式与国家治理之间的关联，他关于中国从"自产国家"向"税收国家"转型的系列分析及政策建议，令我有茅塞顿开之感，而且其大作提供的参考文献，也是我重要的知识源泉。不过，马教授公务繁忙，我没有同他就本书的写作展开过任何讨论，所以在读到这篇后记之前，他可能根本没意识到自己对本书的影响。

2015 年，我在香港中文大学度过了大约三个月的纯粹时光，这是科大卫教授与贺喜教授提供的机会，他们和张瑞威教授一起，令我的居港生活充满了温馨和愉快。在港中大，我大部分时间在阅读清代矿业史资料，并做了《清代矿厂的性质与税收》的学术报告，形成了本书的雏形。近年来，随着各种事务的增加，我已经不可能再拥有那么长的纯粹学术时光了。

感谢刘正刚教授！他在资料搜集方面给了我许多帮助。感谢黄菲教授，她帮我寻找了一些英文论著。感谢陈肖寒博士！他是学者，也是专业、敬业且高效的编辑。感谢柴承晶、管庆鹏、姚明辉、秦浩翔、杨贤毅、刘雅君、潘雅歌等"小朋友"！他们帮我核对了本书的注释、引文与数据。

本书从构思到完稿，已经远远超过了十年。成果依然很粗糙，但还是画上句号吧——是时候思考下一个问题了。

2021 年 2 月初记于中山大学马岗顶
2023 年 6 月补记于中山大学永芳堂

图书在版编目(CIP)数据

矿政：清代国家治理的逻辑与困境 / 温春来著. --
北京：社会科学文献出版社，2024.1
（新经济史丛书）
ISBN 978-7-5228-2359-1

Ⅰ.①矿… Ⅱ.①温… Ⅲ.①矿政管理-研究-中国
-清代 Ⅳ.①F426.1

中国国家版本馆CIP数据核字（2023）第153136号

· 新经济史丛书 ·

矿政：清代国家治理的逻辑与困境

著　　者 / 温春来

出 版 人 / 冀祥德
责任编辑 / 陈肖寒
责任印制 / 王京美

出　　版 / 社会科学文献出版社·历史学分社（010）59367256
　　　　　　地址：北京市北三环中路甲29号院华龙大厦　邮编：100029
　　　　　　网址：www.ssap.com.cn
发　　行 / 社会科学文献出版社（010）59367028
印　　装 / 北京盛通印刷股份有限公司

规　　格 / 开　本：787mm×1092mm　1/16
　　　　　　印　张：31　字　数：389千字
版　　次 / 2024年1月第1版　2024年1月第1次印刷
书　　号 / ISBN 978-7-5228-2359-1
定　　价 / 118.00元

读者服务电话：4008918866